IMPRESSUM

Wieland Giebel / Enno Lenze
Titel – Slava Ukraini – Das Ukraine Museum im Berlin Story Bunker
4. Auflage – Berlin: Berlin Story Verlag 2025
ISBN 978-3-95723-196-3

www.BerlinStory.de, service@BerlinStory.de
Redaktion der ukrainischen Texte und des Buchs in ukrainischer Sprache:
Karina Beigelzimer
Umschlag: Kerstin Hülsebusch-Pfau
Satz: Kerstin Hülsebusch-Pfau

Die Transkription von Ortsnamen in der Ukraine folgt der ukrainischen Schreibweise, nicht der russischen.

WWW.BERLINSTORY.DE

WIELAND GIEBEL
ENNO LENZE

SLAVA UKRAINI

DAS UKRAINE MUSEUM IM BERLIN STORY BUNKER

UKRAINERN EINE STIMME GEBEN

Inhalt

VORWORT 11

KARTEN 24

DIE INTERVIEWS 32

MILITÄRBEREICH

Die Interviewpartner haben mit dem Kampf um die Unabhängigkeit zu tun, sind oder waren bei den Streitkräften und jetzt teilweise Veteraninnen. Die Interviews fanden in Kyiv und im Donbas statt.

1 **Hanna Maljar** (46) 32
Die ehemalige stellvertretende Verteidigungsministerin über die Verteidigung Kyivs, das Leben im Bunker und die Rolle der Zivilgesellschaft im Krieg.

2 **Mykola Bondar** (56) 51
Ein Leben im Widerstand: Die Geschichte eines Mannes, der seit seiner Jugend gegen die russische Besatzung und die sowjetische Ideologie kämpft und die Kontinuität des Widerstands betont.

3 **Oleksii Yukov** 63
Die Suche nach den Kriegstoten: Ein Aktivist über die unschätzbare Bedeutung jedes Lebens und die Mission, die Gefallenen nach Hause zu bringen, um den Angehörigen Trost zu spenden.

4 **Olena Ivanova** (55) 71
Vom Schaffen neuer Räume zur Bewahrung der Erinnerung: Eine Architektin über die Verwandlung durch den Krieg und die Mission, Geschichte zu dokumentieren.

5 **Yuliia Bilousova** (42) 77
Eine Veteranin über den Wandel ihres Lebens, die traumatischen Verluste, die Gründung einer Gemeinschaft von Kämpferinnen und die Schwierigkeit, in den Alltag zurückzukehren.

6 **Anastasiia Wojnurowska** (36) 87
Eine Veteranin über ihren persönlichen Wandel vom Freiwilligendienst zur Psychologin, die tiefen Narben des Krieges und die Hoffnung auf eine freie Zukunft für die Ukraine.

7 **Viktoriia Dvoreska** (32) 97
Der Weg einer Frau von der Studentin zur Kompaniekommandantin: Eine Veteranin über den Maidan, ihre Rolle in der Armee und die Notwendigkeit, Stärke zu zeigen.

8 **Vladislav Pospelov** (24) 103
Vom Studenten zum Feuerwehrchef direkt an der Front: Ein junger Mann über den plötzlichen Beginn des Krieges, den Alltag in seiner Einheit und die emotionale Belastung des Dienstes.

KYIV (HOSTOMEL, BUCHA, IRPIN, CHERNIHIV)

Menschen, die den russischen Überfalls hautnah erlebt haben: Als Journalist, als Geiseln in einem Keller – oder sie mussten Russen in ihren Wohnungen ertragen. Junge Leute berichten.

9 **Roman Sukhan** (44) 109
Ein Journalist über die Anfänge des Krieges, die schwierige Arbeit unter Beschuss, und die unvergesslichen Schreckensbilder in Irpin und Bucha.

10 **Iwan Petrowitsch Polgui und Alex** 117
Ein Überlebender berichtet vom Alltag in einem Keller während der russischen Besatzung: Tod, Angst und unvorstellbare Gräueltaten.

11 **Valentina und Jewgenija** 123
Augenzeugen aus Hostomel schildern die Zerstörung und Gräueltaten der Besatzer sowie ihre Hoffnung auf ein freies, friedliches Leben in der Ukraine.

12 **Danylo Tatarynov** (19) 129
Ein 19-Jähriger aus Bucha über die Flucht, den Schock der Zerstörung und den Widerstand einfacher Zivilisten in den ersten Kriegstagen.

13 **Anna Mishchuk** (17) 135
Eine Schülerin über ihre Kriegserfahrungen, die Flucht nach Deutschland und die Rückkehr in die verwundete Heimat, wo Träume weiterleben.

ODESA

Die Leiterin des privaten Holocaust-Museums und eine Hebamme (Doula). Beide entschieden sich zu bleiben. Eine Schülerin und ein Schüler schildern Flucht und Rückkehr mit der Familie.

14 **Tatiana Voitenko** (44) 143
Im Krieg bleiben: Die Direktorin des Holocaust-Museums über die Bewahrung der Geschichte, menschliches Miteinander und ihre persönliche Entscheidung für die Heimat.

15 **Natalia Yasnuk** (32) 149
In Odesa bleiben: Eine Hebamme über die Kraft persönlicher Entscheidungen, der Heimatliebe und die Unterstützung für Schwangere inmitten des Krieges.

16 **Sofia Tkackuk** (15) 161
Eine Jugendliche über das Schreckgespenst Krieg, die traumatische Flucht nach Deutschland und die unermüdliche Suche nach Normalität im Schulalltag unter Sirenenalarm.

17 **Oleksii Dremlink** (16) 169
Die Reise eines Jugendlichen durch Europa: eine Flucht vor dem Krieg, die Herausforderungen der Integration und die Rückkehr in die gefährdete Heimat mit dem Glauben an den Sieg.

DIASPORA BERLIN

Alle arbeiten. Keiner hat je Sozialhilfe beantragt.
Neun junge Frauen und ein Mann, der hier gestrandet ist.
Sie sind für die Ukraine aktiv.

18 **Yevheniia Perutska Zhenia** 185
Eine Fotografin über das traumatische Erlebnis des Kriegsausbruchs und die Reise in eine neue Heimat, wo sie anderen Vertriebenen hilft.

19 **Valentyna Saliukhina** (30) 207
Eine Künstlerin über das Trauma zweier Kriege, den Verlust der Heimat, die Rolle der Kunst als Rettung und den inneren Kampf um die eigene Identität.

20 **Andrij Neretin** (37) 221
Die Reise eines Programmierers: über die Flucht aus Kyiv, Kunst als Mittel zur Verarbeitung des Krieges und das Schicksal als zufälliger Migrant.

21 **Anastasiia Pasichnyk** (25) 229
Eine Künstlerin über den Schock des Krieges, ihre Flucht nach Berlin und die Verwandlung eines alten Bordells in ein Kunstzentrum für Vertriebene.

22 **Iryna Tkachivska** 241
Eine Künstlerin über das Konzept des 'Kintsugi': Wie Zerbrochenheit zu einer Quelle der Stärke wird, und wie der Krieg die Ukraine neu definiert.

23 **Anna Mrachkowska** (22) 255
Eine junge Schauspielerin über die Flucht, ihr zerrissenes Verhältnis zum Krieg, den Kampf für die Menschenrechte und ihre Kunst als Bühne für die Wahrheit.

24 **Lina Petrenko** (40) 273
Eine an Krebs erkrankte Frau über den Beginn des Krieges, ihre gefährliche Flucht und die lebensrettende Hilfe, die sie in Deutschland gefunden hat.

25 **Vladyslava Vorobiova** (21) 283
Eine junge Frau aus der Ukraine über die Flucht, ihr Leben als Migrantin in Berlin und ihren Kampf für eine unabhängige ukrainische Identität.

26 **Kateryna Derdiuk** (26) 291
Sie berichtet von der Überlebensgeschichte ihrer Tante, der unerschütterlichen Stärke der Ukrainer und ihrer Arbeit bei Vitsche.

27 **Oksana Hrudska** (44) 299
Eine hochqualifizierte Frau über die Flucht aus dem Krieg in der Ukraine, ihre deutschen Wurzeln und ihren Neuanfang als Erzieherin.

EINE FAMILIE

„Mein Vater wurde Krieger, mit meiner Mutter kamen wir nach Berlin" – die Kurzfassung aus Sicht eines Kindes. Wie kann man seinen Kindern Sicherheit vermitteln?

28 **Grygorii Palii** (46) 315
Ein Journalist reflektiert über seinen Weg vom Reporter zum Soldaten, seine Flucht nach Berlin und die widersprüchlichen Meinungen über den Krieg.

29 **Maryna Palii** 329
Eine Journalistin über die traumatische Flucht mit ihrer Familie, die lebensrettende Hilfe in Deutschland und die Suche nach einer neuen Zukunft.

30 **Ivan Palii** 337
Ein Elfjähriger über den Krieg, die Flucht aus der Heimat, die Trennung vom Vater und den schwierigen Kampf um ein neues Zuhause in einem fremden Land.

31 **Fadi Palii** 343
Ein Junge (8) erzählt von seiner Flucht aus der Heimat, den anfänglichen Sprachbarrieren im Kindergarten und der Anpassung an ein neues Schulsystem in Berlin.

UNSERE UKRAINE AKTIVITÄTEN

Ein zerschossener russischer Panzer vor der Botschaft Moskaus in Berlin: Ein lebendiges Mahnmal des Widerstands 347

Ralf Stegners (SPD) Reise in die Ukraine 369

Memes – Karikaturen im Internet 375

Know Your Enemy – Woher kommen die russischen Waffen? 383

„Ich wurde zwei Mal von russischen Drohnen gejagt. Nicht angenehm." 407

Eingeladen von Präsident Selenskyj 413

Unsere Hilfe 416

Vom Bunker an die Front – unsere Aktivitäten 417

DAS UKRAINE MUSEUM

Ukraine Museum, Slava Ukraini 420

- Julias Flucht von der Krim über Odesa nach Berlin 422
- Unternehmen helfen der Ukraine 432
- Kriegsreporter in der Ukraine 446
- Danke, Deutschland 454
- Russischer Imperialismus 456
- Die geheimsten russische Drohne S-70 Ochotnik im Bunker 476
- Helikopter über der Schlageninsel abgeschossen – Exponate im Bunker 486
- Операція Павутина Operation Spinnennetz – Die Ukrainer haben das Unmögliche möglich gemacht 496
- Ch-101 Marschflugkörper zerstört einen Wohnblock 506
- Oleg wurde von einer russischen Drohne getötet 518
- Was tun gegen FPV-Drohnen? 535

DER BERLIN STORY BUNKER

Geschichte des Bunkers 543

Hitler – Wie konnte es geschehen 547

Über die Autoren 551

Danksagung 555

Vorwort

Die Paradeuniformen lagen bereits in den Mannschaftstransportpanzern bereit. Etwas anderes als ein Sieg in diesem als Blitzkrieg geplantem Überfall war für die Russen nicht vorstellbar. Kyiv sollte nach 72 Stunden fallen und das faschistische System, das sich mit Hilfe der Amerikaner an die Macht geputscht hatte, sollte vertrieben oder eliminiert worden sein. So sah der Plan der Russen aus. So war es in ihren Köpfen verankert. Den „Befreiern" war unverständlich, dass sie nicht mit großer Herzlichkeit empfangen wurden. Wer sie nicht mit offenen Armen empfing, musste zu den Nazis gehören. Also besser, man murkst sie alle ab und nimmt ihre Waschmaschinen und Fernseher mit nach Burjatien, das sechstausend Kilometer von der Front entfernt liegt. So sah es in Butscha aus. 458 Leichen, erschossen, gefoltert oder erschlagen. Am Anfang waren Leichensäcke knapp. Wir haben 1000 Stück aus dem Berlin Story Bunker gebracht, hauptsächlich für die Territorialverteidigung. Alexej Yukov erläutert im Interview, was es bedeutet, Leichen zu bergen und deren Seelen zu den Familien zurückzubringen.

In ihren Interviews berichten Roman Sukhan und Danylo davon, was in Bucha geschah. Valentina und Jewgenja aus Hostomel hatten sogar russische Soldaten in ihren Wohnungen. Sie haben sich geekelt. Alex hat die Russen in Tschernihiv erlebt und Iwan war mit dem ganzen Dorf einen Monat lang in den Keller der Schule von Yahidne zusammengepfercht. Die Toten blieben neben den Kindern liegen, weil die Russen sie nicht hinausbringen und beerdigen ließen.

Enno Lenze war in Bucha, als erster, berichtete auf Twitter. Er wurde von Sandra Maischberger in die ARD-Talkshow eingeladen, sollte ganz schnell kommen, raste in zwei Tagen zurück nach

Berlin – und wurde wenige Stunden vor der Sendung ausgeladen. Stattdessen kam Gregor Gysi, einst SED, also Sozialistische Einheitspartei der DDR, dann Linke, ein Putin-Propagandist durch und durch. Lenze bekam einige tausend Euro angeboten, wenn er die Klappe hielte über seine Ausladung. Allerdings: Die Ausstellungstafel über das Massaker von Butscha, bei Maischberger dann nicht Thema, hing am 4. April 2022 im Berlin Story Bunker.

Dieses Buch

Die Interviews entstanden Ende 2024 und im Mai 2025. Sie sind alle in voller Länge als Video auf Deutsch, Ukrainisch und teilweise auf Englisch auf www.BerlinStory-News.de zu sehen. Für das Buch haben wir daraus Lesetexte gemacht. Das heißt, wir haben sie aus dem Ukrainischen ins Deutsche übersetzt, daraus einen flüssig lesbaren Text gemacht und ihn dann wieder ins Ukrainische zurückübersetzt, damit die Interviewpartner ihn korrigieren oder autorisieren konnten. Karina Beigelzimer hat sich um die ukrainischen Texte gekümmert und insgesamt viel am Buch gearbeitet. Diese autorisierten Fassungen haben wir dann wieder ins Deutsche übersetzt. Jetzt hoffen wir, dass alles so im Buch steht, wie es die Interviewpartnerinnen und Interviewpartner ausgedrückt haben. Wir kennen sonst keine so ausführlichen und tiefgehenden Interviews. Allerdings haben wir einen Vergleich im Auge: das Buch „Warum ich Nazi wurde", erschienen im Berlin Story Verlag. Darin schildern mehrere hundert Nationalsozialisten im Jahr 1934, also kurz nach der Machtergreifung, was sie so toll daran finden, Teil der Hitler-Bewegung zu sein. Das sind einzigartige Quellen auf mehr als 900 Seiten. Dadurch kann sich der Leser tiefer in die Gedankenwelt hineinversetzen als durch akademische Analysen. Komischer Vergleich, der aber die Bedeutung der Interviews in diesem Buch für die Zukunft deutlich macht. Diese Interviews sollen die Situation der Ukrainer in diesem Augenblick konservieren. Es sind historische Dokumente.

Der Berlin Story Bunker

Woher kennen wir all diese Menschen, mit denen wir gesprochen haben? Vor dem Krieg kannten wir keinen von ihnen. Generell könnte man sagen: politisches Interesse und Interesse an Menschen. Genauer gesagt fing es mit dem kaputten russischen Panzer an. Der T-72 war in der Schlacht um Kyiv zerstört worden. Wir stellten ihn am ersten Jahrestag des Krieges vor Moskaus Botschaft „Unter den Linden" in Berlin, in der Nähe des Brandenburger Tors. Putins Schrott vor seiner Botschaft. Die Medien der Welt berichteten. Dazu gibt es hier im Buch einen Beitrag. Wir lernten dabei viele Menschen kennen und man wurde auf uns aufmerksam.

Der Hintergrund ist jedoch die Dokumentation *„Hitler – wie konnte es geschehen"* im Berlin Story Bunker am Anhalter Bahnhof, Hitlers Regierungsbahnhof. Es handelt sich um die umfangreichste Ausstellung zum Nationalsozialismus. Dabei geht es vor allem darum, wie die nationalsozialistische Diktatur entstand – oder allgemeiner: wie eine Diktatur entsteht. Wir blättern das „Handbuch der Diktatoren" auf und unsere Besucher verstehen das. In ihren Köpfen läuft ein Film ab, der weit über den deutschen Nationalsozialismus hinausgeht. Wir werden immer wieder darauf angesprochen: „Wie bei Putin." Ja, wie bei Putin, nur ohne den Holocaust. Erst viel später brachte einer unserer Interviewpartner, der Holocaust-Überlebende Roman Schwarzman, das auf den Punkt. „Hitler wollte mich umbringen, weil ich Jude bin. Putin will mich umbringen, weil ich Ukrainer bin." So oder so ähnlich sagte er es im Januar 2025 auch vor dem Deutschen Bundestag. Das Interview mit ihm fehlt hier. Als wir ihn im Oktober 2024 in Odesa besuchten, war er sehr krank. Die Krankenschwester wollte nicht, dass wir im Krankenhaus ein Interview machten, ohne die Genehmigung des Generaldirektors vorweisen zu können. Eine abstruse Situation.

Durch den zerstörten russischen Panzer kamen die ersten Kontakte zum Nationalen Militärhistorischen Museum in Kyiv zustande. Wir wurden weitergereicht, fanden Freunde durch unsere Lieferungen an die Front oder wurden einfach auf der Straße oder im Bus angesprochen. Schließlich kennen wir viele Mitglieder der ukrainischen Diaspora in Berlin. Momentan arbeiten drei Ukrainerinnen im Bunker. Die Kontakte sind querbeet. Keine Bubble. Sie reichen von der Küsterin einer orthodoxen Kirche über eine Hebamme in Odesa bis zur stellvertretenden Verteidigungsministerin. Wir sprachen mit Kämpfern im Donbas, einen 24 Jahre alten Feuerwehrchef sowie Jugendliche und Kinder.

Das Ukraine Museum

Warum machen wir das Ukraine-Museum? Enno Lenze sagt: „Weil wir es können." Alles begann im ersten Jahr des Krieges mit einer Sonderausstellung zu Memes – also den Karikaturen aus dem Internet, die den Feind lächerlich machen und die eigene Kampfkraft stärken. Dieser Spott gegenüber den Russen hat Spaß gemacht! Die Ausstellung hängt noch und wurde inzwischen von zahlreichen Ausstellungsorten in Deutschland sowie vom Militärhistorischen Museum in Kyiv übernommen. Auch die ukrainischen Militärs bekamen das mit und boten uns eine eindrucksvolle Ausstellung mit russischen Drohnen, Raketenteilen sowie viel Elektronik an. Diese war 2024 mehrere Monate im Berlin Story Bunker zu sehen. Die Berichte und Auswertungen der (durchweg westlichen) Elektronik finden sich hier im Buch, ausführlicher auf www.berlinstory-news.de, unserem Informationsdienst.

Die Exponate sind einzigartig – schon deswegen, weil das Museum einzigartig ist. Es ist das einzige außerhalb der Ukraine. Wir zeigen eine originale Drohne der Operation Spiderweb, Teile von russischen Marschflugkörpern vom Typ CH-101, einen Teil der geheimen Stealth-Drohne „Ochotnik", von der es ursprünglich vier gab und jetzt nur noch drei, sowie Teile eines über der Schlangeninsel abgeschossenen russischen Kampfhelikopters vom Typ Ka-52.

Dazu kommt man nur, wenn man vor Ort ist. Das zentrale Exponat ist furchtbar, es ist kaum auszuhalten: Ein Fiat-Kleinbus, in dem ein junger Mann von einer russischen Drohne ermordet wurde. Mit seinem ebenfalls 27 Jahre alten Freund hatte sich Oleg zu Beginn des Krieges im Jahr 2022 entschlossen, in Cherson zu bleiben und eine Art Sozialtaxi zu betreiben, um alte Leute zum Arzt zu bringen oder Medikamente aufs Dorf zu liefern. Beide hätten in ihrem Alter die Ukraine verlassen können. Wir machen das Museum, weil wir die Helden des Freiheitskampfs gegen die Russen ehren wollen.

Die Geschichte der Ukraine

Die Geschichte der Ukraine sowohl im Museum als auch in diesem Buch darzustellen, wäre zu umfangreich und zu kompliziert. Nur so viel: Die Kyiver Rus wurde im 9. Jahrhundert erstmals als politisches Zentrum der Ostslawen erwähnt. Moskau erschien erst 250 Jahre später auf der Landkarte – als kleine Festung innerhalb eines Fürstentums. Zu dieser Zeit war Kyiv bereits das Zentrum eines großen und einflussreichen Staates.

Holomodor

Die Beziehung der Ukrainer zu den Russen ist bis heute durch den Holodomor geprägt. Der ukrainische Begriff Holodomor bedeutet „Tötung durch Hunger" und bezeichnet eine von der Sowjetunion unter Josef Stalin gezielt herbeigeführte Hungersnot in den Jahren 1932 bis 1933, durch die Millionen Ukrainer ihr Leben verloren. Der Holodomor war keine natürliche Katastrophe, sondern eine bewusste politische Entscheidung der stalinistischen Führung.

Um die Landwirtschaft zu „modernisieren" und zu zentralisieren, wurden die Bauern massiv gezwungen, ihr Land und Vieh in Kolchosen (landwirtschaftliche Großbetriebe) einzubringen. Dies stieß auf großen Widerstand, besonders bei den wohlhabenderen Bauern, den sogenannten „Kulaken". Die ukrainischen Bauern waren für ihren Widerstand gegen diese Politik bekannt.

Getreidezwangsabgaben: Trotz schlechter Ernten und absehbarem Hunger verhängte das Stalin-Regime unrealistisch hohe Getreideabgaben, die die Bauern nicht erfüllen konnten. Die staatlichen Requirierungskommandos zogen auch die letzten Lebensmittelvorräte ein, wodurch die Menschen ihrer Existenzgrundlage beraubt wurden. Das beschlagnahmte Getreide wurde ins Ausland exportiert, um die Industrialisierung der Sowjetunion zu finanzieren.

Die Unterdrückung der ukrainischen Identität: Historiker sind sich heute weitgehend einig, dass der Holodomor auch ein Instrument zur politischen Unterdrückung der ukrainischen Nation war. Stalin wollte den Widerstand der ukrainischen Bauern sowie die ukrainische Nationalbewegung zerschlagen, da er sie als Bedrohung für die sowjetische Einheit ansah.

Opferzahlen: Die Schätzungen über die Zahl der Opfer variieren, gehen aber von mindestens 3,5 bis 5 Millionen Toten aus. Das Sterben ereignete sich vor allem in ländlichen Gebieten, die oft von bewaffneten Einheiten abgeriegelt wurden, um eine Flucht der Hungernden zu verhindern.

Der Holodomor hat sich tief in das kollektive Gedächtnis der Ukraine eingeprägt und spielt eine zentrale Rolle für die nationale Identität. Während der Sowjetzeit war die Erinnerung an diese Katastrophe tabu, heute wird sie als Verbrechen gegen die Menschlichkeit betrachtet.

Zweiter Weltkrieg

Die heutige Ukraine war im Zweiten Weltkrieg Schauplatz vieler massiver Kämpfe mit enorm hohen Opferzahlen. Der deutsche Überfall auf die Sowjetunion, Unternehmen Barbarossa, fand ab 1941 zu einem großen Teil auf dem Gebiet der Ukrainischen SSR statt. Die Ukraine bildete den südlichen Teil der Ostfront und war für die Wehrmacht von strategischer Bedeutung, vor allem aufgrund der fruchtbaren Böden („Kornkammer der Sowjetunion") und der Kohle- und Eisenvorkommen im Donbas-Gebiet. Dies führte zu einigen der größten Kesselschlachten des Krieges.

Die Schlacht um Kyiv (1941) war die größte Einkesselungsschlacht der Militärgeschichte. Die Wehrmacht umzingelte Hunderttausende sowjetische Soldaten, was zu enormen Verlusten und Gefangennahmen auf sowjetischer Seite führte. Ein Teil der ukrainischen Verteidigungsanlagen war noch erhalten und wurde beim Überfall Russlands am 22. Februar 2022 wieder aktiviert. Wir berichten darüber im Buch des Berlin Story Verlags vom Generalstab der Ukraine über die ersten Tage der Schlacht um Kyiv 2022.

Schlacht um Charkiw: Insgesamt gab es um die Stadt Charkiw vier größere Schlachten, die von 1941 bis 1943 stattfanden. Jede dieser Schlachten war extrem verlustreich.

Die Schlacht am Dnepr (1943) war eine der größten Schlachten des Zweiten Weltkriegs. Die Rote Armee eroberte das westliche Ufer des Dnepr und befreite Kyiv. Dies stellte einen Wendepunkt im Krieg an der Ostfront dar.

Die Ukraine erlitt im Zweiten Weltkrieg unvorstellbare Verluste, die zu den höchsten aller beteiligten Länder gehorten. Schätzungen zufolge starben 5 bis 8 Millionen Menschen aus der ukrainischen Bevölkerung, darunter sowohl Zivilisten als auch Soldaten. Mehr als vier Millionen Zivilisten starben durch direkte Kriegshandlungen, Massaker und eine bewusste Vernichtungspolitik der nationalsozialistischen Besatzer. In der Ukraine fand ein wesentlicher Teil des „Holocaust by Bullets" statt. Allein im Massaker von Babyn Jar in Kyiv wurden innerhalb von zwei Tagen fast 34.000 Juden ermordet. Insgesamt fielen rund 1,5 Millionen ukrainische Juden dem Holocaust zum Opfer. Etwa drei Millionen Ukrainer starben als Soldaten der Roten Armee oder anderer Armeen.

Referendum zur Unabhängigkeit 1991
Auf die Abstimmung zur Unabhängigkeit werden wir im Kapitel „Aber der russische Überfall hatte eine Vorgeschichte ...“ näher eingehen. Beim Referendum im Dezember 1991 sprachen sich 90,3 Prozent der Bevölkerung für die Unabhängigkeit des Landes von der Sowjetunion aus. Die absoluten und prozentualen Zahlen sind für jedes Gebiet genau aufgeschlüsselt.

Budapester Memorandum 1994
Zum Zeitpunkt ihrer Unabhängigkeit nach dem Zerfall der Sowjetunion verfügte die Ukraine über das drittgrößte Atomwaffenarsenal der Welt. Die Kernaussage des Budapester Memorandums von 1994 besteht darin, dass die Ukraine im Austausch gegen Sicherheitsgarantien durch andere Atommächte auf ihr Atomwaffenarsenal verzichtete. Die Unterzeichnerstaaten Russland, die USA und Großbritannien verpflichteten sich darin, die Unabhängigkeit, Souveränität und die bestehenden Grenzen der Ukraine zu respektieren. Sie versprachen, keine Gewalt oder Androhung von Gewalt gegen die territoriale Integrität oder die politische Unabhängigkeit der Ukraine anzuwenden. Zudem sicherten sie zu, keinen wirtschaftlichen Zwang auszuüben, um die Ausübung der Souveränität der Ukraine zu beeinträchtigen. Das Abkommen wurde am 5. Dezember 1994 in Budapest von den Präsidenten der Ukraine, Leonid Kutschma, und der Russischen Föderation, Boris Jelzin, sowie von Bill Clinton (Präsident der Vereinigten Staaten von Amerika) und dem britischen Premierminister John Major unterzeichnet. Zusätzlich gaben auch Frankreich und China separate Erklärungen zur Gewährleistung der Sicherheit der Ukraine ab.

All dies ist fest im kollektiven Bewusstsein der Ukrainer verankert. Beim Lesen oder Ansehen der Interviews ist es hilfreich, diese Fakten im Hinterkopf zu behalten.

„Der russisch Überfall hatte ja aber eine Vorgeschichte!"

Gerne argumentieren Menschen historisch, wenn sie sagen: „Aber das hatte ja auch eine Vorgeschichte." Damit meinen sie die angebliche NATO-Osterweiterung. Dem Argument mit der Vorgeschichte stimmen wir voll zu. Ein Beispiel ist der Hitler-Stalin-Pakt von 1939, als sich die beiden Diktatoren Polen teilten und es von West und Ost überfielen. Oder der Winterkrieg Stalins gegen Finnland 1939/1940, als er sich Karelien einverleibte. Die massenhaften Deportationen von Menschen aus den baltischen Staaten nach Sibirien – 1941 während des Zweiten Weltkriegs und noch lange danach. Hunderttausende wurden noch 1949 in der größten Welle von Deportationen nach Sibirien verschleppt. Auch die Zeugen Jehovas waren betroffen.

Der 17. Juni 1953 in der DDR, Ungarn 1956, Prag 1968 Prag, Afghanistan 1979 bis 1989, Tschetschenien 1999 bis 2009, das war Putins erste Brachialtat; dann Georgien 2008 und Syrien 2015. Ja, der Überfall auf die Ukraine hatte eine Vorgeschichte: den sowjetischen oder russischen Imperialismus. Wir gehen in diesem Buch ausführlich darauf ein.

Deutsch-sowjetisches Erdgas-Röhren-Geschäft

Im Berlin Story Bunker gehen wir an anderer Stelle auch auf die Vorgeschichte ein, nämlich im Museum „Deutschland heute" auf das deutsch-sowjetische Erdgasgeschäft.

Wer hat die Russen stark gemacht? Wir. Nicht „der Westen", sondern wir Westdeutschen mit dem Erdgasröhrengeschäft. Die deutsche Wirtschaft wollte billiges Gas aus Russland und lieferte den Russen im Gegenzug Röhren für Pipelines. Die Sowjetunion war zu dieser Zeit wirtschaftlich nicht in der Lage, die eigenen Rohstoffe zu erschließen.

Die SPD-Regierung unter Bundeskanzler Willy Brandt unterstützte diese Geschäfte. „Handel bringt Wandel", lautete die Argumentation. Wenn enge Handelsbeziehungen die Länder verbinden, wird es keinen Krieg geben. Die andere Perspektive:

Die Sowjetunion erhielt dadurch ungeahnte Mittel zur Aufrüstung. Hat niemand davor gewarnt? „Doch, ich!", meldet sich Wieland Giebel zu Wort. Und die Amerikaner auch. Es gab massive Kritik an diesem Abkommen. Russland hielt die osteuropäischen Staaten einschließlich der DDR unter seiner Knute. Man könnte sagen, dass alle, die später in die NATO wollten, um sich vor dem russischen Imperialismus zu schützen, über Jahrzehnte unter den Russen litten.

Als Leonid Breschnew, das Staatsoberhaupt der UdSSR und Parteichef der KPdSU, zu Willy Brandt kam, gab es am 19. Mai 1973 in Dortmund eine Demonstration mit 5.000 Teilnehmern. Mehrere Hundert Menschen wurden festgenommen. Den Einsatz leitete Willi Weyer, der FDP-Innenminister des Bundeslandes Nordrhein-Westfalen, vom Hubschrauber aus. Die „Westdeutsche Allgemeine Zeitung" sprach von einer Bürgerkriegsübung der Polizei. Giebel kann sich so gut daran erinnern, weil die Straßenbahn, mit der er zur Demonstration gegen Breschnew fahren wollte, auf offener Strecke angehalten wurde und alle mitgenommen wurden, die „so aussahen", also längere Haare hatten und einen Parka trugen. Sie wurden fotografiert und mussten Fingerabdrücke abgeben, bevor sie in den Bunker in der Sonnenstraße in Dortmund gebracht wurden. Erst am nächsten Nachmittag wurden die mehrere Hundert Festgenommenen in Mannschaftstransportwagen der Polizei weit außerhalb von Dortmund ausgesetzt. Es gab keinen Bus, sodass sie in die Zivilisation zurücklaufen mussten. Dieser Protest richtete sich genau gegen das Erdgas-Pipeline-Projekt, da klar war, dass die Sowjetunion dadurch aufrüsten konnte. Im Berlin Story Bunker gehen wir in der Ausstellung „Deutschland heute" ausführlich auf diesen Ausgangspunkt der Handelsbeziehungen zur Finanzierung der Aufrüstung ein.

Da wäre zum Beispiel Bundeskanzler Willy Brandt von der SPD, den Sozialdemokraten, in Nordrhein-Westfalen die liberale FDP und heute Ralf Stegner von der SPD, über dessen

Appeasement-Politik wir im Buch ein eigenes Kapitel haben. Sind das immer die gleichen Russlandfreunde? Leider nicht. Mehr als 16 Jahre unter Bundeskanzlerin Angela Merkel von der christlich-demokratischen CDU trugen zur weiteren Abhängigkeit von Russland und Putin bei. Nur die Amerikaner warnten konstant vor der Abhängigkeit von der UdSSR und Russland. Das war lange vor Fracking und Nord Stream 2. Es ist doch etwas mehr Geschichte geworden. Jede Ukrainerin, jeder Ukrainer hat das im Hinterkopf. Diese Erfahrungen sind kollektive, nationale Traumata.

Kampf gegen die russische Invasion

Kyiv und das ganze Land wurden in der Nacht zum 24. Februar 2022 bombardiert und mit Raketen beschossen. Hubschrauberstaffeln, Bomber und Mannschaftstransportflugzeuge stiegen auf und zweihunderttausend russische Soldaten fielen in das Land ein.

Putin hatte sich jedoch total verschätzt: Die Ukrainer kämpften um ihr Land, der Westen lieferte Waffen und Munition, Finnland und Schweden traten der NATO bei, die Amerikaner und Europäer stellten erhebliche Mittel bereit und ließen sich nicht spalten. Die ukrainische Regierung, der Generalstab und die Verwaltung blieben im Land. Belarus nahm nicht aktiv am Krieg teil und China unterstützte zunächst nur sehr zögerlich.

Die Russen haben alle großen Schlachten um Kyiv, Cherson und Charkiv verloren. Seitdem hängen sie im Donbass in einem Stellungskrieg wie im Ersten Weltkrieg fest. Putin führt einen Low-Cost-Krieg, der zwar immer teurer wird, aber wie seine bisherigen Kriege schlecht vorbereitet ist. Der Verlust seiner Soldaten ist ihm egal. Wohnblocks, Krankenhäuser und Schulen werden bombardiert. Es handelt sich um reinen Terror gegen die Zivilbevölkerung. Wir, Enno Lenze und Wieland Giebel, haben das immer wieder bei unseren Besuchen in der Ukraine mit eigenen Augen gesehen.

Es ist der längste Krieg nach dem Zweiten Weltkrieg in Europa, und es war die wichtigste Schlacht in Europa, als Kyiv verteidigt wurde und die die Ukraine nicht fiel. Putins Ziel war die Kapitulation der Ukraine.

In diesem Zusammenhang ist das folgende Zitat aus seiner Rede zur Lage der Nation vom 25. April 2005 am bekanntesten und wird häufig zitiert: „Der Zerfall der Sowjetunion war die größte geopolitische Katastrophe des Jahrhunderts. Für das russische Volk wurde er zu einem echten Drama." In seiner Rede vom 21. Februar 2022, am Tag vor dem Überfall, sprach Putin von der angeblich fehlenden Staatlichkeit der Ukraine und ihrer historischen Einheit mit Russland. „Die Ukraine wurde voll und ganz von Russland erschaffen, genauer gesagt vom bolschewistischen, kommunistischen Russland. Auf diese Weise entstand das Territorium der sowjetischen Ukraine." In dieser Rede schwurbelt Putin, drückt aber klar aus, dass es die Ukraine als solche nicht gibt: „Das moderne, die historischen russischen Länder umfassende, vollständig von bolschewistischen, kommunistischen Russen geschaffene Gebiet der Ukraine ist der Grund, warum sie die historischen russischen Länder mit sich genommen hat, obwohl niemand die Absicht hatte, sie herauszugeben."

Tatjana Voitenko aus Odesa im Interview: „Wir sahen Putins Rede. Danach war uns allen klar, dass der Krieg unvermeidlich war. Wir saßen einfach da und warteten."

Die historische Begründung für den Angriff auf die Ukraine, in der er von den „historischen russischen Ländern" spricht, ist eine direkte Folge der als „Katastrophe" empfundenen Auflösung der Sowjetunion. Putin sieht es als seine Mission, Russland oder die Sowjetunion wieder in der Form zu etablieren, in der sie von Stalin hinterlassen wurden.

Stalin setzte eine Politik der Zentralisierung und Russifizierung durch. Unter seiner Herrschaft wurden ganze Völker, die als „Verräter" oder „unzuverlässig" galten, gewaltsam aus ihren

Heimatgebieten deportiert. Beispiele hierfür sind die Deportationen der Wolgadeutschen, Tataren und Tschetschenen. Die russische Sprache wurde zur dominierenden Sprache und die russische Kultur als überlegen dargestellt. Lokale Kulturen wurden zunehmend unterdrückt und das Recht auf Selbstbestimmung existierte nur noch auf dem Papier. Stalin verfolgte Nationalisten und Intellektuelle, die sich für die Rechte ihrer Völker einsetzten.

Anastasia Wojnurowska, die im Alter von 25 Jahren in den Krieg zog, sagte dazu in ihrem Interview: *„Die Russen kamen, um uns zu töten, um uns zu zerstören, unsere Werte, unsere Kultur, unseren Wunsch, uns frei und demokratisch weiterzuentwickeln, auch intellektuell. Aber die Russen haben nicht bedacht, dass wir Nachkommen der Kosaken sind. Wir werden unser Land verteidigen."*

VOLYNS'KA
RIVNENS'KA
Kovel'
Chornobyl
Lutsk
Korosten'
Rivne
UKR
ZHYTOMYRS'KA
Zhytomyr
L'VIVS'KA
Ternopil
1.316 km
KHMEL'NYTS'KA
Uzhhorod
Ivano-
Frankivsk
Zhmerynka
IVANO-
FRANKIVS'KA
ZAKARPATS'KA
VINNYTS'KA
Chernivtsi
Mohyliv-
Podil's'kyi
Izmayil

Die Ukraine ist 1,7mal so groß wie Deutschland, erstreckt sich über 1300 Kilometer von Ost nach West und über 1000 Kilometer von Nord nach Süd. Das Land hat 44 Millionen Einwohner (Russland 143 Mio., Deutschland 83 Mio.)

Ehemalige Sowjetrepubliken
Former sovjet states

- Russland / Russia
- Weißrusland / Belarus
- Moldawien / Moldova
- Ukraine / Ukraine

Uk
Uk

Ukrainische SSR 1922
Ukrainian SSR 1922
von Polen 1939
from Poland 1939
von Rumänien 1940
from Romania 1940
von der Tschechoslowakei 1948 from Czechoslovakia
von der russischen Sowjetrepublik 1954
from Russian Soviet Republic 1954

Die Ukraine mit historischen Landschaftsbezeichnungen, der bewegten Geschichte der Westukraine und mit russisch besetzten Gebieten im Osten sowie der Krim heute.

The Ukraine with historical landscape designations (italic), the turbulent history of western Ukraine and Russian-occupied areas in the east as well as Crimea today.

1300 Kilometer Radius um Frankfurt a.M. – so erstreckt sich die Ukraine von Ost nach West.

1300 kilometers radius around Frankfurt a.M. - this is how Ukraine stretches from east to west.

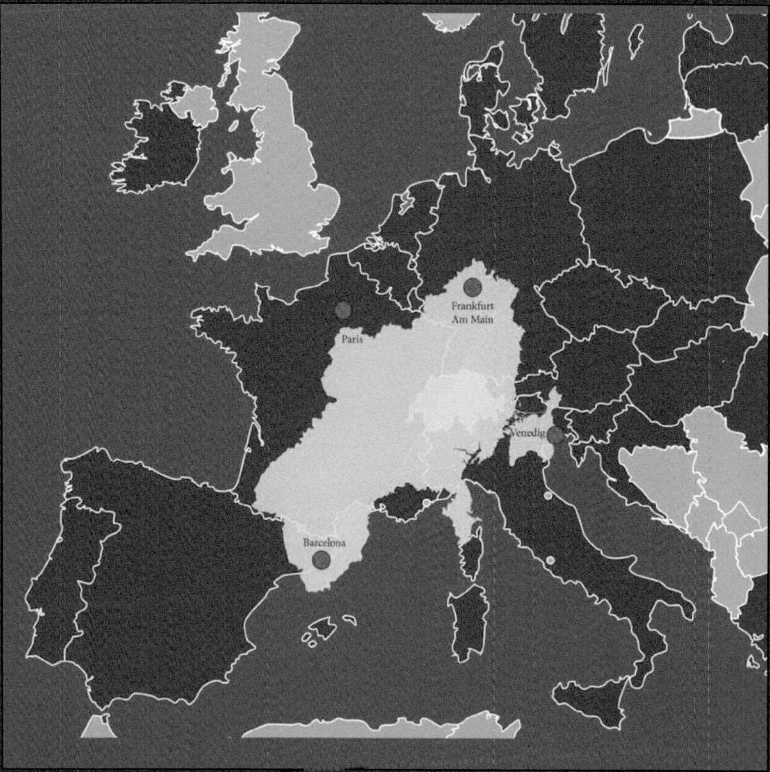

Die Fläche der Ukraine (gelb) mit der Krim – auf Westeuropa gelegt.

The area of Ukraine (yellow) with Crimea – placed on Western Europe.

Russland ist 28mal größer als die Ukraine (rot).
Russia is 28 times larger than Ukraine.

17.000.000 km^2	Russland	Russia
604.000 km^2	Ukraine	Ukraine
357.588 km^2	Deutschland	Germany

The Ukrainian territory occupied by Russia ... is as large as the area of the federal states of Bavaria, Baden-Wür-temberg and Hesse combined.

MILITÄRBEREICH

Die Interviewpartner haben mit dem Kampf um die Unabhängigkeit zu tun, sind oder waren bei den Streitkräften und jetzt teilweise Veteraninnen.
Die Interviews fanden in Kyiv und im Donbas statt.

1

HANNA MALYAR

„In den ersten Tagen der groß angelegten Invasion standen wir vor unvorhersehbaren Herausforderungen."

„Die russische Aggression ist schrecklich. Sie ist enorm und es ist sehr schwer, gegen einen Feind zu kämpfen, der zehnmal größer ist als man selbst. Ich glaube, dass wir damals gesiegt haben und die Ukraine auf der Weltkarte geblieben ist, weil wir Kyiv erfolgreich verteidigt haben."

Das Interview mit Hanna Malyar (46) fand am 6. Mai 2025 in Kyiv statt

In diesem Interview mit Hanna Malyar, der stellvertretenden Verteidigungsministerin, konzentriere ich mich darauf, herauszufinden, wie die Verteidigung von Kyiv und seinen Vororten in den ersten Tagen organisiert war, wie die Ukrainer dieser enormen Übermacht trotzen und die Russen innerhalb eines Monats vertreiben konnten – entgegen allen Prognosen westlicher Politiker. Hanna Malyar verbrachte etwa sechs Monate im Bunker des Generalstabs, war Zeugin aller Ereignisse und scheut keine Frage. Es gibt keine andere so klare und prägnante Einschätzung aus militärischer und politischer Sicht.

„Unsere territoriale Verteidigung bestand aus gewöhnlichen Kyivern. Sie arbeiteten in Büros und anderen zivilen Einrichtungen, und als der Krieg in vollem Umfang begann, packten sie ihre Sachen und meldeten sich freiwillig zur Armee. Selbst Menschen, die aufgrund ihres Gesundheitszustands für den Dienst ungeeignet waren, standen in den Warteschlangen der Territorialzentren und baten darum, in die Territorialverteidigung aufgenommen zu werden. Sie sagten, dass sie alles tun könnten, selbst wenn sie aufgrund ihres Gesundheitszustands nicht kämpfen könnten, könnten sie etwas anderes tun. Vor allem dank der Freiwilligen haben wir die Hauptstadt gerettet."

Hanna Malyar, Kyiv, 6. Mai 2025

Vorahnung des Krieges: Veränderungen in der Militärführung

Als die groß angelegte Invasion begann, war ich stellvertretende Verteidigungsministerin der Ukraine. Im Sommer 2021 erneuerte der Präsident die Militärführung und ersetzte einige stellvertretende Verteidigungsminister. Dies war ein wichtiger Teil der Erneuerung im Rahmen der Vorbereitung auf die Eskalation der Kampfhandlungen.

Zu diesem Zeitpunkt wurden der Oberbefehlshaber Zaluzhny, sein Stellvertreter und der neue Chef des Generalstabs ernannt – alle waren Generäle mit Kampferfahrung. Das war damals die Idee.

Derzeit unterstütze ich die Streitkräfte dabei, den Sieg näher zu bringen, koordiniere Projekte, die über unseren Krieg in europäischen Ländern berichten, und bin zu meiner wissenschaftlichen Arbeit im Bereich der Prävention und Bekämpfung von Straftaten im Bereich der staatlichen Sicherheit zurückgekehrt.

Krieg für Europa: Wie wir die Wahrheit gezeigt haben

Als die groß angelegte Invasion begann, war es für uns äußerst wichtig, Informationen über die Ereignisse in der Ukraine weltweit zu verbreiten. Wir suchten nach verschiedenen Möglichkeiten, um nicht nur Nachrichten und Aufzeichnungen direkt vom Ort des Geschehens zu verbreiten. Es galt, kreative Ideen zu finden, um zu zeigen, was Krieg bedeutet, damit die Bürger aller westlichen Länder den Krieg buchstäblich anfassen und sehen konnten.

Im Umfeld des Verteidigungsministers entstand die Idee, den Europäern russische Militärtechnik und die Überreste russischer Raketen zu zeigen, damit sie sehen konnten, mit welchen metallenen Schrecken die Russen im 21. Jahrhundert unsere Menschen töten. Der Minister beauftragte mich mit diesem Projekt. Ich habe ihn zusammen mit anderen Ministerien und Behörden koordiniert, da es sich um eine sehr umfangreiche Gemeinschaftsarbeit handelte. Wir haben eine ganze Reihe solcher Ausstellungen in europäischen Städten eröffnet. Ich habe insbesondere eine solche Ausstellung in Warschau eröffnet. Ich erinnere mich, dass die polnischen Besucher der Ausstellung von dieser echten Militärtechnik direkt aus den Kriegsgebieten sehr beeindruckt waren. Denn für einen modernen Menschen, der Gadgets benutzt, ist es schwer vorstellbar, was das ist. Wir sind den Ländern, insbesondere Deutschland, sehr dankbar für die Möglichkeit, anschaulich zu zeigen, womit Russland in der

Ukraine Krieg führt. Denn es ist sehr wichtig, den Menschen von heute zu zeigen, wie Kriege heute aussehen.

Die ersten Stunden der Invasion: der unterirdische Generalstab

Am 24. Februar 2022 planten wir zusammen mit der Leitung des Ministeriums und dem Minister, in den Osten zu fliegen, dort eine Pressekonferenz für westliche Medien abzuhalten und sie an die Front zu bringen, damit sie sich selbst ein Bild von der tatsächlichen Lage machen konnten. Zu diesem Zeitpunkt begann bereits die Eskalation in der Donbass-Region.

In dieser Nacht organisierte ich gerade die Flugzeuge, die die Journalisten in den Osten bringen sollten, und die Hubschrauber, mit denen sie von Kramatorsk in die Kampfgebiete gebracht werden sollten. Aber dann begann die Invasion, was natürlich alle unsere Pläne über den Haufen warf.

An diesem Morgen sind wir alle sehr früh aufgewacht. Es war ein Morgen, der das Leben jedes Ukrainers für immer verändert hat. Ich bin sofort zur Arbeit gegangen. Der Generalstab war unterirdisch in einem Luftschutzbunker untergebracht, und ich bin sofort dorthin gegangen. Nach ein paar Stunden wurden die Türen hinter uns geschlossen und uns wurde mitgeteilt, dass wir nicht nach oben gehen können, weil es dort schon zu gefährlich ist. Tatsächlich blieben wir mehrere Monate unter der Erde. Zusammen mit dem Oberbefehlshaber, seinen Stellvertretern und dem Chef des Generalstabs verbrachten wir dort die gesamte Zeit der Verteidigung Kyivs und noch einige Zeit darüber hinaus. Dort befanden sich noch mehrere hundert Soldaten.

Als ich hinunterging, war die Arbeit bereits in vollem Gange. Der Generalstab glich einem Bienenstock. Es waren sehr viele Soldaten dort, jeder erfüllte seine Aufgabe. Im unterirdischen Hauptquartier gab es nur einen großen Raum – einen Besprechungsraum, in dem mehrere Dutzend Soldaten gleichzeitig arbeiteten. Die meisten von ihnen arbeiteten mit einer großen Karte. Heute sind die Hauptquartiere jedoch mit modernen Bildschirmen, Informationssystemen und Kommunikationsmitteln ausgestattet. Es ist praktisch ein Krieg in Echtzeit. Auf diesen Monitoren konnte man wirklich sehen, was vor sich ging. Ich habe es gesehen, und alle Anwesenden haben es gesehen. Der Generalstab glich damals einer freundlichen Familie, die in Not geraten war und sich zusammenschließen musste. Wir alle hofften, dass wir das sehr schnell bewältigen und alles stoppen könnten.

Deshalb gaben damals alle hundert Prozent. Die ersten vier Tage haben wir überhaupt nicht geschlafen. Es schien, als würden wir den Feind jeden Moment aufhalten. Natürlich sind die körperlichen Möglichkeiten jedes Menschen begrenzt, denn wir sind alle Lebewesen. Ich erinnere mich, dass wir im März im Generalstab praktisch in Schichten gearbeitet haben. Man konnte drei bis vier Stunden pro Tag schlafen, nicht mehr, denn es gab ständig Arbeit und Aufgaben. Die Militärführung führte dieses Schichtsystem ein und tatsächlich wurde ein Bereitschaftsdienst eingeführt. Und nicht immer fiel der Schlaf, zum Beispiel des Generalstabschefs, auf die Nacht. Manchmal fand er um drei oder vier Uhr morgens statt, wenn es der Dienstplan vorsah. Man kann sagen, dass es aus physischer Sicht schwierige Bedingungen waren. Abgesehen davon, dass es sich um einen unterirdischen Raum ohne Fenster und frische Luft handelt, in dem alles künstlich ist, ist es ein sehr begrenzter Raum mit sehr kleinen Zimmern. Sie ähneln wahrscheinlich den Kabinen eines U-Boots. Das heißt, es gibt keinen Platz, um sich zu bewegen. Es gibt keinen persönlichen Freiraum. Man befindet sich im Grunde genommen wie in einem U-Boot.

Ich erinnere mich, dass wir in den ersten Wochen überhaupt nicht auf die Lebensbedingungen geachtet haben. Zum Beispiel hat niemand darauf geachtet, was wir zu essen bekamen. Ich habe damals sogar Fotos von dem Essen gemacht, denn es ist schwer vorstellbar, dass der Oberbefehlshaber, seine Stellvertreter und der Generalstab Vorräte aßen, die für den Fall eines Atomkrieges gelagert wurden. Es handelte sich hauptsächlich um Konserven und Getreidebrei. Das heißt, es gab kein Gemüse, Obst oder frisches Fleisch. Aber niemand hat das bemerkt. Ich selbst habe das erst nach zwei Wochen bemerkt. Alle waren ausschließlich darauf eingestellt, zu kämpfen und den Feind aufzuhalten, sodass sie alltägliche Dinge einfach nicht beachteten.

Kyiv bereitet sich vor: Strategie, Freiwillige und Waffen

In den ersten Tagen der groß angelegten Invasion standen wir vor unvorhersehbaren Herausforderungen. Denn ein solcher umfassender Krieg, massive Raketenangriffe, Versuche, Flughäfen rund um Kyiv zu erobern, die Landung von Truppen des Feindes in den Vororten von Kyiv – all das war eine Premiere. Es galt, nach Lösungen zu suchen. Zweifellos spielte dabei eine große Rolle, dass Kyiv militärisch im Voraus vorbereitet war. Zwei Wochen vor Beginn der groß angelegten Invasion wurde General Syrsky zum Befehlshaber der Verteidigung Kyivs ernannt, heute ist er Oberbefehlshaber der Streitkräfte der Ukraine. Er schaffte es, Personal und Technik in Position zu bringen, Kyiv in Sektoren aufzuteilen und die Verteidigung zu organisieren. Ich erinnere mich, dass sich Kyiv in diesen zwei Wochen vor der Invasion still und leise auf die Verteidigung vorbereitete. Zum Beispiel wurden drei Tage vor der Invasion auf Beschluss von Syrsky nachts militärische Ausrüstung an die Stellungen transportiert. Der Transport erfolgte auf speziellen Tiefladern, also Tiefrahmen-Lkw. Die Soldaten wurden etwa eineinhalb Wochen vor der Invasion an die Stellungen gebracht. Das hat natürlich zur Verteidigung Kyivs beigetragen, aber unsere Truppen kämpften unter den Bedingungen der Überlegenheit des Feindes und eines totalen Mangels an allem – Menschen, militärischer Ausrüstung, Waffen.

Niemand außer den Ukrainern selbst glaubte an die Ukrainer.

Damals hatten wir keine nennenswerte Hilfe aus dem Westen. Kyiv war das Hauptziel der Russen. Es hat uns sehr geholfen, dass wir kurz vor der Invasion „Stingers", „Enlows" und „Javelins" erhalten haben.

Unsere Partner – Großbritannien, die USA und die baltischen Staaten Litauen, Lettland und Estland – begannen einige Wochen vor der Invasion mit der Lieferung dieser Waffen. Das hat uns damals bei der Verteidigung Kyivs sehr geholfen. Im Allgemeinen haben wir alte Waffen verwendet und hatten einen Mangel an Munition. Mehrmals hatten wir nur noch Munition für zwei bis drei Tage und wussten, dass wir uns danach nicht mehr verteidigen könnten. Es gab kritische Momente, in denen wir nicht sicher waren, ob wir die Verteidigung Kyivs aufrechterhalten können. Es bestand die Gefahr, dass die Russen doch in Kyiv einmarschieren würden, da sie im Voraus Sabotagegruppen vorbereitet hatten, die in Kyiv auf die russische Landungstruppe warteten, die auf den Flughäfen von Vasylkiv und Hostomel landen sollte. Und tatsächlich versuchten sie, diesen Plan umzusetzen.

In den ersten Tagen musste ich mich um alles kümmern. Zum Beispiel musste in den Regionen die Beschaffung von Lastwagen organisiert werden, da es einfach nicht genug Militärfahrzeuge gab. Ich musste alle Transportunternehmen und Zivilisten, die Lastwagen besaßen, kontaktieren, sie an einem bestimmten Ort versammeln und an die Streitkräfte übergeben. Ich koordinierte die Sammlung dieser Fahrzeuge in der ganzen Ukraine, einschließlich der Region Kyiv. In den ersten Tagen begannen wir auch mit der Bildung einer ausländischen Legion. Ich wurde vom Ministerium mit der Koordination dieses Prozesses beauftragt. Ich hielt Besprechungen mit Vertretern der Landstreitkräfte ab, da diese für die Bildung der ausländischen Legion verantwortlich waren, kümmerte mich um organisatorische Fragen der Rekrutierung von Personen für die Legion und koordinierte andere damit verbundene Aufgaben.

In den ersten Tagen der groß angelegten Invasion wurde zum ersten Mal seit 2014 die Arbeit mit Kriegsgefangenen vollständig in Übereinstimmung mit den Anforderungen der Genfer Konventionen über die Behandlung von Kriegsgefangenen organisiert. Ich war ebenfalls an diesem Prozess beteiligt. Damals gab es sehr viel zu tun. Alle waren mit allem beschäftigt.

Als Präsident Selenskyj das Video „Wir sind alle hier“ drehte und zeigte, dass er sich in Kyiv aufhält, war das für die Ukraine äußerst wichtig. Ich glaube, dass seine Haltung damals eine wichtige Rolle für den Widerstand der Ukrainer gespielt hat. Sie glaubten daran, dass sie gegen die Russen kämpfen können. Niemand hat Kyiv verlassen – weder der Präsident, noch die Präsidialverwaltung, noch die Regierung. Ich erinnere mich, dass wir damals auch ein Video für die sozialen Netzwerke gedreht haben. Außerdem habe ich damals im unterirdischen Hauptquartier ein Selfie mit dem Oberbefehlshaber Zaluzhny gemacht. Wir haben es ebenfalls veröffentlicht und gezeigt, dass die Militärführung vor Ort ist. Alle sind in Kyiv und verteidigen die Stadt. Das war während des Krieges sehr wichtig, und es war gut, dass sowohl der Oberbefehlshaber als auch der Präsident dies gezeigt haben.

Freiwillige melden sich

Als die groß angelegte Invasion begann und ich mich bereits im unterirdischen Bunker befand, erreichte mich das Echo des Maidan 2014 in Form von Anrufen von allen Menschen, mit denen ich auf dem Maidan gewesen war. Unser gesamtes Netzwerk von Freiwilligen, all diese Menschen, all diese vertikalen und horizontalen Verbindungen wurden innerhalb eines Tages wiederhergestellt. Dutzende von Menschen vom Maidan, die ich persönlich kannte, riefen mich an und sagten: „Hanna, sag uns, was wir tun sollen. Wir werden es tun. Sag uns, was wir tun sollen.“ So brachten beispielsweise unsere Freiwilligen vom Maidan Zigaretten, Tee und Kaffee für die Militäreinheit, die zu dieser Zeit das Gebäude des Verteidigungsministeriums und des Generalstabs bewachte. Sie halfen den Soldaten vor Ort. Die Freiwilligenbewegung, die damals auf dem Maidan entstanden war, war praktisch bereit für den Krieg. All diese Menschen tauchten innerhalb weniger Stunden auf und organisierten diese enorme Unterstützung für die Armee. Es ist kein Geheimnis, dass die Armee in den ersten Monaten weitgehend auf die Hilfe von Freiwilligen angewiesen war und erst später der Staat diese Last übernehmen konnte.

Ich kann sagen, dass wenige Tage vor der Invasion die Aufgabe gestellt wurde, vor allem unsere Transportflugzeuge und die Militärluftfahrt zu retten. Deshalb sorgte die Militärführung dafür, dass unsere Flugzeuge an andere Orte verlegt wurden. Als die Invasion begann, konnten die Russen unsere Flugzeuge nicht beschädigen. Der größte Teil der Flugzeuge konnte gerettet werden. Leider wurde die „Mrija", das größte Transportflugzeug der Welt, das in der Ukraine gebaut wurde, zerstört. Für uns war das ein schrecklicher Verlust. Ich erinnere mich noch sehr gut an diesen Moment, sogar emotional. Aber alles andere konnte mehr oder weniger gerettet werden. Das, was zerstört wurde, machte nur einen kleinen Teil unserer Reserven aus.

Tatsächlich wurden damals die meisten Kräfte nach Osten geschickt. Kyiv wurde zu dieser Zeit von der 72. Brigade verteidigt, die sich wenige Tage vor der Invasion in Stellung gebracht hatte. Bereits zu Beginn der Invasion wurden die 112. Kyiver Brigade der Territorialverteidigung sowie die 111. Brigade der Territorialverteidigung der Region Kyiv gebildet. Alle Einheiten der Sicherheitskräfte, die sich auf dem Gebiet von Kyiv befanden, wurden eingesetzt. Darunter die Nationale Polizei, die Nationale Garde und der Sicherheitsdienst. Übrigens waren auch Einheiten der Spezialeinheiten und des Hauptnachrichtendienstes dabei. Trotzdem fehlte es immer noch an Leuten. Um die Verteidigung von Kyiv zu verstärken, wurde beschlossen, Kadetten von Militärakademien aus Schytomyr, Odesa und Lemberg hinzuzuziehen. Es war ein sehr bunter Mix aus Kräften und Mitteln. Nicht sofort, aber dennoch wurde der Angriff des Feindes auf die Region Kyiv und Kyiv selbst abgewehrt.

Der Krieg live auf dem Monitor

Ich erinnere mich an die ersten Tage der Invasion, als auf den Bildschirmen im Hauptquartier Bilder von russischen Panzern zu sehen waren, die auf Kyiv vorrückten. Das war beängstigend. Aber die Verteidigungskräfte konnten diese Kolonnen aufhalten. Ein anschauliches Beispiel für diese Kämpfe ist die zerstörte Kolonne, die auf Brovary vorrückte. Sie hätte es bis nach Kyiv schaffen können, aber im Dorf Skibin fand eine berühmte Schlacht statt, in der etwa 30 russische Fahrzeuge zerstört wurden. Insgesamt bestand die Kolonne aus 200 russischen Fahrzeugen. Es war eine riesige Kolonne, die sich über eine große Entfernung erstreckte. Bei Google findet man ein Video dieser Kolonne, auf dem zu sehen ist, wie sie sich von einem Dorf zum nächsten erstreckt. Unsere Soldaten der 72. Brigade legten Hinterhalte und griffen das Ende, den Anfang und die Mitte der Kolonne an. Das war eine der entscheidenden Schlachten jener Zeit. Die Russen wurden schließlich nicht nach Kyiv gelassen, obwohl sie nur noch wenige Kilometer von der Stadt entfernt waren. Es war schwer zu glauben, als ich das in Echtzeit auf den Monitoren des Generalstabs sah. Ich kann nicht sagen, dass ich in diesem Moment starke Emotionen verspürte, denn es wirkte wie ein Film. Es schien, als könne so etwas in Wirklichkeit nicht passieren.

In den ersten Tagen trafen Raketen die Gebäude in Kyiv. Die Russen wollten strategische Objekte und sogar den Fernsehturm von Kyiv zerstören. Als das Verteidigungsministerium und der Generalstab beschossen wurden, stellte sich heraus, dass daran Personen beteiligt waren, die sich vorbereitet hatten und noch vor Beginn der Invasion nach Kyiv eingedrungen waren. Es fühlte sich an, als wäre man auf einem Filmset. Die Erkenntnis, dass all dies tatsächlich geschieht, kam viel später.

Die Verteidigungsoperation in Kyiv war zweifellos ein Wendepunkt in diesem Krieg, da sie die Pläne der Russen durchkreuzte, die später von den Geheimdiensten aufgedeckt und veröffentlicht wurden und die Eroberung Kyivs innerhalb von drei Tagen vorsahen. Sie wollten staatliche Einrichtungen, darunter den Generalstab, einnehmen und ein neues Regime ausrufen. Die Regierung sollte entweder physisch vernichtet oder gefangen genommen werden. Der Plan der Russen sah eine Invasion aus Weißrussland und Russland mit mehreren Kolonnen vor. Sie wollten die Flughäfen rund um Kyiv einnehmen und dort ihre Truppen landen. Aufgrund des starken Widerstands der Ukrainer gelang ihnen die Landung jedoch nicht. Dieser Widerstand basierte auf dem Patriotismus und Enthusiasmus unserer Soldaten und Freiwilligen, die sich zu Zehntausenden den Streitkräften angeschlossen hatten, um die Ukraine zu verteidigen.

Damals hatten die Russen einen mehrfachen Vorteil. Sie waren in Bezug auf die Anzahl der Soldaten, Waffen und militärische Ausrüstung überlegen. Um Kyiv und die Region zu erobern, setzten sie ihre professionellsten Einheiten ein. Dies war nicht der Krieg, den wir im Osten der Ukraine erlebt hatten. Es handelte sich um Einheiten, die sich bereits in Syrien bewährt hatten. Es waren ihre Elite-Luftlandeeinheiten – und diese gesamte Elite wurde von unseren Soldaten und Freiwilligen vernichtet. Unsere territoriale Verteidigung bestand aus gewöhnlichen Kyivern. Sie arbeiteten in Büros und anderen zivilen Einrichtungen, und als der umfassende Krieg begann, packten sie ihre Sachen und meldeten sich freiwillig zur Armee. Selbst Menschen, die aufgrund ihres Gesundheitszustands nicht diensttauglich waren, standen in den Reihen der territorialen Zentren und baten darum, in die Territorialverteidigung aufgenommen zu werden. Sie sagten, dass sie alles tun könnten, auch wenn sie aufgrund ihres Gesundheitszustands nicht kämpfen könnten, könnten sie etwas anderes tun. Vor allem dank der Freiwilligen haben wir die Hauptstadt gerettet.

Es gibt jedoch mehrere Faktoren. Erstens war die Hauptstadt rechtzeitig auf die Verteidigung vorbereitet. Es gibt interessante Fakten darüber, wie diese Verteidigung organisiert wurde. Zweitens kamen viele Freiwillige. Und der dritte Faktor ist meiner persönlichen Meinung nach unser Glaube daran, dass wir schnell fertig werden. Viele Menschen, die an der Verteidigung beteiligt waren, dachten damals, dass wir Kyiv schnell verteidigen und den Krieg beenden würden.

Dieser Glaube daran, dass es nicht mehr lange dauern würde, gab uns damals enorme Kraft. Das motivierte uns, hier und jetzt all unsere Kräfte einzusetzen.

Zur Verteidigung Kyivs nutzte der Befehlshaber der Hauptstadt, Syrsky, das natürliche Relief von Kyiv und der Region. Er schuf zwei Verteidigungsringe. Das innere verlief entlang der Umgebung von Kyiv, das äußere durch die Region Kyiv. Es schirmte Kyiv im Norden und Westen ab, da wir einfach nicht mehr Kräfte hatten. Wir konnten nicht alles von allen Seiten abdecken.

Moschun: Wendepunkt der Verteidigung der Hauptstadt

Moschun. Die Soldaten des Hauptquartiers der Hauptstadtverteidigung selbst teilten die Verteidigung Kyivs in „vor und nach Moschun" ein. Sie sind der Meinung, dass die Kämpfe im Dorf Moschun einen Wendepunkt in der Verteidigung Kyivs und der Region darstellten. Zu diesem Zeitpunkt, Mitte März, waren die Russen teilweise in das Dorf eingedrungen, hatten es teilweise besetzt, und es lag zu beiden Seiten des Flusses Irpin. Die Russen hatten bereits mehrere Pontonbrücken gebaut und transportierten ihre Technik. Wir mussten sie zerstören, hatten dafür aber nur wenige Mittel.

Hier gibt es eine sehr interessante Geschichte, die mir General Bargilevich erzählt hat, der für die Verteidigung dieses Sektors verantwortlich war und später Chef des Generalstabs wurde. Er erzählte mir, wie die Einheimischen halfen. Ein junger Mann aus dieser Gegend kam auf ihn zu und sagte, dass er technisch in der Lage sei, die Gespräche der Russen abzuhören. „Ich kann das für Sie organisieren, und Sie werden wissen, worüber der Feind spricht." Ein ganz normaler junger Mann aus dieser Gegend organisierte das technische Abhören. Dadurch erfuhren unsere Soldaten von den Plänen der Russen und konnten sie vereiteln. Die Schlacht bei Moschun war äußerst heftig.

Um den Feind endgültig aufzuhalten, musste der Damm, der Teil des Wasserbauwerks zwischen dem Kyiver Stausee und dem Fluss

Irpin war, gesprengt und mit Wasser geflutet werden. Wie mir der Befehlshaber der Verteidigung Kyivs, Syrsky, erzählte, als er eine Besprechung mit dem Kommando der Landstreitkräfte abhielt, da diese zu diesem Zeitpunkt für die Verteidigung Kyivs verantwortlich waren, diskutierten sie, ob der Damm gesprengt werden sollte, wie dies zu bewerkstelligen wäre und welche Folgen dies haben würde. Einerseits waren sich alle einig, dass dies getan werden müsse, andererseits bestand das größte Problem darin, Fachleute zu finden, die nur einen Teil des Damms sprengen könnten, nicht den gesamten, da dies zu einer ökologischen Katastrophe geführt hätte. Zunächst versuchten die Streitkräfte, das Problem selbst zu lösen, aber es gelang ihnen nicht. Sie konnten den Damm nicht sprengen, da er sehr stabil gebaut war. Dann wandte sich Syrsky an Budanov, und sie besprachen diese Frage am Telefon. Budanov fand Spezialisten, die sich mit den Besonderheiten der Sprengung einer solchen Konstruktion auskannten.

Man kann sagen, dass die Kämpfe bei Moschun ein Wendepunkt waren, der die Russen stoppte. Von diesem Zeitpunkt an begannen sie sich zurückzuziehen und gaben den Angriff auf Kyiv auf. Tatsächlich wurde der Angriff genau an dieser Stelle gestoppt. Und von diesem Moment an glaubten unsere Verteidiger, dass sie den russischen Angriff auf die Region Kyiv abwehren könnten. Wie der Kommandant in einem Interview sagte, haben wir damals verstanden, dass die russische Armee gar nicht so stark ist.

In Kyiv war es damals extrem gefährlich. Nach verschiedenen Angaben unserer Geheimdienste hatten sich feindliche Sabotagegruppen, die vor dem Krieg nach Kyiv gebracht worden waren, über ein Jahr lang vorbereitet. Das heißt, dies geschah nicht an einem Tag oder in einer Woche, sondern im Laufe eines Jahres. Sie studierten die Stadt und rekrutierten Ukrainer, da es sich um gemischte Gruppen handelte. Es gab sowohl Russen als auch, leider, rekrutierte Ukrainer. Ich erinnere mich, dass es uns verboten war, ohne Erlaubnis und Begleitung des Militärs nach oben zu gehen, da dort Sabotage- und Aufklärungsgruppen, die am Krieg teilnahmen, aber die Frontlinie nicht überschritten hatten und sich bereits auf dem Territorium des Landes befanden, Beschuss ausübten. Sie beschossen beispielsweise die Räumlichkeiten des Generalstabs und des Verteidigungsministeriums. Der Feind hatte auch Pläne zur Beseitigung der militärisch-politischen Führung. Es gab Attentate auf den Präsidenten, darüber wurde damals berichtet. Auch der Verteidigungsminister und der Chef des Geheimdienstes waren Ziel von Attentaten. Wir können noch keine Informationen veröffentlichen, aber auch die militärische Führung war in Gefahr, die Russen jagten auch sie.

Was die regulären Truppen betrifft, so näherten sie sich Kyiv auf eine Entfernung von etwa 15 bis 20 Kilometern, konnten aber zurückgeschlagen werden. Hätten die Russen die Flughäfen in Hostomel oder Vasylkiv eingenommen, hätten sie die gesamte geplante Luftoperation mit Dutzenden von Transportflugzeugen und Hubschraubern durchführen können. Ihr Plan war es, sofort nach Kyiv vorzustoßen, wo bereits die von mir bereits erwähnten Sabotagegruppen auf sie warteten. Zweifellos bestand ein großes Risiko, dass Kyiv nicht standhalten würde. Daher war es für die Verteidigung sehr wichtig, die Flughäfen zurückzuschlagen. Denn im Grunde genommen bestand der Plan der Russen in erster Linie darin, die Macht in Kyiv zu übernehmen. Ich weiß von europäischen Beamten und Militärs, dass sie ebenfalls über diese Informationen verfügten. Sie glaubten nicht an unsere Kräfte und rechneten damit, dass die Ukraine höchstens eine Woche durchhalten würde. Mir wurden sogar entsprechende SMS-Nachrichten von europäischen Beamten gezeigt, aus denen hervorging, dass sie nicht daran glaubten, dass die Ukraine standhalten würde. Es gab sogar Nachrichten wie: „Noch ein paar Tage, und Kyiv wird nicht mehr existieren.“ Deshalb war dies eine entscheidende Verteidigung, die es uns ermöglichte, den Kampf fortzusetzen. Nach der erfolgreichen Verteidigung Kyivs, nachdem die Russen geflohen waren und sogar ihre Kleidung zurückgelassen hatten, änderte sich die Situation endlich.

Die Ukrainer glaubten von Anfang an an sich selbst, was uns zum Kampf inspirierte und was sehr wichtig ist. Denn die russische Aggression ist schrecklich. Sie ist enorm und es ist sehr schwer, gegen einen Feind zu kämpfen, der zehnmal größer ist als man selbst. Zweitens gab dies unseren westlichen Partnern die Zuversicht, dass wir kämpfen können. Endlich begann man uns spürbar zu helfen. Tatsächlich können wir dank dieser Hilfe bis heute unsere Verteidigung aufrechterhalten. Deshalb glaube ich, dass wir damals gesiegt haben und die Ukraine auf der Weltkarte geblieben ist, gerade als wir Kyiv verteidigt haben.

Volksheldentat: Armee und Zivilbevölkerung gemeinsam

An der Verteidigung Kyivs waren zahlreiche Einheiten aller ukrainischen Verteidigungskräfte beteiligt. Eine entscheidende Rolle spielten die 72., 112. und 111. Brigade der Territorialverteidigung sowie Einheiten der Nationalgarde, der Nationalpolizei, des Sicherheitsdienstes der Ukraine und des Hauptnachrichtendienstes. Außerdem Kadetten von Bildungseinrichtungen aus Schytomyr, Lemberg, Odesa und Kyiv. Ich fürchte, jemanden zu vergessen oder nicht zu nennen. Es handelt sich um einen breiten Kreis aller Sicherheitskräfte, die sich zu diesem Zeitpunkt in Kyiv und der Region Kyiv befanden.

Ich denke, dass der Erfolg der Verteidigung Kyivs auf einer Kombination von zwei Faktoren beruht. Einerseits zweifellos die Professionalität unserer Soldaten und des Kommandanten der Verteidigung Kyivs, Syrsky, der diese Operation geplant hat, und andererseits die enorme Leistung des ukrainischen Volkes, aller Freiwilligen, der Einwohner Kyivs und der Region Kyiv, die sich damals unglaublich zusammengeschlossen und der Armee geholfen haben. Es war eine gemeinsame Heldentat des ukrainischen Volkes, der Zivilbevölkerung und des Militärs. Und natürlich war es auch der Glaube. Ohne den Glauben an den Sieg wäre nichts möglich gewesen. Die Ukrainer haben daran geglaubt.

Bereits im Herbst 2021 deuteten Daten der Geheimdienste darauf hin, dass die Russen eine Eskalation der militärischen Aktionen vorbereiteten. Tatsächlich wurde damals ein Interview mit Budanov veröffentlicht, in dem er im Herbst, als er sich in den USA aufhielt, darüber sprach. Eine andere Sache ist es, die genauen Richtungen und das Ausmaß vorherzusagen.

Es war also klar, dass es zu einer Eskalation kommen würde. Und das konnte man anhand der Dynamik der Ereignisse erkennen. Der Krieg war damals in eine Sackgasse geraten. Und allen war klar, dass es zu einer Verschärfung kommen würde. Die meisten Militärexperten neigten zu der Meinung, dass dies im Osten geschehen würde. Man bereitete die Verteidigung des Ostens vor. Allerdings gab es Geheimdienstinformationen, die darauf hindeuteten, dass die Russen auch vorhatten, auf Kyiv vorzurücken. Und Kyiv war zur Verteidigung bereit.

Ein weiteres Problem war, dass die Ukraine zu diesem Zeitpunkt einfach nicht über die notwendigen Ressourcen und Kräfte verfügte, um die gesamte Frontlinie, von der aus die Russen angreifen konnten, abzudecken. Unsere Verteidigungskräfte hatten physisch nicht genug Personal, um die Verteidigung entlang der gesamten Grenze zum Feind zu organisieren. Deshalb bereiteten wir uns so gut vor, wie es unter den gegebenen Umständen möglich war. Aber das reichte nicht aus. Das ist offensichtlich.

Heute leben: Lehren aus dem Krieg und der Glaube an den Sieg

Wenn wir gewinnen, werde ich schlafen, mich ausruhen und wahrscheinlich mit Vorträgen um die Welt reisen. Ehrlich gesagt möchte ich darüber nicht nachdenken. Der Krieg hat mich gelehrt, im Hier und Jetzt zu leben. Ich plane von Tag zu Tag, und wie mir die Soldaten an der Front oft gesagt haben: „Lebe heute, denn morgen gibt es vielleicht kein Morgen mehr." Tatsächlich dauert der Krieg an, und wir sagen, dass wir alle unter Gottes Schutz stehen, denn jeden Tag fliegen Raketen. Jeden Tag kann man jemanden sehen, der morgen vielleicht nicht mehr da ist. Heute lebst du, und morgen bist du vielleicht schon nicht mehr da. Deshalb plane ich, ehrlich gesagt, überhaupt nicht, was nach dem Sieg sein wird. Ich lebe mit meinen Gedanken und Gefühlen nur für den Tag, an dem der Sieg kommen wird. Dann werden wir darüber nachdenken, was wir als Nächstes tun werden.

2

MYKOLA BONDAR

„Die Russen schreiben auf ihre Züge: ‚Nach Berlin!' Sie schreiben auf ihre Autos: ‚Nach Berlin!'"

„Die Zukunft der Ukraine ändert sich nicht. Genauso wie in den letzten tausend Jahren. Es ist ein Kampf, es ist ein Krieg. Wir können unsere Nachbarn, diese Feinde aus Moskau, nicht umsiedeln. Wir haben keine Aussicht auf Versöhnung, denn die Moskowiter können die Existenz einer unabhängigen Ukraine nicht zulassen."

Das Interview mit Mykola Bondar fand am 11. Mai 2025 in Svyatogorsk statt.

Dies ist die Geschichte eines Menschen, der seit seiner Jugend gelernt hat, im Widerstand zu leben. 1969 in Podillia geboren, kam er bereits mit fünfzehn Jahren mit dem KGB und dem sowjetischen System der Verfolgung in Berührung. Heimliche Gespräche über die UPA, Bekanntschaften mit Dissidenten, die aus den Lagern entlassen worden waren, Verhaftungen und Druck auf die Familie – all das wurde zu seiner „Schule des Erwachsenwerdens". Was für andere eine ferne Vergangenheit war, wurde für ihn als Teenager zur Realität.

Seine Geschichte ist nicht nur eine Biografie. Sie spiegelt die Ukraine der letzten Jahrzehnte wider: von der Erlangung der Unabhängigkeit und den ersten Illusionen bis zu den Maidan-Protesten, dem Krieg im Donbass und der groß angelegten Invasion. In seinen Worten klingt nicht nur seine persönliche Erfahrung an, sondern auch die Erinnerung an Generationen, die den Kampf nie aufgegeben haben. Er ist überzeugt: Was heute geschieht, ist eine Fortsetzung des Dritten Befreiungskampfes, in dem der Feind derselbe geblieben ist, nur die Formen des Kampfes haben sich geändert.

In diesem Text geht es nicht nur um die Vergangenheit. Der Autor stellt unbequeme Fragen: Warum blieben die Verbrechen des Kommunismus jahrzehntelang ungestraft? Warum haben wir so lange die Augen vor den imperialen Ambitionen Moskaus verschlossen? Seine Erinnerungen lassen einen die Ukraine mit Berlin zur Zeit des Mauerfalls vergleichen, mit Georgien und Tschetschenien, wo ebenfalls Krieg herrschte.

Aber trotz der Verluste und Enttäuschungen ist diese Erzählung von Glauben durchdrungen. Vom Glauben, dass Freiheit jeden Preis wert ist. Vom Glauben, dass Moskau früher oder später untergehen wird. Und vom Glauben, dass die Ukrainer durchhalten werden – weil sie keinen anderen Weg haben.

Die frühen Jahre und erste Erfahrungen mit Widerstand

Ich wurde 1969 in einem Dorf in Podillia geboren, unweit einer Stadt, die von Moskau-Anhängern in Khmelnytskyi umbenannt wurde. 1984 war ich 14, fast 15 Jahre alt, als ich zum ersten Mal zusammen mit einer Gruppe junger Leute, die genauso waren wie ich, am Ort einer großen Schlacht zwischen der UPA – der Ukrainischen Aufstandsarmee – und dem sowjetischen NKWD in der Nähe von Gurby festgenommen wurde. Es handelt sich um eine bekannte Schlacht aus dem Jahr 1944, als 35.000 sowjetische Besatzer versuchten, 5.000 Ukrainer zu vernichten.

In dieser sowjetischen Zeit beschäftigten wir uns intensiv mit unserer Geschichte, der Geschichte des Widerstands gegen die Besatzung. Zu diesem Zweck inszenierten wir Touristenreisen und tarnten sie als gewöhnlichen Tourismus. Aber unter uns gab es bereits Verräter – Menschen, die unsere Gruppe verraten haben. Leider gab es sogar unter den Jugendlichen Denunzianten, und wir wurden verhaftet. Zuerst vom KGB in Riwne, dann in Ternopil, und von dort wurden wir nach Chmelnyzkyj überstellt. Infolgedessen bekamen wir zu Hause Ärger, und unsere Eltern hatten enorme Probleme bei der Arbeit. Damals funktionierte das Strafsystem einwandfrei: Verstöße wurden nicht verziehen, das war einfach unmöglich.

Meine Eltern hatten jedoch immer eine äußerst negative Einstellung gegenüber der sowjetischen Regierung. Sie unterstützten meine Entscheidung, und diese Unterstützung gab mir die Kraft, weiterzukämpfen.

Lehrer und Dissidentenbewegung

Je älter ich wurde, desto stärker wurde der Einfluss eines meiner Lehrer auf mich – ein Mensch, dank dem ich viel gelernt habe und dank dem ich der bin, der ich bin. Das ist Kuzma Matviuk, ein bekannter Dissident, der eine Haftstrafe in sowjetischen Lagern verbüßt hat.

Zwischen den Phasen des bewaffneten Kampfes gab es auch andere Fronten: intellektueller, künstlerischer und kultureller Widerstand sowie

Dissidentenbewegungen. Sie setzten den Kampf für die Ukraine fort und ließen nicht zu, dass ihre Geschichte zerstört oder vergessen wurde. Die Ukrainer kämpften ständig um den Erhalt ihrer Nation. Die Geschichte gibt Antworten auf alle Fragen – warum und was gerade geschieht.

Vergleich mit der Berliner Mauer und der heutige Kampf

Heute vergleiche ich dies mit dem Fall der Berliner Mauer. Die Deutschen haben einen hohen Preis für die Wiedervereinigung bezahlt. Es gab Tote. Viele Menschen versuchten, über die Mauer zu klettern, und viele von ihnen wurden getötet oder verhaftet. Die Welt hat das gesehen. Und das Streben der Deutschen nach Wiedervereinigung hat schließlich sein Ziel erreicht. Man sagt: „Ohne Blutvergießen", aber das ist nicht wahr – das behaupten die Moskowiter ständig.

Uns wurde auch gesagt, dass wir unsere Unabhängigkeit ohne Blutvergießen erlangt hätten. Aber in Wirklichkeit dauert der Kampf um die Freiheit schon Jahrzehnte an und dauert bis heute an, obwohl die Unabhängigkeit rechtlich gesehen schon seit über 30 Jahren wiederhergestellt ist.

Seit hundert Jahren führen wir den Dritten Befreiungskampf – den bewaffneten Widerstand gegen die russische Besatzung. Der Feind ist derselbe: die Moskowiter, die Nachkommen des sowjetischen Systems. Das Schrecklichste ist, wenn man faschistische und nationalsozialistische Bewegungen verurteilt, aber die Bolschewiken und Kommunisten vergisst. Dabei ist dieses System nicht weniger verbrecherisch. Es hat Dutzende Millionen ihrer Bürger getötet. Und erst jetzt beginnt man, sie zu verurteilen. Wir haben immer noch Symbole – Sterne, Sicheln und Hämmer – Symbole eines noch schrecklicheren Systems, eines schrecklichen Imperiums, das einer der amerikanischen Präsidenten einmal als „Imperium des Bösen" bezeichnet hat. Es ist bis heute genauso schrecklich und unverändert geblieben.

In den letzten 800 Jahren gab es in der Ukraine keine Zeit ohne Krieg. In den letzten 80 Jahren, als man sagte, dass es in der Ukraine keinen Krieg gab, dauerte er dennoch an – in einer anderen Form: Man versuchte, uns zu vernichten, uns unserer Sprache zu berauben, uns zu assimilieren, uns zu Sowjetmenschen zu machen.

Leider glaube ich, dass Sie das auch gespürt haben. Man sieht den Unterschied zwischen den Gebieten und Menschen, die unter sowjetischer Besatzung standen, und denen, die unter amerikanischer Verwaltung standen.

Proteste auf dem Maidan

Ich habe an allen Protesten auf dem Maidan teilgenommen. In der Ukraine gab es drei davon. Der Begriff „Maidan" selbst ist umstritten – manche denken, es sei einfach ein Ort, an dem sich Menschen versammelt haben. Das ist jedoch nicht der Fall. Die Maidan-Proteste fanden nur statt, wenn die Gesellschaft sich einer großen Gefahr ausgesetzt sah. Die Menschen gingen nicht auf die Straße, weil jemand sie dazu aufgerufen hatte, sondern weil die Nation in einem kritischen Moment selbst handelte. Kein Politiker kann den Maidan künstlich organisieren – er wird vom Volk geschaffen, wenn es eine echte Gefahr spürt.

Der erste Maidan war die Revolution auf Granit, ein Studentenprotest. Damals kam der amerikanische Präsident ins Parlament und schlug vor: „Wir wollen, dass ihr in der Union bleibt, wir haben vereinbart, dass ihr Demokratie haben werdet." Ich wiederhole wörtlich, was er gesagt hat. Leider folgte dann unsere Entwaffnung. Wir gaben unsere strategischen Atomwaffen ab, ebenso wie unsere taktischen, obwohl die Menschen gegen unsere Schwächung waren. Das war die Vorbereitung auf genau die Besetzung, die wir heute erleben.

Jetzt haben wir endlich sowjetische Symbole mit faschistischen gleichgesetzt, und sie sind im Land verboten. Es ist spät, aber gut, dass es zumindest getan wurde. Wir haben begonnen, unsere militärische Stärke wiederherzustellen. Endlich.

Mein ganzes Leben lang habe ich versucht – und nicht nur ich, sondern auch viele meiner Kameraden, von denen viele ums Leben gekommen sind –, gegen die sowjetische Ideologie zu kämpfen. Viele von ihnen haben zu den Waffen gegriffen und kämpfen bis heute weiter. Und wir hoffen auf die Unterstützung der zivilisierten Welt, so wie wir sie jetzt haben. Wir sind dafür dankbar. Unsere Vorfahren hatten diese Unterstützung nicht. Sie hatten diese Möglichkeiten nicht. Oft kämpften sie schon damals, als es noch keinen Staat gab, für etwas, das es noch nicht gab.

Heute haben wir einen Staat. Wir haben Unterstützung. Wir haben bereits das Verständnis Europas, welche Bedrohung Moskau darstellt. Es ist ein schwerer Kampf. Heute hat uns Amerika enttäuscht, aber Europa ist aufgewacht. Und das gibt Hoffnung.

Europa versteht, dass die Horde nicht vor uns Halt machen wird. Dass das 21. Jahrhundert sie in keiner Weise einschränkt. Sie ist genauso schrecklich wie vor einem Jahrhundert. Genauso gefährlich und manchmal sogar noch heimtückischer, viel mehr, als man sich vorstellen kann. Deshalb kämpfen wir heute weiter – für uns selbst und für Europa.

Die Orangene Revolution und die Revolution der Würde

Dann gab es die Orangene Revolution – den Maidan 2004. Damals versuchte Janukowitsch, das Volk zu täuschen und uns zurück in den Schatten Russlands, in die Falle der imperialen Abhängigkeit zu führen. Wir haben uns gegen Lügen und Fälschungen erhoben und das nicht zugelassen. Und bereits 2013 entwickelte sich die Revolution der Würde zu einem echten dritten Befreiungskampf für die Freiheit, in dem jeder Tag eine Prüfung für Mut und Standhaftigkeit war.

Die ersten Gefallenen, die Helden der Himmlischen Hundert, gaben ihr Leben für unser Recht auf Freiheit. Heute kämpfen wir weiter für diese Entscheidung und bekräftigen sie jeden Tag durch unser Handeln. Es ist ein Kampf um Leben, um das Schicksal von Menschen, um die Gesundheit und Sicherheit von Familien. Jeden Tag zahlen Zivilisten und Soldaten einen hohen Preis, damit Europa an unserer Seite stehen kann, unter unserem Schutzschild. Die Vergangenheit lehrt uns, die Gegenwart stellt uns auf die Probe, und die Zukunft hängt davon ab, ob wir standhalten.

Kämpfe im Donbass und der Heldentum der heutigen Soldaten

Heute, am 11. Mai 2025, waren wir gemeinsam mit Ihnen (= Wieland Giebel) in den Dörfern Dolyna und Bohorodyshche, um dort meinen Kameraden zu gedenken, die vor drei Jahren in diesen Kämpfen ihr Leben gelassen haben. Dieser Präzedenzfall ist ein Beispiel für echte Achtung vor den Helden der Gegenwart. Gleichzeitig gedenken wir derer, die im Laufe der Jahrhunderte ihr Leben für die Unabhängigkeit der Ukraine gegeben haben. Wir als Volk, als Nation haben uns Freiheit, Unabhängigkeit und das Recht verdient, Herren in unserem Land zu sein.

Diese Orte haben eine besondere Bedeutung. Wir waren zusammen am Denkmal für Artem. Wir waren in der Svyatogorsk Lavra. Das sind historische Orte. Genau von der Svyatogorsk Lavra aus begann Igor Girkin-Strelkov, ein russischer Staatsbürger, 2014 die Besetzung der Region Donezk. Russland, seine Militärstrukturen und das sogenannte „Verteidigungsministerium" haben den Krieg im Osten der Ukraine entfesselt. Jahrelang haben sie kollaborative Bewegungen geschaffen und versucht, sie als „Separatismus" zu bezeichnen. Aber es gab hier keinen Separatismus – weder in Donezk, noch in Luhansk, noch auf der Krim. Dort begann sofort die Kollaboration.

Russische Flaggen wurden gehisst, und die Menschen begannen, Putin zu „bitten", Truppen zu entsenden. Das Moskauer Patriarchat, das ich bis heute als Besatzer betrachte, hat seinen Sitz in der Svyatogorsk Lavra. Dort steht noch immer ein Denkmal für Artem, einen ehemaligen Kommunisten, den sogar Lenin als Separatisten bezeichnete. Für die Ukrainer ist er ein Symbol der Kollaboration. Das riesige Denkmal, das zu einem verehrten Idol geworden ist, ist ein Zeichen der Besatzung und Versklavung.

Einst kamen die Moskowiter aus Russland hierher, um angeblich unseren heiligen Ort zu „verehren”, aber dann besetzten sie die Lawra und errichteten das Denkmal für Artem. Dort wurde ein Denkmal für die Gefallenen des Zweiten Weltkriegs errichtet, den sie als Großen Vaterländischen Krieg bezeichnen. Zahlreiche Symbole des Reiches des Bösen erinnern noch immer an Jahre des Leidens, der übermäßigen Toleranz und daran, dass wir manchmal nicht genug Menschen erzogen haben. Genau das hat es den Besatzern ermöglicht, einen Teil unseres Landes zu erobern. Jetzt befinden wir uns auf bereits befreitem Gebiet, aber die Kämpfe dauern in der Nähe an, und der Krieg ist noch nicht vorbei.

Am 9. Mai 2022 versuchten die Muschkas, unsere Verteidigung zu durchbrechen. Putin plante, eine Parade in Izyum, Slowjansk und anderen besetzten Städten abzuhalten. Aber es gelang ihm nicht, unsere Stellungen zu durchbrechen. Der Feind begann, unsere Grenzen zu umgehen, und am 11. Mai befanden wir uns in einem Halbkreis. Viele meiner Kameraden sind bei Rotationen und Kämpfen im Wald ums Leben gekommen. Die Soldaten haben einen schrecklichen Preis bezahlt – mit ihrem Leben und ihrer Gesundheit. Dennoch gelang es dem Feind nicht, durch den Ballungsraum Dolyna-Bohorodychne vorzudringen. Genau diese Richtung war für den Angriff entscheidend, aber es gelang uns, die Pläne der Russen zu durchkreuzen, was uns Zeit verschaffte, Verteidigungsanlagen zu errichten, den Feind zurückzuschlagen und ihn zurückzudrängen.

Deshalb sind wir hier. Hier ist alles mit Blut getränkt, überall Ruinen, dieses Land hat schreckliche Prüfungen durchgemacht. Aber wir bauen es wieder auf, befreien es Stück für Stück und werden weiterkämpfen. So wie die Berliner Mauer gefallen ist, wird auch Moskau fallen. Wir werden alle Kräfte dafür einsetzen.

Heute sind jegliche Verhandlungen mit Kriminellen, Militärs und denen, die keine Europäer, sondern wahrscheinlich Asiaten sind, völlig aussichtslos. Einer unserer Anführer, Roman Shukhevych, sagte: „Das Gespräch mit den Besatzern dauert so lange, wie die Salve aus dem Maschinengewehr.“

Die Zukunft der Ukraine

Die Zukunft der Ukraine ändert sich nicht. Genauso wie in den letzten tausend Jahren. Es ist ein Kampf, es ist ein Krieg. Wir können unsere Nachbarn, diese Feinde aus Moskau, nicht umsiedeln. Wir haben keine Aussicht auf Versöhnung, denn die Moskowiter können die Existenz einer unabhängigen Ukraine nicht zulassen. Für sie bedeutet dies das endgültige Ende ihres Imperiums.

Deshalb ist die Zukunft ganz einfach. Für einen Ukrainer ist sie klar: Wir müssen kämpfen, wenn wir leben wollen. Diejenigen, die nicht gekämpft haben, sind bereits gestorben. Sie wurden vernichtet, assimiliert, ihres Landes beraubt, und man nannte das „die Größe Russlands". Es gibt keinen anderen Weg. Wir müssen siegen, damit nie wieder die Gefahr eines Krieges in Europa entsteht. Einst haben unsere Vorfahren Moskau gegründet, und jetzt müssen wir es zerstören. Diese Wahrheit ist nicht neu: Die Mitglieder der UPA in den 1940er Jahren, die Teilnehmer der Ersten Befreiungskämpfe, sagten dasselbe: Solange der Feind in der Nähe ist, muss man handeln, kämpfen, aufbauen.

Heute stehen wir vor einem riesigen Problem – und es betrifft nicht nur uns, sondern ganz Europa. Gott sei Dank beginnen die Europäer, dies zu verstehen. Denn nach der Ukraine ist Polen an der Reihe, und dann wieder Berlin. Diese Barbaren schreiben auf ihre Züge, Autos und Panzer: „Auf nach Berlin!" Sie sind überzeugt, dass sie die Geschichte wiederholen können. Aber nein, sie können nichts wiederholen. Ohne die Ukraine gäbe es ihre Erfolge nicht. Im Zweiten Weltkrieg gab es vier ukrainische Fronten – und keine einzige „russische".

Ich habe zwei Kriege in Georgien (Sakartvelo), zwei Kriege in Itschkeria und in Transnistrien erlebt. Ich habe gesehen, wie sich die Moskowiter verhalten. Deshalb ist die Perspektive für uns klar. Der Sieg besteht nicht nur darin, sie aus der Ukraine zu vertreiben, sondern sie auch zu isolieren und unter Kontrolle zu halten, bis sie sich ändern. Sonst werden sie in ein, zwei oder fünf Jahren wieder angreifen.

Heute können sie uns an der Front nicht besiegen. Deshalb versuchen sie, uns von innen zu untergraben, indem sie Chaos säen und auch auf Sie Einfluss nehmen, um die Welt von uns abzuwenden. Wenn sie uns jetzt spalten, werden die Folgen für alle katastrophal sein. Unsere Aufgabe ist es, dies zu verhindern. Deshalb danken wir Deutschland noch einmal für seine Unterstützung. Das ist nicht nur für unsere Länder wichtig, sondern für die ganze Welt.

„Mein Zimmer war das mit dem weißen Kreis. Die Terrasse, auf der Mykola Bondar bei diesem Interview am 11. Mai 2025 saß, und das Gebäude hinter ihm existieren nicht mehr. Die Ferienhausanlage bei Swjatohirsk in der Oblast Donezk, mitten im Wald, wurde am 3. Juli 2025 durch fünf Shahed-Drohnen aus Russland zerstört."

Wieland Giebel, Kurator des Museums

3

OLEKSII YUKOV

„All die Seelen der Mädchen und Jungen, die dort gestorben sind, konnten bisher nicht zurückgebracht werden."

„Wenn man mich fragt: ‚Warum sammeln Sie diese Knochenfragmente?', antworte ich: ‚Wie würden Sie Ihr Kind einsammeln?' Sie würden alles einsammeln, um es zu begraben. Denn für die Familie ist die Rückkehr eines geliebten Menschen oft der Sinn des Lebens."

Das Interview mit Oleksii Yukov fand am 25. Mai 2025 in Slowjansk statt.

Inmitten von Rauch, Trümmern und Schüssen gehen er und sein Team voran. Oleksii Yukov, Leiter der Suchgruppe „Advies Platzlarm", sucht nach den Toten an der Front – in Kramatorsk, Slawjansk, in der „grauen Zone", wo das Leben weniger als eine Sekunde wert ist. Jede Leiche ist nicht nur ein Soldat, sondern jemandes Kind, Vater, Bruder. Jede gefundene Seele ist eine Chance, das unendliche Leid für die Familie zu beenden.

Er beschreibt Explosionen, Trümmer, Schreie, Chaos, wo der Tod zur Normalität wird. Und gleichzeitig – das Wunder der Menschlichkeit: Selbst inmitten der Schrecken des Krieges bringen sie sogar die Leichen der Feinde zurück, damit die Mütter ihre Kinder begraben können. „Ich sammle die Knochen so, wie ich mein eigenes Kind sammeln würde", sagt er.

Dies ist eine Geschichte über einen Krieg, der keine Grenzen kennt, und über diejenigen, die ihre Angst hinter sich lassen, um der Erinnerung eine Chance zu geben. Es ist eine Geschichte über Mut, über die Entscheidung, inmitten des Chaos Mensch zu bleiben, und über die Kraft der Hoffnung, die einen vorantreibt, auch wenn um einen herum nur Ruinen und Tod zu sehen sind.

Der Krieg hat mir schon in meiner Kindheit die Augen geöffnet

Mein Name ist Oleksii Yukov. Ich bin Leiter der Suchgruppe „Advies Platzlarm“, einer Vereinigung von Forschern des militärhistorischen Erbes „Evakuierung 200“. Wir suchen nach Soldaten, die in militärischen Konflikten ums Leben gekommen sind oder vermisst werden. Zunächst, seit 2012, haben wir uns hauptsächlich mit der Geschichte des Zweiten Weltkriegs beschäftigt. Aber seit 2014 haben wir unsere Suche auf die Gefallenen des aktuellen Krieges ausgeweitet.

Mein Weg in dieser Sache begann bereits im Alter von 13 Jahren. Damals sah ich zum ersten Mal, was Krieg in den Wäldern und auf den Feldern bedeutet, wo die Kämpfe des Zweiten Weltkriegs stattfanden. Es war ein echter Schock. Am Vorabend des 8. oder 9. Mai ging ich in den Wald und sah weiße Flecken im Gras. Es waren so viele, dass ich nicht verstand, was das war. Erst als ich näher kam, wurde mir klar: Es waren menschliche Knochen. Dort lagen die Toten. Für mich als Kind war das eine tragische Entdeckung. Ich habe das sehr tief empfunden.

Jedes Leben ist unbezahlbar

Seitdem habe ich verstanden: Jedes menschliche Leben ist unbezahlbar. So unschätzbar, dass wir uns dessen wahren Wert nicht immer bewusst sind. Und seit diesen 13 Jahren habe ich mein Leben der Suche nach den Toten und Vermissten gewidmet. Wir sammelten die Überreste sowjetischer Soldaten und deutscher Soldaten, ohne zwischen Freunden und Feinden zu unterscheiden. Wir haben einfach diese Knochen mitgenommen, als würden wir die Seelen der Verstorbenen einsammeln, damit sie begraben werden konnten und ihre Angehörigen um ihre Lieben trauern konnten.

Leider ist seit dem Ersten und Zweiten Weltkrieg so viel Zeit vergangen, dass nur noch wenige Angehörige dieser Menschen am Leben sind. Deshalb ist es uns nicht immer gelungen, die Soldaten ihren Familien zurückzugeben.

Der Schock des modernen Krieges

Als 2014 der moderne Krieg begann, war das für mich wieder ein schrecklicher Schock. Ich war fassungslos über das, was ich sah. Denn ich konnte mir nur vorstellen, wie der Krieg Leben zerstört – einfach so, ohne Grund. Nur weil man dem Menschen, der die Waffe in der Hand hält, nicht gefällt.

Wir haben etwas Ähnliches während des Zweiten Weltkriegs erlebt, als Nazi-Deutschland unter der Führung Hitlers Menschen nur aufgrund ihrer Nationalität vernichtete: Juden, Roma, Slawen. Sie wurden nur deshalb getötet, weil sie „anders" waren. Und hier sah ich eine große Ähnlichkeit: Auch wir wurden nur deshalb vernichtet, weil wir Ukrainer sind, eine andere Sprache sprechen, unsere eigene Kultur und unser eigenes Verständnis vom Leben haben. Dafür begann man, uns zu töten. Man versucht, uns die Zukunft und die Freiheit unserer Kinder zu nehmen.

Die ersten Erfahrungen an der Front

Am 2. Mai 2014 begannen die ersten Kampfhandlungen in Slowjansk. Was ich gesehen habe, lässt sich mit Worten nicht beschreiben. Man kann es sich nur anhand von Filmen, Fernsehsendungen oder Erzählungen von Veteranen vorstellen. Aber hier befindet man sich selbst in diesem Chaos, in diesem Albtraum – und sieht Dutzende von Menschen, die innerhalb weniger Tage getötet wurden.

Kämpfer der DNR und LNR [der russischen Pseudoländer Donezk und Luhansk] haben zusammen mit russischen Soldaten zwei Hubschrauber abgeschossen. Fünf Jungs sind ums Leben gekommen. Einen Soldaten haben sie gefangen genommen, fünf haben sie getötet. Es waren russische Waffen, russische Kommandeure. Unsere Gruppe war die erste, die dorthin fuhr, um die Toten zu finden und vielleicht die Verwundeten zu retten.

Als ich dort ankam, brannte der Hubschrauber, alles stand in Flammen. Die Menschen rannten panisch herum und sammelten Metall- und Glasscherben ein. Daneben lagen menschliche Überreste – Arme, Beine ... Ich sah das und verstand: Das sind nicht einfach nur Körperteile, das sind Menschen. Das ist jemandes Kind, Vater oder Bruder. Sie wurden zu Hause erwartet.

Ein gesichtsloser Feind

Aber innerhalb einer Minute hörten wir auf, den Schmerz anderer zu spüren. Menschen wurden einfach vernichtet und durch Etiketten ersetzt: „Banderowzy“, „Moskaly“ ... Diese Worte haben keine Bedeutung. Sie entpersonalisieren nur. Und man sieht in ihnen keine Menschen mehr. Es gibt nur den Feind – und es ist egal, wer er ist: Kind, Frau, Mann, Soldat oder Zivilist. Sie alle wurden zum Ziel. Für mich war das der erste Moment, in dem ich wirklich mit dem Krieg konfrontiert wurde.

Suchmission

Wir sind die erste Gruppe in der Ukraine, die mit der Suche nach Vermissten begonnen hat. Wir sind zu hundert Prozent Freiwillige. Wir helfen den Familien, wir helfen dem Staat. Wir bekommen weder Geld noch Hilfe noch Medaillen. Wir gehen nicht deswegen dorthin. Wir gehen dorthin, um diese Seelen zu retten und die Leichen nach Hause zu bringen, denn jeder dieser Jungs wird zu Hause sehnsüchtig erwartet.

Es gibt viele Dinge – Bilder, Seelen –, die uns immer wieder geholfen haben. Für mich ist es sehr wichtig, jede Seele zurückzubringen. Wenn man mich fragt: „Warum sammeln Sie diese Knochenfragmente?“, antworte ich: „Wie würden Sie Ihr Kind einsammeln?“ Sie würden alles einsammeln, um es zu begraben. Denn für die Familie ist die Rückkehr eines geliebten Menschen oft der Sinn des Lebens.

Leben und Tod an der Front

2014 haben wir sogar in den besetzten Gebieten gearbeitet. Damals führte die Ukraine noch Verhandlungen mit der DNR, der LNR und der Russischen Föderation. Diese Möglichkeit bestand. Aber mit der Zeit hat sich alles geändert: Wir durften nicht mehr in die besetzten Gebiete einreisen. Und all die Seelen, die dort geblieben sind, all die Leichen junger Menschen, die ums Leben gekommen sind, konnten bis heute nicht zurückgebracht werden.

Wir haben gemeinsam mit dem Sicherheitsdienst der Ukraine, der Polizei und dem Generalstab alles in unserer Macht Stehende getan. Denn diese Aufgabe ist nicht nur meine persönliche, sondern die des ganzen Landes. Der Tod eines Menschen ist nicht nur für die Familie, sondern für das ganze Volk eine Tragödie.

Es tut mir verdammt weh. Ich weiß nicht, wie ich Ihnen diesen Schmerz vermitteln soll, wie sehr mich jeder Verlust berührt – auf beiden Seiten. Es sind Menschen. Diejenigen, die sich verteidigen, und diejenigen, die gekommen sind, um zu töten. Im Krieg sieht man weder ein Ende noch einen Ausweg aus diesem Chaos, diesem Bösen.

Tod ohne Kompromisse

Und Anfang 2022, als der totale Krieg begann, sah ich ihn in seiner ganzen schrecklichen „Schönheit". Ich sah getötete Kinder, Frauen, alte Menschen, Soldaten auf beiden Seiten, ich sah verbranntes Gerät und zerfetzte Leichen. Und du trägst all das in dir, lässt es durch dich hindurchgehen. Denn jeder muss verstehen: Krieg kennt keine Grenzen. Genauso wie der Tod und das Böse.

Der Tod kommt – und mit ihm kann man keine Vereinbarungen treffen. Mit dem Krieg kann man keine Vereinbarungen treffen. Vereinbarungen kann man nur mit Menschen treffen. Wir müssen reden, wir müssen Vereinbarungen treffen, um nicht so viele Leben zu verlieren. Wertvolle, unersetzliche Leben.

Wir sind Suchende

Wir sind Suchende. Die Suche ist keine Arbeit. Es ist eine Berufung. Es ist eine Mission. Im Leben hat ein Mensch viele Aufgaben, aber die wahre Mission ist es, die Seelen der Toten zu retten. Denn niemand schützt sie. Solange ein Mensch lebt, kann er für sich selbst sorgen. Wenn er stirbt, kann er das nicht mehr. Deshalb ist es wichtig, nicht nur den Lebenden, sondern auch den Toten zu helfen. Denn das ist ein Lichtblick für jede Familie. Wir gehen auf den Friedhof, begraben unsere Angehörigen, erzählen unseren Kindern, wer sie waren, und erinnern uns an ihr Leben.

Es gibt kein Volk, das seine Geschichte nicht erzählt. Unsere Geschichte ist eine Geschichte, die sich mit dem Schicksal anderer Völker überschneidet. Sie war sowohl hell als auch tragisch. Aber in Kriegszeiten ist es am schwierigsten, ein Mensch zu bleiben. Das ist fast unmöglich. Aber wir tun es. Denn wir sind Ukrainer.

Rückkehr nach Hause

Das Leben ist die Zukunft. Ohne Zukunft gibt es kein Leben. Genau das wollen sie uns nehmen. Nicht die „Wahrheit", sondern die Gerechtigkeit. Denn jeder sieht die Wahrheit auf seine Weise, aber Gerechtigkeit ist für alle gleich.

Sehen Sie sich an, wie wir arbeiten. Unsere Gruppe ist in zwei Teile geteilt: Der eine Teil befindet sich in relativ sicheren Gebieten, der andere an der Front. Manchmal müssen wir auch in die „Grauzone“ zwischen den Positionen der Russen und Ukrainer gehen. Wir sind ein Team von acht Personen: Drei arbeiten in der Kampfzone, fünf in den befreiten Gebieten.

Der Krieg hat sich verändert. Es ist extrem schwer geworden. Wir tragen diese Jungs buchstäblich auf unseren Händen, im Blut. Aber man denkt nicht darüber nach. Man denkt nur an eines: sie nach Hause zu bringen. Denn dort werden sie erwartet. Und man weiß: Vielleicht ist man ihre letzte Hoffnung.

4

OLENA IVANOVA

„Wir kämpfen seit 30 Jahren für unsere Unabhängigkeit."

„Ich habe mir ein Denkmal ausgedacht, das eines Tages am Bahnhof von Kramatorsk stehen wird. Es soll von den Koffern erzählen, die zurückblieben, von den Wegen, die niemand mehr gehen konnte. Es wird ein Denkmal für eine Bewegung sein, die plötzlich erstickt ist, und für eine Hoffnung, die im Feuer verbrannt ist."

Das Interview mit Olena Ivanova (55), Architektin, fand am 20. Mai 2025 in Svyatogorsk statt.

Ihr Leben hätte auch anders verlaufen können. Bis 2014 beschäftigte sich Olena Ivanova mit Architektur, arbeitete an modernen Projekten und fühlte sich vollkommen erfüllt. Zeichnungen, neue Räume, die Zusammenarbeit mit deutschen Partnern – alles deutete auf einen ruhigen und kreativen Weg hin. Doch der Krieg machte diese Pläne zunichte. Anstelle von Bleistift und Zeichenbrett hielt sie nun eine Kamera in den Händen und damit eine ganz andere Mission: nicht zu schaffen, sondern Erinnerungen zu bewahren.

Olena wurde Kriegsfotografin und später Mitarbeiterin des Nationalen Militärhistorischen Museums der Ukraine. Sie hält die Gesichter von Soldaten, die Ruinen von Städten, die Trümmer zerstörter Leben fest – alles, was das lebendige und schmerzhafte Mosaik des Krieges ausmacht. Ihre Erfahrung ist nicht nur eine berufliche Veränderung. Es ist der Weg einer Frau, die von der Inspiration des Friedensaufbaus zur bitteren Notwendigkeit überging, die Zerstörung zu dokumentieren, damit zukünftige Generationen die Wahrheit erfahren.

Zeit der Inspiration

Mein Name ist Olena Ivanova. Ich bin fünfundfünfzig Jahre alt. Vor dem Krieg, vor 2014, war mein Leben ganz anders. Ich war Architektin und hatte interessante Projekte in Köln. Ich mochte diese Stadt immer – ich hatte das Gefühl, dass ich mich dort verwirklichen konnte. Zusammen mit deutschen Partnern arbeiteten wir an Projekten für Trainingszentren für Sportpferde. Es war eine Zeit der Inspiration: Zeichnen, Bauen, Kreativität. Mein Leben bestand aus der Schaffung neuer Räume, Fantasie und Plänen für die Zukunft.

Wenn der Schatten des Krieges dein Leben überschattet

Und dann kam der Krieg. Zunächst schien er weit entfernt, wie ein Schatten irgendwo am Horizont. Aber mit jedem Monat wurde klarer, dass dieser Schatten wuchs, dass er unaufhaltsam näher kam. Ich legte den Bleistift beiseite, mit dem ich jahrelang gearbeitet hatte, und nahm eine Kamera in die Hand. So wurde ich Freiwillige und Kriegsfotografin.

Ich fuhr an die Front. Ich hielt alles fest, was ich sah: die Gesichter müder Soldaten, den Rauch über den Feldern, die unnatürliche Stille nach einem Angriff. In jedem Bild steckt die Geschichte eines Menschen, sein Schmerz und seine Kraft zugleich. Mein Beruf als Architektin lehrte mich, Räume zu schaffen, und der Krieg zwang mich, die Zerstörung dieser Räume, den Zerfall der mir vertrauten Welt zu dokumentieren.

„Bewahren, was man zu zerstören versucht"

2020 begann ich im Nationalen Militärhistorischen Museum der Ukraine zu arbeiten. Ich brachte meine gesamte Erfahrung mit: Fotos, Erinnerungen, Zeugenaussagen. Es war eine andere Arbeit, aber im Grunde genommen eine Fortsetzung dessen, was ich an der Front getan hatte: Erinnerungen bewahren.

Als 2022 der umfassende Krieg ausbrach, war das für mich keine Überraschung. Es war keine neue Phase, sondern eher eine brutalere Form desselben Krieges, der seit 2014 andauert. Seitdem sind elf Jahre ununterbrochener Kämpfe vergangen. Elf Jahre Krieg, der alles um uns herum verändert, aber nicht das Wichtigste nimmt – das Gefühl der Freiheit.

Krieg um Geschichte, nicht nur um Land

Viele Menschen auf der Welt glauben nicht, dass so etwas im 21. Jahrhundert möglich ist. Sie wundern sich: Wie kann es einen Krieg geben, einen echten Krieg mit Raketen und Panzern, mit Toten auf den

Straßen? Aber wer aufmerksam verfolgt hat, wusste: Es konnte nicht anders kommen. Wir haben gesehen, was mit Tschetschenien passiert ist, wir haben Georgien gesehen. Das ist die Logik eines Imperiums: Es kann nicht ohne Kontrolle, ohne Einflussbereiche existieren.

Wir Ukrainer haben diesen Bereich vor dreißig Jahren verlassen. Wir haben unseren eigenen Weg gewählt. Aber Russland will uns nicht loslassen. Es betrachtet die Ukraine als „verloren", aber gleichzeitig als lebenswichtiges Element seiner Identität. Ohne die Ukraine bleibt es nur ein asiatisches Imperium. Für Russland sind wir das Tor zu Europa.

Deshalb ist dieser Krieg nicht nur ein Krieg um Land. Es ist ein Krieg um Geschichte, um das Recht, selbst zu bestimmen, wer wir sind. Um das Recht, wir selbst zu bleiben.

Kramatorsk – das Herz, das von Bomben getroffen wurde

Unser Museum hat es sich zur Aufgabe gemacht, diese Geschichte zu bewahren. Wir sammeln Spuren dessen, was war und was jetzt geschieht. Jedes Fragment, jedes Foto, jedes Zeugnis ist ein Teil des Mosaiks unserer Erinnerung.

Kramatorsk ... Nach der Besetzung von Donezk im Jahr 2014 wurde es zum Herzen der gesamten Region. Dort liefen alle Wege zusammen: Straßen, Schienen, Menschenströme. Ein Herz, das auch dann noch schlug, als alles um es herum zerstört schien. Und im Jahr 2022 trafen die Bomben genau dieses Herz. Auf dem Platz vor dem Bahnhof starben 61 Menschen, über 120 wurden verletzt. Es waren Frauen, Kinder, ältere Menschen – Zivilisten, die einfach auf ihre Evakuierung warteten und nur davon träumten, an einen sicheren Ort zu gelangen.

Ich habe mir ein Denkmal ausgedacht, das eines Tages, wenn der Krieg endlich vorbei ist, am Bahnhof von Kramatorsk stehen wird. Es soll von den Koffern erzählen, die auf dem Bahnsteig zurückblieben, von den Wegen, die niemand mehr gehen konnte. Es wird ein Denkmal für eine Bewegung sein, die plötzlich erstickt ist, und für eine Hoffnung, die im Feuer verbrannt ist.

„Sie wollen uns töten, weil wir Ukrainer sind"

Es gibt Worte, die mir keine Ruhe lassen. Ein ukrainischer Jude, der den Holocaust überlebt hat, sagte im Bundestag: „Damals wollten die Besatzer uns vernichten, weil wir Juden waren. Heute wollen die Besatzer uns töten, weil wir Ukrainer sind." Diese Worte haben sich mir eingeprägt. Sie sagen alles. Wir suchen kein Mitleid. Wir wollen nur, dass die Welt begreift, was auf dem Spiel steht: ein Volk, ein Staat, eine Geschichte. Und das ist nicht nur unsere Geschichte.

Eine Tradition des Widerstands, die bis heute fortlebt

Wir erinnern uns: 1941 baten wir Deutschland um die Gründung eines eigenen Staates. Wir wurden abgelehnt. Aber wir haben uns nicht damit abgefunden. Wir kämpften für das Recht auf einen eigenen Staat. Als 1944 die Nazi-Besatzung endete, kam die sowjetische – und für viele war sie noch schlimmer. Die ukrainische Aufstandsarmee war die einzige in Europa, die gegen die sowjetischen Truppen kämpfte. Diese Tradition des Widerstands lebt auch heute noch in uns.

Wir wissen sehr gut, was uns erwartet, wenn wir aufgeben. Wir haben es in Bucha gesehen, wo tausend Menschen nur deshalb getötet wurden, weil sie Ukrainer waren. Das ist unsere Lektion und unser Schmerz. Deshalb haben wir keine Wahl. Wir sind den europäischen Ländern, insbesondere Deutschland, das selbst den Preis des Krieges kennt, für ihre Unterstützung dankbar. Wir werden nicht aufgeben. Wir können nicht aufgeben. Unser Weg führt nur nach vorne.

5

YULIIA BILOSOVA

„Es war der schlimmste Tag meines Lebens. Ich habe über 80 Freunde verloren."

„Die meisten Menschen wollen einfach nicht glauben, dass Krieg im 21. Jahrhundert, im Zeitalter der Technologie, möglich ist. Das Paradoxe daran ist, dass es heute durch Kommunikation und Informationsnetzwerke sogar einfacher geworden ist, ein Land zu erobern – und das mit so schrecklichen Verlusten unter der Bevölkerung."

Das Interview mit Julia Bilousova fand am 25. Mai 2025 in Kyiv statt.

In dieser Erzählung teilt die 42-jährige Veteranin und Managerin der Gemeinschaft „Come Back Alive" ihre Erfahrungen aus ihrem Leben und ihrem Dienst während des Krieges im Osten der Ukraine. Sie hat sich von einer Zeugin des Maidan zu einer Freiwilligen und Mitglied des Bataillons „Aidar" entwickelt und ist später eine aktive Teilnehmerin der Veteraninnenbewegung „Veteranka" geworden. Ihre Geschichte verbindet persönliche Erfahrungen, die Erziehung ihrer Kinder unter den schwierigen Bedingungen der Umsiedlung, den Verlust von Freunden und den täglichen Kampf um die Wiederherstellung ihres eigenen Lebens und des ihrer Familie.

Die Autorin zeigt, wie der Krieg des 21. Jahrhunderts das Leben einfacher Menschen verändert, sie zwingt, sich an Gefahren und Verluste anzupassen, und macht die Bedeutung von Gemeinschaften für Veteraninnen bei der Unterstützung und Rehabilitation deutlich. Detailliert beschreibt sie die psychologischen, sozialen und historischen Aspekte des Lebens während des Krieges: den Kampf um die Sicherheit der Kinder, die Aufrechterhaltung familiärer Bindungen und die Entwicklung neuer Fähigkeiten nach dem Dienst.

Der Text vermittelt dem Leser, dass Krieg nicht nur aus Statistiken besteht, sondern aus realen Geschichten von Menschen, die die Schrecken des Krieges überlebt haben, aber dennoch die Kraft finden, sich gegenseitig zu unterstützen und eine Zukunft aufzubauen. Durch die persönlichen Erfahrungen der Protagonistin werden der Mut, die Opferbereitschaft und die Solidarität der Ukrainer in Zeiten der Prüfung sowie die Rolle der Veteraninnenbewegung bei der Unterstützung derjenigen, die ins zivile Leben zurückkehren, deutlich.

Krieg im 21. Jahrhundert

Ich bin 42 Jahre alt, Veteranin und arbeite derzeit als Community-Managerin bei der Organisation „Come Back Alive". Die meisten Menschen wollen einfach nicht glauben, dass Krieg im 21. Jahrhundert, im Zeitalter der Technologie, möglich ist. Das Paradoxe daran ist, dass es heute durch Kommunikation und Informationsnetzwerke sogar einfacher geworden ist, ein Land zu erobern – und das mit so schrecklichen Verlusten unter der Bevölkerung.

Die meisten Ukrainer glaubten nicht, dass ein Krieg möglich sei. Nur diejenigen, die in der ATO gedient oder an der OOS teilgenommen hatten, waren darauf vorbereitet. Und doch waren es genau sie, die es dem Land ermöglichten, zu überleben. Ohne sie hätten wir es nicht geschafft.

Mein Weg von Luhansk zum Maidan

2014 fuhr ich von Luhansk nach Kyiv, um den Maidan mit eigenen Augen zu sehen. Ich bin ein sehr praktischer Mensch: Ich muss sehen, analysieren, verstehen. Einen Monat lang war ich dort und wurde Zeugin aller Ereignisse, die das Land veränderten. Dann kehrte ich zu meinen Kindern nach Luhansk zurück und sah mich mit einer gegensätzlichen Realität konfrontiert.

In Luhansk herrschte eine andere Atmosphäre. Es wurden viele Falschinformationen verbreitet. Was ich aus Kyiv berichtete, entsprach oft nicht dem, was die Menschen um mich herum hören wollten – und ich wurde wegen des Maidan verfolgt. Deshalb bin ich wieder nach Kyiv gefahren. Anschließend reiste ich durch die Region Luhansk, sammelte Informationen und gab sie an unsere Streitkräfte weiter.

Freiwillige und das Bataillon „Aidar"

Dann wurde das Bataillon „Aidar" gegründet. Ich arbeitete dort als Freiwillige und gab wichtige Informationen weiter. Im Sommer 2014 überzeugte ich meine Mutter, Luhansk mit den Kindern zu verlassen.

Ich brachte sie weg und schloss mich dem Bataillon an. Dort war ich stellvertretende Verantwortliche für die Versorgung. Da ich das gesamte Gebiet und die Standorte gut kannte, gab ich genaue Informationen an diejenigen weiter, die nicht wollten, dass Russland sie einnimmt.

Wir halfen, unser Land zu verteidigen. Im September 2014 mussten unsere Streitkräfte gemäß den Minsker Vereinbarungen aus den Gebieten am Ufer des Flusses Siverskyi Donets zurückziehen. Wir blieben in der Stadt Schtschiastschja. In diesem September verloren wir sehr viele Menschen – sie gerieten in einen Hinterhalt der Russen. Es war der schrecklichste Tag meines Lebens. An einem einzigen Tag habe ich mehr als achtzig Freunde verloren. Ich erinnere mich an ihre Gesichter, ihr Lächeln ... und an die Leere, die sie hinterlassen haben.

Eine Familie mitten im Krieg

In Schtschiastschja habe ich meinen zukünftigen Mann kennengelernt. Er hat die Gefangenschaft und schwere Verletzungen überlebt, und seitdem sind wir zusammen ... Gemeinsam erholen wir uns, gemeinsam kämpfen wir. Gemeinsam versuchen wir, uns wieder an das zivile Leben zu gewöhnen. Ich habe es nie bereut, in Luhansk gekämpft zu haben, und ich glaube, er bereut es auch nicht. Wir verstehen einander, wir verstehen posttraumatische Traumata. Selbst aus dem Krieg habe ich etwas Gutes mitgenommen – mein Glück.

Ich hatte damals drei Kinder. Artur war zehn Jahre alt und ging in die fünfte Klasse. Alina war drei und Yaroslav vier. Für sie war es unglaublich schwer, mit meiner Mutter nach Kyiv zu fahren. Ich kam später mit meinem Mann nach. Es war eine schwere Zeit. Wir hatten nichts, und die Kinder waren sehr verängstigt. Noch fünf Jahre lang hatte Alina Angst vor Flugzeugen – beim Geräusch eines Flugzeugs duckte sie sich und geriet in Panik. Als sie 2022 zum ersten Mal ein Flugzeug über dem Haus hörte, bekam sie eine Panikattacke. Sie versteckte sich zwischen zwei Wänden und saß dort fast eine Woche lang still. Dann fand sie Trost im Backen von Keksen. So backten und aßen wir 2022 gemeinsam Kekse – und das war ein kleines Wunder inmitten des Chaos.

Kinder in einem neuen Leben

Yaroslav hatte es noch schwerer, weil er seinen Vater, der in den besetzten Gebieten geblieben war, sehr liebte. Es war schwer für ihn ohne ihn. Arthur hat sich schnell angepasst – er hatte eine Schule, neue Freunde, einen Computer, ein Telefon. Er hat es geschafft. In diesen Jahren sind wir oft umgezogen, die Kinder hatten kein festes Zuhause. Jeder neue Umzug bedeutete eine neue Schule, eine neue Gegend, neue Schwierigkeiten.

Aber die Kinder haben sich angepasst. Jetzt sind sie sehr selbstständig, können sich fast wie in der Armee organisieren – und dafür bin ich ihnen unendlich dankbar. Es tat mir weh zu hören, dass sie im Kindergarten statt Blumen und Weihnachtsbäumen Kontrollpunkte malten und der Erzieherin erzählten, dass ihre Mutter dort steht und die Russen nicht durchlässt. Aber ich bin stolz auf sie. Es ist mir gelungen, den Kontakt aufrechtzuerhalten, trotz meiner zweijährigen Abwesenheit. Die Kinder sind mir nicht böse – und ich habe meine Abwesenheit durch ständige Anrufe kompensiert. Man kann immer fünf Minuten Zeit finden, um zu reden und zu erfahren, wie es ihnen geht.

Dienst, Verluste und Erinnerung

Bevor ich zur Armee ging, arbeitete ich als Lehrerin im Haus der Kreativität, dann als Buchhalterin in der Kulturabteilung. Mein Großvater wollte immer, dass wir in der Armee dienen. Wahrscheinlich, weil ich eine Cousine habe, die in der israelischen Armee gedient hat, und er war stolz darauf. Einer meiner Brüder hat nicht gedient – er hat einen anderen Weg eingeschlagen und lebt jetzt in Moskau.

Ich habe mich sehr dagegen gewehrt. Ich wollte nicht zur Armee gehen – das war nichts für mich. Aber so ist es gekommen.

Im Jahr 2014, während der Präsidentschaft von Poroschenko, wurde ein Friedensabkommen unterzeichnet, das, wenn ich mich nicht irre, am 5. September um 17:00 Uhr in Kraft trat. Darin wurde festgelegt, welche Gebiete unsere Armee räumen musste. Die russischen

Besatzungsbehörden konnten bleiben. Unsere Soldaten schafften es nicht, fünf Minuten vor Inkrafttreten des Abkommens abzuziehen. Die ersten von ihnen machten sich auf den Weg zum ukrainischen Kontrollpunkt und gerieten in einen Hinterhalt. Dort waren bereits Russen. Die Flagge am Kontrollpunkt war noch ukrainisch. Als die Kolonne unserer Soldaten ankam, wurden sie erschossen. Die Russen filmten alles und schickten uns die Aufnahmen. Das wurde als „Friedensabkommen" bezeichnet.

Bereits einen Monat später riefen die Ukrainer, die in den besetzten Gebieten geblieben waren, an, schrieben und fragten: „Warum habt ihr uns allein gelassen?" Es gab dort keine ukrainischen Truppen mehr, die Menschen waren von russischen Bataillonen umzingelt. Ohne diese Abkommen hätten wir vielleicht die Gebiete zurückerobern können. Denn es gab junge Männer, die in Luhansk die ukrainische Flagge hissten. Jetzt dominiert in den besetzten Gebieten die russische Propaganda. Den Kindern im Kindergarten wird beigebracht, dass wir Nazis, Faschisten sind – alles Mögliche, nur keine Ukrainer.

Ich habe ständig in Schastje gedient. Dort gab es das Kraftwerk Schastje, und jedes Mal, wenn ich in den Hof ging, sah ich seine Schornsteine. Das war wie ein Magnet: Man gewöhnt sich daran, sie sein ganzes Leben lang zu sehen, und versteht, dass das Zuhause in der Nähe ist. Nachdem wir Luhansk verlassen hatten, wollte ich zunächst unbedingt nach Hause zurückkehren, zur Familie Rysina. Aber dann wurde mir klar: Die Gesellschaft dort hat sich stark verändert, und mich als Ukrainerin würde man nicht mehr akzeptieren. Deshalb macht es keinen Sinn, zurückzukehren. Aber ich träume davon, wenigstens einmal die Gräber meiner Verwandten zu besuchen und meinen Kindern zu zeigen, wo sie geboren wurden.

Meine ersten Freunde habe ich im August 2014 verloren. Am Morgen tranken wir noch gemeinsam Kaffee, und am Nachmittag hörte ich schon den Lärm der Beschießung... Das geschah drei Kilometer von unserer Position entfernt. Verwandte riefen über Skype an, aber ich konnte nicht antworten: Die Leichen meiner Freunde lagen drei

Tage lang auf dem Feld. Einige konnten nur anhand ihrer Tätowierungen identifiziert werden. In diesem Moment verbot ich mir zu weinen.

Bis 2021 habe ich überhaupt nicht geweint. Die Leute dachten, ich könnte es nicht, aber ich habe es mir einfach nicht erlaubt – weil ich glaubte, dass ich stark bleiben musste. Sie haben ihr Leben nicht für meine Tränen gegeben, sondern dafür, dass wir weiterleben können. Erst nach 2022, als jeden Tag Nachrichten über neue Todesfälle kamen, lernte ich, mit diesem Schmerz zu leben. Ich lösche ihre Nummern nicht und gehe nicht zu Beerdigungen. Ich möchte sie lebendig in Erinnerung behalten.

Ich habe das Militär aus familiären Gründen verlassen. Meine Mutter hat es nicht ausgehalten – Herzinfarkt, Schlaganfall. Es gab niemanden, bei dem ich meine Kinder lassen konnte, also habe ich nach etwas mehr als einem Jahr Dienst gekündigt. Luhansk war besetzt, also musste ich für meine Kinder ein neues Leben in Kyiv organisieren. Meine Mutter, die ihr ganzes Leben in ihrem eigenen Haus verbracht hatte, musste von vorne anfangen. Sie gab mir die Schuld: Wenn ich nicht weggegangen wäre, wäre sie in Luhansk geblieben und hätte weitergelebt wie zuvor.

Auch in der Gesellschaft stieß ich auf Vorurteile: „Warum hast du deine Kinder verlassen? Du bist eine schlechte Mutter." Deshalb habe ich mehrere Jahre lang niemandem meine Dokumente gezeigt und nicht gesagt, dass ich Veteranin bin. Selbst im Bus versuchte ich, unauffällig zu sein.

Dank eines staatlichen Programms für Veteranen und Vertriebene erhielten wir eine Wohnung. Ich kaufte eine Dreizimmerwohnung in Kyiv – jetzt haben die Kinder ein Zuhause. Alleine hätte ich das nicht geschafft.

Die Bewegung der Veteraninnen war für mich die Rettung. Als meine Freundin Adriana aus dem Militärdienst 2021 eine Organisation gründete, kam ich zum ersten Treffen. Dort, unter Hunderten von Frauen, weinte ich zum ersten Mal seit vielen Jahren. Drei Tage lang ließ ich einfach meinen Schmerz heraus und schämte mich zum ersten Mal nicht dafür. In dieser Gemeinschaft verurteilte niemand jemanden, sondern hörte nur zu und unterstützte.

Mit der Zeit wurden wir immer mehr. Wir helfen uns gegenseitig, wie wir können – mit Ratschlägen, Unterstützung in Chats, einem einfachen Wort. Manchmal rettet sogar ein Videoanruf einen Menschen. Als ich 2023 krank wurde, organisierten die Veteranen meine Behandlung in Kyiv. Nach meiner Genesung wurde mir angeboten, Managerin der Gemeinschaft zu werden. Zuerst hatte ich Angst – es schien, als hätte ich „den Anschluss verloren". Aber die Mädchen haben mich unterstützt. Und mit der Zeit habe ich verstanden: Diese Arbeit ist nicht nur für sie wichtig, sondern auch für mich.

Denn die wahre Stärke unserer Gemeinschaft liegt in gegenseitigem Verständnis und Vertrauen. Manchmal reicht es einfach, da zu sein, damit ein anderer Mensch weiterleben kann.

Gemeinschaft der Veteraninnen

Unsere Bewegung „Veteranka" ist nicht nur eine Organisation. Sie ist das Herz, das mit unseren Soldatinnen schlägt. Wir verteidigen ihr Recht, zu dienen, Unterstützung zu leisten und sich an der Front sicher zu fühlen. Seit 2022 kaufen wir Transportmittel, Drohnen und Ausrüstung. Wir kümmern uns um Schutzwesten für Frauen, denn das ist eine Frage von Leben und Tod.

Unsere Werkstatt näht Frauenuniformen. Das hat einen Grund: Oft sind die Uniformen entweder von schlechter Qualität oder passen Frauen einfach nicht. Wir organisieren Treffen und erfüllen alle Wünsche der Soldaten. Sie schreiben uns – und wir tun alles, um ihnen zu helfen.

Aber unsere Arbeit betrifft nicht nur die Front. Wir helfen auch bei der Anpassung nach dem Dienst. Psychologische Unterstützung, Genesung, Rehabilitation – all das, damit Frauen und Männer sich wieder als Menschen fühlen können. Wir bieten Umschulungen und Bildungskurse an, damit sie nach dem Krieg ein neues Leben aufbauen können.

Unsere Gemeinschaft umfasst mehr als 2000 Frauen mit Kampferfahrung. Und sie wächst jeden Tag. Unter uns sind Frauen, die sich um die Familien der Vermissten kümmern. Wir hören zu, unterstützen, helfen. Wir haben in den Dörfern eine Schweigeminute eingeführt, um der Gefallenen zu gedenken. Das ist wichtig. Das ist heilig.

Wir bereiten auch Schulungskurse für die Wiedereingliederung in das Berufsleben vor. Die meisten Veteranen wollen nicht zu ihrem alten Job zurückkehren. Sie streben nach Entwicklung, Freiheit und Unabhängigkeit. Und wirtschaftliche Unabhängigkeit ist der einzige Weg. Wir begleiten sie in allen Phasen: von der Ausbildung bis zu den ersten Schritten in ihrem neuen Leben.

Wozu dienen Schulungen zum Erhalt von Stipendien? Denn Geld zu bekommen reicht nicht aus. Man muss wissen, wie man es einsetzt, es nicht verliert, sondern ein Unternehmen gründet, Selbstvertrauen gewinnt und für sich und seine Familie sorgt.

Aber gleichzeitig tut die Welt oft so, als würde nichts passieren. Die Sanktionen gegen Russland sind nur eine Farce. Ich sehe, wie unsere Männer sterben. Uns werden Ultimaten gestellt, und es sieht so aus, als wären wir schuld daran, dass der Krieg nicht endet. Manchmal scheint es, als wären wir nur ein Testgelände für Waffen, und die ganze Welt beobachtet, ob wir das aushalten oder nicht.

6

ANASTASIIA WOJNUROWSKA

„Aber die Russen haben nicht bedacht, dass wir die Nachkommen der Kosaken sind."

„Ich habe gedient, um in einem freien Land zu leben. Um meine Kinder in einem friedlichen, unabhängigen Ukraine zur Welt zu bringen. Aber es sieht so aus, als könnte ich diesen Traum nicht mehr verwirklichen. Und doch bereue ich es nicht, mein Land verteidigt zu haben."

Das Interview mit Anastasia Voynarovskaya (36) fand am 25. Mai 2025 in Kyiv statt.

Anastasia, die aus Cherson stammt, erlebte den Krieg bereits 2014: Zunächst war sie als Freiwillige, später als Soldatin im Donbass tätig. Ihre größte Angst galt ihrer Heimatstadt, und diese Angst bewahrheitete sich im Jahr 2022, als Cherson besetzt wurde.

Der Dienst kostete Anastasia ihre Gesundheit, aber nicht ihre geistige Stärke. Nach ihrer Entlassung aus der Armee fand sie einen neuen Weg zu kämpfen: Sie arbeitet als Psychologin mit Veteranen und insbesondere mit Veteraninnen. Ihre eigenen Erfahrungen und ihr Schmerz helfen anderen, mit ihren Traumata nicht allein gelassen zu werden.

Ihre Geschichte handelt von Verlust und Liebe, von Mut und dem Preis der Freiheit. Und davon, dass Cherson wieder eine freie Stadt sein wird, in die sie ihre Freunde einladen wird, um auf den Sieg anzustoßen.

Der Beginn des Krieges und das verlorene Zeitgefühl

Mein Name ist Anastasia Voynarovskaya. Für mich begann der Krieg bereits 2014. Damals war ich 25, heute bin ich 36. All diese Jahre dauert der Krieg an. Mein Zeitgefühl hat sich verändert: Es ist verschwommen, als würde es sich bis ins Unendliche dehnen. Zuerst merkt man nicht, wie die Tage, Monate und Jahre vergehen, und dann blickt man zurück und versteht – der Krieg dauert schon ziemlich lange.

Freiwilligendienst, Armee und Angst um Cherson

2014 wurde ich Freiwillige und half Soldaten. Und 2017 trat ich bewusst in den Militärdienst ein und diente in einem der bekannten Bataillone im Donbass. Das war ein wichtiger Schritt, eine Entscheidung, die mich für immer verändert hat. Mir war klar, dass ich auf viele Dinge verzichten musste – sowohl privat als auch beruflich. Aber ich wusste auch: Wir müssen zum Militär gehen, um unser Land zu verteidigen. Damals machte mir die Vorstellung am meisten Angst, dass der Krieg bis in meine Heimatstadt Cherson vordringen könnte. Ich wollte alles tun, damit das nicht passiert. Bereits 2014 versuchten die Separatisten, uns den „russischen Frühling" aufzuzwingen. Aber wir, die Bürger, die sich verantwortlich fühlten, stellten uns zum Schutz unserer Stadt. Damals verteidigten wir unsere Region. Aber mit der Zeit kam die Erkenntnis: Der Krieg kann überallhin kommen.

Besetzung und Widerstand

Und er kam. Im Jahr 2022 erreichte der Krieg meine Heimat. Das war schmerzhaft und beängstigend. Obwohl es für mich nicht das erste Kriegsjahr war, spürte ich erst dann, dass die Gefahr mein Zuhause erreicht hatte. Der Feind stand buchstäblich einen Schritt von meiner Familie, von meinem Zuhause entfernt. Im Jahr 2014 hatten wir große Angst, dass unsere Region das gleiche Schicksal wie die Krim, Donezk und Luhansk ereilen würde. Auch in Cherson gab es separatistische Bewegungen, die den Anschluss an Russland anstrebten. Da es vor Ort nur wenige Anhänger gab, wurden Menschen aus anderen Regionen herbeigeschafft, um den Anschein einer massiven pro-russischen Stimmung zu erwecken und Demonstrationen zu organisieren. Es sollte so aussehen, als würden die Einwohner von Cherson Russland unterstützen, obwohl dies in Wirklichkeit nicht der Fall war.

Wir waren zu dieser Zeit sehr aktiv. Wir gingen auf den Freiheitsplatz, den Hauptplatz unserer Stadt. Wir standen mit ukrainischen Flaggen da und riefen laut: „Cherson ist Ukraine!"

Selbst nach der Besetzung von Cherson im Jahr 2022 ließen sich die Menschen nicht unterkriegen – sie gingen weiterhin mit ukrainischen Flaggen auf die Straße und demonstrierten ihre Haltung. Die Einwohner von Cherson leisteten auch auf andere Weise Widerstand: Sie führten Sabotageakte durch und übermittelten unseren Soldaten wichtige

Informationen – welche Städte besetzt waren und wo sich die Truppen der Besatzer befanden. Dies half den Streitkräften der Ukraine, präzise Schläge gegen den Feind zu führen.

Der hohe Preis des Kampfes

Dieses Thema ist für mich immer emotional. Wenn ich darüber spreche, zittert meine Stimme und mein Herz schmerzt. Denn ein Teil der Region Cherson ist immer noch besetzt. Dort leben Tausende ehrliche und treue Menschen, die die Ukraine lieben und auch jetzt noch zeigen, dass der Feind hier unerwünscht ist. Ja, es gab auch diejenigen, die die Russen mit Freude empfangen haben, die verraten haben. Dennoch glaube ich, dass wir diesen Feind besiegen werden. Ja, wir brauchen die Hilfe unserer Brüder und europäischen Freunde, denn der Feind ist stark. Aber die Motivation der ukrainischen und russischen Soldaten ist völlig unterschiedlich. Man will uns wegen unserer Werte, unserer Kultur, unserem Streben nach einem freien Leben – demokratisch, intellektuell, kulturell, mit Respekt vor unseren eigenen Traditionen – vernichten. Die Russen haben jedoch nicht berücksichtigt, dass wir die Nachkommen der Kosaken sind. Deshalb werden wir unser Land, unsere Sprache und unsere Traditionen bis zum letzten Atemzug verteidigen.

Heute ist klar, dass alle bereit sind zu kämpfen – Frauen und Männer, Ältere und sogar Kinder. Denn jede Ukrainerin ist im Herzen eine Kämpferin. Eine Walküre, wenn Sie so wollen. Das hat seine Wurzeln in unseren alten Traditionen und unserer Liebe zur Freiheit. Wir beweisen, dass wir unseren Vorfahren würdig sind.

Aber der Preis dieses Kampfes ist schrecklich. Wir bezahlen mit dem Leben von Dichtern, Künstlern, Wissenschaftlern, denen, die die Ukraine gestalten, aufbauen und entwickeln sollten. Sie sterben an der Front. Wir bezahlen mit unserer Gesundheit. Viele Frauen haben durch den Krieg die Möglichkeit verloren, Mütter zu werden. Für manche bedeutet die Zukunft ein Leben mit einer Behinderung. Für andere bedeutet es unbeschreiblichen Schmerz, weil sie keine eigene Familie gründen können. Andere Frauen sind gezwungen, sich von ihren Kindern zu trennen, um sie vor dem Krieg zu schützen, damit der Feind ihnen nicht das Leben nimmt.

Ende 2022 habe ich den Militärdienst verlassen. Seitdem arbeite ich als Psychologin mit Soldatinnen und Veteraninnen und sehe jeden Tag das Ausmaß dieser Tragödie. Das ist der Preis, den wir zahlen, um zu leben, damit unsere Kinder leben, damit die Ukraine lebt.

Ich möchte ein Beispiel nennen. Eine Frau, die ich kennengelernt habe, musste ihr dreijähriges Kind bei einer Tagesmutter lassen. Die Tagesmutter behandelte das Kind grausam, und heute leidet das Mädchen an Depressionen. Die Mutter wurde wegen schwerer gesundheitlicher Probleme aus dem Militärdienst entlassen. Sowohl sie als auch ihr Kind befinden sich seit langer Zeit in psychotherapeutischer Behandlung.

Und das ist kein Einzelfall. Es gibt unzählige ähnliche Geschichten: über ältere Kinder, die ohne elterliche Zuwendung aufgewachsen sind; über Jugendliche, die ihre Mütter kaum gesehen haben, weil diese im Krieg waren. All das hat sich sehr negativ auf ihre Entwicklung ausgewirkt. Auch diese Kinder und Jugendlichen brauchen heute die Hilfe von Psychologen und Psychotherapeuten.

Ich erzähle ihnen von meinen eigenen Erfahrungen. Sie sind der erste, dem ich das offenbare. Es fällt mir schwer, darüber zu sprechen. Ich möchte weinen ... Aber das ist normal. Es ist wichtig, sich seine Emotionen zuzugestehen. Ich respektiere die Gefühle jedes Menschen.

Während meines Dienstes hat sich mein Gesundheitszustand stark verschlechtert. Man kann sagen, dass mein endokrines System fast zerstört ist. Jetzt habe ich viele körperliche Probleme. Als ich den Militärdienst quittierte, begann ich, mich um meine Gesundheit zu kümmern. Seit mehr als zwei Jahren behandle ich mein Hormonsystem. Aber bisher gibt es keine Veränderungen. Vielleicht werde ich nie Kinder haben.

Ich habe gedient, um in einem freien Land zu leben. Um meine Kinder in einem friedlichen, unabhängigen Ukraine zur Welt zu bringen. Aber es sieht so aus, als könnte ich diesen Traum nicht mehr verwirklichen. Und doch bereue ich es nicht, mein Land verteidigt zu haben. Denn es gibt immer andere Wege: Man kann ein Kind adoptieren, man kann Kraft und Liebe in die Entwicklung von Kinderorganisationen stecken, man kann Mütter unterstützen. Ja, vielleicht kommen meine Taten der nächsten Generation zugute.

Ich bin nicht die einzige Frau, die durch den Krieg die Möglichkeit verloren hat, Kinder zu bekommen und ihre Familie fortzuführen. Aber das ist ein weiterer Beweis dafür, wie hoch der Preis ist, den wir alle für das Recht auf Freiheit zahlen.

Geschichten wie meine sind keine Seltenheit. Und das ist sehr, sehr traurig. Aber selbst wenn ich die Zeit zurückdrehen könnte, würde ich denselben Weg wählen und wieder zum Militär gehen. Für mich war es eine Frage der Ehre. Die Freiheit meines Landes ist Teil meiner Persönlichkeit. Die Ukraine ist für mich eine innere Stütze, ein tiefes Gefühl dafür, wer ich bin, woher ich komme, die Kenntnis unserer Traditionen, unserer Schriftsteller. Die ukrainische Sprache ist mein Ich. Sie ist meine Stütze, die mir hilft, auch in den dunkelsten Zeiten durchzuhalten. Deshalb war ich bereit, dafür mein Leben und meine Jugend zu opfern.

Denn wenn die Russen nicht eingefallen wären, könnten wir Gedichte schreiben, die Wissenschaft weiterentwickeln, Familien gründen. Wir könnten glücklich sein, uns beruflich weiterentwickeln, Kinder bekommen. Denn keiner von uns wurde für den Krieg geboren, und keiner wollte jemals kämpfen. Es gibt Millionen von Beschäftigungen auf der Welt, die viel besser sind als Krieg. Und ich kann nicht verstehen, warum in der heutigen Welt, in der sich die Menschheit intellektuell und wissenschaftlich weiterentwickelt, jemand den Weg der Zerstörung wählt. Warum entscheiden sich Menschen bewusst für Mord, Vergewaltigung und die Zerstörung all dessen, was wir lieben, anstatt Krebs zu heilen, ein Mittel gegen Unfruchtbarkeit zu finden, Musik und Gedichte zu schaffen? Nur weil wir uns entschlossen haben, den Weg einer zivilisierten Nation zu gehen – Demokratie und Rechtsstaatlichkeit.

Ein neuer Weg – Psychologie und Unterstützung für Veteraninnen

Psychologie hat mich schon seit meiner Kindheit interessiert. Endgültig habe ich mich entschieden, Psychologin zu werden, als der Krieg begann. Ich habe Militär- und Zivilpsychologie sowie verschiedene Richtungen der Psychotherapie studiert: Kunsttherapie, Körperpraktiken, Traumaintegration. Denn ich bin überzeugt: Um ganzheitlich zu sein, müssen wir uns um den Körper, die Psyche und die spirituelle Entwicklung kümmern. Deshalb habe ich diesen Weg gewählt – der Gesellschaft in einer anderen Form zu dienen. In meiner Arbeit bin ich besonders eng mit Soldaten und ihren Familien verbunden. Sie sind für mich wie eine Familie geworden. Meine gefallenen Kameraden und Kameradinnen werden immer in meinem Herzen leben. Sie sind meine Inspiration und meine Erinnerung daran, warum es sich lohnt, weiterzumachen, auch wenn es schwer ist.

Ich arbeite in verschiedenen Projekten, die Veteranen und ihre Familien unterstützen. Eines davon ist die Organisation Fight for Rights, die ein spezielles Integrations- und Unterstützungsprogramm für Veteraninnen ins Leben gerufen hat. Das ist äußerst wichtig, denn ich habe diesen Weg selbst gegangen und weiß, mit welchen Herausforderungen Frauen nach ihrem Dienst konfrontiert sind. Die Organisation bietet nicht nur psychologische, sondern auch rechtliche Hilfe. Und unsere Arbeit ist effektiv, weil Menschen, die durch den Krieg traumatisiert sind, denen vertrauen, die dasselbe erlebt haben. Veteraninnen schließen sich zusammen, um sich gegenseitig zu unterstützen und sich nicht mit den Schmerzen und Problemen, die während des Dienstes oder nach der Rückkehr von der Front auftreten, allein zu lassen. Es ist eine Gemeinschaft, in der professionelle Hilfe mit einfacher menschlicher Wärme verbunden ist.

Ich erinnere mich noch gut daran, wie mich nach der Sprengung des Wasserkraftwerks in Kachowka, einem regelrechten Terrorakt Russlands, Frauen aus der Veteraninnenbewegung angerufen haben. Sie gehörten zu den Ersten, die an mich dachten – weil sie wussten, dass ich aus der Region Cherson stamme. Und obwohl die Organisation Tausende von Menschen umfasst, erinnerten sie sich an eine bestimmte Person, nämlich Anastasia Vojnarowskaja. Sie boten mir Hilfe an – von der Evakuierung bis hin zu den einfachsten Alltagsdingen. Für mich war das von unschätzbarem Wert. Das bedeutete: Hier wird jede Frau geschätzt. Hier erinnert man sich daran, woher du kommst, wovon du lebst und was genau du brauchst.

Ich träume davon, die Ukraine der Zukunft zu sehen – frei, stark, verwirklicht. Ich glaube, dass wir ein enormes Potenzial haben. Denn wir haben sowohl reichhaltige Ressourcen als auch unglaubliche Menschen, die in der Lage sind, das Persönliche für das Gemeinsame zurückzustellen, ihr eigenes Leben für die kommende Generation zu opfern. Und genau das macht uns unbesiegbar.

Sie fragen mich nach den Verhandlungen zwischen Russland und der Ukraine... Sie bereiten mir große Sorge. Meiner Überzeugung nach kann es kein sogenanntes „Abkommen" geben, wie es sich manche wünschen. Die Ukraine hat kein Recht, Russland auch nur einen Teil ihres Territoriums zu überlassen, sie kann nicht in einem „eingefrorenen" Zwischenzustand verharren.

Jeder Quadratzentimeter unseres Landes ist mit Blut getränkt. Er ist geprägt vom Leid der Mütter, die ihre Kinder nie wieder in die Arme schließen können, der Frauen, die ihre Männer verloren haben, der Kinder, die ihre Väter nie wieder sehen werden. All das ist der Preis, den wir gemeinsam für unsere Freiheit zahlen.

Deshalb darf kein Stückchen ukrainischen Bodens an Russland abgetreten werden. Denn es ist nicht nur Land. Es ist unsere Erinnerung, unsere Würde und unser Leben.

Ich glaube, dass die Ukraine nicht nur für sich selbst kämpft. Wir zeigen, zu welchem Preis Freiheit errungen wird – auch für die Welt. Deshalb ist die Unterstützung unserer Partner, unserer Freunde aus Europa und Amerika, so wichtig. Ich träume von dem Tag, an dem ich Sie in meine Heimatstadt Cherson einladen kann – die Stadt des

Meeres, der Wälder und der leckersten Wassermelonen. Ich glaube, dass dieser Tag kommen wird. Wir werden uns dort treffen, in einem freien und friedlichen Ukraine, und eine Tasse Kaffee trinken, während wir den Sieg genießen.

7

VIKTORIA DVORETSKA

„Die nächsten zwei Jahre habe ich eine Einheit mit 78 Männern kommandiert."

„Die Freiwilligenbewegung rettete damals, wie auch 2022, die Ukraine. Ich glaube nicht an einen ‚Waffenstillstand' mit Russland. Am 17. Juni 2014 wurde ich genau an dem Tag verwundet, als Russland einen Waffenstillstand verkündete. Immer wenn Putin schweigt, bereitet er einen neuen Angriff vor."

Das Interview mit Victoria Dvoreska (32), Veteranin, fand am 25. Mai 2025 in Kyjiv statt

„Der Maidan 2014 war der Wendepunkt. Ich legte die Prüfungen an der Uni schnell ab und schloss mich denen an, die nach Luhansk fuhren, um zu kämpfen."!

Victoria Dvoreska sorgte mit für Geschlechtergleichheit in der Armee und wurde erste Kommandantin einer Kampftruppe. Heute arbeitet sie im Verteidigungsministerium und ist für Bildung und militärische Ausbildung zuständig.

„2016 kehrte ich im Rang eines Kommandanten in den Militärdienst zurück. Die nächsten zwei Jahre habe ich eine Einheit mit 78 Männern kommandiert. Die Armee veränderte sich. Alles wurde professioneller. Damals bereitete ich Rekruten im Ausbildungszentrum auf ihren Dienst vor. Damit bin noch heute beschäftigt, mit Reformen des Ausbildungssystems, damit Soldaten gesund und gut ausgebildet in den Kampf gehen."

Seit Januar 2025 ist Viktoria Dvoretska Referentin im Büro für Veränderungsmanagement des ukrainischen Verteidigungsministeriums.

Der Weg von der Studentin zur Kompaniekommandantin

Mein Name ist Viktoria Dvoretska, ich bin 32 Jahre alt und Veteranin. Heute arbeite ich als Expertin im Büro für Veränderungsmanagement des ukrainischen Verteidigungsministeriums. Ich bin Oberleutnant der Reserve der ukrainischen Streitkräfte und die erste Frau, die offiziell eine Kampfeinheit der ukrainischen Armee befehligte.

Mein Weg dorthin war lang. 2014 war ich noch Studentin an der Universität Kyiv, wo ich Außenwirtschaftsmanagement studierte. Der Wendepunkt in meinem Leben war der 1. Dezember 2013 – der Maidan. Das war die Zeit, als die Gesellschaft in der Ukraine ihren Siedepunkt erreichte. Studenten, Dozenten, Wissenschaftler und Menschen, die sich nie für Politik interessiert hatten, gingen auf die

Straße, weil sie spürten: Wir müssen Verantwortung für die Zukunft unseres Landes übernehmen.

Der Maidan und der Beginn des Krieges

Damals wurde das erste Blut vergossen. Unbewaffnete Menschen wurden mit scharfer Munition beschossen. Wenn auf Wehrlose geschossen wird, kann man nicht wegsehen. Diese Erfahrung hat mein weiteres Leben bestimmt. Ich erinnere mich noch gut an den März 2014, als wir beschlossen, auf die Krim zu fahren, weil wir ihre bevorstehende Besetzung spürten. Es gab praktisch keine Führung im Staat – die Regierung war geflohen, eine neue hatte sich noch nicht gebildet. In der Gesellschaft herrschte gleichzeitig Euphorie über den Sieg und die bittere Erkenntnis, dass noch schwerere Prüfungen vor uns lagen. Wir hatten die Krim verloren. Der nächste logische Schritt für die meisten Freiwilligen des Maidan war, in den Donbass zu gehen.

Die Freiwilligenbewegung rettete damals, wie auch 2022, die Ukraine. Im Mai 2014 saß ich in einem Bus, der uns in die Region Luhansk bringen sollte. Wir dachten, wir würden ein oder zwei Wochen bleiben, Ordnung schaffen und dann zurückkehren. Niemand konnte sich vorstellen, dass dieser Krieg Jahre dauern würde und wir immer noch kämpfen würden.

Freiwillige als Stütze der Armee

Bis 2014 war die ukrainische Armee vom vorherigen Regime von innen heraus zerstört worden: Munitionsdepots waren gesprengt, das Personal reduziert, ganze Einheiten aufgelöst worden. Tatsächlich blieben nur zwei Stützen übrig: Freiwillige, die wussten, wofür sie kämpften, und die Überreste der Armee, die Waffen tragen konnten. Wir hatten weder Uniformen noch Ausrüstung. Viele meiner Kameraden konnten nicht einmal schießen und lernten es erst vor Ort. Für mich war es einfacher: Mein Vater war Jäger, und ich wusste, wie man mit Waffen umgeht. Wir wurden zum „Rückgrat" der Armee.

2014 war ein Jahr schwerer Kämpfe und gleichzeitig der ersten Siege. In meiner Einheit starben über hundert Menschen – ein schrecklicher Preis. Aber wir gingen weiter voran.

Geschlechtsspezifische Barrieren und die Rückkehr zur Armee

2015 war ich bereits stellvertretende Kompaniekommandantin und wartete auf meinen Offiziersrang. Damals durften Frauen in der Armee jedoch nur medizinische oder unterstützende Funktionen ausüben. Ich wurde abgelehnt und musste die Armee verlassen. Das empörte mich und meine Kameraden. Gemeinsam mit ihnen erreichten wir, dass ich in Kursen für Veteranen die Fachrichtung „Kampf Einsatz von Truppen" studieren durfte, um den Offiziersrang zu erhalten und wieder in den Dienst zurückkehren zu können. Dieser wichtige Präzedenzfall kam durch den Druck der Öffentlichkeit zustande. Nach einem Gespräch mit dem Befehlshaber der Landstreitkräfte im April 2016 kehrte ich als Kommandantin in den Dienst zurück.

Zwei Jahre lang leitete ich eine Einheit mit 78 Soldaten. Wir besetzten abwechselnd Stellungen in den umzingelten Gebieten von Luhansk und Donezk. Das waren die besten Jahre meines Lebens, Jahre, in denen ich miterlebte, wie sich die Armee veränderte. Sie wurde professioneller, reformiert und bekam ein neues Gesicht.

2018 verließ ich die Kampfeinheiten und wurde Ausbilderin. Ich bildete Rekruten im Ausbildungszentrum aus und unterrichtete Schießen. Für mich war das eine neue Etappe meines Dienstes – die Weitergabe meiner Erfahrungen an andere.

Eine neue Etappe – Freiwilligenarbeit und Reformen

2021 habe ich meinen Dienst im Generalstab quittiert. Ich bin der Stiftung für kompetente Hilfe für die Armee „Komm lebendig zurück" beigetreten, einer der größten Wohltätigkeitsorganisationen der Ukraine. Zunächst leitete ich Projekte für Veteranen, und mit Beginn des umfassenden Krieges übernahm ich die Leitung der Ausbildungsabteilung, die sich mit der Ausbildung und Ausrüstung von Pionieren, Drohnenpiloten und Scharfschützen befasst. Später schloss ich mich dem „Büro für Veränderungsmanagement" an, einem Beratungsgremium des Verteidigungsministeriums. Hier entwickeln und schlagen wir Lösungen für Reformen vor. Ich arbeite als Expertin für militärische Ausbildung und Training.

In diesen Jahren hat sich in der Armee viel verändert. Während es 2014 nur fünfzehn Frauen an der Front gab, dienen heute 70.000 bis 80.000 Frauen in den Streitkräften. Sie kämpfen, befehligen und bekleiden Offiziersposten. Viele sind gefallen oder werden vermisst. Aber Frauen sind jetzt überall zu finden – von der Front bis zum Verteidigungsministerium.

Glaube an die Stärke, nicht an einen „Waffenstillstand"

Meine persönliche Erfahrung hat mich gelehrt: Ich glaube nicht an einen „Waffenstillstand" mit Russland. Am 17. Juni 2014 wurde ich genau an dem Tag verwundet, als Russland einen Waffenstillstand verkündete. In all den Jahren habe ich mich davon überzeugt: Immer wenn Putin schweigt, bereitet er nur einen neuen Angriff vor. Russland versteht nur die Sprache der Stärke.

Ich habe einen Sohn, er ist sechs Jahre alt. Er geht noch nicht zur Schule, aber er sieht schon den Krieg um sich herum. Kürzlich fragte er mich, ob er Russen töten werde, wenn er groß ist. Ich sagte: „Mein Sohn, bis du groß bist, werden unsere Soldaten den Feind schon aufgehalten haben." Und er antwortete: „Ihre Kinder werden auch gegen uns kämpfen."

Wir müssen stark sein. Nur wenn der Feind versteht, dass wir jederzeit zurückschlagen können, wird er vorsichtiger werden. Heute leben wir in einer Welt, in der wir uns keine Schwäche leisten können. Wir müssen stark bleiben, um diejenigen, die wir lieben, und unser Land zu schützen.

8

VLADISLAV POSPELOV

„Man denkt ständig: ‚Vielleicht morgen?' Und dann: ‚Nein, besser heute.'"

„Unsere Tage in Pokrowsk sind sehr unterschiedlich. Manchmal verläuft alles relativ ruhig … Aber es kommt auch vor, dass man um zehn Uhr morgens losfährt und erst am nächsten Morgen zurückkommt. Man weiß nie, was als Nächstes kommt."

Das Interview mit dem Leiter der Feuerwehr, Vladislav Pospelov (24), führte Enno Lenze am 7. Dezember 2024 in Pokrovsk

Es war der Tag, der sein Leben für immer veränderte. Während er mit seinen Kommilitonen Kartoffeln schälte, überquerten bereits die ersten Panzer die Grenze. Der Text beschreibt die Angst, das Unverständnis und die unglaubliche Einheit der Studenten, die bereit waren zu handeln.

Vladislav versetzt uns in den Alltag der Einheit, in der er die Feuerwehr unmittelbar an der Front in Pokrowsk leitet: Bereitschaftsdienst, Training, kleine Veränderungen im Alltag und ständige Bereitschaft, auf Herausforderungen zu reagieren. Besonders anschaulich wird die nächtliche Operation beschrieben, bei der das Team Menschen während eines Beschusses ohne Verluste rettete.

Der Text zeigt den Kontrast zwischen friedlichem Leben und gefährlichem Alltag, die psychische Belastung und die Bedeutung, im Moment zu leben. Jede erfüllte Aufgabe wird hier zu einem Sieg, und das Leben lehrt, heute zu handeln

Der Vorabend des Krieges: 23. Februar 2022

Ich erinnere mich noch genau an den Tag vor dem Krieg – den 23. Februar 2022. Damals war ich noch Student an der Hochschule und weit weg von dieser Region. Ich erinnere mich, wie wir um vier Uhr morgens aufstanden und mit meinen Kommilitonen in der Küche saßen und Kartoffeln für das Frühstück schälten. Erst jetzt wird mir klar, dass genau zu dieser Zeit die ersten Panzer bereits die Grenze überquerten. Und wir, im Zentrum der Ukraine, gingen unseren gewohnten Tätigkeiten nach und ahnten nicht, dass sich die Welt für immer verändern würde.

Angst, Zusammenhalt und Handlungswille

Diese Gefühle lassen sich nur schwer in Worte fassen. Zuerst war da die Angst um die Familie, dann Unverständnis, aber gleichzeitig auch eine unglaubliche Einheit. Die 120 Studenten unseres Jahrgangs wurden an diesem Tag zu einer Einheit. Wir fühlten uns stark genug, um alle Schwierigkeiten zu überwinden. Der Wunsch zu handeln war so stark, dass wir nicht tatenlos zusehen konnten. Einige rannten zu den Lehrern und fragten: „Was können wir tun?" Wir wiederholten: „Lasst uns helfen! Lasst uns handeln!" Dieses innere Feuer erlosch auch während des Unterrichts nicht. Und genau dieses Feuer führte uns später zu den Einheiten, in denen wir heute dienen und arbeiten.

Das Leben in der Einheit: Der Rhythmus des Dienstes und des Alltags

Jetzt versuche ich, mehr Zeit hier in der Einheit zu verbringen, besonders nachts. Wenn man die Jahre 2022–2023 mit 2024 vergleicht, sind das zwei völlig verschiedene Welten. Damals war alles chaotisch und ungewiss, jetzt haben wir einen klaren Rhythmus im Leben und im Dienst. Die Jungs haben zwei Tage Dienst. Der erste Tag vergeht in ständiger Bereitschaft zum Ausrücken, und der zweite sieht so aus: Sie wachen auf, frühstücken, räumen auf, erledigen die notwendigen Dinge und bereiten sich auf den nächsten Einsatz vor. Wenn wir einen freien Moment haben, versuchen wir, die Lebensbedingungen zumindest ein wenig zu verbessern. Hier sind noch immer die Zerstörungen zu sehen, wir sind noch immer dabei, alles wieder aufzubauen. Aber auch kleine Veränderungen sind wichtig: ein Regal reparieren, Müll wegräumen, etwas für den Komfort tun. Das hilft uns, durchzuhalten. Manchmal führen wir zusätzliche Trainings mit unseren Sanitätern durch und üben neue Fertigkeiten.

Die Unvorhersehbarkeit des Berufs: von Ruhe zu Einsätzen

Unsere Tage sind sehr unterschiedlich. Manchmal verläuft alles relativ ruhig: Es gibt nicht viele Einsätze, die Jungs sind vor Ort. Aber es kommt auch vor, dass sie um zehn Uhr morgens losfahren und erst am nächsten Morgen zurückkommen. Man weiß nie, was als Nächstes kommt. Und genau das ist das Besondere an unserem Beruf – es gibt keine Routine. Es gibt keinen Zeitplan: „Um eins gibt es einen Brand, um zwei einen Beschuss." Alles ist unvorhersehbar. Wir können jetzt reden und in einer Minute schon zu einem Einsatz eilen.

Ich erinnere mich noch gut an diese Nacht – es war Juli oder August, unglaublich heiß. In den Städten Pokrowsk und Mirny schlugen fast gleichzeitig drei feindliche Raketen an verschiedenen Orten ein. An einem Ort wurden Menschen unter Trümmern verschüttet, an einem anderen brach ein Feuer aus, und an einem dritten wurde ein Passant verletzt, der sich nachts auf der Straße befand. An jedem dieser Orte wurde unsere Hilfe benötigt. Wir schafften es überall hin und retteten alle.

Insgesamt feuerte der Feind in dieser Nacht acht Raketen ab, aber kein einziger Zivilist kam ums Leben. Dies war dank der rechtzeitigen und richtigen Entscheidungen der Führung und der koordinierten Arbeit unseres Teams möglich, das Menschen aus den Trümmern barg.

Bei Tagesanbruch standen wir zusammen mit unserem Chef. Ich fragte ihn: „Wie lautet das Ergebnis?"

Er antwortete: „Vier gerettet. Keine Verluste."

Ich dachte: „Das ist unglaublich!" Denn wenn man sieht, dass man alles in seiner Macht Stehende getan hat und es zu einem Ergebnis geführt hat, dann spürt man: Die Arbeit hat Sinn und man muss weitermachen. Man freut sich, Leben gerettet zu haben. Aber gleichzeitig denkt man: „Verdammt, besser wäre es, wenn das alles nicht passiert wäre."

Wenn man die Jungs ansieht, versteht man nicht, was in ihnen vorgeht. Aber als Leiter sehe ich: Sie sind immer bereit, ständig in Bereitschaft. Der Alarm ertönt – und sie sind schon beim Fahrzeug, bereit zum Losfahren. Die ständige psychische Belastung ist jedoch erschöpfend. Deshalb ist es wichtig, umschalten zu können – das Zwitschern der Vögel wahrzunehmen, die Sonne zu bemerken, das Leben um sich herum zu hören. Sonst kann man zusammenbrechen.

Viele haben gelernt, ihr inneres Feuer zu zügeln – dieses unsichtbare Zittern, das Gefühl der Gefahr und das Bewusstsein, dass jeden Moment ein Befehl kommen kann. Manchmal ertappe ich mich dabei, wie ich von meiner Arbeit träume: gebraucht zu werden, Menschen aus Trümmern zu bergen oder einen Feuerwehrschlauch zu halten. Es ist schwer, aber mit der Zeit gewöhnt man sich daran. Wir haben einfach keine andere Wahl.

Der Wert einfacher Freuden und des Lebens heute

Wenn man im Zentrum der Ukraine lebt, scheint das Leben dort wirklich wunderbar und ruhig zu sein. Man hat das Gefühl, dass alles in Ordnung ist, dass man normale Dinge planen und sich über Kleinigkeiten freuen kann. Aber hier, wo wir arbeiten, ist alles ganz anders. Hier leben wir im Moment. Wenn man gerade gut gegessen hat, ist das schon eine große Freude. Wenn man es geschafft hat, jemanden anzurufen und mit einem nahestehenden Menschen zu sprechen, ist das Glück. Jede erledigte Aufgabe ist ein Sieg, denn wir wissen: Die Gefahr ist immer da und kann uns jeden Moment einholen.

In der Ukraine wächst eine Generation heran, die lernt, nicht zu weit vorauszuplanen. Das macht keinen Sinn. Der Krieg lehrt eine einfache Wahrheit: Zuerst denkst du „Vielleicht morgen?“, und dann sagst du dir „Nein, besser heute“.

KYIV (HOSTOMEL, BUCHA, IRPIN, CHERNIHIV)

Menschen, die den russischen Überfalls hautnah erlebt haben:
Als Journalist, als Geiseln in einem Keller – oder sie mussten Russen in ihren Wohnungen ertragen.
Junge Leute berichten.

9

ROMAN SUKHAN

„Ich sah zum ersten Mal Tote und Verwundete im Krieg. Einige von ihnen bewegten sich noch."

„Am ersten Tag des Krieges arbeitete ich bei der Nationalen Fernseh- und Rundfunkgesellschaft ... Wir hatten Glück. Der Soldat schrie, wir sollten uns sofort auf den Boden legen. In diesem Moment begann der Beschuss. Eine Mine schlug ganz in unserer Nähe ein."

Das Interview mit dem Journalisten Roman Sukhan (44) fand am 7. Mai 2025 in Bucha und anschließend in Irpin statt

Roman Sukhan berichtet von den ersten Kriegstagen und davon, wie er und seine Kollegen im Fernsehsender sich zurechtfanden und er schließlich zum Kriegsreporter wurde.

Wir besuchen die Orte der russischen Kriegsverbrechen. Ich sah zum ersten Mal Tote und Verwundete. Einige von ihnen bewegten sich noch. Von der Brückenkante in Irpin aus konnte man sehen, dass viele Häuser brannten. Sie brannten lichterloh. Da war ein Mann, der schrie: „Verschwindet von hier, denn hier ist Gas! Hier ist es gefährlich. Es könnte explodieren." Wir hatten Glück. Ein Soldat schrie, dass wir uns sofort auf den Boden werfen sollen. In diesem Moment begann der Beschuss.

Die Nacht, die alles veränderte

Am ersten Tag des Krieges, in der Nacht, als all dies geschah, arbeitete ich bei der Nationalen Fernseh- und Rundfunkgesellschaft. Wir begannen sofort, uns gegenseitig anzurufen, in Arbeitschats zu schreiben, und alle beschlossen, sofort zur Arbeit zu fahren. Eigentlich war niemand darauf vorbereitet und niemand wusste, was zu tun war, aber wir begannen, Informationen zu sammeln und auf Sendung zu gehen. Es gab kein Video, es fehlten Illustrationen – aber trotzdem taten wir alles, was wir konnten. Gegen Abend kamen Vertreter der Regierung zu uns und befahlen uns praktisch, die gesamte Arbeit einzustellen. Zu diesem Zeitpunkt wurde die Ausstrahlung auf den meisten Kanälen eingestellt, stattdessen wurde der Parlamentskanal Rada ausgestrahlt. Ich war praktisch kein Moderator mehr, da unser Projekt nicht mehr ausgestrahlt wurde. Und praktisch von den ersten Tagen an wandte sich Radio „Svoboda" an mich, ihr Fernsehsender „Nastoyashchee Vremya" bat mich, live über das zu berichten, was in meinem Haus und auf der Straße geschah.

Die erste Begegnung mit dem Krieg

Die Stadt erstarrte, die Geschäfte schlossen, vor ihnen bildeten sich riesige Schlangen, die Menschen wollten Lebensmittel kaufen. Es wurden keine neuen Waren geliefert, die Apotheken waren geschlossen. Ich berichtete jeden Tag über alles, was ich sah. Ich filmte mit meinem Handy Häuser in Kyiv, die von russischen Raketen zerstört wurden, in der Nähe meines Hauses wurde eine Kolonne von Militärfahrzeugen zerstört.

Anfang März erfuhren wir, dass Irpin bereits von den Besatzern eingenommen worden war. Ich fuhr mit einem Kollegen mit dem Auto dorthin, aber bei der Romanivska-Brücke mussten wir zu Fuß weitergehen.

Die Soldaten ließen uns zunächst nicht passieren – sie standen angespannt da, jung, nicht älter als achtzehn Jahre, mit Waffen in den Händen. Mein Herz pochte, und der kalte Wind schnitt mir ins Gesicht. Ich versuchte, sie zu überzeugen: Wir befanden uns in derselben tödlichen Gefahr wie sie und machten einfach nur unsere Arbeit. Es schien, als könnte jedes Wort entscheidend sein, und schließlich traten sie zurück und ließen uns passieren.

Die Hölle von Irpin

An diesem Tag sah ich zum ersten Mal die Opfer des russischen Krieges. Zunächst beeindruckte mich das nicht sonderlich. Ich arbeite seit vielen Jahren als Journalist und habe viele Tote gesehen, die Folgen von Flugzeugabstürzen und so weiter. Aber das war etwas anderes. Sie lagen einfach leblos auf dem Boden, in gepflegter, moderner Kleidung. Irgendwann schien es, als würde sich einer dieser Toten bewegen. Es war eine Frau. Die Menschen in der Nähe, darunter auch Soldaten, versuchten, sie zu retten. Sie dachten, sie sei vielleicht noch am Leben. Sie begannen, sie in ein Auto zu laden, in der Hoffnung, dass sie überleben würde. Aber für mich war sie schon tot, weil ihre Haut weiß war. Ich weiß nicht, wie das physiologisch möglich ist, aber diese Menschen hatten weiße Haut. Später, am Abend, erfuhr ich, dass es sich um eine

Mutter mit ihrem Sohn und ihrer Tochter handelte. Meine Bekannten hatten sie erkannt. Mit ihnen war noch ein weiterer Mann. Er hatte ihnen bei der Flucht geholfen. Er gehörte zu einer christlichen Organisation oder so etwas. Sie wurden von einer russischen Mine getroffen. Der Sohn der Frau war etwa 15 bis 17 Jahre alt und hatte einen Druckverband am Bein. Es war offensichtlich, dass er Erste Hilfe erhalten hatte, aber das konnte sein Leben nicht retten.

Zu diesem Zeitpunkt war Irpin zu etwa 15 Prozent besetzt. Das heißt, es waren bereits russische Soldaten in Irpin, aber der größte Teil der Stadt war noch nicht besetzt. Die Menschen, die dort geblieben waren, versuchten mit aller Kraft zu fliehen. Dazu fuhren sie mit Autos zur Irpin-Brücke (Romanivska). Die Brücke war gesprengt, man konnte sie nicht überqueren, geschweige denn befahren. Von dort aus gingen sie zu Fuß durch den Fluss. Beim Überqueren der Brücke konnte man in der Kälte durchnässt werden. Auf der anderen Seite konnte man, wenn man dort nicht beschossen wurde, mit einer Tasche bis zum Wald laufen. Von dort waren es noch fünf bis sieben Kilometer bis Kyiv.

Wir arbeiteten unter der Brücke. Vom Rand der Brücke aus konnte man sehen, dass viele Häuser brannten. Sie standen in hellen Flammen. Dort war ein Mann, der schrie: „Verschwindet von hier, hier ist Gas. Es ist gefährlich. Es könnte explodieren.“ In diesem Moment begann der Beschuss. Wir hatten Glück. Neben uns arbeiteten Kollegen von Reuters. Sie hatten einen Soldaten dabei, der nicht aus der Ukraine stammte. Er sprach Englisch, beschützte sie und begann plötzlich zu schreien, sie sollten sich sofort auf den Boden legen, weil Artilleriegeschosse fliegen würden. In diesem Moment fingen Minen an zu fallen. Nur 50 bis 100 Meter von uns entfernt war bereits ein Krater, aus dem Rauch aufstieg. Der Beschuss hörte auf. Wir rannten näher zum Wald. Dort war es sicherer.

Viele Freiwillige brachten Menschen von der Irpinsky-Brücke nach Kyiv. Wir nahmen auch einige ältere Menschen in unser Auto und brachten sie nach Kyiv. Unterwegs erzählten sie schreckliche Dinge: „Die Häuser brennen. Unsere dicken Eisentüren sind zu einem Gitter aus Kugeln geworden. Die Fenster sind zerbrochen, der Putz ist von den Wänden gefallen." Am Stadtrand von Kyiv sah ich den ersten Bus ankommen. Das war sehr erfreulich, denn es bedeutete, dass die offizielle Evakuierung begonnen hatte.

Ein weiterer Moment, den ich nie vergessen werde: Im Wald sah ich eine große Anzahl von Hunden – Haustiere, darunter auch Rassehunde. Ich habe einen von ihnen gefilmt und das Video auf Facebook gepostet. Die Reaktionen waren überwältigend: Millionen, vielleicht eher Tausende von Menschen aus aller Welt schrieben mir, waren empört und fragten: „Warum hast du den Hund nicht gerettet?" Ich war überwältigt von der Anteilnahme der Menschen. Hunderte schrieben mir: „Geh zurück und hol den Hund!" Aber sie verstanden nicht, dass nebenan Menschen starben. Dort mussten Menschen gerettet werden. Als die Explosionen zu hören waren, flohen viele Haustiere von ihren Besitzern. Die Besitzer wollten sie mitnehmen, aber das war zu gefährlich, und sie mussten sie zurücklassen und ohne sie weiterfahren.

Am nächsten Tag kam ich wieder an diesen Ort. Dort war es schon ruhiger und organisierter. Die Menschen mussten irgendwie zur Irpiner Brücke gelangen, wo auf der anderen Seite bereits Busse auf sie warteten. Von dort wurden sie zum Hauptbahnhof im Zentrum von Kyiv gebracht. Und von dort aus wurden sie mit Zügen in den Westen der Ukraine oder anderswohin gebracht. Von diesem Moment an waren sie in Sicherheit. Aber der erste Tag war schrecklich und extrem riskant.

Die Straßen des Grauens in Bucha

Wir befinden uns jetzt im Dorf Romanivka (Mai 2025). Es gehört zur Stadt Irpin. Als wir hierher kamen, um die Evakuierung zu filmen, wurde ich genau an dieser Stelle angehalten. Jetzt ist es hier leer. Aber damals konnte man ein Denkmal sehen, ein Denkmal für den Zweiten Weltkrieg mit einem russischen Soldaten und einem ukrainischen Soldaten. Ich meine die Soldaten der Sowjetunion, die im Zweiten Weltkrieg gefallen sind. Am 22. März 2022 sah ich genau an dieser Stelle Menschen, die auf dem Boden lagen – tot, von den Russen getötet.

Dann kamen wir zu diesem brennenden Haus und riefen, ob jemand darin sei. Da erschien ein Mann und sagte: „Verschwindet von hier, hier ist Gas!“ Sie sehen, dass es in jedem Haus hier die gelbe Gasleitung zu sehen ist. Dann fiel eine russische Mine in unserer Nähe.

In Bucha: Wir befinden uns jetzt in Bucha, einer sehr kleinen Stadt in der Nähe von Kyiv. Bucha ist derzeit die bekannteste Stadt in der Nähe von Kyiv. Hier, in der Yablunska-Straße, der Straße des Grauens, lagen tote Menschen. Sie wurden mit auf dem Rücken gefesselten Händen getötet. Ich habe mit den Bewohnern des letzten Hauses gesprochen. Zu ihnen kamen Burjaten, also Soldaten aus der russischen Republik Burjatien. Sie zerrten den Mann der Frau, die hier wohnte, aus dem Haus und erschossen ihn einfach auf der Straße. Das Haus wurde niedergebrannt. Die Frau wollte die Leiche ihres Mannes mitnehmen, als sie floh. Das wurde ihr nicht erlaubt. Sie bat noch mehrmals darum, aber die Burjaten ließen sie nicht.

10

IWAN PETROWITSCH POLGUI UND (ALEX) OLEKSANDR CHUIKO

„Keiner von uns hatte die Hoffnung, diesen Keller lebend zu verlassen."

„Wir bekamen zwei Stunden Zeit, um die Leichen von fünf Männern mit einer Gartenschubkarre zum Friedhof zu bringen und zu begraben. Aber selbst dort standen russische Soldaten. Sie lungerten herum, sahen Zivilisten und begannen zu schießen."

Das Interview mit Iwan Petrowitsch Polgui und mit Alex fand am 5. Mai 2025 in Yahidne statt

Als der Krieg in die Ukraine einbrach, wurde das gewohnte Leben über Nacht zerstört. Iwan Petrowitsch Polgui, Hausmeister einer Schule in Jagodnoje, wurde von den Russen mit seinen Dorfbewohnern in einen Keller unter einer Schule gesperrt, wo Angst und Hilflosigkeit herrschten. Sie waren Geiseln der Besatzer. Dort ereigneten sich täglich schreckliche Dinge: Menschen starben, und ihre Leichen mussten unter ständigem Beschuss vorsichtig in den Heizungskeller gebracht werden, um sie später zu begraben. Alex erinnert sich, wie die Besatzer Kirchen, Häuser und Straßen zerstörten, und der Pilot, der Tschernihiw bombardierte, antwortete auf die Frage nach den Zivilisten einfach: „Ich habe Befehle ausgeführt."

Iwan Petrowitsch Polgui, Hausmeister der Schule in Jagodnoje, hat die Besatzung überlebt:

Keiner von uns hatte Hoffnung, diesen Keller lebend zu verlassen. Die Menschen saßen voller Angst da und wussten nicht, wie es weitergehen würde. Es sind schreckliche Dinge passiert. Als die Russen im März kamen, wahrscheinlich um zu ihrer „Siegesparade" nach Kyiv zu gelangen. Sie konnten die Stadt Tschernihiw nicht einnehmen. Ein Fluss trennt uns. Sie warfen Pontons aus, zerstörten eine Brücke, dann eine zweite, eine dritte, aber schließlich gelangten sie über den Fluss Desna. Sie beschlossen, zu uns zu kommen, weil sie das benachbarte Dorf Ivanivka eingenommen hatten. In dem Dorf Kolychivka standen unsere Soldaten und ließen sie nicht passieren. Sie konnten nicht nach Tschernihiw durchbrechen – also blieben sie in unserem Dorf.

Im Kellerraum befanden sich fünf Personen: ein Kind und vier Erwachsene. Aber nur ein Stuhl. Früher gab es hier einen Ausgang, aber er wurde blockiert, und niemand konnte hinausgehen. Die Straße in der

Nähe von Yagidne, die von Kyiv nach Tschernihiw führt, war ebenfalls gesperrt. Alle Autos, die versuchten, wegzufahren, gerieten unter Beschuss. Die Menschen, die flohen, wurden erschossen – alle: in den Autos, am Straßenrand, auf der Straße. Während der Schießerei war es sogar beängstigend, an der Tür zu stehen: Alles fiel herunter und flog umher.

Es gab Tage, an denen wir nicht wussten, ob es Tag oder Nacht war, weil wir nicht in den Hof gelassen wurden. In jedem Kellerraum hingen Kalender, und jeder, der im Keller war, schrieb seinen Namen und sein Geburtsdatum darauf. Es waren viele Menschen da, es gab nicht genug zu essen, und die Menschen wurden krank. Ich sah, wie ein Mann immer schwächer wurde, das Bewusstsein und den Verstand verlor. Wir wussten, dass dieser Mensch nicht mehr lange leben würde. Aufgrund der Dunkelheit und des Mangels an Licht konnte niemand vorhersagen, was passieren würde – ein Stuhlbein oder ein Stock konnten sogar auf Kinder fallen.

Hier schliefen acht Kinder. Wir sammelten die Leichen in einer Ecke. In dieser Zeit starben zehn Menschen. Es gab Fälle, in denen wir die Leichen nicht herausbringen durften und sie manchmal einen ganzen Tag lang neben den Kindern liegen blieben.

Wir mussten um Erlaubnis bitten, um sie hinauszutragen. In der Schule gibt es einen Heizungsraum, aber es war unmöglich, ihn zu durchqueren. Also bildeten wir eine Kette über unseren Köpfen, reichten uns die Leichen gegenseitig weiter und brachten sie mit Erlaubnis der Russen in den Heizungsraum, wo wir sie zu Stapeln aufschichteten. Unsere Nachbarn halfen uns dabei.

Als sich vier bis fünf Leichen angesammelt hatten, baten wir erneut um Erlaubnis, sie zum Friedhof zu bringen und zu begraben, da sie bereits zu verwesen begannen. Wir bekamen zwei Stunden Zeit, um die Leichen von fünf Männern mit einer Gartenschubkarre zum Friedhof zu bringen und zu begraben.

Aber selbst dort standen russische Soldaten. Sie lungerten herum, sahen Zivilisten und begannen zu schießen. Die Menschen warfen sich in die Gräber, um ihr Leben zu retten, warteten neben den Leichen oder auf ihnen, bis das Schießen aufhörte. Dann mussten sie irgendwie in den Keller, in die Schule, zurückkehren. Wenn die Russen Menschen sahen, meldeten sie dies den Scharfschützen – und diese schossen einfach auf Zivilisten.

Angst. Hilflosigkeit. Schmerz. Jeden Tag.

Alex vor der Kirche:

Sie sind angeblich als Befreier gekommen, aber man kann sehen, wie sie unsere Kirchen, unsere Gebäude, unsere Häuser zerstören. Ein russischer Pilot, der Tschernihiw bombardiert hatte und gefangen genommen wurde, wurde gefragt: „Hast du die Zivilisten in der Stadt nicht gesehen?“ Zuerst antwortete er, dass ihm gesagt worden sei, dass sich niemand in der Stadt befände, dass alle geflohen seien. Aber als er Autos und Menschen auf der Straße sah, wurde er direkt gefragt: „Warum hast du die Stadt bombardiert?“ Er antwortete: „Weil ich den Befehl erhalten habe. Das ist alles.“ Das ist eine einfache Antwort. In jedem Land der Welt kann das Militär sich weigern, einen Befehl auszuführen, wenn klar ist, dass dieser Befehl illegal ist und dass die Zivilbevölkerung vernichtet werden soll.

Putin will nicht verstehen, wie die Menschen leiden. Friedliche Bürger, Zivilisten, Kinder, Frauen – ihre Ermordung bedeutet ihm nichts. Meiner Meinung nach wird er vor nichts zurückschrecken. Man kann ihn kaum als Menschen bezeichnen – er ist schlimmer als ein Tier. Ich kann mir nicht einmal vorstellen, wozu ein solcher Mensch fähig ist und was er anstrebt. Solche Menschen haben keinen Platz auf dieser Erde.

11

VALENTINA UND JEWGENIJA

„Und Putin .... Er ist kein Mensch mehr. Er ist ein böser Geist, der in die Welt gekommen ist, um zu zerstören und zu verbrennen."

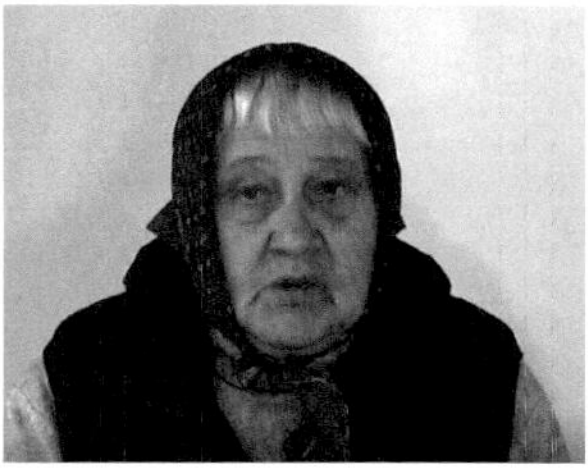

„Sie haben alles bombardiert, was sie erreichen konnten. Sie verbrannten alles, was sie in die Finger bekamen. Sie wussten nicht einmal, wie man die Toilette benutzt. Wir flehen dich an, heiliger Nikolaus, vollbringe ein Wunder. Wir bitten die ganze Welt, das ganze Universum, alle Menschen: Helft uns, damit unsere Kinder und Söhne nicht sterben müssen!"

Das Interview mit Valentina und Jewgenija fand am 25. Mai 2025 in der ukrainisch-orthodoxen Kirche in Hostomel statt

Valentina und Jewgenia, die Küsterin, wohnen direkt neben dem Flughafen Hostomel. Dieser sollte von den Russen als Ausgangspunkt für die Eroberung Kyivs dienen, konnte jedoch erfolgreich verteidigt werden. Ihre Wohnungen wurden besetzt und geplündert, sie wurden in Kellern eingesperrt. Die Russen hinterließen ihren Kot in Körben neben der Toilette, weil sie nicht wussten, wozu diese dient. Ein emotionaler Ruf an die Welt um Hilfe. Ich habe Valentina über eine Facebook-Gruppe in Hostomel kennengelernt.

Valentina:
Heute ist der Tag des Heiligen Nikolaus. Wir hoffen, dass er uns hört, dass Gott uns hört und dass alle Heiligen uns helfen werden. Wir werden diesen Feind besiegen und in einem friedlichen und freien Ukraine leben. Herr Gott, hilf uns dabei. Wir flehen dich auf Knien an, Herr. Wir flehen dich an, Nikolaus, vollbringe ein Wunder! Vollbringe ein Wunder! Vollbringe ein Wunder, damit unsere Kinder nicht sterben müssen!

Die ersten Luftangriffe kamen sehr früh. Wir wurden durch Raketenangriffe geweckt. Es war schrecklich, wie in einem Albtraum: Der Krieg hatte begonnen. Der Flughafen in Hostomel, wo „Mriya" stationiert war, liegt nur anderthalb Kilometer von meinem Haus entfernt. Als Erstes wollten sie ihn zerstören. Bereits am ersten Tag des Krieges, dem 24. Februar 2022, landeten die Landungstruppen. Sie drangen in Hostomel ein – und die Hölle brach los. Menschen wurden verschleppt, deportiert und getötet. Hostomel war die erste Stadt, die sie besetzten. Von dort aus zogen sie weiter nach Bucha, Irpin, Borodianka und Vorzel.

Petrovich, Nachbar:
Hier stand ein Panzer und schoss dorthin. Ich war sechzehn Tage lang unter der Besatzung. Ich wohne hinter dem Friedhof. Dort standen

zwei Haubitzen, die Tag und Nacht feuerten. Nur zwischen sieben und acht Uhr gab es eine Pause.
Valentina:

Ich und neun weitere Menschen saßen im Keller. Der Beschuss hörte nicht auf. Jedes Land erlebt seinen eigenen Schmerz über Verluste. Aber zu uns ist ein Eindringling gekommen, der uns vernichten will, damit die ukrainische Nation aufhört zu existieren. Und doch – dieser Eindringling wird nichts erreichen. Die Ukraine war, ist und wird immer sein!

Ehre sei der Ukraine! Ehre den Helden! Ehre sei der Ukraine! Ehre den Helden!

Vielen Dank für Ihren Besuch in Hostomel!

Jewhenija:
„Ich habe meinen Mann während der Besatzung verloren. Wir lebten jeden Tag in Angst. Menschen mit Maschinengewehren in der Nähe, ein Leben in Kälte und Schmutz, in ständiger Angst. Wir wurden aus unseren Häusern vertrieben. Wir mussten in die Keller umziehen. Die Besatzer lebten in unseren Wohnungen und taten, was sie wollten. Sie beraubten uns und brachen Türen auf. Sie benahmen sich wie Herren. Sie bombardierten alles, was ihnen in die Hände fiel. Sie verbrannten alles, was sie in die Finger bekamen. Sie wussten nicht einmal, wie man die Toilette benutzt. Nachdem sie Hostomel nach mehr als 30 Tagen der Besetzung verlassen hatten, wurden sie hinter Hostomel besiegt. Und wir konnten in unsere Häuser zurückkehren.

Gute Leute, ganz Europa soll es hören, die ganze Welt soll es hören! Die militärische Elite, wie sie sich selbst nannte, die Elite-Division Kantemyr, wusste nicht einmal, wozu die Toilette in ihrer Wohnung diente. Sie benutzten sie wie eine gewöhnliche russische Toilette, die aus Brettern gebaut ist und von einem Stock gestützt wird. Verstehen Sie? Alles lag auf einem großen Haufen nebeneinander und in einem Eimer oder Korb befanden sich die Papierreste. Auf der anderen Seite des Korridors wohnten und kochten sie. Ist das ein zivilisiertes Volk?

Sie fragten uns: „Wie könnt ihr so leben, ohne ein Bad (Hinweis* Dies bezieht sich auf ein separates Gebäude zum Waschen und Dämpfen)? Wer hat euch erlaubt, so gut zu leben, dass ihr eine asphaltierte Straße durch den Wald habt?“ Solche Fragen hat uns das russische Militär gestellt.

Erinnert euch an unseren Süden, erinnert euch an Mariupol, erinnert euch an Cherson. Und sogar an Kyiv, das sie von der Landkarte zu tilgen versuchen. Als einfache Frau wende ich mich an die ganze Welt. Helft uns, dieses Übel zu besiegen! Helft uns, unsere Ukraine zu befreien und wieder so zu leben, wie wir es vor 2014 getan haben, als der Krieg im Donbass begann. Der Donbass gehört uns. Der Donbass ist die Ukraine! Sie sagen, die Krim sei russisch. Aber warum sagen sie nicht, wie die Ukraine die Krim bekommen hat? Ich bin kein Historiker, aber ich versuche, das zu verstehen. Schauen Sie sich an, wie wir die Krim erobert und besiedelt haben. Warum ist die Krim russisch? Die Krim ist ukrainisch. Die Krim ist das Heimatland der tatarischen Bevölkerung. Warum will das niemand verstehen? Putin will das nicht verstehen. Er ist kein Mensch mehr, sondern eine Art böser Geist.

12

DANYLO TATARYNOW

„Alles hängt von unseren Handlungen ab, davon, wie wir agieren."

„Noch am 22. und 23. Februar, als wir in der Schule waren, diskutierten wir: ‚Kann das passieren?' Fast alle waren sich sicher – nein, das kann nicht sein. Schließlich herrscht seit 2014 Krieg, und jetzt auch noch eine Besetzung? Das klang unglaublich."

Das Interview mit Danylo Tatarynow (19) fand am 25. Mai 2025 in Bucha statt

Die Russen haben in diesem Hotel alle Türen aus den Angeln gerissen, alle Laptops und Computer für unsere Arbeit gestohlen und ein Chaos hinterlassen

Die jungen Leute übernahmen in vielen Punkten die Initiative: Sie halfen beim Aufräumen, erledigten freiwillige Arbeiten und kümmerten sich um alles. In diesen schwierigen Zeiten werden alle stärker.

Obwohl wir hier unmittelbar am Flughafen Hostomel sind, kaufen die Leute Autos und Wohnungen, es wird gebaut und sie leben glücklich. Alle sind der Meinung, dass es gut wird, dass es großartig wird, obwohl es eigentlich eine brodelnde Zeit ist. Es ist doch klasse, dass die Menschen nicht den Mut verlieren, weiterleben und alles wieder aufbauen.

Der erste Schock: der unerwartete Angriff

Haben wir wirklich mit einem Angriff gerechnet? Ich kann diese Frage nicht eindeutig beantworten. Noch am 22. und 23. Februar, als wir in der Schule waren, diskutierten wir: „Kann das passieren?“ Fast alle waren sich sicher – nein, das kann nicht sein. Schließlich herrscht seit 2014 Krieg, und jetzt auch noch eine Besetzung? Das klang unglaublich. Niemand glaubte daran. Aber am 24. Februar 2022 erfuhren wir die Wahrheit: Es war tatsächlich passiert. Wie hat mich das beeinflusst? Ehrlich gesagt, zunächst fast gar nicht. Es war ein ganz normaler Morgen. Ich wachte auf, schaute aus dem Fenster – und da flogen Hubschrauber, man hörte Schüsse, Bomben fielen. Mein Herz zog sich zusammen, aber das Leben ging weiter. Am meisten sorgte ich mich um meine Familie. Zum Glück sind alle am Leben und gesund.

Flucht aus Bucha

Wir verließen Bucha am 27. Februar. Wir verpassten die Panzerkolonne um buchstäblich eine Stunde. Dann kamen die. Die Straße war schwierig: Die Brücke von Irpin war bereits gesprengt, es gab fast keine Wege mehr. Wir hatten Glück. Meine Mutter und meine Schwester waren bei mir, mein Vater blieb in der Territorialverteidigung. In Kyiv ließen wir uns bei Verwandten in Shulyavka nieder. Drei, vier Monate lang lebten wir alle zusammen: ich, meine Mutter, meine Schwester, meine Tante, meine Großmutter, mein Großvater, unser Hund und drei Katzen. Es war eng, aber wir waren zusammen, und das gab uns Kraft.

Es war schwer. Heimtückisch. Denn wir sind zu Hause, in unserem Land, und unser Leben wird durch fremde Hände eingeschränkt. Wir schmieden Pläne, träumen von der Zukunft – und plötzlich kann alles zusammenbrechen. Aber wir müssen weiterleben, mit den Schwierigkeiten fertig werden, Kraft finden.

Der Schock der Besatzung

Ich habe nicht alles gesehen, was hier während der Besatzung passiert ist – ich war nur zwei Tage dort. Diejenigen, die geblieben sind, haben viel tiefere und schrecklichere Erfahrungen gemacht. Als ich zurückkam, war ich schockiert und wütend: Die Zäune mit der Aufschrift „Hier leben Menschen" waren beschossen worden. Das Gleiche galt für Schulen und Keller. Sie haben weder Mitgefühl noch Ehre.

Auch dieses Hotel hier, in dem ich arbeite, war eine Basis der russischen Besatzer. Sie rissen die Türen heraus, nahmen Tablets und Laptops mit. Nach ihrem Abzug begannen wir mit der Wiederherstellung des Gebäudes.

Auch heute noch ist zu sehen, wie sehr sich junge Menschen in das Leben der Gemeinschaft einbringen: Sie helfen, unterstützen und engagieren sich ehrenamtlich. Schwere Zeiten machen uns stärker und verbinden uns. Natürlich wäre es besser, wenn diese Verbundenheit nicht durch einen Krieg zustande gekommen wäre. Aber wir nehmen die Dinge, wie sie sind, und hoffen auf Besserung. Es ist seltsam, die Menschen zu beobachten: Sie kaufen Wohnungen, teure Autos, leben, als wären sie sicher, dass alles gut wird. Selbst in Saporischschja, wo es gefährlich ist, leben sie weiter. Und das ist gut so – dass die Menschen ihren Mut nicht verlieren.

Helden unter uns

Der Krieg hat gezeigt: Alles hängt von uns selbst und von der Unterstützung anderer ab. Wir können nicht alleine gewinnen. Je mehr Menschen auf der Welt von diesem Krieg wissen, desto stärker ist die Ukraine. Natürlich waren es die Soldaten, die den ersten Schlag abbekamen. Sie wussten es nicht genau, aber sie verstanden, dass die Russen in Bucha einmarschieren könnten. Ein Teil der Soldaten übernahm sofort die Kontrolle über den Flugplatz. Gleichzeitig war der Beitrag der einfachen Menschen und der lokalen Gemeinschaft entscheidend. Viele Helden gaben ihr Leben, um Brücken zu sprengen und den Vormarsch des Feindes zu stoppen. Ich bewundere diejenigen, die ohne militärische Erfahrung Verantwortung übernommen und beschlossen haben, zu handeln.

Als ich am 27. Februar abreiste, gab es mehrere Straßensperren. Die Menschen hatten sie selbst organisiert: Sie hielten Deserteure fest und suchten nach denen, die Informationen an die Russen weitergeben könnten. Sie kontrollierten die Dokumente, Kleidung und Habseligkeiten derjenigen, die ein- oder ausfuhren. Sie standen dort in dem, was sie hatten: einige mit sowjetischen Waffen, andere sogar mit einem Topf auf dem Kopf anstelle eines Helms. Das war der Anfang. Und ich bin froh, dass sich die Menschen damals zusammengeschlossen, Gemeinschaften gebildet und wirklich geholfen haben.

13

ANNA MISHCHUK

„Letzte Woche haben wir drei Stunden im Luftschutzbunker verbracht."

„In diesem Alter denkt man über eine Mathematikarbeit oder ein neues Spiel auf dem Handy nach, aber sicher nicht darüber, wie Explosionen den Boden unter den Füßen erschüttern. Es ist sehr schwer zu begreifen, dass die gewohnte Welt zerstört werden kann."

Das Interview mit Anna Mishchuk (17) fand am 25. Mai 2025 in Kyiv statt

In unserem Lyzeum 53 in Kyiv lernen 500 Kinder Deutsch. Ich lerne seit meinem neunten Lebensjahr Deutsch. Auch meine Großmutter und meine Mutter sprechen Deutsch. Als der Krieg anfing, war ich 13 Jahre alt. In diesem Alter möchte man nicht über Krieg nachdenken.

Zwei Wochen lang waren wir in unserer Datscha, also 14 Personen und zwei Hunde in einem Haus. Zunächst gab es Wasser und Internet. Wir hörten die Angriffe. Mit dem Auto wegfahren? In welche Situation würden wir geraten?

Ich bin in einem Debattier-Club aktiv. Jugendliche aus der ganzen Welt können dort debattieren. Die Debatten dauern nur 24 Minuten, zwei pro und zwei kontra. Man erfährt vorher nicht, welche Position man vertreten muss.

In Kyiv gibt es jetzt wieder viele Luftalarme. Letzte Woche waren wir einmal drei Stunden im Schutzkeller. Dort gibt es Internet und wir können sehen, wohin die Raketen genau fliegen.

Mein Name ist Anna, ich bin siebzehn Jahre alt und wir befinden uns gerade in Kyiv, in meiner Schule Nr. 53.

In unserer Schule lernen wir viel Deutsch – eigentlich jeden Tag. Ich lerne hier seit der fünften Klasse und bin jetzt in der zehnten. Die Schule hat Klassen von der ersten bis zur elften, und etwa fünfhundert Schüler lernen Deutsch. Einer der größten Vorteile ist die Möglichkeit, Sprachprüfungen abzulegen und ein Diplom zu erwerben, deshalb bin ich hierher gewechselt. Mir gefällt, dass die Schule im Zentrum von Kyiv liegt: Wir besuchen oft Museen und machen Ausflüge. Unsere Lehrer unterrichten uns nicht nur, sondern unterstützen uns auch, besonders jetzt, in Kriegszeiten. Diese Unterstützung brauchen wir jungen Menschen sehr.

Ich habe mit neun Jahren angefangen, Deutsch zu lernen – dank meiner Mutter und meiner Großmutter. Beide sprechen die Sprache, meine Großmutter war sogar Deutschlehrerin. Meine Mutter arbeitet bei einer deutschen Stiftung. Daher war meine Wahl ganz natürlich. In der Schule lernen wir nicht nur die Sprache, sondern auch die Geschichte Deutschlands und Fachvokabular für unseren zukünftigen Beruf.

Als die Explosionen in mein Leben drangen

Aber der Krieg hat mein Leben auf den Kopf gestellt. Als er begann, war ich erst dreizehn Jahre alt. In diesem Alter denkt man über eine Mathematikarbeit oder ein neues Spiel auf dem Handy nach, aber sicher nicht darüber, wie Explosionen den Boden unter den Füßen erschüttern. Es ist sehr schwer zu begreifen, dass die gewohnte Welt zerstört werden kann. Meine Eltern, insbesondere mein Vater, waren vorbereitet: Noch vor dem Einmarsch hatte er Lebensmittel eingekauft. Auch ich hatte am Vortag, dem 23. Februar, eine kleine Tasche gepackt, obwohl ich nicht wirklich glauben konnte, dass es tatsächlich passieren würde.

Am 24. Februar wachte ich etwas früher auf, um meine Hausaufgaben in ukrainischer Geschichte und Literatur zu erledigen. Ich erinnere mich, wie ich Notizen machte und überhaupt nicht an Explosionen dachte. Aber mein Vater kam ins Zimmer und sagte: „Anya, der Krieg hat begonnen."

Wir leben am Rande von Kyiv und der Region, nicht weit von Bucha und Hostomel entfernt. Dort befindet sich auch unser Ferienhaus. Dorthin sind wir gefahren und haben fast zwei Wochen unter Besatzung verbracht. Zunächst gab es im Haus alles Notwendige – Wasser, Internet, Strom. Aber schon nach wenigen Tagen gab es keinen Strom, kein Wasser und keine Verbindung mehr. Wir waren völlig isoliert und hatten keine Ahnung, was um uns herum vor sich ging. Im Haus versammelten sich vierzehn Menschen – unsere Familie und Freunde mit Kindern. Wir hörten Explosionen und wussten, dass die Russen ganz in der Nähe waren. Es war beängstigend, wegzufahren: Niemand konnte garantieren, dass wir nicht angehalten oder erschossen würden.

Flucht und Neuanfang

Am 7. März traf mein Vater eine wichtige Entscheidung – wegzufahren. Das hat uns gerettet: Noch am selben Abend versperrten Bäume die Straßen, und die Stadt war fast einen Monat lang von der Außenwelt abgeschnitten.

Wir fuhren zunächst nach Deutschland, wo uns Freunde in der Nähe von Erfurt aufnahmen. Aber die Abreise war nicht einfach: Die Männer unserer Familie blieben in der Ukraine zurück, und die Trennung war schmerzhaft. Zuerst fuhren nur meine Mutter, mein Bruder und ich, später kamen meine Großeltern hinzu. Ich blieb drei Monate in Deutschland, sie blieben länger – bis Oktober.

Rückkehr nach Kyiv und die Kraft der Träume

Im Mai 2022 kehrte ich nach Kyiv zurück. Ich erinnere mich, wie mich die Stadt gleichzeitig vertraut und doch ganz anders empfing. Sie war halb leer, angespannt, erfüllt von einer Stille, die es zuvor in Kyiv nie gegeben hatte. Trotzdem fühlte ich zum ersten Mal wieder: Ich bin zu Hause. Aber es war ein anderes Zuhause – verwundet, vom Krieg verbrannt.

Die Rückkehr war für mich wie ein Atemzug frischer Luft. Ja, es war beängstigend: Es gab ständig Luftalarme, die Menschen lebten in Alarmbereitschaft, viele kehrten nicht zurück. Aber trotzdem gab mir Kyiv Kraft. Hier waren meine Freunde, meine Schule, mein Leben. Und genau dann wurde mir klar, wie wichtig es ist, zu lernen und weiter zu träumen, auch wenn um einen herum Explosionen zu hören sind.

Am 1. September setzten wir uns wieder an unsere Schulbänke. Ab der achten Klasse wurden die Präsenzunterricht wieder aufgenommen, obwohl sich das Bildungssystem geändert hatte. Denn ein Teil der Schüler blieb in der Ukraine, ein Teil befand sich im Ausland. Deshalb wurden wir in zwei Klassen aufgeteilt: Die eine lernte im Präsenzunterricht, die andere online. Dieses System gilt bis heute. Die Kinder, die jetzt in Deutschland leben, besuchen deutsche Schulen, lernen aber gleichzeitig über das Internet weiter auf Ukrainisch, machen Aufgaben, bekommen Noten und Feedback von ihren Lehrern. Für sie ist das eine doppelte Belastung – erst die Schule in Deutschland und dann noch ukrainischer Unterricht am Abend oder nach dem Mittagessen.

Debatten, Wissen und die Kraft des Wortes

Ich spreche gut Englisch und Deutsch. Ich war schon immer motiviert, im Ausland zu studieren – in Deutschland oder Österreich. Außerdem habe ich viele Freunde in Deutschland, und sie helfen mir, den praktischen Sinn des Sprachenlernens zu erkennen. Außerhalb der Schule vertiefe ich meine Kenntnisse weiter und nehme aktiv an verschiedenen Projekten teil, darunter „Jugend debattiert“.

Diese Debatten waren für mich eine echte Herausforderung. In der neunten Klasse hatte ich noch nicht genügend Deutschkenntnisse, da das Projekt für Schüler der Oberstufe konzipiert ist. Aber ich habe mich trotzdem entschlossen, es zu versuchen – und das war eine der wichtigsten Entscheidungen in meinem Leben.

Die Debatten hatten eine klare Struktur: 24 Minuten, vier Positionen – zwei „dafür" und zwei „dagegen". Man weiß nie im Voraus, welche Seite man vertreten muss. Das hat mich gelehrt, breiter zu denken, beide Seiten eines Problems zu sehen und Argumente zu suchen, auch wenn es scheinbar keine gab.

Eines der Themen war beispielsweise die Frage: „Sollte die Steuer auf Fleischprodukte in der Ukraine erhöht werden?“ Ich war damals eine 16-jährige Schülerin, die sich noch nie ernsthaft mit Steuern beschäftigt hatte. Aber ich musste mich schnell in das Thema einarbeiten, um überzeugend auftreten zu können. Das war nicht einfach, aber genau diese Erfahrung hat mich gelehrt, meine Gedanken klar, logisch und selbstbewusst zu formulieren.

Ich bin sehr froh, dass ich damals keine Angst hatte. Am Ende belegte ich den dritten Platz in der Ukraine und arbeite jetzt selbst als Trainerin für andere Teilnehmer. Ich mag es, meine Erfahrungen weiterzugeben, anderen zu helfen, Argumente zu finden und die Kraft des Wortes für sich zu entdecken.

Der Krieg ist nah, aber das Leben geht weiter

Natürlich ist der Krieg immer nah. In Kyiv ertönen oft Luftalarme. Letzte Woche saßen wir drei Stunden lang in einem Luftschutzbunker. Wir hielten unsere Telefone fest in den Händen, suchten nach Internetempfang und verfolgten auf der Karte, wohin die Raketen fliegen. Es ist ein seltsames Gefühl, unter der Erde zu sitzen und auf dem Bildschirm zu sehen, wie der Tod durch den Himmel fliegt. Und zu warten. Immer nur warten. Das ist sehr schwer für Schüler, die einfach nur ihr Leben leben und eine Ausbildung erhalten wollen.

Ich bin mir sicher: Die Beziehungen zwischen der Ukraine und Russland werden nie wieder freundschaftlich sein. Wir haben zu viel durchgemacht, zu viel verloren. Die Ukraine wird Zeit brauchen, um ihre Wunden zu heilen, aber wir können Russland nicht mehr vertrauen.

ODESA

Die Leiterin des privaten Holocaust-Museums und eine Hebamme (Doula).
Beide entschieden sich zu bleiben.
Eine Schülerin und ein Schüler schildern Flucht und Rückkehr mit der Familie.

14

TATJANA VOITENKO

„Ich komme aus Odesa und habe nicht vor, wegzuziehen. Das ist mein Zuhause.“

„Odesa hatte sich schon seit mehreren Monaten vorbereitet: Es wurden Befestigungen gebaut, Mittel für die Verteidigung bereitgestellt und die territoriale Sicherheit organisiert. Der Stadtrat befasste sich in seinen Sitzungen mit diesen Fragen.“

Das Interview mit Tatjana Voitenko fand am 10. Oktober 2024 in Odesa statt

Die Direktorin des Holocaust-Museums in Odesa: Was habe ich persönlich gefühlt? Ich konnte nicht glauben, was geschah. Es fiel mir sehr schwer, das zu akzeptieren und zu verarbeiten. Ich war völlig verwirrt. Wie fast alle Ukrainer schlief auch ich nicht. Wir sahen Putins Rede. Danach war uns allen klar, dass der Krieg unvermeidlich war. Wir saßen einfach da und warteten. Ich weiß nicht, wie die ukrainische Regierung das sah, aber alle vernünftigen Menschen in der Ukraine verstanden nach dieser Rede und den Bildern, dass der Krieg begonnen hatte.

Direktorin des Holocaust-Museums in Odesa

Mein Name ist Tatjana Voitenko, ich bin Direktorin des Holocaust-Museums in Odesa. Das Museum wurde vor 15 Jahren dank der Regionalen Vereinigung der Juden von Odesa sowie ehemaligen Bewohnern des Ghettos und Häftlingen der nationalsozialistischen Konzentrationslager gegründet. Es handelt sich um eine nichtstaatliche Einrichtung: Wir erhalten weder vom Staat noch von der Stadt finanzielle Mittel. Alles wird durch Spenden von Holocaust-Überlebenden finanziert.

„Für uns ist das Museum nicht nur ein Gebäude. Es ist eine Erinnerung, die wir an die nächsten Generationen weitergeben müssen", sagen ehemalige Häftlinge. Und ich spüre ihre Verantwortung jeden Tag. Ihre Kinder und Enkelkinder sowie die Nachkommen der „Gerechten unter den Völkern" schließen sich unserer Sache an. Vor dem Krieg hatten wir viele ausländische Gäste, sogar sehr viele. Mit Beginn des Krieges hat sich ihre Zahl natürlich deutlich verringert. Heute sind die meisten unserer Besucher Schüler, Studenten von Universitäten, Fachhochschulen und Gymnasien. Oft finden die Menschen uns über Google: Sie suchen nach Museen, stoßen auf unseres und kommen vorbei.

Roman Schwarzman, Holocaustüberlebender
„Hitler wollte mich umbringen, weil ich Jude bin. Putin will mich umbringen, weil ich Ukrainer bin."

Maidan: eine persönliche Geschichte

Die Revolution auf dem Maidan ist für mich eher eine persönliche Geschichte geblieben. Damals interessierte ich mich nicht besonders für Politik und dachte nicht über solche Dinge nach. Ich konzentrierte mich mehr auf mein Zuhause und meine Familie. Meine Freunde waren von Geschäftsideen begeistert. „Nach dem Maidan kann man ehrlich und profitabel leben", glaubten sie. Ich war 34 Jahre alt und mir war klar: Das Leben eines Erwachsenen besteht aus ständigen Entscheidungen und Verantwortung, nicht aus spektakulären Ereignissen.

Die erste Nacht des Krieges

Ich erinnere mich noch sehr gut daran, wie die groß angelegte Invasion begann. Wir haben die ganze Nacht nicht geschlafen. Am Morgen gingen wir auf die Straße. Es waren sehr viele Autos unterwegs, die Tankstellen waren überfüllt. Ein Nachbar stand mit riesigen Taschen auf dem Bürgersteig, in seinen Augen stand Verzweiflung. „Wir fahren weg ... alle", sagte er leise, fast flüsternd.

Ich spürte, wie sich mein Herz zusammenzog: „Ist das wirklich wahr? Wie soll ich jetzt leben?" Es fiel mir sehr schwer, das zu akzeptieren und zu begreifen. Angst, Verwirrung und Hilflosigkeit vermischten sich. Wir sahen uns Putins Rede an. Es war still im Raum, nur das Geräusch des Fernsehers war zu hören. Ich weiß nicht, wie die ukrainische Regierung das sah, aber alle vernünftigen Menschen in der Ukraine verstanden nach dieser Rede, dass der Krieg begonnen hatte.

Odesa am Abgrund

Odesa hatte sich schon seit mehreren Monaten vorbereitet: Es wurden Befestigungen gebaut, Mittel für die Verteidigung bereitgestellt und die territoriale Sicherheit organisiert. Der Stadtrat befasste sich in seinen Sitzungen mit diesen Fragen. Kurz gesagt, wir hatten uns vorbereitet. Die Russen erwarteten einen blitzschnellen Sieg – aber nichts kam dabei heraus. Stattdessen zog sich alles lange hin. Ich verstehe bis heute nicht, warum sie so gehandelt haben.

Ich schaue mir die Stadt an und spüre ihren Puls. „Hier ist mein Zuhause. Ich bleibe und habe nicht vor, wegzuziehen", sage ich mir. Der Krieg hat mich nicht verändert.

Die Gesellschaft unter Druck

Natürlich hat sich in der Gesellschaft viel verändert. Einige haben sich zusammengeschlossen, andere nicht. Es gibt wieder eine Kluft zwischen Ost- und Westukraine, es gibt Streitigkeiten über Sprache, Dekolonisierung und Entrussifizierung. Manches davon nimmt groteske Formen an. Anstatt alle Kräfte und Mittel auf den Kampf gegen den Feind zu konzentrieren, beschäftigen wir uns mit lokalen Problemen wie dem Abbau von Denkmälern oder der Ernennung von Moralinspektoren. Anstatt alle Ressourcen in den Kampf an der Front und in die Verteidigung zu investieren, verlieren wir uns in solchen Ablenkungen. Manchmal denke ich: „Warum verschwenden wir unsere Kräfte für Kleinigkeiten, wenn der Feind vor der Tür steht?“

Aber ich bin keine Politikerin, ich bin Museumsdirektorin. Meine Arbeit ist Erinnerung und Geschichte, und auch, inmitten des Chaos die Menschlichkeit zu bewahren.

Das Interview wird unterbrochen, weil wir gemeinsam ins Krankenhaus fahren, um Roman Shvartsman zu besuchen, der den Holocaust überlebt hat und Gründer des Museums ist.

15

NATALIA YASNYUK

„Ich fühle mich frei und möchte hier bleiben, wo ich aufgewachsen bin, wo ich mein eigenes Ding machen kann."

„Ich zahle Steuern und arbeite gerne für mich selbst. Mein Land gibt mir die Möglichkeit, frei zu leben, und ich brauche nichts weiter von ihm. Ich bin dankbar für diese Freiheit. Wenn man in Odesa lebt, schätzt man jeden einzelnen Tag, weil man versteht: Man muss das Leben in vollen Zügen genießen, denn niemand weiß, ob man morgen noch aufwachen wird."

Das Interview mit Natalia Yasnyuk (32) fand am 18. Oktober 2024 in Odesa statt

Diese Geschichte erzählt das Leben von Natalia aus Odesa – einer Doula, die während des Krieges vor einer schwierigen Entscheidung stand: in ihrer Heimatstadt zu bleiben oder ein sicheres Leben im Ausland zu suchen. Ihr Alltag ist voller Herausforderungen: die Erziehung ihrer Tochter, selbstständige Entscheidungen, die Unterstützung schwangerer Frauen in einer gefährlichen Zeit. Sie beschreibt ihre Geburtsvorbereitungskurse, ihre Privatpraxis für Massage und Körperkorrektur, das Nähen von Windeln und die Erstellung von Ratgebern zur Ernährung nach der Geburt – all dies vor dem Hintergrund von Krieg, Angst und Unruhe.

Der Krieg als Ausgangspunkt

Hallo zusammen! Mein Name ist Natalia. Ich lebe in Odesa in der Ukraine.

Ich arbeite als Doula (das ist so etwas wie eine Hebamme) – ich begleite schwangere Frauen während der Schwangerschaft und der Geburt. Zu Beginn des Krieges lernte ich einen Gynäkologen kennen, dessen Ansichten perfekt mit meinen übereinstimmten. Gemeinsam gründeten wir eine Selbsthilfegruppe, um Frauen auf die Geburt vorzubereiten. Das ist meine Haupttätigkeit. Außerdem habe ich eine Privatpraxis, in der ich Frauen mit biologischen Zentrierungstechniken wie Bauchmassagen und Körperkorrekturen behandle.

Ich bin 32 Jahre alt, geschieden (die Scheidung fand bereits während des Krieges statt) und ziehe meine Tochter alleine groß. Ich möchte ein wenig mehr über mich erzählen und einige Fragen beantworten, die mir gestellt wurden.

Als ich erfuhr, dass der Krieg begonnen hatte, war ich erstaunlich ruhig. Um mich herum herrschte Panik: Meine Familie war völlig in die Nachrichten und öffentlichen Instagram-Seiten vertieft, auf denen die Schrecken des Krieges gezeigt wurden, Menschen mit kleinen Kindern, die stundenlang oder sogar mehrere Tage hintereinander an den Grenzen standen. Meine eigene Reaktion war sehr zurückhaltend, vielleicht weil ich von meinem Mann irgendwelche Maßnahmen erwartete. Aber er unternahm nichts, um uns zu helfen, zum Beispiel mit unserer Tochter zu fliehen. Wir haben solche Dinge nicht einmal besprochen.

Diese Gespräche begannen erst zwei Wochen nach Kriegsbeginn. Mir wurde klar, dass ich kein Englisch kann, während mein Mann es kann. Was würde ich in einem anderen Land tun? Und warum sollte ich überhaupt getrennt von ihm leben? Einen Monat nach Kriegsbeginn sah ich meinen Mann nur noch im Bett – er tat nichts, er hatte Angst. Für mich war das seltsam, denn ich reagierte ganz anders auf Stress: Ich wollte handeln. Es war klar, dass ich meine Tochter großziehen und für mich selbst sorgen musste, um meinen Lebensunterhalt zu verdienen.

Neue Rollen und alte Träume

Ich habe auch viel nachgedacht. Mir wurde klar, dass das Leben jeden Moment vorbei sein kann – eine Rakete kann einschlagen und alles ist vorbei. Dieses Gefühl war für mich ein Anstoß, für den ich jetzt dankbar bin. Träume, die ich einst „auf später" verschoben hatte, begannen sich zu verwirklichen. Ich fragte mich: Wie viel Zeit muss noch vergehen, bevor ich endlich die Pläne verwirkliche, die ich schon immer hatte? Der Krieg wurde für mich zum Startpunkt.

Ich habe mir einen lang gehegten Traum erfüllt und angefangen, Windeln für Neugeborene auf Bestellung zu nähen. Dieses Geschäft hat sich gut entwickelt. Zusammen mit einem Endokrinologen und einem Ernährungsberater habe ich einen Leitfaden zur Ernährung für Frauen nach der Geburt erstellt. Insgesamt habe ich viel erreicht. Mein Leben blühte auf, während andere von Angst und Stress gelähmt schienen. Es gab viele Fragen rund um die Geburt. Ich habe Frauen bei Hausgeburten begleitet und diejenigen beraten, die im Ausland gebären wollten – und das kostenlos. Andere Frauen hatten bereits geboren und brauchten meine Unterstützung.

Es gab also viel zu tun. Ich hatte keine Zeit, mich ständig um die Lage des Landes zu sorgen. Ich musste arbeiten. Und genau das hat mir wohl geholfen, ruhig zu bleiben und durch aktives Handeln so viel zu erreichen.

Ein Schritt in Richtung Freiheit

Zwei Monate nach Kriegsbeginn lernte ich die Gynäkologin Viktoria kennen. Gemeinsam haben wir Geburtsvorbereitungskurse ins Leben gerufen – und das alles während des Krieges. Heute sind wir eine der besten Schulen in Odesa und unterstützen Frauen erfolgreich während der Schwangerschaft, der Geburt und der Zeit nach der Geburt.

Der Krieg hat mir auch geholfen zu verstehen, dass ich nicht mehr mit meinem Mann zusammenleben möchte. Solche Gedanken hatte ich schon vorher, aber der Krieg hat die Ereignisse beschleunigt. Im Sommer habe ich einfach meine Sachen gepackt und bin gegangen. Ich habe Verantwortung für mich selbst übernommen, mich scheiden lassen und meine Tochter mitgenommen. Wir leben nun schon seit über zweieinhalb Jahren zusammen. Das während des Krieges zu tun, war nicht einfach, denn die Menschen stehen unter enormem Stress. Das hinterlässt tiefe Spuren bei Frauen, die in einer solchen Zeit gebären. Viele von ihnen erleben die Geburt ohne ihre Männer und warten nur darauf, dass diese von der Front zurückkehren. Das ist sehr schwer.

Das erste Jahr voller Angst und Verantwortung

Warum bleibe ich hier? Weil ich spüre, dass ich hier hingehöre. Ich habe nicht mehr die Angst und Unruhe, die ich in den ersten Monaten des Krieges hatte, als ich noch verheiratet war. Meine Familie hält mich nicht mehr hier. Ich könnte mit meiner Tochter ins Ausland gehen und ein neues Leben beginnen. Viele meiner Bekannten haben sich bereits in Tschechien, Polen, Deutschland, Spanien oder Norwegen niedergelassen. Sie rufen mich zu sich, bieten mir Unterkunft und Arbeit an. Aber ich weiß, dass mein Platz hier ist. Ich habe Arbeit, Ambitionen, Pläne. Ich arbeite mit schwangeren Frauen und finde nicht, dass ich das

Land verlassen sollte, nur weil Raketen über uns fliegen. Ja, sie fliegen. Das ist nicht leicht und jedes Mal stressig.

Das erste Jahr war voller Angst, vor allem um meine Tochter. Ich wohnte im 10. Stock und werde nie vergessen, wie es ist, wenn das Kind schläft und man am Fenster steht und sieht, wie Raketen am Himmel fliegen und wie es brennt. Ich hatte Tränen in den Augen und da wurde mir klar: Ich muss einen weiteren Schritt machen.

Leben unter Sirenen und Beschuss

Ich musste innerhalb der Stadt an einen anderen Ort ziehen. Mir wurde klar, dass ich eine größere Wohnung in einem niedrigeren Stockwerk brauchte, wo ich mich ruhiger fühlen würde, vor allem im Hinblick auf meine Tochter. Nach einem Jahr Krieg bin ich schließlich mit ihr umgezogen. Und wissen Sie was? Ich habe beschlossen, hier zu bleiben und mein Leben fortzusetzen. Ich reise lieber als Touristin in andere Länder, als dorthin zu ziehen, um dort zu leben.

Wenn es zu gefährlich wird, werde ich über einen Umzug nachdenken, aber im Moment habe ich weder die Absicht noch den Wunsch, das Land zu verlassen. Einige von denen, die weggegangen sind, sind nach anderthalb Jahren zurückgekommen, andere haben sich im Ausland niedergelassen. Ich halte beide für mutig: Die einen haben es gewagt, in einem fremden Land von vorne anzufangen, die anderen halten dem täglichen psychologischen Druck hier stand.

Als ich nach einem Jahr Krieg zum ersten Mal ins Ausland reiste, ging ich durch die Straßen und wunderte mich: Die Menschen dort hören keine Sirenen, kennen keine Ausgangssperren. Für sie geht das Leben einfach weiter. Mein Leben hingegen schien stehen geblieben zu sein. Aber als ich nach Hause zurückkehrte, spürte ich, dass alles in Ordnung war: Die Sonne scheint, ich spaziere am Meer entlang, fahre Fahrrad. Ich habe mein Leben, meine Pflichten, meine Arbeit mit schwangeren Frauen und meine Pläne für die Zukunft. Ich kümmere mich um meine Tochter und um mich selbst. Und manchmal scheint es sogar, als wäre nichts passiert.

Die Unterstützung von Frauen – mein Beitrag für das Land

Aber wenn ich wieder im Ausland bin, wird mir bewusst, welchen Eindruck die Umgebung, in der ich lebe, auf mich hinterlassen hat. In diesen zweieinhalb Jahren hat sich meine Psyche einfach angepasst. Aber jetzt habe ich nicht mehr die Kraft, mich ständig zu sorgen, endlose Nachrichten zu lesen oder mich um Menschen zu sorgen, die ich nicht einmal kenne. Ich habe nur noch Kraft für das Wesentliche – mich und meine Tochter zu schützen und mich auf meine Arbeit zu konzentrieren, die mich ernährt, mir Sinn gibt und mir das Gefühl gibt, für andere nützlich zu sein. Deshalb bleibe ich, wo ich bin.

Natürlich hat sich auch das Leben schwangerer Frauen verändert. Vor allem in den ersten Monaten des Krieges waren sie einfach verängstigt. Wir sind alle in die Luftschutzbunker gegangen – das war unbequem und extrem anstrengend.

Die Hoffnung, die die Familie zusammenhält

Wissen Sie, ich warte nicht auf einen Mann oder Freund, der von der Front zurückkehrt. Ich habe keine solche Erfahrung, aber viele Frauen haben sie, und ich fühle mit ihnen mit. In den Beratungsgesprächen erzählen sie, wie schwer es ist, mit einem Kind allein zu bleiben, wenn der Geliebte im Krieg ist. Jeden Moment kann ein Anruf kommen, dass er nicht zurückkehren wird. Oder sie bereiten sich auf das lang ersehnte Wiedersehen nach fünf Monaten Trennung vor – und erfahren, dass ihr Mann nicht von der Front zurückkehren darf. Das ist extrem schwer.

Gleichzeitig hat der Krieg viele Menschen dazu gezwungen, sich der Wahrheit in ihren eigenen Beziehungen zu stellen. Warum sind wir zusammen? Wohin gehen wir? Manchmal geschieht eine Trennung nicht durch die Schuld eines Einzelnen, sondern aufgrund der Umstände. Freunde haben mir gestanden, dass ihre Beziehungen eigentlich schon lange vorbei waren und der Krieg diesen Prozess nur beschleunigt hat. Was sich normalerweise über Jahre hinzog, wurde auf wenige Monate verkürzt. Eine solche Konzentration von Ereignissen trifft Menschen auf allen Ebenen, und es ist emotional sehr schwer, dies zu ertragen. Es stellen sich Fragen nicht nur zu Beziehungen, sondern auch zu Arbeit, Selbstverwirklichung, der Zukunft der Kinder und der Schule.

Herausforderungen für Kinder und Bildung

Meine Tochter hat zum Beispiel lange Zeit online gelernt. Erst seit kurzem, seit 2024, geht sie wieder zur Schule. Aber selbst dort müssen sich die Kinder bei Sirenen oder Beschuss in Schutzräumen verstecken, und der Schultag kann von vier Stunden auf ein bis zwei Stunden verkürzt werden. Auch das sind Herausforderungen, an die wir uns anpassen müssen. Ich glaube, dass Menschen sich an fast alles anpassen können.

Wenn man in Odesa lebt, schätzt man jeden einzelnen Tag, weil man versteht: Man muss das Leben in vollen Zügen genießen, denn niemand weiß, ob man morgen noch aufwachen wird. Ich bin meinem Land dankbar dafür, dass unsere Menschen trotz aller Herausforderungen die Freiheit bewahren, sich zu entfalten und ihren Tätigkeiten nachzugehen. Mein Umfeld besteht aus Menschen, die fest auf ihren eigenen Beinen stehen. Es sind Menschen, die ihren Weg gefunden haben, ihre Fähigkeiten entwickeln und lieben, was sie tun. Es sind Menschen, die ihr Land, ihre Familien, ihre Kinder und sich selbst unterstützen.

Freiheit und Selbstverwirklichung

Was die Zukunft der Ukraine angeht, kann ich nicht sagen, dass ich davon ausgehe, dass mein Land mir etwas schuldet – zum Beispiel eine Rente oder einen Arbeitsplatz. Ich bin 32 Jahre alt und habe vier Jahre lang an einer staatlichen Schule gearbeitet. Ich habe gemerkt, dass ein 9-to-5-Job nichts für mich ist. Ich hatte das Gefühl, dass ich mein Potenzial ausschöpfen muss. Deshalb habe ich mich selbstständig gemacht. Ich zahle Steuern und arbeite gerne für mich selbst. Mein Land gibt mir die Möglichkeit, frei zu leben, und ich brauche nichts weiter von ihm. Ich bin dankbar für diese Freiheit. Ich kann die Sprache sprechen, die ich möchte.

Was die Sprache angeht: Einige Menschen kommunizieren auf Ukrainisch, andere auf Russisch. Im Alltag spreche ich Russisch, aber ich beherrsche auch Ukrainisch fließend. Wenn mich jemand auf Russisch anspricht, antworte ich auf Russisch. Wenn mich jemand auf Ukrainisch anspricht, antworte ich auf Ukrainisch. Leider beherrsche ich mit 32 Jahren nur zwei Sprachen. In der Schule habe ich Deutsch gelernt und in Kursen Englisch, aber keine der beiden Sprachen spreche ich fließend. Wenn ich die Möglichkeit hätte, würde ich gerne Englisch, Spanisch oder Französisch sprechen. Aber diese Möglichkeit habe ich derzeit nicht. Gleichzeitig mache ich aus der Sprache keinen Konflikt. Ich bin meinem Land dankbar, dass ich hier leben und frei sprechen kann. Viele Menschen in meinem Umfeld sprechen ebenfalls zwei Sprachen, und für sie ist das ganz natürlich.

Krieg als Spiel um die Macht

Ich bin meinem Land dankbar, dass ich hier leben kann. Wenn mich Leute fragen, ob ich ins Ausland ziehen möchte, antworte ich: „Nein".

Selbst wenn ich die Möglichkeit dazu hätte, würde ich trotzdem hierbleiben, weil ich dankbar bin, dass ich dort leben und arbeiten kann, wo ich aufgewachsen bin. Ich glaube nicht, dass dieser Krieg ein Krieg der einfachen Menschen ist. Ich glaube nicht, dass Bürger anderer Länder übermäßig traurig sein oder ihr Leben riskieren müssen, um eine Nation zu unterstützen, die sich im Kriegszustand befindet. Ebenso sind sie nicht verpflichtet, so intensiv zu kämpfen, dass sie ihr Leben für ein fremdes Land opfern. Für mich betrifft dieser Krieg in erster Linie diejenigen, die an der Macht sind und über das Schicksal von Menschen verfügen. Kriege sind Spiele. So nenne ich sie. Was derzeit geschieht, ist im 21. Jahrhundert absurd. Heute ist alles transparent und zugänglich: Man muss nur das Internet öffnen, um alles mit eigenen Augen zu sehen. Wir sehen Aussagen, die sinnlos sind, die Menschen irreführen und sie in dieses gefährliche Spiel hineinziehen.

Einstellung zu Hilfe und fremden Ländern

Die Einstellung der Deutschen gegenüber den Ukrainern ist geteilt. Die einen unterstützen uns, die anderen nicht. Ich glaube, dass dies eine persönliche Entscheidung jedes Einzelnen ist. Das Einzige, was ich mir wünsche, ist, dass der Krieg endet. Manchmal scheint es, als würde jede Hilfe, die wir erhalten, den Sieg nicht näher bringen, sondern nur den Krieg verlängern. Daher ist es für mich eher eine rhetorische Frage: Helfen oder nicht helfen? Leiden oder nicht leiden? Aber sie ist vor allem für diejenigen relevant, die nicht hier sind. Jeder Mensch entscheidet selbst, wie er auf die Ereignisse in der Welt reagiert.

Das Leben und Verluste reflektieren

Veränderungen beginnen, wenn ein Mensch am Abgrund steht, wenn er etwas sehr Wertvolles verliert und plötzlich erkennt: Das Leben ist endlich. Über die Zukunft wissen wir nur eines: Wir werden sterben. Ob für die Gesellschaft alles verloren ist, weiß ich nicht. Wie ich bereits gesagt habe, kommt mir dieser Krieg wie ein Spiel auf dem Territorium der Ukraine vor. Ich verstehe nicht, warum die Menschen weiter mitspielen und dabei ihr Leben riskieren. Es macht mich sehr traurig, dass all dies geschieht.

Ich habe beschlossen, so gut ich kann zu helfen. Ich bin keine Politikerin und keine Soldatin. Ich werde nicht auf das Schlachtfeld gehen und bin auch keine Ärztin, die Leben rettet. Aber ich kann arbeiten, Steuern zahlen und Frauen unterstützen, deren Männer im Krieg sind, während sie Kinder gebären. Das ist mein Beitrag: Frauen in Regionen zu unterstützen, die nicht so stark vom Krieg betroffen sind, also nicht in „Krisengebieten".

Ob die Gesellschaft eine Chance auf Wiederaufbau hat, weiß ich nicht. Jeder Mensch muss selbst entscheiden, wohin er gehen will, wie er leben will und was für ihn wichtig ist.

Vor kurzem hat unsere Familie erfahren, dass mein Onkel verschwunden ist. Nicht nur er, sondern auch mein Cousin. Ob sie ums Leben gekommen sind oder einfach nur verschwunden sind, wissen wir bis heute nicht.

Was bedeutet das für die Familie? Es ist ein großer Verlust. Mein Onkel war stellvertretender Gouverneur der Schlangeninsel. Ich war mehrere Male dort und habe die natürliche Schönheit der Berge, Felsen und des Meeres bewundert. Dafür bin ich ihm dankbar. Mein Onkel war ein Patriot. Von den ersten Tagen des Krieges an meldete er sich freiwillig an die Front. Er glaubte an den Sieg und tat alles, was er konnte, um ihn zu erreichen. Leider kam er während eines Sturms ums Leben, bei dem viele Menschen starben. Aber wir sind uns immer noch nicht sicher: Vielleicht lebt er noch. Unsere Familie hält an dieser Hoffnung fest, denn sie gibt uns Kraft. Vielleicht ist unser Angehöriger noch irgendwo da draußen. Wir wollen daran glauben. Ende.

16

SOFIA TKACKUK

„Die Mitschüler waren sehr nett zu mir. Das war sehr unerwartet, weil ich wusste, dass ich aus einem anderen Land kam und dass es hier vielleicht anders sein könnte."

„Als wir nach acht Monaten in die Ukraine zurückkehrten, war es am schwersten, sich wieder an die Sirenen zu gewöhnen. Für meinen Vater und andere Menschen war das schon Alltag geworden. Sie konnten sogar ganz ruhig Tee trinken, während die Sirenen heulten."

Das Interview mit Sofia Tkackuk (15) fand am 24. Oktober 2024 in Odesa statt

Sofia erzählt, wie sie mit ihrer Mutter nach Deutschland floh, in Leverkusen von ihren Mitschülern aufgenommen wurde und acht Monate später nach Odesa zurückkehrte. Sie berichtet von den Drohnen- und Raketenangriffen der letzten Tage sowie von ukrainischen Apps, die vor diesen warnen.

Zum Schluss sagt sie: *„Wir sind Menschen. Wir müssen die anderen Menschen respektieren. Die Menschen müssen einfach Menschen bleiben."* Es sind die gleichen Worte, mit denen die Holocaust-Überlebende Margot Friedländer ihre Reden und Appelle beendete. Sofia steht in dieser Tradition einer humanistisch geprägten Gedankenwelt.

Mein Name ist Sofia Tkachuk, ich bin in Odesa geboren und gehe in die zehnte Klasse. Mein Leben ist geprägt von Musik und Sport. Ich liebe Jazz, singe ihn, aber auch ukrainische Volkslieder und Pop. Ich höre gerne klassische Musik, lese Bücher auf Deutsch und Englisch, treibe Sport, singe im Chor und spiele Klavier.

Die ersten Stunden des Krieges und die Entscheidung zu fliehen

Der Beginn des Krieges war für uns ein Schock. Wir wussten nicht, was wir tun sollten. Es war noch sehr früh, ich sollte zur Schule gehen, aber niemand wusste, ob der Unterricht stattfinden würde. Mein älterer Bruder hatte etwas früher vom Kriegsausbruch erfahren und rief meine Mutter gegen fünf Uhr morgens an. Einer seiner Freunde hatte ihn über die Gefahr informiert. Wir hörten die ersten Explosionen – es war beängstigend, und ich möchte so etwas nie wieder erleben. Ich hatte das Gefühl, dass der Krieg eines der schrecklichsten Dinge der Welt sein würde, und ich war darauf nicht vorbereitet. An diesem Tag fiel die Schule aus, alles geschah so plötzlich, und wir verfolgten die Nachrichten und sozialen Netzwerke, um zu verstehen, was Russland vorhatte.

Als der Krieg in mein Leben trat, war ich 13 Jahre alt. Ich spürte sofort, dass meine Mutter und ich wegziehen mussten, obwohl mir das Herz schwer wurde bei dem Gedanken, meinen Vater und meinen Bruder zurücklassen zu müssen. Aber gerade sie bestanden darauf, dass wir zu unserer Sicherheit nach Deutschland gehen sollten. Dort wartete eine gute Bekannte auf uns, eine Ukrainerin, die schon lange in diesem Land lebte und uns freundlicherweise eine Unterkunft anbot.

Die Reise nach Deutschland und die ersten Wochen

Die Reise war schwierig. Zuerst fuhren wir mit dem Auto nach Moldawien und dann mit einem kleinen Bus weiter nach Leverkusen. Die Fahrt dauerte etwa zwei Tage, und als wir endlich ankamen, war ich müde und ging sofort schlafen. Unsere Freundin kümmerte sich um uns, kochte Essen und sorgte dafür, dass wir uns wie zu Hause fühlten. Damals ahnten wir noch nicht, dass wir acht Monate in Deutschland verbringen würden.

Schule in Deutschland: doppelte Ausbildung und Unterstützung

Die erste große Herausforderung nach dem Umzug war für mich die Schule. In der Ukraine konnte ich online lernen, aber in Deutschland musste ich unbedingt zum Unterricht gehen. Das bedeutete, dass ich das Lernen in einem deutschen Gymnasium mit den Hausaufgaben der ukrainischen Schule kombinieren musste. Ein Teil der Lehrer blieb in der Ukraine, ein Teil ging ins Ausland, und zu den Online-Unterrichtsstunden kamen nur wenige Schüler. Außerdem machten die ständigen Luftalarme den Unterricht noch chaotischer.

Ich erinnere mich besonders an meinen ersten Tag an der deutschen Schule. Ich hatte Angst, dass man mich nicht verstehen oder mich ausgrenzen würde, weil ich aus einem anderen Land komme. Aber das Gegenteil war der Fall: Meine Klassenkameraden waren überraschend freundlich. Sie zeigten mir die Schule, unterstützten mich, und einige lernten sogar extra ein paar ukrainische Sätze, um mir zu helfen. Auch die Lehrer begegneten mir mit Herzlichkeit und Geduld, was mich sehr ermutigte.

Sie waren überrascht, dass ich Deutsch spreche. Ich erzählte ihnen, dass ich diese Sprache seit der ersten Klasse lerne. Nächstes Jahr werde ich in die elfte Klasse kommen und dann die Schule abschließen. Das eröffnet mir viele Möglichkeiten, insbesondere für den Zugang zur Universität.

Familie und Rückkehr nach Hause

Viele meiner Klassenkameraden sind während des Krieges ins Ausland gegangen: einige nach Deutschland, andere nach Bulgarien oder Moldawien. Einige sind bereits zurückgekehrt, aber die meisten warten darauf, dass der Krieg endet. Meine Mutter und ich gehörten auch zu denen, die weggegangen sind, aber schließlich zurückgekehrt sind. Für mich war diese Entscheidung nicht einfach, aber eines war entscheidend: Zu Hause waren mein Vater, mein Bruder, meine Freunde und unser Hund.

In Deutschland versuchten wir, ein normales Leben zu führen, aber jeden Tag lebten wir mit den Nachrichten aus der Heimat. Wir riefen ständig meinen Vater und meinen Bruder an. Für meinen Vater war es schwer – er war allein geblieben und hatte alle Aufgaben übernommen. Und mein Bruder kämpfte damals an der Front. Jeder Anruf konnte der letzte sein, und dieser Gedanke war unerträglich.

Am meisten machte ich mir Sorgen um meinen Bruder. Er war mit 35 Jahren freiwillig an die Front gegangen. Ich wusste, dass viele Soldaten nicht zurückkehren und diejenigen, die das Glück haben zu überleben, oft ohne Arme oder Beine bleiben. All diese schrecklichen Geschichten wurden plötzlich Teil unseres Lebens. Ich wachte auf und schlief mit dem Gedanken ein: Hauptsache, er lebt.

Als wir nach acht Monaten in die Ukraine zurückkehrten, war es am schwersten, sich wieder an die Sirenen zu gewöhnen. Für meinen Vater und andere Menschen war das schon Alltag geworden. Sie konnten sogar ganz ruhig Tee trinken, während die Sirenen heulten. Ich zuckte jedes Mal zusammen und spürte, wie sich mein Herz zusammenzog. Das Schrecklichste am Krieg ist, dass die Menschen sich daran gewöhnen, als wäre es etwas Normales. Aber ich möchte nicht, dass Angst und Explosionen zur Normalität in meinem Leben werden.

Odesa unter Beschuss

Der Sommer 2023 war für Odesa besonders schwer. Die Stadt erlebte viele Angriffe. Eines Tages traf eine Rakete das Stadtzentrum und zerstörte die majestätische Kathedrale. Für mich wurde dies zum Symbol dafür, dass der Krieg nicht nur Leben kostet, sondern auch unsere Symbole, unsere Erinnerung, alles, was den Menschen lieb und teuer ist, zerstört. Und auch heute noch ist Odesa einer ständigen Bedrohung ausgesetzt. Die Explosionen hallen nicht nur im Zentrum wider, sondern die gesamte Region leidet darunter.

Lernen unter Sirenen und der Wert der Freiheit

Besonders schwer ist es während der Drohnen- und Raketenangriffe. Während Drohnen noch mit Radar verfolgt werden können, ist die Situation mit Raketen schwieriger: Sie sind extrem schnell, und nach dem Luftalarm bleiben nur wenige Minuten, um Schutz zu suchen.

Genau deshalb spielen ukrainische Apps und Telegram-Kanäle eine große Rolle – sie helfen, rechtzeitig von der Gefahr zu erfahren und sich darauf vorzubereiten. Eine dieser Apps zeigt eine Karte der gesamten Ukraine: Wenn in einer bestimmten Stadt oder Region, zum Beispiel in Odesa, Alarm ausgelöst wird, wird diese Region rot eingefärbt.

Wenn dort alles ruhig ist, bleibt sie grau. Diese visuelle Art der Informationsvermittlung ist einfach, verständlich und, ehrlich gesagt, sehr praktisch.

Unsere Schule hat einen Luftschutzbunker, der fünf Minuten von hier entfernt ist. Wenn der Alarm ertönt, springen alle Kinder von ihren Plätzen auf und rennen dorthin. Das ist immer nicht einfach: Die

Schule ist groß, hat mehrere Stockwerke und Hunderte von Schülern. Die Lehrer treiben uns an und achten gleichzeitig darauf, dass niemand verloren geht. Das System funktioniert reibungslos, und jetzt schaffen wir es, uns in drei bis vier Minuten in Sicherheit zu bringen.

Im Keller geht das Leben auf seine eigene Weise weiter: Wir spielen Spiele, machen Hausaufgaben, schauen uns manchmal Videos auf unseren Handys an. Das hilft uns, uns von der Angst abzulenken, die trotzdem in der Luft liegt. Wir bleiben immer mit unseren Eltern in Kontakt, denn jede Sekunde kann sich die Situation drastisch ändern.

Und gerade dort, zwischen den engen Wänden des Schutzraums, wird einem besonders bewusst: Wir leben nicht nur für den heutigen Tag. Jeder Luftalarm erinnert daran, dass die Zukunft unseres Landes vom Sieg abhängt. Deshalb ist Freiheit für uns kein abstraktes Wort, sondern die wichtigste Voraussetzung für das Leben.

Die Ukraine muss gewinnen. Wir sind Ländern wie Deutschland für ihre Hilfe dankbar. Ich möchte in einem freien Land leben, in dem niemand jemanden tötet. Ich brauche Freiheit. Wir wollen Teil der EU sein, weil wir unsere eigene Kultur, Traditionen und Sprache haben. Ich möchte in einem guten, freien Land leben, in dem sich alle gegenseitig respektieren. Die Kinder, mit denen ich mich unterhalte, sind gegen Russland, und ich würde mich nicht mit denen anfreunden, die Russland unterstützen. Für mich ist es äußerst wichtig, dass jeder den anderen respektiert. Kultur, Traditionen und Sprache machen niemanden besser oder schlechter. Das Wichtigste ist, menschlich zu bleiben, geduldig und freundlich zu sein.

Genau das müssen junge Menschen in Deutschland und anderen Ländern verstehen. Auch sie können dazu beitragen, Kriege zu beenden. Wir Menschen müssen andere Menschen respektieren und geduldig sein. Menschen müssen einfach Menschen bleiben.

17

OLEKSII DREMLINK

„Mir hat gefallen, dass die niederländische Schule so freundlich war.“

Ich erinnere mich, wie lange wir darüber gestritten haben, was wir mitnehmen sollten: Sollten wir unsere Lieblingsbücher und Kinderzeichnungen einpacken oder lieber mehr warme Kleidung? Letztendlich mussten wir die meisten Sachen zurücklassen, und diese Entscheidung war schmerzhaft.“

Das Interview mit Oleksii Dremlink (16) fand am 24. Oktober 2024 in Odesa statt

Vor Kriegsbeginn am 24. Februar 2022 hatte Oleksii ein Gespräch zwischen seinem Vater und dessen Kollegen aus Russland mitbekommen, in dem es um die Möglichkeit eines Krieges ging. Sein Vater tat dies als unvorstellbar ab – ebenso wie Oleksii.

Am Tag, als der Krieg begann, brauchte die Familie mehrere Stunden, um sich darüber klarzuwerden, dass die Mutter mit den Kindern flüchten sollte. Freunde im Nachbarland Moldawien boten Obdach, doch der Krieg wurde immer heftiger und dauerte immer länger. Es ging weiter nach Holland und schließlich nach Mecklenburg-Vorpommern in ein Dorf bei Bad Doberan. Sie fanden Möbel auf der Straße und bei eBay.

Vorahnungen und der 24. Februar

Im Dezember 2021, als noch niemand ernsthaft an die Möglichkeit eines großen Krieges glaubte, hörte ich zufällig ein Gespräch meines Vaters mit einem Kollegen aus Russland. Dieser deutete an, dass die Situation zu einem bewaffneten Konflikt führen könnte. Mein Vater winkte nur ab und sagte, dass das unmöglich sei, dass es sich nur um Gerüchte und Übertreibungen handele. Auch ich konnte mir damals nicht vorstellen, dass jemand es wagen würde, das friedliche Leben von Millionen von Menschen zu zerstören. Es schien, als sei die Welt für einen solchen Schritt zu zivilisiert.

Aber am Morgen des 24. Februar 2022 zerplatzten meine Illusionen. Gegen fünf Uhr morgens weckten mich meine Eltern. Das war an sich schon seltsam, denn ich schlief immer tief und fest und war normalerweise schwer zu wecken. Der Blick meiner Eltern war ernst, im Zimmer herrschte eine beunruhigende Stille, die nur durch die Worte unterbrochen wurde: „Der Krieg hat begonnen." Ich saß auf dem Bett und verstand nicht, was sie damit meinten. Für mich war das etwas Fernes, aus Geschichtsbüchern oder Filmen. Doch plötzlich wurde es Realität, in der ich mich befand.

An diesem Tag herrschte Angst in unserem Haus. Meine Mutter verbarg ihre Tränen und ihre Angst nicht, sie lief in der Wohnung hin und her, telefonierte mit Verwandten und setzte sich dann wieder völlig verwirrt auf das Sofa. Mein Vater versuchte, uns Kinder zu beruhigen und gleichzeitig meine Mutter zu unterstützen. Seine Ruhe wirkte fast aufgesetzt, aber selbst er konnte die Anspannung in seiner Stimme nicht verbergen.

Die Sirenen begannen schon am Morgen zu heulen und hörten nicht auf. Die ständigen Anrufe von Freunden und Bekannten verstärkten die Angst nur noch. Alle fragten dasselbe: „Wie geht es euch? Ist es sicher? Was habt ihr vor?" Wir wussten selbst nicht, was wir antworten sollten. Es dauerte fast zehn Stunden, bis meine Mutter begriff, dass wir nicht länger warten konnten. Sie sagte entschlossen: Wir müssen unsere Koffer packen.

Einige unserer Bekannten sind fast sofort abgereist, noch in den ersten Stunden nach den Explosionen. Sie schafften es, die Grenze zu überqueren, als Männern die Ausreise noch erlaubt war. Wir blieben zu Hause und klammerten uns an die winzige Hoffnung, dass alles schnell vorbei sein würde. Aber am Abend wurde klar: Die Gefahr nahm nur noch zu. Und genau dann traf meine Mutter die wichtige Entscheidung, uns Kinder ins Ausland zu bringen.

Der Weg in die Sicherheit: Moldawien → Rumänien → Tschechien/Deutschland → Niederlande

Nach den ersten Tagen des Chaos und der Panik entschied meine Mutter endgültig, dass es zu gefährlich sei, in Odesa zu bleiben. Wir packten unsere Sachen, was sehr anstrengend war. Es schien, als müssten wir unser ganzes Leben in zwei oder drei Koffern unterbringen. Ich erinnere mich, wie lange wir darüber gestritten haben, was wir mitnehmen sollten: Sollten wir unsere Lieblingsbücher und Kinderzeichnungen einpacken oder lieber mehr warme Kleidung? Letztendlich mussten wir die meisten Sachen zurücklassen, und diese Entscheidung war schmerzhaft. Denn zusammen mit den Sachen ließen wir auch ein Stück unseres Lebens zurück.

Die Reise nach Moldawien war nicht einfach. Die Straßen waren überlastet, überall bildeten sich Staus, und wir standen stundenlang fast ohne Bewegung da. Im Auto herrschte Stille, nur meine Mutter versuchte manchmal, uns aufzumuntern. Aber ihre Augen verrieten ihre Angst, und ich verstand: Sie hatte genauso viel Angst wie wir. Als wir endlich die Grenze überquerten, verspürten wir eine seltsame Erleichterung, als hätten wir nach einem langen Tauchgang unter Wasser wieder Luft geholt.

In Moldawien wurden wir von Freunden empfangen. Sie boten uns Unterkunft in ihrem Haus an, und wir lebten dort etwa zwei Wochen lang. Es waren Menschen mit großen Herzen, denn in ihrem Haus kamen ständig neue Familien aus der Ukraine unter. Sie bewirteten uns mit Abendessen, teilten ihre Kleidung mit uns und halfen uns mit allem, was wir brauchten. Es schien, als hätte sich das ganze Land zusammengeschlossen, um die Flüchtlinge zu unterstützen. Diese Aufrichtigkeit, diese Bereitschaft, in den dunkelsten Zeiten zu helfen, ist mir für immer in Erinnerung geblieben.

Aber selbst in relativer Sicherheit konnten wir keine Ruhe finden. Unsere Gedanken kehrten immer wieder zu unserem Vater zurück, der in Odesa geblieben war. Er bestand darauf, dass er die Stadt nicht verlassen könne, da er anderen helfe und ehrenamtlich tätig sei. Wir warteten jeden Tag auf seine Anrufe, und meine Mutter sagte jeden Abend, dass alles bald vorbei sein würde, dass wir vielleicht schon morgen wieder zu Hause sein würden. Aber die Tage vergingen, und es wurde klar: Das Warten war vergeblich.

Moldawien war für uns ein vorübergehender Zufluchtsort, aber es konnte kein Zuhause sein. Wir sind unseren Freunden in Chisinau für ihre herzliche Aufnahme sehr dankbar, aber wir spürten immer deutlicher: Dies ist nur eine Zwischenstation. Jeder Tag in einem fremden Haus erinnerte uns daran, dass wir nicht lange hier bleiben würden und früher oder später einen eigenen Platz suchen müssten.

Mama verstand: Es war Zeit, weiterzuziehen. Sie hatte einen Plan ausgearbeitet – in die Niederlande zu fahren, wo eine alte Freundin von ihr lebte. Ihre aufmunternden Worte und ihre Hilfsbereitschaft gaben uns Hoffnung: Vielleicht würden wir dort echte Sicherheit und zumindest so etwas wie ein normales Leben finden.

Die Reise war lang und anstrengend: acht Tage im Auto, eine Grenze nach der anderen. Zuerst fuhren wir von Chisinau nach Rumänien, dann weiter durch die Slowakei, Tschechien und Deutschland. Jedes Land empfing uns auf seine Weise: neue Straßen, Sprachen, Menschen. Aber trotz aller Vielfalt hatten wir alle das gleiche Gefühl – wir waren immer weiter von zu Hause entfernt.

Die schwerste Prüfung erwartete uns in der rumänischen Stadt Timisoara. Wir hatten im Voraus eine Unterkunft gebucht und waren sicher, dass wir uns nach einem anstrengenden Tag endlich ausruhen könnten. Als wir jedoch spät am Abend, gegen elf Uhr, an der angegebenen Adresse ankamen, blieb die Tür verschlossen. Der Vermieter reagierte nicht. Wir standen mit unseren Koffern auf der dunklen Straße – erschöpft, verwirrt, fast kraftlos. Als wir ihn schließlich erreichten, behauptete er, nichts von unserer Buchung zu wissen. In diesem Moment schien es, als würden wir unter freiem Himmel übernachten müssen.

Doch das Schicksal kam uns unerwartet zu Hilfe. Wir hielten an einer Tankstelle, um etwas zu essen zu kaufen. Ich wagte es, die Frau auf Englisch anzusprechen und erklärte ihr, dass wir aus der Ukraine kämen und keine Unterkunft hätten. Sie sprach nicht sehr gut Englisch, verstand uns aber und rief sofort ihre Bekannten an. Dann sagte sie: „Folgt mir, ich habe etwas für euch." Sie brachte uns zum Hotel ihrer Freunde, deren Besitzer uns herzlich empfingen und uns sogar einen großen Rabatt gewährten. So konnten wir übernachten, obwohl wir noch wenige Minuten zuvor die Hoffnung verloren hatten.

Danach machten wir Halt in Brünn und dann im deutschen Chemnitz, wo meine Klassenkameradin Taja wohnt. Sie nahm uns für zwei Nächte auf, und das war das erste Mal, dass wir wirklich spürten: Auch weit weg von zu Hause haben wir Freunde, die uns unterstützen.

So näherten wir uns Schritt für Schritt, trotz aller Schwierigkeiten, den Niederlanden, wo neue Herausforderungen und gleichzeitig ein Neuanfang auf uns warteten.

Langeraar: Schule, Leben, erster Job

Als wir nach einer langen und anstrengenden Reise endlich die Niederlande erreichten, war ich wirklich erleichtert. Es schien, als hätten wir die größte Hürde genommen und könnten nun endlich innehalten. Wir kamen in einem kleinen Dorf namens Langeraar an, das in der Nähe von Leiden und Alphen aan den Rijn liegt. Es war ein ruhiger und gemütlicher Ort, ganz anders als die lauten Städte, die wir auf unserer Reise durchquert hatten. Hier herrschte eine besondere Atmosphäre der Ruhe, und nach mehreren Wochen der Anspannung konnten wir zum ersten Mal durchatmen und uns relativ sicher fühlen.

Wir wohnten in einem dreistöckigen Haus. Meine Mutter bewohnte mit uns die zweite Etage, und in der dritten Etage wohnte Anna Sofia, die Tochter einer Freundin meiner Mutter. Sie war sehr freundlich und offen, und wir hatten sofort das Gefühl, dass wir keine Fremden waren. Das Haus selbst wurde für uns zum Symbol eines Neuanfangs: Nach Übernachtungen in Hostels und Discount-Hotels kam es uns wie ein echtes Zuhause vor, wo wir unsere Sachen auspacken, ruhig schlafen und keine Angst haben mussten, dass wir morgen wieder unsere Koffer packen müssten.

Von Anfang an stellte sich die Frage nach der Schule. Ukrainische Lehrer organisierten Online-Unterricht, und meine Mutter dachte zunächst, dass dies ausreichen würde. Aber unsere Freunde vor Ort rieten mir, zu versuchen, in den Niederlanden zur Schule zu gehen. Sie erklärten mir, dass dies mir helfen würde, mich schneller anzupassen, mit Gleichaltrigen ins Gespräch zu kommen und mich als Teil meiner neuen Umgebung zu fühlen.

Die ersten zwei Wochen lernte ich nur online, aber dann wurden wir angemeldet und ich begann, die Schule in Alphen aan den Rijn zu besuchen. Dort wurden spezielle Kurse für ukrainische Kinder organisiert, die vor dem Krieg geflohen waren. Die Atmosphäre war freundlich und aufmerksam, die Lehrer versuchten, uns in allem zu unterstützen. Besonders hilfreich war eine Lehrerin aus Polen, die Ukrainisch und Polnisch sprach. Dank ihr konnte ich die Erklärungen schnell verstehen und fühlte mich in der fremden Sprache nicht völlig verloren.

Ein weiteres auffälliges Detail waren die Fahrräder. In Langeraar, wie auch im ganzen Land, fuhr fast jeder Fahrrad. Sogar Kinder bewegten sich sicher auf den Radwegen, die sich durch das ganze Dorf zogen. Auch ich bekam die Möglichkeit, Fahrrad zu fahren, und das wurde für mich zu einem Symbol der Freiheit: Ich konnte in die Pedale treten, durch die grünen Straßen rasen, blühende Blumenbeete sehen und spüren, dass das Leben ruhig und harmonisch sein kann.

Unser Leben in den Niederlanden dauerte etwa vier Monate. Wir wohnten bei Mamas Freundin Vera und ihrem Mann Wendel. Vera ist Ukrainerin, mit der Mama früher zusammen zur Schule gegangen ist und die ihr immer sehr nahe stand. Wendel war Niederländer, ein ruhiger und gütiger Mann, der uns ebenfalls wie Familienmitglieder aufnahm. Ihre Unterstützung war für uns in diesen schweren Zeiten eine echte Rettung. In ihrem Haus fanden wir nicht nur ein Dach über dem Kopf, sondern auch echte Fürsorge und Wärme, die uns nach der Flucht aus der Ukraine so sehr gefehlt hatten.

Einmal fuhren wir mit Vera und Wendel nach Keukenhof, dem berühmten Tulpenpark. Tausende von Blumen in allen Farben schufen ein märchenhaftes Gefühl – das war eine der schönsten Erinnerungen dieser Monate.

Im Mai feierte ich meinen Geburtstag. Zuerst machten wir mit Vera und Wendel eine kleine Hausparty, backten einen Kuchen, lachten und schauten Filme. Etwas später lud ich meine neuen Freunde aus der Schule in einen Bowlingclub ein. Das war ein Moment echter Freude: Ich fühlte mich wieder wie ein Teenager und nicht nur wie ein Kind des Krieges.

Ein weiteres wichtiges Ereignis war mein erster Job. Im Mai begann ich, in einem lokalen Restaurant auszuhelfen: Ich spülte Geschirr, räumte auf und erledigte einfache Aufgaben. Ich war erst vierzehn, aber ich war stolz darauf, selbst Geld verdienen zu können. Mein erstes Gehalt gab ich für diese Geburtstagsfeier mit Freunden aus. Das war ein kleiner Schritt in Richtung Unabhängigkeit.

Diese vier Monate in den Niederlanden waren eine großartige Erfahrung für mich. Ich habe verstanden, dass man auch fern von zu Hause Freunde, Unterstützung und das Gefühl finden kann, dass das Leben weitergeht.

Deutschland: Anpassung und Rückkehr nach Hause

Die vier Monate in den Niederlanden vergingen wie im Flug. Im Juni, als das Schuljahr zu Ende war, stellte sich die wichtige Frage: Wie geht es weiter? Es gab mehrere Möglichkeiten. Wir konnten bei Vera und Wendel bleiben, aber alle wussten, dass das nicht ewig so weitergehen konnte. Wohnraum in den Niederlanden war extrem teuer, und die Warteliste für Sozialwohnungen war kilometerlang. Eine andere Möglichkeit war, in Flüchtlingslager zu ziehen, aber die Bedingungen dort waren laut Erzählungen von Bekannten sehr schwierig.

Meine Mutter dachte lange nach, wir berieten uns auch untereinander. Letztendlich gab meine Ausbildung den Ausschlag. In Deutschland konnten wir meine Ausbildung in Deutsch fortsetzen, das ich bereits in Odesa gelernt hatte. Das gab uns die Chance, das bereits erworbene Wissen nicht zu verlieren und sogar weiter auszubauen. Außerdem hatten wir noch einen weiteren Grund: meine ältere Schwester Tanya. Sie war damals achtzehn Jahre alt und lebte und arbeitete bereits an der Ostseeküste. Sie hatte eine kleine Wohnung in der Stadt Krepeln in der Nähe von Bad Doberan gemietet, Freunde gefunden und begonnen, sich ein eigenständiges Leben aufzubauen. Die Gewissheit, dass eine uns nahestehende Person in der Nähe war, die uns unterstützen konnte, war für uns ausschlaggebend.

Anfang Juli machten wir uns auf den Weg. Diesmal war die Reise viel kürzer, aber die Aufregung blieb. Als wir in Krepelin ankamen, stand vor uns eine fast leere Wohnung: Wände ohne Möbel, nur eine Badewanne und eine Dusche. Die ersten Nächte schliefen wir auf Matratzen direkt auf dem Boden, und es sah wirklich so aus, als würden wir bei Null anfangen. Aber wir waren nicht verzweifelt, sondern entschlossen.

Nach und nach wurde die Wohnung lebendiger. Wir fanden Möbel auf den Straßen, wo Leute unnötige Sachen zurückließen, und kauften etwas auf eBay Kleinanzeigen. Ich erinnere mich noch gut daran, wie Tanya und ich mit ihrem kleinen Auto nach Rostock fuhren, um ein Bett abzuholen. Das war unbequem, aber gleichzeitig spannend: Wir hatten gemeinsam das Gefühl, unseren eigenen Raum zu schaffen. Die Freundin meiner Schwester gab uns auch ein paar Sachen, und nach und nach verwandelte sich die Wohnung in ein Zuhause.

Ja, zwischen leeren Wänden und ersten Schwierigkeiten bekamen wir eine neue Chance. Deutschland eröffnete uns andere Möglichkeiten, und wir waren bereit, sie anzunehmen. Das war nicht das Ende unserer Reise, sondern nur eine neue Etappe, in der wir unsere Zukunft neu aufbauen mussten.

Unser Leben in Deutschland begann mit endloser Bürokratie. Bereits am ersten Tag nach unserer Ankunft gingen wir zum Arbeitsamt, um uns anzumelden. Wir erhielten Dutzende von Papieren, Fragebögen, Anforderungen und Regeln, die wir befolgen mussten. Wir konnten noch nicht gut Deutsch, daher erschien uns jedes Dokument verwirrend und kompliziert. Ständig kamen neue Briefe mit der Post, und meine Mutter war jedes Mal nervös: Verstehen wir alles richtig, haben wir nichts Wichtiges übersehen? Es schien, als sei ein Leben in Deutschland ohne Papierkram unmöglich: Sozialamt, Jobcenter, Jugendamt – jeder hatte seine eigenen Anforderungen. Das war anstrengend, aber wir wussten, dass wir diesen Weg gehen mussten, um ein Recht auf Stabilität zu erhalten.

Im August saß ich wieder an einem Schultisch – diesmal im Gymnasium Bad Doberan. Ich war nervös: Ich wusste nicht, wie ich in der deutschen Klasse aufgenommen werden würde. Im Gegensatz zu den Niederlanden, wo Ukrainer separat unterrichtet wurden, schickte man mich hier sofort in eine normale Klasse – mein Deutschniveau entsprach bereits B1. Der erste Tag war schwer: Ich wurde kurz vorgestellt, und die meisten Schüler reagierten gleichgültig. Ich fühlte mich fremd, wie ein Beobachter von außen.

Die Einzige, die mich beachtete, war ein Mädchen namens Hanna. Sie zeigte mir die Schule, erklärte mir den Stundenplan und stellte mir einige Klassenkameraden vor. Später wurden wir Freunde. Ich erinnere mich, wie sie mich zu sich nach Hause einlud: Wir spielten Brettspiele, lachten, und ihre Familie bewirtete mich mit selbstgemachtem Honig aus ihrem Bienenstock. Dieses kleine Glas Honig wurde für mich zum Symbol dafür, dass man auch in einem fremden Land Wärme und Herzlichkeit finden kann.

Das Lernen in Deutschland war viel schwieriger als in den Niederlanden. Die Schüler schienen verschlossener zu sein, die Disziplin strenger. Aber ich sah das als Herausforderung: die Sprache tiefer zu lernen, mich an neue Regeln zu gewöhnen, Schritt für Schritt in ein anderes Leben einzutreten.

Die ersten Wochen im Gymnasium waren für mich eine echte Herausforderung. Jeden Morgen wachte ich mit einem Gefühl der Angst auf: Würde ich die Aufgaben verstehen, würde ich wegen meiner Fehler nicht lächerlich wirken? Meine Klassenkameraden hielten sich in ihren Gruppen zusammen, und ich fühlte mich oft isoliert. Meine einzige Stütze war Hanna: Sie erklärte mir geduldig, was ich nicht verstand, half mir bei den Hausaufgaben und erzählte mir von meinen Klassenkameraden, damit ich mich leichter in die Gruppe integrieren konnte. Ihre Freundlichkeit rettete mich vor der Einsamkeit.

Aber eines Tages, als ich schon nicht mehr in Deutschland war, verlor ich plötzlich den Kontakt zu ihr. Mein Telefon ging kaputt, und mit ihm verschwanden alle Nummern. Als ich ein neues bekam, war sie nicht mehr auf WhatsApp. Das war ein echter Schlag für mich. Ich hatte gehofft, dass unsere Freundschaft länger halten würde, aber das Leben hatte andere Pläne. Und doch blieb mir ihre Aufrichtigkeit in Erinnerung – und das kleine Glas Honig aus ihrem heimischen Bienenstock. Ein einfaches Geschenk, das für mich zu einem unschätzbaren Symbol echter Freundschaft wurde.

Zu dieser Zeit begann ich Veränderungen an mir selbst zu bemerken. Trotz aller Schwierigkeiten spürte ich, dass ich stärker wurde. Ich sagte mir oft: „Ich bin ein ziemlich starker Kerl, ich kann alle Schwierigkeiten überstehen." Diese innere Überzeugung wurde nach und nach zu einer Stütze. Ich lernte, die Umstände so zu akzeptieren, wie sie sind, und in ihnen Stärke statt Schwäche zu suchen.

Auch meine Mutter musste sich erst daran gewöhnen. Ohne die Unterstützung ihrer älteren Schwester, die ausgezogen war, fiel es ihr nicht leicht. In der Familie kam es manchmal zu Streitigkeiten, alle waren erschöpft, aber das Wichtigste war, dass wir zusammenblieben. Und ich habe verstanden: Selbst inmitten von Schwierigkeiten kann man ein neues Leben aufbauen, wenn man den Glauben an sich selbst nicht verliert.

Der Sommer in Deutschland verging schnell. Wir lebten fast zwei Monate dort, aber schon Ende August begann meine Mutter ernsthaft über eine Rückkehr nach Hause nachzudenken. Jeden Tag diskutierten wir dieses Thema beim Abendessen, bei Spaziergängen, sogar auf dem Weg zum Laden. Schließlich kamen wir zu dem Schluss: So schwer es auch sein mochte, wir mussten zurück in die Ukraine, nach Odesa, zu meinem Vater. Seine Abwesenheit spürten wir jeden Tag – als würde in unserem Haus ständig die wichtigste Stimme fehlen.

Die Rückkehr erforderte viele Schritte. Am 1. September gingen wir morgens zum Arbeitsamt, um uns abzumelden. Dann gaben wir alle Dinge zurück, die wir von der Schule bekommen hatten: Bücher, Laptops und andere Materialien. Es war ein seltsames Gefühl – als würde man ein Kapitel seines Lebens abschließen, das man gerade erst begonnen hatte. Am selben Tag packten wir unsere Koffer. Sie schienen schwerer zu sein als bei unserer Abreise, als hätten sich all unsere Ängste, Zweifel und Sorgen darin niedergelassen.

Der einzige Direktflug von Deutschland nach Chisinau startete in Frankfurt am Main. Wir machten uns auf den Weg dorthin, und diese Reise wurde zu einer weiteren Prüfung. Am Flughafen hatten wir gemischte Gefühle: Angst, weil wir in ein Land zurückkehrten, in dem noch Krieg herrschte, und Hoffnung, weil wir endlich unseren Vater sehen würden. Der Flug dauerte nicht lange, aber es schien, als würde die Zeit stillstehen. Ich schaute aus dem Flugzeugfenster und dachte darüber nach, was uns erwarten würde.

In Chisinau wurden wir von einem Taxifahrer abgeholt, der uns direkt nach Odesa fuhr. Als wir endlich unseren Vater sahen, war das einer der emotionalsten Momente in meinem Leben. Wir hatten ihn seit Beginn des Krieges nicht mehr gesehen. Er stand an der Türschwelle unseres Hauses und lächelte, aber in seinen Augen stand die Müdigkeit geschrieben. Wir alle stürzten uns auf ihn, um ihn zu umarmen. Mama weinte, meine Schwestern lachten und weinten zugleich, und ich schwieg, weil ich nicht wusste, wie ich all die Gefühle ausdrücken sollte.

An diesem Abend saßen wir lange zusammen. Mein Vater erzählte von seinem Leben in Odesa und von seiner Freiwilligenarbeit. Er vermied es, schreckliche Details zu erwähnen, aber wir spürten, wie viel er durchgemacht hatte. Für ihn war es wichtig, dass wir wieder zusammen waren, und für uns war das auch das Wichtigste.

Odesa während des Krieges: Studium, Alltag, Freiwilligenarbeit, Glaube an die Zukunft

Nach meiner Rückkehr in die Ukraine begann mein Leben allmählich, neue Bahnen zu beschreiten. Ich hatte das Gefühl, dass ich mich mit etwas beschäftigen musste, um keine Zeit zu verlieren. Bereits im März 2023 begann ich, Deutsch zu unterrichten und Privatunterricht zu geben. Das war für mich eine echte Entdeckung. Ich gab nicht nur mein Wissen weiter, sondern hatte auch das Gefühl, anderen zu helfen und dass meine Arbeit Sinn macht.

Meine Schüler lebten überwiegend in Deutschland. Das war besonders wertvoll, da sie meine Erklärungen sofort in der Praxis anwenden konnten – im Alltag. Wir haben Grammatik durchgenommen, Übungen gemacht, und schon am nächsten Tag haben sie diese Konstruktionen in Geschäften, in der Schule oder bei der Arbeit angewendet. Das hat sowohl sie als auch mich motiviert. In meiner Klasse waren viele Jugendliche, die ebenfalls die Ukraine verlassen hatten und in verschiedenen Ländern Europas lebten. Ein Mädchen lebte in Dubai, andere in

Frankreich, Österreich oder Deutschland. Wir lernten zusammen, obwohl jeder in seiner eigenen Welt lebte.

Gleichzeitig sah ich, wie der Krieg das Lernen in der Ukraine veränderte. Oft ertönte während des Unterrichts der Luftalarm. Wenn wir online lernten, mussten wir uns mit dem Laptop oder dem Telefon in den Luftschutzbunker flüchten. Wenn der Unterricht offline stattfand, blieb ein Teil der Klasse in der Schule, während die anderen sich aus der Ferne zuschalteten. Manchmal wurde der Unterricht plötzlich unterbrochen – es begann ein Beschuss. Das war unglaublich anstrengend: Es ist schwer, sich zu konzentrieren, wenn irgendwo in der Nähe Raketen explodieren.

Ich habe gesehen, dass viele meiner Klassenkameraden nicht regelmäßig lernen konnten. Einige blieben in Europa und mussten sich an die dortigen Schulen gewöhnen, andere blieben in der Ukraine, lernten aber größtenteils online, weil ihre Eltern Angst hatten, ihre Kinder in dieser gefährlichen Zeit zur Schule zu schicken. Dieses duale System sorgte für Chaos. Aber wir haben versucht, durchzuhalten.

Für mich war das Unterrichten nicht nur ein Job. Es war eine Möglichkeit, gegen Angst und Ohnmacht anzukämpfen. Ich hatte das Gefühl, anderen dabei zu helfen, sich zu integrieren und den Glauben nicht zu verlieren. Und selbst wenn draußen die Sirenen heulten, versuchte ich, ruhig zu bleiben, weil ich wusste: Meine Zuversicht überträgt sich auch auf meine Schüler.

Das Leben in Odesa nach meiner Rückkehr war ganz anders als in den Niederlanden oder in Deutschland. Hier spürten wir jeden Tag den Krieg. Sirenen gehörten zum Alltag, und fast stündlich gab es Nachrichten über Raketenangriffe. Wir versuchten zu lernen, spazieren zu gehen, ein normales Leben zu führen, aber jeder Tag konnte neue Gefahren mit sich bringen.

Besonders gut erinnere ich mich an die Geschichte meiner Klassenkameradin Kristina. Ihr Vater war Seemann. Eines Tages kam er in die Ukraine, in die Stadt Juschne in der Nähe von Odesa. Und genau dann versenkten die Russen sein Schiff. Das geschah buchstäblich wenige

Stunden, nachdem er ausgelaufen war. Er hatte Glück und überlebte, aber viele seiner Kollegen kamen ums Leben. Dieses Ereignis war für mich ein Schock. Plötzlich wurde mir bewusst, wie zerbrechlich das Leben in Kriegszeiten ist, wie dünn die Grenze zwischen Leben und Tod ist.

Es gab noch andere Momente, die mir in Erinnerung geblieben sind. Einmal gingen meine Klassenkameraden und ich von der Schule zum Luftschutzbunker. Plötzlich ertönte die Sirene, und wir hatten nur wenige Minuten Zeit, um Schutz zu suchen. Wir rannten durch die engen Gassen, und am Himmel waren bereits schwarze Punkte zu sehen – Raketen. Es verging keine halbe Minute, und eine davon schlug ganz in der Nähe ein. Mein Herz pochte so stark, als würde es gleich aus meiner Brust springen. Ich sah Kinder, die nicht einmal Zeit hatten, sich in Deckung zu bringen, und verspürte echte Angst. Aber wir alle wussten: Wir mussten weiterlaufen, denn davon hing unser Leben ab.

Unter solchen Bedingungen wurde das Lernen zu einer Herausforderung. Der Unterricht wurde oft durch Sirenen unterbrochen. Die Lehrer schalteten ihre Laptops ein, damit diejenigen, die im Schutzraum blieben, online teilnehmen konnten, während die anderen auf die Gefahr warteten. Es war, als würde man in zwei Welten leben: in einer normalen Welt mit Schule, Lehrbüchern und Hausaufgaben und in einer Welt des Krieges, in der jede Minute die letzte sein konnte.

Diese Ereignisse haben mich gelehrt, jede Kleinigkeit zu schätzen: die Möglichkeit, ruhig im Unterricht zu sitzen, den Erklärungen zuzuhören, aus dem Fenster zu schauen und zu wissen, dass gerade keine Rakete fliegt. Denn in jedem Moment konnte sich alles ändern.

Trotz aller Schwierigkeiten und Gefahren haben wir in unserer Familie nie die Hoffnung verloren. Mein Vater sagt oft: „Noch ein Jahr, dann ist alles vorbei." Diese Worte haben wir auch letztes Jahr und vorletztes Jahr gehört, aber sie gaben uns dennoch die Kraft, weiterzuleben. Wir wussten, dass unser Land kämpft und nicht aufgibt. Ich betrachte alles von innen heraus und kann mir nicht einmal vorstellen, dass die Ukraine verliert. Das ist einfach unmöglich. Ja, jeden Tag sind wir mit

Beschuss, Verlusten und Angst konfrontiert, aber gleichzeitig lernen wir, durchzuhalten, uns gegenseitig zu unterstützen und voranzukommen.

Mein Vater arbeitet derzeit in einem Bereich, der mit der Armee zu tun hat. Er ist an der Entwicklung unbemannter Schiffe beteiligt, die helfen, Angriffe auf Seewegen abzuwehren. Ich sehe, wie viele Menschen in der Ukraine sich ehrenamtlich engagieren, spenden, die Armee und die Zivilbevölkerung unterstützen. Sogar in den Schulen organisieren wir Wohltätigkeitsbasare: Wir verkaufen Kekse, Süßigkeiten und Kleinigkeiten, und der Erlös kommt den Bedürfnissen des Militärs zugute. Das sind kleine Schritte, aber genau sie schaffen ein Gefühl der Einheit und bringen uns dem Sieg näher.

Auch ich versuche, meinen Beitrag zu leisten. Das Unterrichten der deutschen Sprache ist für mich nicht nur Arbeit, sondern auch eine Möglichkeit, anderen zu helfen, zu spüren, dass das Leben auch in Kriegszeiten einen Sinn hat. Ich sehe, wie Wissen eine Stütze sein kann, wie es neue Möglichkeiten eröffnet und Kraft gibt, nicht aufzugeben.

Ich glaube, dass die Ukraine Teil der Europäischen Union werden wird. Wir haben bereits bewiesen, dass wir nicht nur für uns selbst, sondern für ganz Europa kämpfen. Deshalb möchte ich jungen Menschen in Deutschland und anderen Ländern sagen: Denkt daran, dass der Krieg weitergeht. Jeder unserer Tage ist ein Kampf. Und wenn ihr etwas Gutes tun könnt – einem ukrainischen Mitschüler beim Lernen helfen, ihn mit Worten oder Taten unterstützen, euch an einer Wohltätigkeitsaktion beteiligen –, dann tut es. Selbst eure kleinsten Taten bedeuten uns sehr viel.

Ich weiß nicht, wie meine Zukunft aussehen wird, denn der Krieg nimmt mir die Zuversicht für morgen. Aber ich weiß eines: Ich muss leben, lernen, arbeiten und an den Sieg glauben. Denn danach können wir unser Land wieder aufbauen – in Frieden, Freiheit und Würde.

DIASPORA BERLIN

Alle arbeiten.
Keiner hat je Sozialhilfe beantragt.
Sie können sich das gar nicht vorstellen.
Neun junge Frauen und ein Mann, der auch hier gestrandet ist.
Sie sind für die Ukraine aktiv.

18

YEVHENIIA PERUTSKA ZHENIA

„Das Tierheim sah schrecklich aus, denn es gab dort wirklich viele Hunde und Katzen. Hunderte.“

„Ich verstand, dass es nicht nur um die Ukraine ging. Die Welt, oder zumindest unser Teil davon, ist in eine neue Phase ihrer Geschichte eingetreten. Es ist seltsam – man weiß nicht, was man tun soll. Man hat keine Pläne, ist offen für alle Möglichkeiten und Chancen. Wir müssen gewinnen, um zu überleben.“

Das Interview mit Zhenia Perutska (34) fand am 17. Januar 2025 im Berlin Story Bunker

Yevheniia Perutska erzählt von ihren Erfahrungen in Kyiv während der vollständigen Invasion Russlands im Jahr 2022 und ihren anschließenden Umzügen innerhalb Europas. Geboren und aufgewachsen in der Hauptstadt, wo sie als Fotografin und Übersetzerin arbeitete, befand sie sich plötzlich mitten im Krieg. In ihrer Erzählung berichtet sie ausführlich über ihre Ängste, alltäglichen Schwierigkeiten und Momente der Verzweiflung, aber auch darüber, wie sie nach und nach die Kraft und die Ressourcen fand, um aktiv und nützlich zu bleiben und Tieren, Freunden und der Gemeinschaft der Geflüchteten in Berlin zu helfen.

Ihre Geschichte umfasst nicht nur die alltäglichen und psychologischen Herausforderungen des Krieges, sondern auch persönliche Veränderungen: von den ersten Schockreaktionen bis hin zu bewussten Schritten in ein neues Leben im Ausland, der Organisation sozialer Initiativen und der Suche nach kreativen Möglichkeiten.

Kyiv. Die Arbeit, die zum Leben wurde

Mein Name ist Zhenya Perutska. Ich wurde in Kyiv geboren und lebte dort bis 2022 als freiberufliche Fotografin. Normalerweise fotografierte ich verschiedene Veranstaltungen, vor allem im Bereich Kultur und Bildung: Buchmessen, Ausstellungen, manchmal Konzerte, wenn auch nicht sehr oft, besonders in letzter Zeit. Außerdem arbeitete ich als freiberufliche Übersetzerin für Dokumentarfilmfestivals und arbeitete mit mehreren von ihnen zusammen. Das war meine Arbeit, mein Leben, und man kann sagen, dass mein Herz in Kyiv geblieben ist. Im Jahr 2022 begann die groß angelegte Invasion, und ich war auch in Kyiv. Von diesem Moment an brach der normale, verständliche und leicht zu beschreibende Teil meines Lebens plötzlich ab.

Der 24. Februar und die ersten Tage

Als die Invasion begann, war ich zu Hause und wohnte in der Nähe meiner Mutter. Wie viele andere Ukrainer wurde ich früh am Morgen durch Explosionen geweckt. Die ersten Tage sind mir nur bruchstückhaft in Erinnerung geblieben: Ich verstehe nicht immer, was genau an welchem Tag passiert ist. Aber ich erinnere mich noch genau: Als alles begann, hörte ich zuerst Explosionen im Schlaf und wachte nicht sofort auf. Dann rief meine Mutter an. Ich nahm den Hörer ab, und sie sagte wahrscheinlich das, was an diesem Morgen jeder Ukrainer zu jedem anderen sagte: „Es hat begonnen."

Ich stellte keine Fragen, wir sprachen nicht viel. Ich sagte nur: „Ich komme." Ich weiß nicht, warum ich damals nicht darüber nachdachte – ich wollte etwas tun, mich auf das vorbereiten, was passieren könnte. Ich nahm ein paar große 6-Liter-Plastikflaschen mit Wasser mit. Ich wusste, dass meine Mutter solche zu Hause nicht hatte, also nahm ich sie mit. Ich eilte zu ihr – das schien mir vernünftiger. Sonst wäre sie vielleicht zu mir gekommen. Aber es war sicherer, zu Hause zu bleiben. Also rannte ich einfach los und eilte zu ihr.

Es war zwischen 5:00 und 6:00 Uhr morgens, und auf den Straßen waren Menschen unterwegs. Zumindest in meiner Gegend gab es keine sichtbare oder lautstarke Panik. Die Menschen verließen ihre Wohnungen, stiegen in ihre Autos und holten ihre Sachen. Alle schienen verwirrt zu sein, aber zumindest gab es keine hysterische Panik.

Ich schnappte mir die Flaschen, ging nach unten und rannte zu meiner Mutter. Das waren etwa dreißig Minuten zu Fuß. Und das war's. Ich erreichte sie und blieb bei ihr. Wir wurden nicht evakuiert, obwohl um uns herum ein Kampf zwischen Panik („Wir werden alle sterben! Wir müssen sofort fliehen!") und verzweifelten Versuchen, ruhig zu bleiben („Alles ist gut ... Alles ist in Ordnung ...") tobte.

Ja, es war beängstigend, aber wir hielten an dem Gedanken fest: Warum sollte gerade uns etwas passieren? Wir sind doch nur ein kleines Haus unter Tausenden in Kyiv. Dieses Gefühl der Verlorenheit überwältigte uns – man weiß nicht, was vor sich geht, und schwankt wischen der Panik, die in einer solchen Gefahr natürlich ist, und einer vorgetäuschten Ruhe, während man versucht, wenigstens in irgendetwas einen Sinn zu finden. Ich musste mich ständig beruhigen. Und das war's. Wir sind geblieben.

Habe ich geglaubt, dass es einen großen Krieg geben würde? Der Krieg hat bereits begonnen. Wie kann man nicht an eine neue Invasion denken? Aber eigentlich ist es interessant, weil wir gegen Russland kämpfen – ein sehr spezifisches Land mit sehr spezifischen Menschen. Ich würde sagen: „Nein, ich habe nicht an eine vollständige Invasion geglaubt", denn meine Logik war: „Warum sollten sie das tun, wenn sie bessere Spione als Soldaten sind?" Gebt ihnen noch zehn, fünfzehn, zwanzig Jahre, und sie werden mit ihren Methoden alles erreichen, was sie wollen. Krieg ist eine große und teure Angelegenheit. Wir sind ein großes Land. Wozu? Das habe ich mir gedacht. Deshalb habe ich nicht an eine vollständige Invasion geglaubt.

Ehrlich gesagt habe ich erst später – vielleicht schon im nächsten Jahr – mein kleines Notizbuch gefunden. Und mir wurde klar: Unter diesen Notizen war auch der Gedanke, einen Kurs zu besuchen ... Wie heißt das richtig? Taktische Medizin? Oder vielleicht auf Englisch „tactical medicine"? Ich bin mir immer noch nicht sicher, wie das klingt. Aber damals hatte ich wirklich vor, dorthin zu gehen.

Ich hatte nicht einmal eine spezielle Tasche – eine solche „Notfalltasche", in der man normalerweise Dokumente, Geld und die wichtigsten Dinge aufbewahrt. Ich war nicht vorbereitet, aber seltsamerweise gelang es mir, sehr schnell zu reagieren.

Einerseits erschien es mir absurd, dass sie eine groß angelegte Invasion starten würden, andererseits war das Gefühl der Gefahr sehr real. Ja. Ich würde nicht sagen, dass ich völlig verwirrt war – eher irgendwo dazwischen.

Also blieb ich bei meiner Mutter, und viele Details dieser Zeit sind mir aus dem Gedächtnis verschwunden. Es gibt nur einzelne Momente, an die ich mich sehr gut erinnere, aber wahrscheinlich ist mein Gedächtnis selektiv. Ich erinnere mich fast nicht an die erste Nacht und habe auch nicht versucht, sie wiederherzustellen – diese Nacht existiert in meinem Kopf irgendwie nicht. Ich erinnere mich nur an den Morgen und meine erste Reaktion. Und dann – wie die Zeit verging – ist nicht mehr ganz klar. Wir waren alle geschockt. In der ersten Woche konnte ich mich kaum bewegen; so etwas war mir noch nie passiert.

Wir hatten einen kleinen Kellerraum – nicht sehr sicher, nicht besonders gut ausgestattet, aber wir gingen dorthin hinunter. In den ersten Tagen existierte ich eher, als dass ich lebte: Das Aufstehen dauerte ein oder zwei Stunden, und der Gedanke, etwas zu tun oder etwas von zu Hause zu holen, raubte mir noch mehr Kraft. Um aufzustehen, brauchte ich zusätzliche Stunden – und schon war der halbe Tag vorbei. Schließlich gingen wir spazieren, langsam, taten, was wir konnten; kamen sehr müde zurück und fielen sofort ins Bett. Der Tag ging zu Ende – und so weiter. Es wurde früh dunkel, weil es Winter war, und das hatte auch Einfluss: Die ersten drei, vier Tage war ich praktisch arbeitsunfähig. Dann fand ich allmählich wieder zu einem gewissen Rhythmus zurück.

Natürlich erinnere ich mich daran, wie ich einkaufen ging. Kyiv war damals recht gut organisiert: Es gab zwar Probleme mit der Versorgung, es fehlte an Brot, Fleisch und anderen Grundnahrungsmitteln, aber im Gegensatz zu kleineren Städten waren diese bei uns sehr schnell wieder verfügbar. Ich habe viel darüber gehört, gesehen und gelesen, wie es bei anderen war. In Kyiv hing wohl auch alles davon ab, in welchem Stadtteil man lebte, denn die Stadt ist riesig. In unserem Stadtteil konnte man fast alles Notwendige finden.

Ich erinnere mich noch gut daran, wie ich mich darum gekümmert habe – sogar mehr als meine Mutter. Ich musste viel herumlaufen, nach den notwendigen Dingen suchen und einfach beobachten, was passiert: wie sich die Landschaft verändert hat, welche Geschäfte geöffnet und welche geschlossen sind. In der ersten Woche war das besonders spürbar, weil jede Handlung extrem viel Zeit in Anspruch nahm. Damals gab es noch keine besonderen Gespräche oder Entscheidungen – die

Situation schien zu unklar, und es war völlig unmöglich, vorherzusagen, wie es weitergehen würde.

Der Lärm des Krieges und die Entscheidung zu gehen

Eine der Fragen, die uns sehr beschäftigte, war, dass ich von Anfang an eher geneigt war zu gehen als meine Mutter. Seltsamerweise war mein Nervensystem weniger widerstandsfähig gegenüber dem Krieg. Für meine Mutter war alles ebenfalls schwer und beängstigend, aber dennoch etwas leichter als für mich. Wir dachten ernsthaft darüber nach, zumindest für eine gewisse Zeit wegzugehen, da es immer unerträglicher wurde.

Besonders schwer zu ertragen war der Lärm. Von den ersten Tagen an hörten wir Kanonendonner aus Richtung Hostomel, Irpin und Bucha. All diese kleinen Städte lagen hinter dem Wald gegenüber von uns, und aufgrund der besonderen Akustik war das Echo sehr deutlich zu hören. Als unsere Truppen begannen, zurückzuschlagen, hörten wir auch die Luftabwehr, die ziemlich nah war. Anhand der Gegenfeuer war leicht zu erraten, wo genau sie zielten. Wir konnten uns fast genau vorstellen, was wo geschah. Das machte uns noch unruhiger, denn beim nächsten Mal könnte die Rakete ihr Ziel verfehlen und in eine ganz andere Richtung fliegen.

Dann kam der Moment, als ich fast bereit war, wegzufahren. Ich überzeugte meine Mutter, und sie stimmte mehr mir als sich selbst zuliebe zu, weil sie sah, wie schwer ich alles nahm und wie schmerzhaft ich reagierte. Unsere Familie ist sehr klein und jetzt noch kleiner geworden, denn ältere Menschen werden leider nicht jünger. Aber meine Mutter hat eine Schwester, die mit ihrer Familie im Stadtzentrum lebt. In derselben Stadt, in derselben Umgebung, mit demselben Tagesablauf.

Als meine Mutter sie anrief und sagte: „Wir denken darüber nach, vielleicht umzuziehen. Könntest du uns manchmal helfen – einfach mal vorbeischauen, nachsehen, ob alles in Ordnung ist?“, schrie meine Schwester fast zurück: „Fahrt nicht weg! Hier ist es so ruhig. Kommt zu uns.“

Bevor ich tatsächlich wegzog, gab es eine Zeit, in der noch Russen in unserer Gegend standen. Bis zum 1. April blieben wir im Zentrum. Psychologisch habe ich mich ein wenig erholt, wenn auch nicht vollständig. Allein die Tatsache, dass ich an einem anderen Ort war, hat mir sehr geholfen. Ein weiteres wichtiges Merkmal von Kyiv ist, dass die Stadt im Gegensatz zu Berlin sehr hügelig ist. Sie liegt tatsächlich auf Hügeln. Dadurch ist das Zentrum, insbesondere die Altstadt, sogar akustisch gut geschützt. Als wir ankamen, war ich schockiert – es war so still. Zu Hause waren wir buchstäblich am Verrücktwerden, weil wir jeden Tag ununterbrochen Explosionen und Schüsse hörten. Und hier herrschte Stille und Ruhe.

Zuerst kamen wir hierher und kehrten dann nach und nach nach Hause zurück, weil sich die Russen aus unserer Region zurückgezogen hatten. Soweit ich mich erinnere, war das Ende März, kurz vor April. Aber da wir all diese Geräusche gehört haben, glaube ich, dass es genau der 1. April war.

Am 2. April hörten wir Explosionen anderer Art. Es waren Pioniere, die nach dem Abzug der Russen das Gebiet von Minen räumten. Diese Explosionen unterschieden sich von den üblichen: Es waren mehrere hintereinander, sehr spezifische. Da wurde uns klar: Das sind unsere Leute. Das war genau in den ersten beiden Tagen des Aprils.

Auf jeden Fall kehrten wir nach Hause zurück, als das passierte. Da begann ich zu denken: Gut, die Russen sind nicht mehr da. Um Kyiv herum gab es weder einen Ring noch einen Halbring mehr, aber die Unruhe blieb dennoch. Wir hatten insbesondere Angst, dass sie den Zug treffen könnten, wenn wir versuchen würden zu fliehen – soweit ich wusste, war so etwas mindestens einmal passiert. Und dann dachte ich: „Gut, diese Gefahr ist vorbei. Von Kyiv aus kann man überall hinfahren."

Lwiw, Zuflucht und die erste Grenze

Ich blieb noch eine Woche zu Hause und dachte darüber nach, dass die westliche Welt nun für Ukrainer offen ist. Viele waren bereits abgereist, viele meiner Freunde befanden sich im Ausland. Sie wirkten schockiert und schienen sich noch schlechter zu fühlen als ich, denn ich war „im Epizentrum" und wusste, wie die Stadt tatsächlich aussah.

Viele Menschen saßen einfach in Panik da, flohen in verschiedene Ecken Europas und stellten sich vor, dass hier alles zerstört und alle tot seien. Aber wenn man vor Ort ist, ist es etwas leichter. Ich dachte: Wenn ich zu Hause bleibe, werde ich wahrscheinlich freiwillig helfen – das habe ich schon gemacht. Ich versuchte, meine Freunde zu unterstützen: Ich sortierte Medikamente, suchte Kleidung für diejenigen, die ihr Hab und Gut in Kyiv verloren hatten. Ich sah mir das an und verstand: Wenn ich bleibe, wird mein Leben zu Freiwilligenarbeit. Höchstwahrscheinlich vorübergehend und ohne Bezahlung, denn die Bereiche, in denen ich gearbeitet hatte, waren sehr spezifisch und im Krieg nicht gefragt.

Das bedeutete, meine Zukunft – kurzfristig oder vielleicht auch langfristig – auf Ersparnissen und Freiwilligenarbeit aufzubauen. Und ich begann nachzudenken: Vielleicht wäre es besser, einen Job zu finden, bei dem ich sowohl Geld verdienen als auch spenden könnte? Einen Ort, an dem ich mehr Nutzen bringen könnte. Denn Medikamente zu sortieren ist zwar wichtig, aber das Gefühl, dass ich mehr tun muss, ließ mich nicht los.

Gleichzeitig hatte ich keine klare Vorstellung davon. Ja, ich fühlte mich besser als zuvor, aber ich befand mich immer noch in einem Schockzustand. Hätte man mich damals gefragt, hätte ich geantwortet: „Nein, mir geht es gut." Aber jetzt weiß ich es besser. Wenn ich auf meine ersten Schritte zurückblicke, kann ich mit Sicherheit sagen: Ich war in einem Schockzustand.

Aber ich beschloss, einfach in den Westen zu fahren und zu sehen, wie es laufen würde. Wenn alles sehr schlimm und schwer werden würde, würde ich einfach umkehren und nach Hause zurückkehren. Zuerst fuhr ich nach Lwiw. Ich habe nicht einmal mit meiner Mutter darüber gesprochen. Keine Fragen. Sie wollte auf keinen Fall umziehen und ihr Zuhause verlassen. Das ist eine sehr typische Situation für die Ukraine:

ihr Zuhause, ihre Hunde, ihre Eltern. Sie sagte: „Ja, du musst gehen." Ich habe sie nicht einmal gefragt, was sie davon hält. Sie sagte mir buchstäblich: „Du musst so schnell wie möglich gehen, Punkt." Keine Fragen, keine Überlegungen. Ich nahm einen relativ kleinen Rucksack mit. Ich hatte nicht viel Zeug. Zuerst fuhr ich nach Lwiw, weil ich dort ein paar sehr gute Freunde habe.

Ich hatte das Gefühl, dass ich kleine Schritte machen musste. Ich brauchte einen Ort, an dem ich bleiben konnte, bevor ich weiterziehen konnte, um zu spüren, dass es wirklich möglich war. Das war logisch. Als ich in Lwiw ankam, dachte ich: „Okay, ein paar Tage, und dann wird sich alles klären." Ich glaube, ich habe zwei Wochen dort verbracht, vielleicht sogar mehr. Ich saß dort einfach fest. Ich blieb, weil ich unbewusst viel Energie für Dinge verschwendete, die mich erschöpften. Ich war mir dessen nicht bewusst, aber so war es. In diesem Zustand bin ich noch nicht in der Lage, mich frei zu bewegen, effektiv zu sein und so weiter.

In Lwiw gibt es ein Tierheim, das ich sehr liebe und schon lange kenne. Jedes Mal, wenn ich in der Stadt war, kam ich dorthin: um zu helfen, ein wenig aufzuräumen, zumindest einen kleinen Betrag zu spenden. Für mich war es nicht nur „den Tieren helfen" – es gab mir immer ein Gefühl von Zuhause, Wärme und Ruhe.

Und dieses Mal war es genauso. Als ich in Lwiw war, hatte ich ein wenig Freizeit. Ich hatte sogar schon eine Stelle in Kyiv gefunden – ich weiß gar nicht mehr, wie das passiert ist. Nach und nach kehrte ich zum Übersetzen zurück: Die vollständige Besetzung traf uns mitten in den Vorbereitungen für ein großes Festival, die Arbeit wurde damals eingestellt, und ich nahm nach und nach die Übersetzung mehrerer Filme wieder auf. In Lwiw saß ich manchmal am Computer und arbeitete.

Aber jedes Mal, wenn ich einen freien Moment hatte, zog es mich dorthin, ins Tierheim. Ich dachte: „Warum nicht hingehen? Warum nicht diese Hunde und Katzen sehen?" Ihre Augen, ihr Vertrauen, sogar ihr Schmerz – all das half mir, mich lebendig zu fühlen. Sie gaben mir Kraft, als ich scheinbar keine Kraft mehr hatte.

Das Tierheim sah wirklich sehr schlecht aus – viele Hunde und Katzen wurden dorthin gebracht, hauptsächlich aus Kyiv, aus denselben Vororten, in denen wir lebten. Früher gab es dort wohl nur wenige Hunde, jetzt war ihr Zustrom viel größer. Ich weiß die genaue Zahl nicht, aber laut den Freiwilligen gab es mehrere Dutzend Tiere, vielleicht sogar mehr als hundert. Ich habe nicht alle gesehen, da die Katzen in einem separaten Gebäude untergebracht waren, das ich nicht betreten habe, aber die Freiwilligen sagten, dass es hundert oder sogar mehr waren. Es war schmerzhaft und beängstigend, das mit anzusehen.

Ich habe viele Hunde gesehen: Die Freiwilligen brachten jeweils ein oder zwei Tiere in den Park oder in den Wald neben dem Tierheim. Viele von ihnen waren typische kleine Haustiere – mit Kissen, Spielzeug, gewohntem Komfort –, aber jetzt waren sie verängstigt, verwirrt und traurig. Es tat weh, sich vorzustellen, was sie durchgemacht hatten.

Dort traf ich eine Deutsche, die nicht zum ersten Mal in das Tierheim kam. Sie war zum sechsten Mal da und wollte etwa sieben Katzen mitnehmen. Sie hatte einen Van mit Futter und anderen Vorräten dabei – alles wurde von Menschen in Deutschland gesammelt und dem Tierheim gespendet.

Sie hatte nichts mit Organisationen oder Zentren zu tun, sondern handelte auf eigene Initiative und mit Hilfe von Privatpersonen. Das war echt beeindruckend. Sie war bereits unterwegs, ganz in der Nähe der Ukraine. Am selben Tag kam ich zum Tierheim, um zu helfen. Ich dachte: „Okay, ich habe frei. Ich kann meinen Tag hier verbringen, aufräumen oder etwas anderes tun."

Als ich ankam, kam eine Frau auf mich zu, die ich persönlich nicht kannte, die aber im Tierheim arbeitete. Ohne „Hallo", „Wie heißen Sie?" oder „Wie geht es Ihnen?" fragte sie mich einfach: „Möchten Sie nach Polen fahren?" Ich antwortete: „Vielleicht irgendwann, aber nicht heute. Warum?" Dann erzählte sie mir von einer Deutschen und erklärte mir, dass bereits polnische Beschränkungen eingeführt worden seien.

Im ersten Monat – ich weiß nicht mehr genau, wie lange das dauerte – konnten die Menschen so viele Tiere über die Grenze bringen, wie sie wollten. Viele Menschen aus ganz Europa kamen, nahmen so viele Tiere mit, wie sie konnten, luden sie in ihre Autos oder Transporter und brachten sie an andere Orte, um sie zu retten.

Als ich Mitte April dort war, galten bereits Beschränkungen: Nur Personen mit ukrainischem Pass durften Tiere über die Grenze in die EU transportieren, und die Anzahl der Tiere war begrenzt – ich glaube, maximal vier pro Person und Fahrzeug. Als ich ankam, gab es bereits einen konkreten Plan: Eine Frau kam mit ihrem eigenen Auto, und zwei Ukrainer aus dem Tierheim wollten ein weiteres Auto nehmen, damit sie zwei Autos und zwei Fahrer hatten. Sie wollten vier Katzen in ein Auto und drei in das andere setzen, mit ihren Pässen die Grenze überqueren, beim Transport der Tiere helfen und mit einem Auto zurückfahren. Das war der Plan. Aber natürlich lief alles anders, niemand konnte kommen, und es gab auch kein Auto. Keine Menschen, keine Autos, und die Deutsche näherte sich in ihrem Van der Stadt.

Was tun? Sie sprachen buchstäblich jeden an, den sie trafen, zufällige Menschen, die sie zum ersten Mal sahen. Und so wandten sie sich auch an mich. Sie fragten, ob ich helfen wolle, und ich antwortete: „Ja, ich glaube, ich habe Zeit." Wir waren ganz in der Nähe der Grenze – man konnte sie in höchstens ein paar Stunden erreichen. Ich dachte zehn Minuten nach und stimmte zu: „Ja, natürlich." Dann schaute ich mich um, in der Hoffnung, einen meiner Freunde zu finden, der mitkommen würde, aber ich fand niemanden. Sie fanden auch niemanden.

Letztendlich konnten wir nur vier Katzen helfen. Aber das war schon etwas. Das war der Moment, in dem ich ganz zufällig – und aus gutem Grund – die Grenze überquerte. Genau dann überwand ich die psychologische Barriere, die lange vor mir stand. Natürlich war ich schon viel gereist und hatte zuvor schon Grenzen überquert. Aber wenn man an einem Ort festsitzt und zudem ein Trauma erlebt hat, wird dieser Schritt viel schwieriger.

Als ich noch in Kyiv war, habe ich ernsthaft über eine Ausreise nachgedacht. Aber es schien mir nicht richtig zu sein... Ich wusste nicht, ob ich mich dazu entschließen könnte. Und dann kam der Moment:

Ich überquerte die Grenze zusammen mit dieser netten Frau. Ich schaute auf den polnischen Horizont und spürte: „Oh, vielleicht bin ich bereit, weiterzuziehen." Und dann drehte ich mich um und kehrte in die Ukraine zurück, denn es war noch nicht der Tag, an dem ich wegziehen wollte.

Sehr bald, vielleicht ein paar Tage später – ich weiß es nicht mehr genau – machte ich mich wieder auf den Weg. So begann ein neues Abenteuer, denn ich hatte keine Pläne, keine Ideen und niemanden, der auf mich wartete. Aber genau das war der ideale Zeitpunkt, um ohne Plan loszuziehen: Viele Hostels nahmen Ukrainer für ein paar Nächte kostenlos auf, Menschen boten mir Unterkunft an. Insgesamt hatte ich das Gefühl, dass alle Türen offen standen. Ich musste nur meinen Weg finden – und ich habe ihn gefunden. Ich bin einfach nach Polen gefahren.

Europäische Route und neue Möglichkeiten

In Krakau verbrachte ich vier Nächte, vielleicht auch drei. Dort traf ich einige Freunde. Und dann dachte ich, dass ich vielleicht nach Barcelona fahren würde – dort hatte ich zumindest ein paar Bekannte.

Ich habe einfach Leute auf Facebook angeschrieben, glaube ich. Ich habe mich an diejenigen gewandt, die schon früher weggezogen waren, und gefragt:

„Okay, ich mache eine Reise durch Europa. Gibt es jemanden, der mich sehen möchte?"

Ich konnte ein paar kleine Souvenirs aus Kyiv und ein paar Geschichten mitbringen. Ich wollte diejenigen aufmuntern, denen es schwerfiel, denn ich hatte auch ein paar schöne Erinnerungen, die es wert waren, geteilt zu werden.

In Berlin antworteten mir viele Leute: „Wir sind hier. Komm bitte vorbei. Wir freuen uns, dich zu sehen." Und genau dann wurde Berlin meine zweite Station. Ich hätte mir nie vorstellen können, dass ich dort lange bleiben würde. Absolut nicht, denn ich war schon einmal dort und hatte nie das Bedürfnis, zurückzukehren oder etwas Neues zu entdecken. Es gibt solche Orte: Man sieht sie einmal – und das reicht.

Nicht, weil sie schlecht sind, sondern weil sie einfach nicht die gewünschte Stimmung hervorrufen.

Ich dachte: Na gut, noch einmal Berlin, warum nicht. Ich werde mich mit ein paar Freunden treffen und dann vielleicht neue Leute kennenlernen, denn ich hatte bestimmte Pläne in dieser Richtung. Und während ich in Berlin war, begann sich alles irgendwie zu fügen. Jemand bot mir eine Unterkunft an. Einige Freunde wollten sich mit mir treffen. Ich lernte neue Leute kennen und verbrachte schließlich mehr als eine Woche in Berlin. Bis heute habe ich noch nicht einmal die Hälfte der Leute getroffen, die ich sehen wollte. Irgendwie hat in Berlin alles wunderbar geklappt. Dann musste ich nach Frankreich reisen. In der Ukraine, insbesondere in Kyiv, habe ich noch nicht erwähnt, dass ich verschiedene Wettbewerbe für „Künstler in Residenz" für mich entdeckt habe. Von den meisten hatte ich zuvor noch nie gehört, da sie normalerweise keine Ukrainer einluden. Seltsamerweise standen sie hauptsächlich Russen offen. Aber wenn man bis 2022 ein ukrainischer Künstler war, musste man viel Zeit und Mühe investieren, um Residenzen zu finden. Und dann kam es zu einem enormen Wettbewerb, weil alle bekannten ukrainischen Künstler ebenfalls davon wussten, sich bewarben und natürlich Plätze erhielten. Für weniger bekannte, aber nicht weniger talentierte Künstler, die einfach nicht sehr populär waren, war es schwieriger. Ich habe es mehrmals versucht und dann beschlossen, dass es besser ist, meine Zeit für etwas anderes zu nutzen.

Aber plötzlich kamen Hunderte von Angeboten aus dem Nichts. Ich begann, Briefe an alle Residenzen zu schreiben, außer denen in Polen, weil das zu nah ist. Polen ist ein wunderbares Land, aber ich war schon oft dort. Wenn man Möglichkeiten auf der ganzen Welt angeboten bekommt, möchte man das sehen, was man noch nicht entdeckt hat.

Dann kam Frankreich ins Spiel. Ich konnte zwei Residenzen vereinbaren. Insgesamt haben nicht allzu viele Residenzen geantwortet – ich kann mir vorstellen, dass sie mit Bewerbungen überhäuft waren. Einige haben geantwortet, wir haben Termine, meine Pläne und meine Möglichkeiten abgestimmt. Letztendlich hatte ich zwei Residenzen in Frankreich, die auf mich warteten. Wenn ich mich nicht irre, war das im Juli.

Als ich Anfang Mai in Berlin war, hatte ich noch Zeit. Ich benutzte meinen ukrainischen Pass, denn soweit ich mich erinnere, darf man bis zu 180 Tage bleiben. Solange alles gut lief, wurde mir klar: Okay, ich bin schon eine Weile hier und muss mich um §24 kümmern, denn wenn ich nach Frankreich fahre, sind diese 180 Tage vorbei und alles ist vorbei.

Ich habe entweder in Frankreich oder vielleicht in Deutschland einen Antrag gestellt. Ich sprach ein wenig Deutsch, aber ich konnte kein Wort Französisch. So kam es dazu. Das ist eine Abfolge von Ereignissen, von denen viele einfach nur angenehme Zufälle sind, die unerwartet eintreten.

Als ich nach Berlin kam, war ich, glaube ich, 31 oder 32 Jahre alt. Ich hatte bereits Berufserfahrung und einen Master-Abschluss in Journalismus. Das war vor mehr als zehn Jahren. Es ist seltsam – man weiß nicht, was man tun soll. Man hat keine Pläne, ist offen für alle Möglichkeiten und Chancen. Da es so viele Möglichkeiten für Residenzen gab, habe ich es einfach versucht – und alles hat geklappt. Das war wunderbar. Noch in Berlin lernte ich eine meiner ukrainischen Freundinnen kennen, die gerade ihr Studium an der UdK abgeschlossen hatte – einer großen, schönen Kunsthochschule. Sie riet mir, mich für ein Studium zu bewerben. Ich antwortete, dass ich es versuchen würde.

Dann sagte ich: „Nun, ich interessiere mich nicht mehr so sehr für Universitäten, da ich bereits einen Abschluss habe. Ich glaube, ich bin kein großer Fan von akademischer Bildung." Sie widersprach: „Vielleicht solltest du es trotzdem versuchen, denn die Bewerbungsfrist wurde speziell für Ukrainer verlängert. Das könnte ein gutes Zeichen sein." Und ich entschied: „Okay, warum nicht? Da ich jetzt keine Gelegenheit mehr ausschlagen will, versuchen wir es einfach."

Ich habe mich beworben. Danach bin ich zu Freunden gefahren und war mir absolut sicher, dass nichts daraus werden würde. Aber schließlich, nach einer Reihe seltsamer Ereignisse und langem E-Mail-

Verkehr, wurde ich doch angenommen. Jetzt bin ich Studentin an der Universität. Dort habe ich einen Job gefunden und arbeite bis heute. Ich werde versuchen, an der Universität zu bleiben, denn das ist einfacher, spart Zeit und bietet ein gutes Umfeld.

In einer der französischen Residenzen habe ich wunderbare Freunde gefunden, mit denen ich bis heute in Kontakt bin. In Berlin studiere ich und arbeite nebenbei. Ich habe nie staatliche finanzielle Unterstützung beantragt und versuche, mehr oder weniger unabhängig zu sein.

Als ich nach Berlin kam, interessierte mich alles. Ich habe alle ukrainischen Chats, Seiten und Communities durchgesehen, die Migranten helfen könnten. Ich habe alles recherchiert, was ich konnte. So bin ich auf „Solidarity Branch for Ukraine" gestoßen. Ich bin einfach dorthin gegangen, um Leute kennenzulernen. Es ist ein sehr schöner, gemütlicher Ort in Neukölln. Die Leute, die diesen Ort damals leiteten, kamen nicht aus der Ukraine. Das war, glaube ich, noch vor Frankreich, vielleicht auch danach. Wenn es vor Frankreich war, dann wahrscheinlich im Juni. Es war noch etwas früh, um schon erschöpft zu sein, aber sie sahen schon damals müde aus. Wenn es nach Frankreich war, dann ist das logischer, denn sie hatten bereits mehrere Monate Arbeit hinter sich.

Insgesamt war es eine gute Initiative. Sie begannen, Neuankömmlinge aus dem Kriegsgebiet aufzunehmen, ihnen ein Gefühl der Sicherheit zu geben und sie mit ihren Nachbarn bekannt zu machen. Als ich zum ersten Mal dorthin kam, waren nur wenige Menschen da, darunter nur einige Ukrainer.

Die Atmosphäre war sehr angenehm und herzlich, eine wunderbare Initiative, wenn auch vielleicht nicht die aktivste Gemeinschaft. Ich kam noch einige Male als Freiwillige dorthin: Ich half beim Kochen und Aufräumen. Später musste die Person, die dieses Projekt gegründet hatte, wegen einer neuen Arbeit in eine andere Stadt umziehen. Dann wurde mir angeboten, die Leitung zu übernehmen. Ich habe zugestimmt: „Ja, warum nicht?"

Seitdem organisiere ich alles als Hauptkoordinatorin. Ich bin für die Kommunikation verantwortlich und achte darauf, wer bei verschiedenen Aufgaben helfen möchte. Während des Brunchs bin ich immer vor Ort und sorge dafür, dass die Atmosphäre freundlich ist und sich alle als willkommene Gäste fühlen. Anfangs gab es keinen konkreten Plan, aber nach und nach entstand ein Projekt, dank dem es uns gelungen ist, eine echte Gemeinschaft aufzubauen.

Wir haben viele Menschen mit unterschiedlichen Erfahrungen – aus großen Städten und kleinen Dörfern, die jetzt in Berlin leben. Ich sehe, dass wir ihnen nicht nur ein Gefühl der Geborgenheit und eine warme Atmosphäre bieten, in der sie neue Freunde und nützliche Ratschläge finden können. Es gibt auch diejenigen, die diese Gemeinschaft wirklich brauchen, weil sie unter Depressionen leiden.

Ich meine damit klinische Depressionen – eine ernsthafte Erkrankung. Manchen Menschen fällt es sehr schwer, neue Freunde zu finden. Sie sind einfach nicht dazu in der Lage. Die Stadt ist voller Ukrainer, aber manchmal ist es unmöglich, echte ukrainische Freunde zu finden. So ist das eben. Und dann gibt es diesen schönen, gemütlichen Ort mit hausgemachtem Essen und herzlichen Menschen. Einen Ort, an dem man sich ein bisschen besser fühlen kann – nicht nur in Berlin, sondern ganz allgemein, denn heute fühlen sich alle Ukrainer deprimiert. Und das betrifft jeden, unabhängig davon, wie aktiv er ist.

Innere Veränderungen und eine realistische Sichtweise

Wenn man von persönlichen Veränderungen spricht, dann haben diese nicht erst 2022 begonnen, sondern bereits 2013 oder 2018, denn es handelt sich um einen schrittweisen Prozess, der Zeit braucht. Vieles hat sich verändert. Als der Krieg begann, gab es auch innerlich große Veränderungen, als hätte man plötzlich die Augen geöffnet – nicht nur für das Nachbarland, sondern auch für die Absurdität der russischen Propaganda und diese krankhafte imperiale Haltung gegenüber einer unterdrückten Nation, die sich ihrer Unterdrückung nicht einmal immer bewusst ist.

2013 – die Revolution der Würde, der Maidan – ist ein Moment, der für immer verändert. Wenn man sieht, wie unschuldige Menschen mitten in der eigenen Stadt sterben, kann man das unmöglich vergessen. Diese Situation hat viele Ebenen, denn es ist der Ort, an dem man geboren und aufgewachsen ist. Es sind die vertrauten Straßen, die Menschen, die Regierung, mit der man jahrelang gelebt hat. Man wird sich all dessen auf einmal bewusst. Es geht nicht nur um Politik oder den Widerstand des Volkes – es geht buchstäblich um dein ganzes bisheriges Leben. Und genau dann wird klar, dass viele Dinge, die normal schienen, gar nicht notwendig und schon gar nicht normal sind.

Vielleicht wird das Leben jetzt anders sein. Vielleicht ist Gewalt Teil der gewohnten Realität, nur war sie früher nicht so offensichtlich. Alles, was die Vorstellung von Normalität ins Wanken gebracht hat, begann bereits 2013 mit den ersten Schüssen. Dann kam der Krieg, die Annexion... Ja, genau, die Annexion. Der Krieg im Osten der Ukraine hat auch viel zerstört – das Gefühl der Stabilität und die Zuversicht in die Zukunft.

Ich begann, viele Dinge anzuzweifeln, die ich zuvor gehört oder gewusst hatte: Was geschah tatsächlich zwischen unseren Ländern? Was geschah zwischen einigen Russen, denen ich vielleicht in meinem Leben begegnet bin? Ich hatte das Glück, keine nahen Verwandten in Russland zu haben und dort fast niemanden zu kennen. Das ist eine große Erleichterung, denn ich habe gesehen, wie viele Menschen nur wegen ihrer Verbindungen zu Russen die Hölle durchlebt haben. Aber selbst ich hatte Grund zum Nachdenken, obwohl ich so weit von Russland und seinen Bürgern entfernt bin.

Und dann, im Jahr 2022, als die Gewalt alle Grenzen überschritt, als sie total wurde und ein nie dagewesenes Ausmaß erreichte, wurde mir nicht nur endlich klar, was selbst nach 2014 unverständlich geblieben war, sondern ich entdeckte auch vieles andere für mich.

Ich verstand, dass es nicht nur um die Ukraine ging. Die Welt, oder zumindest unser Teil davon, ist in eine neue Phase ihrer Geschichte eingetreten. Vielleicht sind die elf Jahre Krieg, die wir bereits hinter uns haben, nur der Anfang, oder sogar nicht einmal der Anfang, sondern nur einer von vielen Schritten. Vor uns gab es andere Länder, die unter der russischen Aggression gelitten haben, und auch damals hat die Welt nicht angemessen reagiert. Man kann nicht sagen, dass das Völkerrecht nur durch die Invasion der Ukraine verletzt wurde. Es wurde schon viel früher verletzt: Georgien, Tschetschenien – all diese Kriege waren Teil einer langen Abfolge von Handlungen und Reaktionen, und manchmal auch von Nichtreaktionen, die uns dorthin gebracht haben, wo wir jetzt sind.

In mir hat sich zweifellos etwas verändert. Ich bin flexibler geworden, bereit für radikale Veränderungen in meinem Leben. Ich kann umziehen, meine gewohnten Arbeitsbedingungen ändern, mich an Neues anpassen. Und gleichzeitig spüre ich: In meinem Innersten bin ich dieselbe Person geblieben. Nichts in mir ist zerstört worden. Zum Glück ist das Wesentliche noch da.

Ich bin definitiv besser auf Herausforderungen vorbereitet: auf mögliche zukünftige Kriege, auf anhaltende Kampfhandlungen in meiner Heimat und sogar auf die Herausforderungen des Klimawandels. Es ist fast schon komisch: Man muss über Kriege nachdenken, während in Europa großflächige Brände und Überschwemmungen wüten. Ich habe das Gefühl, dass ich dank unseres Krieges und der Tatsache, dass er mir persönlich immer näher gekommen ist, immer besser auf diese Bedrohungen vorbereitet bin.

Leider muss ich sagen, dass ich nach all den Jahren des Krieges und all den Tragödien, die wir erlebt haben, kein Happy End sehe. Ich habe kein Bild von „und sie lebten glücklich bis ans Ende ihrer Tage“ vor Augen – alles geht einfach weiter. Vielleicht wird es irgendwann eine ruhige, friedliche Zeit geben, aber ich habe nicht das Gefühl, dass sie bald kommen wird.

Viele glauben derzeit an die lautstarken populistischen Versprechungen der neuen Führer – Versprechungen, dass sich alles schnell und einfach lösen wird. Oft lassen sich die Ukrainer aus zwei Gründen darauf ein. Erstens funktioniert Populismus: Die Menschen wollen an einfache und angenehme Lösungen glauben. Zweitens sind die Menschen müde. Sie leben in der Hölle – ohne Ruhe, ohne normale Lebensbedingungen, ohne Strom, ohne Wasser. Das hängt zwar von der Stadt oder Region ab, aber für viele ist das bereits Alltag. Früher schien ein Stromausfall etwas Schreckliches zu sein – jetzt ist er zur Norm geworden. Viele haben sich damit abgefunden, dass sie jeden Moment getötet werden können. Ohne die Erfahrung, an ihrer Stelle zu sein, ist es unmöglich zu verstehen, was sie fühlen und wie sie sich ihre Zukunft vorstellen.

Deshalb sprechen die Menschen so oft von Friedensverhandlungen – aus Erschöpfung, aus dem Wunsch heraus, noch mehr Leid zu vermeiden. Aber das hat wenig mit der realen Situation zu tun, denn Russland zeigt, dass es nicht an ehrlichen Friedensvereinbarungen interessiert ist. Für sie sind Menschen eine Ressource, und sie haben in diesem Krieg bereits viel verloren.

Ich möchte unsere Armee nicht romantisieren – es ist Krieg, und der menschliche Faktor spielt eine sehr große Rolle. Ich behaupte nicht, dass wir eine perfekte Armee haben, aber wir schicken definitiv keine Menschen anstelle von Technik an die Front, wie sie es tun. Die sowjetische Logik, Menschen an die Front zu schicken, kennen wir aus den Erzählungen unserer Großväter und Urgroßväter. Wir erinnern uns an diese Geschichten. Heute haben wir es mit einem Feind zu tun, der noch nicht ausreichend geschwächt ist – ich sehe keine Anzeichen für eine wesentliche Schwächung. Im Gegenteil: Er sucht nach Partnern, Kollaborateuren und Verbündeten.

Wir warten ab, was nach der Amtseinführung bestimmter westlicher Staats- und Regierungschefs passieren wird, aber ehrlich gesagt sehe ich in naher Zukunft kein positives Szenario. Selbst wenn Verhandlungen stattfinden sollten, kann ich mir nicht vorstellen, dass Russland der Ukraine freiwillig auch nur einen Zentimeter Land zurückgeben wird – sie haben bereits viele Gebiete in ihrer Verfassung verankert. Nach ihrer Logik gehören diese Regionen ihnen. Von welchen Zugeständnissen kann dann die Rede sein?

Selbst wenn es Frieden oder Waffenstillstand geben sollte, wird Putin sagen: „Ihr habt die Pause genutzt, um euch neu zu formieren“, aber in Wirklichkeit werden sie die Zeit nutzen, um sich noch weiter zu militarisieren. Es ist mir egal, was Trump oder seine Leute sagen, zum Beispiel: „Wir wissen, wer die Bösen und wer die Guten sind." Das ist alles Populismus. Das ist Krieg. Tatsächlich sehe ich nur, dass immer mehr pro-russische oder anti-ukrainische Persönlichkeiten in wichtige Positionen gelangen. Europa versucht zu helfen, aber das reicht nicht aus, um schnell positive Ergebnisse zu erzielen. Der Krieg dauert schon zu lange, als dass man auf eine sofortige Lösung hoffen könnte.

Im besten Fall wird der Krieg einfach weitergehen, und wir könnten am Ende verlieren. Wir müssen gewinnen, um zu überleben, aber eine Niederlage ist auch möglich. Ich möchte weder eine kranke Optimistin noch eine blinde Pessimistin sein – ich strebe eine realistische Sichtweise an. Realismus hilft mir, konkrete Schritte zu unternehmen: Zum Beispiel ist es heute notwendig, für Drohnen zu spenden. Jeder tut, was er kann, und hofft auf das Beste, aber man darf nicht in Illusionen leben. Es ist Krieg: Hier ist kein Platz für übertriebenes positives Denken. Man muss überleben. Und all seine Energie genau darauf verwenden. Und nichts anderes.

19

VALENTYNA SALIUKHINA

„Wenn so etwas passiert, handelt man instinktiv, ohne es im Alltag zu bemerken."

„Der Krieg verändert die Persönlichkeit. In einem Moment der Gefahr erwacht in dir ein Instinkt, der im normalen Leben nicht wahrnehmbar ist. Deine Persönlichkeit scheint sich in zwei Teile zu spalten."

Das Interview mit Valentyna Saliukhina (30) fand am 19. Januar 2025 im Berlin Story Bunker

Und dann bist du eine 19-jährige Studentin und dir wird gesagt, dass du nicht genug für dein Land kämpfst. Ich weiß, dass das nicht wahr ist, aber ich fühlte trotzdem Schuld.

Natürlich wünsche ich mir, dass der Krieg sofort aufhört. Aber können wir nach diesen drei Jahren der Zerstörungen, physisch und mental, die unsere Nation überlebt hat, einfach akzeptieren, dass wir verloren haben? Das widerspricht so sehr unserer Natur, unserem tiefsten Glauben. Die Akzeptanz dieser Bedingungen würde bedeuten, sich selbst völlig zu verlieren, seine Identität. Und genau dafür kämpfen wir ja in diesem Krieg.

Seit 2014, seitdem ich Donezk verlassen habe, habe ich nicht mehr gespürt, was ein Zuhause ist. Ich bin nur für den Sommer weggefahren, um meine Schwester zu besuchen, vollkommen überzeugt, dass sich die Lage beruhigen und ich mein Studium an meiner Lieblingsuniversität in Donezk fortsetzen würde. Doch es kam anders: Seitdem hatte ich nie wieder die Möglichkeit, nach Donezk zurückzukehren.

Der Beginn des Krieges und die ersten Verluste

Mein Name ist Valentyna Saliukhina. Heute bin ich Künstlerin, Leiterin der Ukrainischen Kulturgemeinschaft und Kunstforscherin. Aber damals, in den ersten Kriegsjahren, war ich nichts davon. Ich war einfach ein Mädchen, das seine Heimatstadt verloren hatte und ein neues Leben beginnen musste. Für mich begann der Krieg nicht wie für viele andere im Jahr 2022, sondern bereits 2014. Damals war ich im dritten Studienjahr an der Universität und musste zum ersten Mal von Donezk nach Kyiv ziehen. Dort versuchte ich, mein Studium fortzusetzen und meinen Bachelorabschluss zu machen. Als es dann zum zweiten Mal passierte – zu diesem Zeitpunkt lebte ich bereits in Kyiv, genauer gesagt in einem Vorort –, war es wohl nicht mehr so überraschend. So traurig es auch klingen mag, ich hatte bereits solche Erfahrungen gemacht. Genauso wie meine Mutter. Deshalb haben wir sehr schnell reagiert: Wir haben gut verstanden, was vor sich ging, und wussten, wie wir handeln mussten. Es ist ein wenig beängstigend zu wissen, dass man auf Ereignisse dieser Größenordnung reagieren kann, ohne dafür speziell vorbereitet zu sein.

Der Krieg verändert die Persönlichkeit

Ich habe immer nach humanitären Werten und Idealen des Weltfriedens gelebt. Diese Ideen waren mir schon lange vor dem Krieg wichtig, ich habe sie immer unterstützt. Aber wenn der Krieg dein Leben berührt, handelst du plötzlich anders, als du es dir zuvor vorgestellt hast. In einem Moment der Gefahr erwacht in dir ein Instinkt, der im normalen Leben nicht wahrnehmbar ist. Und das macht Angst: Deine Persönlichkeit scheint sich in zwei Teile zu spalten. Auf der einen Seite steht der gewohnte Mensch, der Kunst liebt, Bücher liest und von der Zukunft träumt. Auf der anderen Seite steht jemand Neues, der schnell, manchmal fast automatisch handelt, um sich selbst und andere zu retten. Das bringt das Beste in dir zum Vorschein: die Fähigkeit, die Menschen um dich herum an die erste Stelle zu setzen, das Verlangen, diejenigen zu beschützen, die du liebst, auch wenn du dafür deine eigenen gewohnten Wünsche und Pläne aufgeben musst.

Flucht aus Donezk

Als der Krieg begann, war ich bei meiner Mutter zu Hause. Und dafür bin ich dem Schicksal dankbar. Am nächsten Tag kam meine Cousine mit ihrer kleinen Tochter zu uns. Wir beschlossen schnell zu fliehen. Unsere Gruppe bestand nur aus Frauen: vier Erwachsene und drei Katzen. Wir überquerten die Grenze zu Moldawien, und da spürte ich zum ersten Mal wirklich, was eine erzwungene Flucht bedeutet. Wir hatten das Auto meiner Schwester, und das hat uns vor vielen Schwierigkeiten bewahrt. Im Gegensatz zu den meisten Ukrainern war unsere Reise relativ sicher. Ja, wir hatten unterwegs Probleme, kleine Unannehmlichkeiten, aber all das ist nicht zu vergleichen mit dem, was andere Menschen durchgemacht haben.

Die ersten Jahre im Ausland

Dann fuhren wir weiter nach Europa. Zuerst nach Spanien und Portugal, denn dort hatten wir Verwandte. Dort verbrachte ich meine ersten Jahre im Ausland. Diese Zeit hat mich gerettet – denn ich hatte Menschen um mich, die bereit waren, mich zu unterstützen. Portugal ist zwar geografisch weit entfernt, aber es war mir im Geiste sehr nah. Die Herzlichkeit und Freundlichkeit, die wir dort erfahren haben, sind mir für immer in Erinnerung geblieben. Meine Mutter lebt immer noch dort, und ich komme oft nach Portugal – nicht als Touristin, sondern als Ersatz für mein Zuhause.

Die Suche nach einem Zuhause und der Verlust meiner Heimatstadt

Seitdem gab es viele Zuhause in meinem Leben. Kyiv, seine Vororte, Portugal, Spanien, jetzt Berlin. Und jeder neue Ort gibt mir ein Stückchen Zuhause. Wenn ich einem nahestehenden Menschen sage: „Ich vermisse mein Zuhause", fragt er oft: „Was genau meinst du damit? Wo ist dieses Zuhause?" Und dann denke ich selbst: Ist es Berlin, Kyiv oder Portugal, oder vielleicht doch das erste, echte Zuhause in Donezk, in das ich nie zurückkehren konnte? Trotz allem – Gottes Fürsorge, glückliche Zufälle und die Freundlichkeit der Menschen um mich herum – muss ich sagen: Seit 2014, seit ich Donezk verlassen habe, habe ich kein echtes Zuhause mehr gefunden. Damals bin ich nur für den Sommer gefahren, um meine Schwester zu besuchen. Ich war überzeugt, dass sich die Lage bald beruhigen würde und ich zurückkehren könnte, um mein Studium an meiner Lieblingsuniversität fortzusetzen. Aber es kam anders. Seitdem hatte ich keine Gelegenheit mehr, zurückzukehren.

Verlust von Angehörigen und Trauma

Ein Teil meiner Familie ist in Donezk geblieben. Ich habe sie viele Jahre lang nicht gesehen. Einige von ihnen sind bereits verstorben, und ich konnte mich nicht einmal von ihnen verabschieden, war nicht bei der

Beerdigung dabei. Das hinterlässt ein Gefühl der Ungewissheit: Es ist, als wäre der Mensch noch da, aber gleichzeitig schon nicht mehr. Und selbst diejenigen, die noch leben, scheinen manchmal weit weg zu sein, denn aufgrund der durch den Krieg zerstörten Verbindungen konnten wir den Kontakt für Tage oder Wochen verlieren. Und jedes Mal löste das Unruhe aus: Man hängt sozusagen in der Leere. Man ist nirgendwo gebunden – weder physisch noch psychisch.

Kunst als Rettung

Aber ein Zuhause ist mehr als nur vier Wände. Es ist ein Symbol, ein Bild, etwas mehr als nur ein Haus. In meiner Kunst ist dieses Thema zu einem der zentralen geworden. Wir nannten es „Familiennest". Es war das Haus meiner Großeltern. Es wurde uns von einem der sogenannten „Generäle der DNR" weggenommen. Es war ganz einfach: Man sagte uns, wir könnten es ihm „verkaufen" oder er würde es einfach ohne Bezahlung mitnehmen. Wir hatten im Grunde keine Wahl. Manchmal öffne ich Google Maps und schaue mir das Haus an. Ich sehe, wie alles umgebaut wird, wie unser Garten zerstört wurde, wie die sieben Meter hohe Kiefer gefällt wurde, die seit Jahrzehnten dort stand. Sie war ein Symbol für unsere ganze Familie. Und jedes Mal, wenn ich diese Bilder sehe, verliere ich ein weiteres Stück von mir. Ich war seit 2014 nicht mehr in Donezk. Es fällt mir schwer, Worte für einen Vergleich zu finden. Es schmerzt mein Herz, das zu sagen, denn meine Mutter lebt, und ich liebe sie sehr. Aber Donezk zu sehen, das von der sogenannten „DVR" besetzt ist, von meiner Mutter oder anderen Menschen zu hören, was dort die ganze Zeit passiert ist – für mich wäre das so, als würde ich zusehen, wie meine eigene Mutter vor meinen Augen vergewaltigt wird. Das hätte ich einfach nicht überleben können. Dieses Trauma hat sich so tief in mir eingeprägt, dass ich jahrelang kaum darüber sprechen konnte. Ich hatte weder die Kraft noch die Ressourcen, um dieses Thema auch nur anzusprechen. Jetzt sitzt es wie ein Stachel in mir. In fast jedem Gespräch komme ich früher oder später darauf zurück – ich kann nicht anders. Natürlich fühle ich mich schuldig, dass ich nicht hingefahren bin. Aber gleichzeitig verstehe ich: Damals konnte ich es einfach nicht. Auch jetzt gibt es keine Möglichkeit. Nach der Pandemie wurden die Grenzen komplett geschlossen. Und um dorthin zu gelangen, müsste ich Journalistin oder offiziell akkreditiert sein. Und selbst dann bin ich mir angesichts meiner Tätigkeit, meiner Äußerungen und meiner klaren Haltung zu den Geschehnissen in der Region nicht sicher, ob ich die „Filterlager" passieren könnte.

Rückkehr zur Kreativität

Als ich in Portugal ankam, war es sehr schwer für mich. Die ersten vier Monate waren eine Tortur, die mich fast gebrochen hätte. Es war so etwas wie eine erneute PTBS, Depression und noch ein Zustand, für den ich nicht einmal Worte finden konnte. Ich hatte damals keine psychologische Unterstützung. Aus diesem Zustand holten mich die Prüfungen an der Universität, an der ich ein Jahr zuvor eingeschrieben worden war. Ich hatte bereits meinen Bachelor abgeschlossen und ein recht erfolgreiches Unternehmen im kreativen Bereich in der Ukraine. Meine Verträge mit großen Unternehmen liefen sehr gut, und es schien, als würde alles wunderbar laufen.

Aber nach all den Ereignissen, als ich plötzlich in Portugal landete, änderte sich alles. Das war ein Wendepunkt, der mich dazu zwang, alles, was ich tat, zu überdenken. Ich liebte meine Arbeit – Branding und Design für große Unternehmen – sehr, aber mir wurde klar, dass all dies im Grunde auf Konsum basierte.

Versuche, mich zu beruhigen, halfen nicht, und allmählich führte dies zu einer Identitätskrise. Ich dachte darüber nach, was wirklich wichtig ist, und begann, einen neuen Sinn im Leben zu suchen. Eines Tages riet mir meine Freundin, die Psychologin und Coach war, einen Weg zu finden, all die Emotionen herauszulassen, die ich lange Zeit in mir behalten hatte. Zuerst riet sie mir, es mit Boxen zu versuchen. Ich entschloss mich dazu und ging zum Training, aber schon nach der ersten Stunde verletzte ich mich unglücklich an der Hand und musste aufhören. Meine Freundin fragte mich: „Was kannst du noch tun, um deine Emotionen auszudrücken?" Da fiel mir das Malen ein.

Ich habe schon zu malen begonnen, bevor ich richtig sprechen konnte. Es war immer ein Teil von mir. Ich kaufte mir eine Leinwand und begann zu arbeiten. So entstand meine erste Bilderserie. Dieser Moment war ein Wendepunkt. Ich fühlte mich erleichtert, als hätte ich meine wahre Stimme gefunden. Das Malen gab mir einen neuen Sinn und half mir, die Krise zu überwinden.

Kuratorentätigkeit und die ukrainische Gemeinschaft

Später verspürte ich den starken Wunsch, etwas Größeres zu tun. Ich wusste, dass ich organisatorische Fähigkeiten hatte und Konzepte für große Projekte und Ausstellungen entwickeln konnte. Und tatsächlich verwirklichte ich bald mein erstes kuratorisches Projekt. Möglich wurde dies durch die unglaublichen Verbindungen, die während des Krieges entstanden waren. Wir organisierten eine Gruppenausstellung im Pilecki-Institut, dem polnischen Kulturzentrum am Brandenburger Tor in Berlin. Das Projekt wurde von der ukrainischen Botschaft in Deutschland unterstützt. Es war ein großer Erfolg: Wir verkauften etwa zwanzig Prozent der Werke und spendeten weitere zwanzig Prozent an einen großen humanitären Fonds.

Dort erwarb das Museum am Checkpoint Charlie mein erstes Werk, das bis heute Teil der Dauerausstellung ist. Zu dieser Zeit gewann ich meinen ersten privaten Sammler – den Kulturattaché Perus. Diese sofortige Anerkennung war ein Signal für mich: Ich muss weitermachen.

Zusammenarbeit und Entwicklung

Nach der ersten Ausstellung wurde mir klar: Das ist erst der Anfang. Ich lebte damals noch in Portugal und kam alle drei bis vier Monate nach Berlin, um an neuen Projekten zu arbeiten. Das waren unglaublich intensive Reisen, voller Aufregung und Entdeckungen. Jede Ausstellung war für mich eine neue Herausforderung und gleichzeitig ein Beweis dafür, dass Kunst Menschen in den schwierigsten Zeiten verbinden kann. Von dieser ersten Ausstellung ist mir eine lustige und sehr herzliche Geschichte in Erinnerung geblieben. Wir haben schöne Holzkonstruktionen gebaut, um die Bilder aufzuhängen, da nichts an die Wände gehängt werden durfte. Wir haben fast ohne Pause gearbeitet und versucht, alles so professionell wie möglich zu machen, um einen guten Eindruck zu hinterlassen. Aber als die Ausstellung zu Ende war, stellte sich heraus, dass ich nicht die richtigen Werkzeuge hatte, um diese Konstruktionen wieder abzubauen.

Und genau dann tauchte Anastasia auf – die Gründerin der Ukrainian Culture Community. Sie kam auf mich zu und fragte: „Brauchst du Hilfe?" Offensichtlich sah ich so aus, als würde ich diese Hilfe dringend brauchen. Sie brachte Werkzeuge mit, und gemeinsam bauten wir die Konstruktionen ab. So begann unser Gespräch, aus dem später eine echte Partnerschaft wurde. Wir realisierten noch einige weitere Projekte als Mitorganisatorinnen. Ein Jahr später beschlossen wir, unsere Kräfte zu bündeln. Ich kam als Art Directorin der UCC nach Berlin, und seitdem machen wir alles gemeinsam.

Innere Welt und Identität

Aber dieser Weg war nicht nur von Erfolgen geprägt. Wie bei jeder Entwicklung mussten wir auch schwierige Momente durchstehen. Ich spreche selten über diese Zeit, weil sie extrem schwierig war. Um mich herum waren Menschen, die viel Schlimmeres durchgemacht hatten, aber ruhig und stark blieben. Ihre Ausdauer verstärkte mein Schuldgefühl noch mehr: Warum kann ich nicht genauso sein? Dieses Gefühl verfolgte mich lange Zeit.

Ich habe verstanden: Das ist der Fluch der Empathie. Wenn man jahrelang in der Kunst arbeitet, wird man für alles sensibel. Ein Künstler ist ein Seismograph seiner Zeit. Man kann den Schmerz und die Angst nicht ignorieren, auch wenn man sie nicht selbst erlebt. Manchmal ist genau das am schwersten zu ertragen.

Krieg und innere Erfahrungen

Während des Krieges war ich kein einziges Mal in einem Bunker in der Ukraine, aber ich glaube, ich kenne dieses Gefühl sehr gut. Ich lag in meinem relativ warmen Bett in Portugal und hatte das Gefühl, auf dem kalten Betonboden eines Kellers in Mariupol zu schlafen. Das mag übertrieben dramatisch klingen, aber genau so habe ich meine Nächte empfunden: Meine Fantasie versetzte mich an einen Ort, an dem Menschen vor Explosionen Schutz suchten. Und diese Last wurde unerträglich. Damals dachte ich immer öfter über meine eigene Identität nach. Wie viele Menschen aus der Ostukraine hatte ich teilweise russische Wurzeln. Als ich dort aufwuchs, spürte ich einen starken kulturellen Druck, der auch bis 2014 nicht verschwunden war. Ich erinnere mich an Svyatoslav Vakarchuk, den Sänger der Band „Okean Elzy“, der mit Vorträgen an ukrainischen Universitäten unterwegs war. Danach gab es mehrere große pro-ukrainische Proteste. Der letzte davon wurde mit Waffengewalt niedergeschlagen. Und dann hörst du als 19-jährige Studentin, dass du nicht genug für dein Land kämpfst. Ich wusste, dass das nicht stimmte, aber ich fühlte mich trotzdem schuldig: Vielleicht hätte ich mehr tun können, vielleicht hätte ich in Gesprächen mit Freunden überzeugender sein können. Aber wie ist das möglich unter Bedingungen völliger kultureller Isolation? Ich erinnere mich an Szenen aus der Schule, wo alle Lehrbücher in Russland und in russischer Sprache gedruckt waren. Ich stellte keine Fragen, weil ich nicht wusste, dass es auch anders sein könnte. Ich war ein Kind.

Es war ein echtes Wunder, dass es überhaupt pro-ukrainische Unterstützung gab – aus dem Nichts. Das Einzige, woran ich mich erinnere, ist ein Vortrag von Vakarchuk an der Universität. Man übertrug uns die Verantwortung und sagte: „Findet selbst eine Lösung.“ Und diese Erfahrung wiederholt sich immer wieder: Man weiß, dass man etwas tun muss, und gleichzeitig versteht man, dass das vielleicht nicht ausreicht. Selbst wenn man alles tut, was in seiner Macht steht, gerät man manchmal in eine Abwärtsspirale.

Aber gleichzeitig ist jeder, der etwas tut, von Nutzen. Wenn man diese Phase richtig durchlebt und übersteht, bringt sie ein enormes persönliches Wachstum mit sich.

Erinnerung und Erforschung der Wurzeln

Ich begann, meine eigene Abstammung zu erforschen. Ich bestellte DNA-Tests, durchsuchte Archive, fand alte Kirchenbücher mit Aufzeichnungen über Geburten und Eheschließungen. Ich sammelte Fäden, die mich mit Menschen verbanden, die lange vor mir gelebt hatten. Und jeder solche Fund war für mich wie ein Lichtstrahl: Ich fühlte, dass ich nicht allein war, dass ganze Generationen hinter mir standen.

Das half mir, eine der schmerzhaftesten Wunden zu überwinden. Denn der Krieg hat mir bewusst gemacht: Ich gehöre zu einer Generation, die das Schicksal der vorherigen Generationen wiederholt. Wir sind keine Ausnahme. Jede ukrainische Familie hat Ähnliches erlebt: Zerstörung, Repressionen, Kriege. Das Russische Reich, der Bürgerkrieg, die Sowjetunion, der Holodomor, die Lager – all das hat Spuren in unserer Geschichte hinterlassen.

Eine Stimme, die lauter werden muss

Eine weitere Generation in diesem endlosen Kreislauf könnte den Glauben brechen. Aber jetzt habe ich das Gefühl, dass die Situation anders ist. Ich habe das Gefühl, dass man uns langsam hört. Und meine Aufgabe ist es, diese Stimme noch lauter zu machen.

In unserer Gemeinschaft sprechen wir oft über Frieden. Aber solche Gespräche sind nie einfach. Es gibt keine einfachen Lösungen. Meiner Meinung nach leben wir derzeit im schlimmsten aller möglichen Szenarien. Der Krieg dauert nun schon drei Jahre. Wir haben Tausende von Menschenleben verloren, wir haben Infrastruktur und Städte verloren, wir haben viele verloren, die weggegangen sind und vielleicht nie wieder zurückkommen werden.

Und innerhalb der Ukraine selbst ist eine neue Kluft entstanden. Früher sprachen wir von der Trennung zwischen Ost und West. Ich habe sie am eigenen Leib gespürt. Aber jetzt verläuft die Grenze anders – zwischen denen, die in der Ukraine geblieben sind, und denen, die sich außerhalb der Ukraine befinden. Und das ist eine weitere Wunde, die wir heilen lernen müssen.

Wir, die wir im Ausland leben, haben oft das Bedürfnis zu beweisen: Ja, wir gehören immer noch zur ukrainischen Gemeinschaft. Wir wollen ein Teil davon sein, wir wollen zurückkehren, helfen, zum Wiederaufbau beitragen. Wir streben nach einer besseren Zukunft für das Land, auch wenn wir jetzt weit weg sind.

Die ersten Stunden des umfassenden Krieges

Ich erinnere mich an die ersten Stunden des umfassenden Krieges. Es war ein Gefühl der Lähmung. Ich saß im Badezimmer, weil es mir der sicherste Ort zu sein schien. Es gab kein Wasser, aber ich blieb trotzdem dort. Ich nahm meinen Laptop und versuchte zu arbeiten, einfach weil ich nicht wusste, was ich tun sollte. Es war eine Schockreaktion: handeln, um nicht stillzustehen. Ich schlief ein – und es kam mir wie eine Ewigkeit vor. Als ich aufwachte, waren nur zwei Stunden vergangen. Und mir wurde klar: Der Krieg dauert schon einen halben Tag. Wie lange wird er noch andauern?

Damals war es unmöglich, sich vorzustellen, dass dieses Gefühl drei Jahre andauern würde. Natürlich empfindet man jetzt nicht mehr das Gleiche wie am Anfang. Der Verstand muss sich anpassen. Er unterdrückt die Emotionen, damit man überleben und zu etwas zurückkehren kann, das dem Alltag ähnelt. Genau das passiert heute mit der ganzen Ukraine.

Das kann man nicht verstehen, wenn man es nicht selbst erlebt hat. Und ich wünsche mir aufrichtig, dass kein Mensch auf der Welt jemals so etwas durchmachen muss. Denn damit kommt man selbst mit Hilfe von Psychologen nicht zurecht. Es gibt keine fertigen Antworten auf die Frage: Wie soll man damit leben?

Menschen, die inspirieren

Ich habe enge Freunde in der Ukraine. Und es gibt diejenigen, die heute an der Front stehen.

Zu den Menschen, die mir besonders wichtig sind, gehört mein wissenschaftlicher Betreuer im Masterstudium, mit dem ich gerne weiter an meiner Doktorarbeit arbeiten würde. Das Thema hat wieder mit der Ukraine zu tun: Kulturdiplomatie mit praktischer Perspektive für die Zukunft. Er ist ein Mann der Kultur, Chefredakteur einer der führenden Kunstzeitschriften der Ukraine. Er schreibt weiterhin Rezensionen, leitet wissenschaftliche Arbeiten, selbst wenn er an der Front ist. Ich weiß, dass er seinen Kommandanten um Starlink gebeten hat, um arbeiten zu können. Das ist unglaublich. Ich weiß nicht, wie er das macht. Es ist mir sogar unangenehm, ihn danach zu fragen, weil ich nicht weiß, wie sich solche Menschen fühlen und wie sie es schaffen, nicht zusammenzubrechen. Wie sie diese beiden parallelen Leben führen, ohne sie zu vermischen, und wie sie unter solchen Umständen bei Verstand bleiben. Schließlich war es immer ein Privileg derjenigen, die Zeit und Geld hatten, sich diesen Ideen zu widmen, sich mit Kunst und Geisteswissenschaften zu beschäftigen. Aber wenn dein Leben jede Sekunde in Gefahr ist, wie kann man dann gleichzeitig in diesem Raum der Ideen bleiben? Und doch ist das etwas sehr Schönes, denn es zeigt die Menschen von ihrer besten Seite.

Der Kampf um sich selbst und die eigene Identität

Ja, ich möchte, dass der Krieg sofort endet. Das ist mein größter Wunsch. Aber können wir nach drei Jahren und nach all der Zerstörung – physisch, psychisch, kulturell – einfach zugeben, dass wir verloren haben? Nein. Das widerspricht dem Wesen unserer Nation, unseren Überzeugungen, unserem Glauben. Eine Niederlage zu akzeptieren würde bedeuten, uns selbst zu verlieren. Uns selbst, unsere Identität. Und genau dafür kämpfen wir. Wir kämpfen nicht nur um Land oder Städte. Wir kämpfen um das Recht, wir selbst zu sein.

20

ANDRIJ NERETIN

„Ich habe nie staatliche Hilfe in Anspruch genommen."

„2012: Damals betrachteten die meisten Ukrainer die NATO mit Misstrauen. Wir lebten im Schatten der sowjetischen Vergangenheit. Haben wir mit einem Angriff gerechnet? Nein! Die Hauptstadt im Jahr 2022 bombardieren? Das ist doch Wahnsinn!"

Das Interview mit Andrij Neretin (37) fand am 19. Januar 2025 im Berlin Story Bunker

Andrij, 37, ukrainischer Programmierer, hätte sich nie vorstellen können, im Ausland zu leben. Aber der Krieg zwang ihn, sein Leben schlagartig zu ändern.

Andriy erzählt von seiner Reise durch Istanbul, Warschau, Kopenhagen und Berlin, beschreibt Kunstperformances, Begegnungen mit Einheimischen und anderen Ukrainern und Versuche, die Wahrheit über den Krieg durch Kunst zu vermitteln. Seine Geschichte zeigt, wie wichtig es ist, auch in den schwierigsten Momenten aktiv zu bleiben, kreativ zu sein und seine Menschlichkeit zu bewahren.

Die Menschen sind müde. Das ist ganz natürlich, sie wollen Friedensverhandlungen. Aber wenn man ihnen die Frage stellt, welche Bedingungen es geben sollte, sind sie nicht bereit,Territorium abzugeben. Es ist ihr Zuhause. Wir sehen, was in den besetzten Gebieten mit den Menschen passiert, nämlich Dinge, die man nicht einmal einem Menschen antun würde, den man hasst.

Zufälliges Berlin und neue Realität

Mein Name ist Andriy, ich bin 37 Jahre alt. Ich bin eher zufällig als absichtlich in Berlin gelandet. Ich hätte nie gedacht, dass ich einmal in Deutschland leben würde, und hatte überhaupt nicht vor, die Ukraine zu verlassen: Ich war mit meinem Leben in vollkommen zufrieden. Ich arbeitete als Programmierer und gehörte zur Mittelschicht. Die Steuern waren niedrig – fünf Prozent, was mir sogar seltsam vorkam. Für Menschen mit hohem Einkommen war das viel zu wenig, aber damals war das System so und es funktionierte.

Plötzlich war alles vorbei. Ich flog aus den USA, wo meine Eltern leben, nach Hause. Einmal im Jahr besuchte ich sie. Als ich ins Flugzeug stieg, sah ich die erste Nachricht mit einem einzigen Wort: „Krieg“. Das berichtete „Liga“, eine unabhängige ukrainische Zeitung, die ich sogar mit kleinen Spenden unterstützt hatte. Meine Angehörigen flehten mich an, zu bleiben, aber ich wollte nach Kyiv zurückkehren: In diesem kritischen Moment schien es mir das einzig Richtige zu sein, zu Hause zu sein. Doch beim Umsteigen in Istanbul wurde bekannt, dass der Luftraum der Ukraine geschlossen war. Denn sonst dürfen Männer, die mobilisiert werden könnten, das Land nicht verlassen.

Hatte ich damit gerechnet? Wie die meisten Ukrainer glaubte ich bis zuletzt nicht an einen groß angelegten Angriff. In den Medien wurde seit einem halben Jahr darüber gesprochen, westliche Partner warnten vor der Unvermeidbarkeit, aber mein Bewusstsein weigerte sich, dies zu akzeptieren. Ich dachte: Ja, es könnte zu einer neuen Eskalation im Donbass kommen, aber Kyiv? „Die Hauptstadt im Jahr 2022 bombardieren? Das ist doch Wahnsinn!", wiederholte ich meinen Freunden gegenüber. Deshalb war ich überhaupt nicht vorbereitet. Ich hatte nicht einmal einen Notfallkoffer gepackt. Einige meiner Bekannten hatten sich vorbereitet, andere waren schon vor Beginn weggezogen, und wieder andere waren im Gegenteil nach Hause zurückgekehrt. Es war eine Frage des Zufalls. Aber die überwiegende Mehrheit konnte, genau wie ich, nicht glauben, dass Panzer wirklich auf Kyiv vorrücken würden.

Schock, Angst und erste Schritte in der Fremde

Den ersten Monat blieb ich in Istanbul. Ich habe weitergearbeitet – ich arbeitete damals remote. Alle um mich herum standen unter Schock. Ich habe die Stadt immer geliebt, aber nach und nach wurde sie mir zu stressig: Plötzlich waren überall Russen. Ihre Stimmen waren in Cafés, in öffentlichen Verkehrsmitteln und auf den Straßen zu hören. Gespräche über Politik, der gewohnte Tonfall, als wäre nichts geschehen – all das war schwer zu ertragen. Mir wurde klar: Ich musste weiterziehen.

So kam ich nach Warschau, wo meine Firma ein Büro hatte. Dort war es einfacher: Die Polen nahmen die Ukrainer sehr herzlich auf, und es war ganz normal, Landsleute in Geschäften oder öffentlichen Verkehrsmitteln zu treffen. Das gab mir ein Gefühl der Gemeinschaft.

Kunst als Mittel, um den Krieg zu überleben

Später fuhr ich nach Kopenhagen zu einem Freund. Wir beschlossen, eine Kunstperformance zu machen. Ich nahm 200 Blumentöpfe mit – so viele Kinder waren bis zu diesem Zeitpunkt offiziell ums Leben gekommen – und zerschlug sie in der Uniform eines russischen Soldaten mit einem großen „Z" auf dem Rücken auf dem Pflaster des Platzes. Es war eine einfache, sogar naive Idee, aber sie war so schmerzlich, dass sie Resonanz fand. Wir hatten keine Erwartungen an das Ergebnis, aber wir spürten die Unterstützung der Einheimischen. Sie kamen auf uns zu, unterhielten sich mit uns, zeigten Mitgefühl. Wir erhielten sogar eine offizielle Genehmigung von der Stadt.

Dann zog ich nach Berlin. Zu dieser Zeit weigerte sich Deutschland noch, Waffen zu liefern, und wir planten eine neue Aktion – eine inszenierte Selbstverbrennung als Metapher: Das Land finanziert den Krieg, indem es russisches Gas verbrennt. Ich suchte Stuntmen, einen speziellen Anzug, alles, was nötig war. Wir hatten bereits Fachleute gefunden, aber die Stadtverwaltung erlaubte keine offene Flamme. Alles verlief sehr langsam, nicht wie in Kopenhagen. Und als Berlin schließlich der Lieferung von Waffen zustimmte, verlor unser Vorhaben seinen Sinn. Die Aktion fand nie statt.

Herausforderungen, Unterstützung und die Suche nach dem eigenen Weg

In Berlin traf ich zufällig Marichka, und wir begannen, an ihrem Film zu arbeiten. Drei Monate vergingen, ich lernte neue Leute kennen, hatte neue Projekte, Freunde, eine Sozialwohnung. Und dann dachte ich: Vielleicht sollte ich bleiben? Man kann nicht ewig umziehen. Es ist eine komplizierte Beziehung zu Berlin, würde ich sagen. Ich bin mir nicht einmal sicher, ob es wirklich an der Stadt liegt oder ob es einfach der allgemeine Hintergrund ist, der einen so fühlen lässt. In Berlin gibt es natürlich viele tolle Menschen.

Ich habe keine staatliche Unterstützung erhalten. Im ersten Jahr arbeitete ich mit einem ukrainischen Vertrag und hatte ein Einkommen. Dann lebte ich von meinen Ersparnissen und erhielt mehrere Monate lang eine Residenz vom Artists at Risk Fund. Später brauchte ich ein Jahr, um alle Angelegenheiten zu regeln, und schließlich fand ich eine Stelle in einem deutschen Unternehmen, wo ich bis heute arbeite.

Wie werden wir uns nach dem Krieg verändern? Wie werden wir uns anpassen? Wie wird sich das auf uns auswirken? Ich war schon ziemlich erwachsen, als der Krieg begann, und hatte meine eigenen Ansichten, insbesondere politische. Natürlich bin ich politischer geworden. Meine Bubble hier ist auch sehr politisch – und das gefällt mir.

Was die Möglichkeiten angeht – ja, die gibt es auf jeden Fall. Man fängt bei Null an. Man kann mehr oder weniger tun, was man will. Sogar die Szene aus dem Film, die ich hier gefunden habe: Ich wollte sie in Kyiv drehen, aber dort hatte ich ein ganz anderes Leben. Hier ist alles zufällig passiert: Ich habe die richtigen Leute zum richtigen Zeitpunkt getroffen.

Was Veränderungen angeht, so akzeptiere ich sie einfach, ob sie mir gefallen oder nicht. Dabei verliert man immer etwas. Manchmal sehr viel. Und das nicht nur wegen des Krieges, sondern auch, wenn man in ein anderes Land zieht. Aber vielleicht eröffnet das auch neue Perspektiven.

Ich habe beschlossen, nicht mehr nach Kyiv zu trauern, wo ich elf Jahre lang gelebt habe. Das bedeutet nicht, dass ich aufgehört habe, es zu lieben. Ich habe einfach beschlossen, einen Schlussstrich zu ziehen, weil man sonst in Melancholie versinken kann. Und es ist schon dunkel genug. Warum sollte man es noch dunkler machen?

Propaganda, Geschichte und Kampf ums Überleben

Die Menschen sind müde. Daher ist es ganz natürlich, dass sie von ihrer Bereitschaft zu Friedensverhandlungen sprechen. Aber wenn man genauer fragt, zum Beispiel: „Zu welchen Bedingungen?“, sagen sie eindeutig: „Wir geben unser Territorium nicht auf.“ Denn es ist nicht nur Land, es ist ein Zuhause. Das Zuhause deiner Freunde, Orte, an denen du Zeit mit deinen Lieben oder deiner Familie verbracht hast – und jetzt werden sie bombardiert. Du siehst es mit eigenen Augen, und es ist ganz nah. Genau dieser innere Widerspruch in den Antworten zeigt ihre Erschöpfung. Und genau deshalb sprechen sie von ihrer Bereitschaft zu Verhandlungen.

Auch die russische Propaganda hört nie auf. Von außen ist besonders deutlich zu sehen, wie sie verschiedene Themen in der Gesellschaft verbreiten und testen, was funktioniert: „Vertraue der Regierung nicht", „Vertraue der Armee nicht" und so weiter. Sie probieren alles aus. Und das beeinflusst die Menschen. Denn sie befinden sich ständig in einem Stresszustand. Der Informationsfluss hört nie auf. Selbst wenn man klug genug ist, um Fake News von der Wahrheit zu unterscheiden, wird man früher oder später einfach müde. Und diese Informationsviren dringen in den Kopf ein. Das mentale Immunsystem ist erschöpft.

Russland hat sich für das schlimmste Szenario entschieden. Stellen Sie sich vor: 2012. Es gibt noch keinen Krieg, die Krim ist noch nicht annektiert. Damals betrachteten die meisten Ukrainer die NATO mit Misstrauen. Wir lebten im Schatten der sowjetischen Vergangenheit, jahrelang wurden uns immer wieder dieselben Märchen erzählt. Und wenn Putin damals zugeschlagen hätte, hätte alles anders kommen können. Die Ukraine hatte eine schwache Armee, eine verwirrte Gesellschaft. Er hätte uns tatsächlich ohne Widerstand einfach besetzen können. Aber er kam zu spät. Von 2014 bis 2022 sind acht lange Jahre vergangen. Und diese Jahre haben gereicht, damit das Land aufgewacht ist. Damit wir der „russischen Welt" in die Augen schauen und dort nur Hass sehen konnten. Ich erinnere mich an diesen absurden Moment, als man uns plötzlich als „Nazis" bezeichnete. Gestern gab es dieses Wort noch nicht, und heute bist du schon ein Feind, schon ein Ziel. Acht Jahre lang haben wir beobachtet, wie ihre Propaganda langsam und methodisch Hass schürte. Tropfen für Tropfen. Sie versuchten, sich selbst und die Welt davon zu überzeugen, dass wir keine Menschen sind. Und du sitzt da, schaust zu und denkst: „Was für ein Unsinn? Wer seid ihr, dass ihr so etwas sagt?" Genau das hat uns stärker gemacht. Wir hatten

Zeit. Zeit, um zu erkennen, dass dieser Krieg kein Zufall ist, kein Konflikt „um Territorien“. Es ist ein Krieg der Vernichtung. Wir haben gesehen, was in den besetzten Gebieten passiert ist. Wir wussten, wozu sie fähig sind. Und deshalb kämpfen wir. Denn selbst einen Feind behandelt man nicht so, wie sie uns behandelt haben.

21

ANASTASIIA PASICHNYK

„Und dann hatte ich ein leerstehendes Bordell in Charlottenburg mit 20 Zimmern – mein Traum von einem Kulturzentrum."

„Ich war besonders beunruhigt, weil wir mitten in der Wohnung schliefen, ohne Schutz. Ich weinte nicht, schrie nicht, verzweifelte nicht. Im Gegenteil, in gefährlichen Momenten wurde ich unglaublich konzentriert. Wahrscheinlich war das eine Art Selbstschutzmechanismus meiner Psyche.“

Das Interview mit Anastasiia Pasichnyk (25) fand am 19. Januar 2025 im Berlin Story Bunker statt

Ich schickte von Dresden aus Bewerbungen als Art Direktorin, Künstlerin, Schauspielerin, Casting Director oder Assistentin. Nichts. Aber eine Frau schrieb mir: „Leider haben wir die Künstlerin bereits ausgewählt. Aber ich kenne einen Mann, der ein leeres Bordell in der Leibnizstraße in Charlottenburg hat. 500 Quadratmeter. Wenn du willst, kannst du kommen und machen, was du willst."

Wir verlieren viele unserer Freunde. Junge, brillante Menschen, das Genie einer ganzen Generation. Meine Eltern haben in Charkiw gesehen, wie die Stadt allmählich leer wurde. Ihr glückliches Leben war vorbei. Die Wirtschaft brach zusammen. Sie denken heute viel über Geld nach. Der Vater ist nicht mehr zu Hause. Es gibt kein normales Familienleben mehr. Und sie wollen nicht darüber reden. Es ist eine Qual für sie.

Vor dem Krieg: Bühne, Kino und Träume

Mein Name ist Anastasia Pasichnyk. Ich bin 25 Jahre alt und komme aus Charkiw. Ich bin Kulturproduzentin, Künstlerin und Designerin. Ich habe an der Nationalen Universität Kotlyarevsky Theater- und Filmschauspiel studiert. Lange Zeit habe ich in Theatern in Charkiw und Kyiv gespielt und an mehreren ukrainischen Serien, Werbespots und Musikvideos mitgewirkt. Außerdem habe ich als Casting-Direktorin gearbeitet. Ich hatte das Glück, mit dem bekannten deutschen Rapper Apache 207 zusammenzuarbeiten, und ich habe an einem Projekt mit Miley Cyrus teilgenommen, als sie kam, um eine kleine Rolle in einem Musikvideo zu drehen.

Vor dem Krieg haben wir oft darüber gesprochen, aber tief in unserem Herzen haben wir an der Hoffnung festgehalten: So etwas kann einfach nicht passieren.

Am 23. Februar feierten wir mit Freunden den Geburtstag meiner Nachbarin. Wir beschlossen, nichts Schlechtes zu besprechen. Wir gingen einfach in den Club „Molodist“ tanzen. Wir gingen in den Club „Molodist”. Dort lief laute Disco-Musik aus den Neunzigern und Hits aus den frühen Zweitausendern – Lieder unserer Jugend, Musik, die uns immer zusammengebracht hat.

Wir lachten, sangen mit und wirbelten auf der Tanzfläche herum. Diese paar Stunden schienen eine Ewigkeit zu dauern, als ob die Zeit stillgestanden hätte. Es war ein ganz normaler Abend – so normal, dass er zu etwas Besonderem wurde. Der letzte, bevor sich die Welt auf den Kopf stellte.

Gegen ein Uhr nachts spazierten wir an den Regierungsgebäuden vorbei. Wir sahen einen schwarzen Mercedes, dann noch einen, noch einen – und verstanden, dass etwas los war. Einer der Jungs stellte sich als Soldat heraus. Er hielt uns an und fragte: „Was macht ihr hier? Der Krieg hat begonnen.“ Ein Mädchen, das sehr betrunken war, sagte: „Oh, du hast eine Waffe! Du bist Soldat!“ Er zuckte nur mit den Schultern: „Na gut ...“ Meine Freundin streckte ihm den Kuchen entgegen und sagte: „Ich habe Geburtstag, hier ist ein Kuchen.“ Er wiederholte erneut: „Na gut ...“ Wir flirteten mit dem Soldaten. Wir haben es ein¬fach nicht ernst genommen. Oh, das ist gar nicht gut fürs Interview. Wir dachten, es sei ein Scherz oder so. Wir beschlossen, zu Fuß nach Hause zu gehen, aber das Auto vom Club fuhr uns hinterher. Wir wurden unruhig und riefen ein Taxi. Und jetzt bin ich diesem „Stalker“ dankbar, der uns verfolgt hat, denn dank ihm waren wir um drei Uhr morgens schon zu Hause.

Um vier Uhr fing alles an. Wir konnten es nicht glauben. Wir waren zu viert in der Wohnung. Eine der Mädchen fuhr nach Charkiw, die anderen blieben in Kyiv. Aus irgendeinem Grund hatte ich das Gefühl, dass es so sein sollte. Meine Mutter rief an und sagte: „Bleib in Kyiv, fahr nicht nach Charkiw.“ Ich weiß nicht, warum sie das entschieden hat, aber vielleicht hatte sie auch so ein Gefühl.

Wir gingen zum Supermarkt, kauften etwas zu essen und dachten naiv: „Na gut, dieser Krieg wird wohl nur drei Tage dauern.“ Nicht einen Tag, sondern drei – das war unsere seltsame, aber positive Annahme.

Am nächsten Tag wurde eines der Mädchen schwer krank. Sie hatte Halsschmerzen, hohes Fieber, Grippe. Wir rannten zur Apotheke, aber die Regale waren leer. Keine Medikamente. Stattdessen sahen wir überall Soldaten. Sie warnten uns: „Wenn ihr Lärm hört, werft euch auf den Boden und macht so." Und wenige Minuten später ertönte der erste Luftalarm. Die Soldaten verschwanden, und wir blieben allein mit der neuen Realität zurück.

Wir lagen auf dem Boden und schwiegen lange. In diesem Moment wurde uns wirklich bewusst: Das ist kein Traum und keine Erfindung, das passiert wirklich. Unser Verstand weigerte sich, das Offensichtliche zu akzeptieren, wir versuchten immer noch, uns einzureden, dass es sich um ein seltsames Spiel handelte, aber allmählich erfüllte Angst jede Zelle unseres Körpers. Ich war besonders beunruhigt, weil wir mitten in der Wohnung schliefen, ohne Schutz. Ich habe immer an Gott geglaubt und jede Nacht, selbst in den dunkelsten Momenten, gebetet. Aber um zu beten, musste ich in ein anderes Zimmer gehen, und ich hatte Angst, diesen Schritt zu tun. Es schien, als würde mich eine Explosion treffen, sobald ich aufstand.

Alles erinnerte an ein Computerspiel. Ich sah mich um und ertappte mich dabei, dass ich nicht wie im wirklichen Leben reagierte: Ich weinte nicht, schrie nicht, verzweifelte nicht. Im Gegenteil, in gefährlichen Momenten wurde ich unglaublich konzentriert. Wahrscheinlich war das eine Art Selbstschutzmechanismus meiner Psyche. Die Tränen kamen später – erst als wir nach Lwiw gezogen waren und uns zum ersten Mal mehr oder weniger sicher fühlten.

Kyiv–Lwiw: Freiwilligenarbeit und der Weg nach Europa

Wir blieben noch eine Weile in Kyiv. Ich half meinen Freunden im Art-Hub: Wir sammelten Medikamente und verteilten sie an ältere Menschen, denn damals war es fast unmöglich, Medikamente zu bekommen. Dann zogen wir nach Lwiw. Wir waren elf Personen in einer Einzimmerwohnung, aber trotz der Enge hatten wir viel Spaß. Wir kochten aus Lebensmitteln, die wir von humanitären Organisationen erhielten. Ich arbeitete im Potocki-Palast: Ich sammelte Kleidung für Menschen, die wie ich nur mit einem kleinen Rucksack angereist waren, und half Soldaten. Ich sortierte Medikamente und blieb nach und nach dort, um dauerhaft zu arbeiten.

Eines Tages rief mich eine Freundin an. Ihre Mutter wohnte in der Nähe des Hauses meiner Eltern in Charkiw. Es gab eine Explosion: Die Häuser fielen wie Dominosteine um. Ihr Haus blieb stehen, aber es hatte keine Fenster und keinen Strom mehr, es war gefährlich, dort zu leben. Ihre Mutter, eine ältere Frau, bat mich: „Nastya, könntest du kommen, dich um sie kümmern und sie zu mir nach Dresden bringen?"

Eine Freundin fügte hinzu: „Ich weiß, dass du nicht nach Europa gehen willst, aber vielleicht ist das deine Chance. Hier kannst du Arbeit finden. Warum nicht?" So kam ich nach Deutschland.

Ich verbrachte eine Woche in Dresden auf Jobsuche. Jeden Tag schickte ich Lebensläufe für Stellen als Art Directorin, Künstlerin, Schauspielerin, Casting-Direktorin oder Assistentin. Das war mein erster Schritt in ein neues Leben.

An Berlin dachte ich überhaupt nicht. Alle meine Bemühungen galten Dresden, also verschickte ich Dutzende von Bewerbungen, aber nur eine nach Berlin. Die Antworten waren fast alle gleich: „Wow, tolles Portfolio! Du bist wirklich beeindruckend. Aber leider haben wir keine Stellen mehr frei. Die erste Flüchtlingswelle ist angekommen und wir sind überfüllt. Versuchen Sie es in einem Monat oder sogar im nächsten Jahr noch einmal." Diese Worte waren gleichzeitig herzerwärmend und entmutigend: Ich wurde gelobt, hatte aber trotzdem keine Chance.

Nur eine Frau antwortete mir und schrieb: „Leider haben wir bereits eine Künstlerin ausgewählt. Aber ich kenne einen Mann, der ein leerstehendes Bordell in der Leibnizstraße in Charlottenburg hat. Fünfhundert Quadratmeter. Wenn du willst, kannst du kommen und dort machen, was du willst."

So kam ich nach Berlin. Und das wirkt fast ironisch, denn genau vor einem Jahr hatte ich begonnen, meinen lang gehegten Traum zu verwirklichen. Ich träumte davon, ein Kulturzentrum zu schaffen, ein echtes Kunsthaus. In der Ukraine gab es viele Kulturräume, aber die meisten von ihnen waren zu konservativ. Die Menschen, die dort arbeiteten, erhielten einen miserablen Lohn, waren oft bis zur Erschöpfung ausgelastet, suchten sich einen anderen Job oder versuchten, auf irgendeine Weise zu überleben. Denn sein Leben der Kunst zu widmen bedeutete nicht Stabilität, sondern Kampf.

Ich habe einen detaillierten Plan erstellt. In Charkiw habe ich ein altes Haus gefunden, in dem meine Mutter einst gearbeitet hatte. Im typischen „Charkiwer Stil" fügte sich alles zusammen: Eine Bekannte kannte eine Frau, die den Bürgermeister kannte, und schließlich bekam ich einen Termin für ein Treffen. Der Plan war grandios: das verfallene Gebäude in ein sechsstöckiges Kulturzentrum mit Café, Tonstudio, Proberäumen, Kino, Atelier und Ausstellungsfläche zu verwandeln. Ich hatte sogar einen Service ähnlich wie Uber vorgesehen, der die Kinder von der Schule abholen und zum Zentrum bringen sollte. Alles war perfekt vorbereitet. Das Treffen mit dem Bürgermeister sollte am 28. Februar 2022 stattfinden.

Aber der Krieg machte diese Pläne zunichte. Ich sagte mir: „Na gut, dann verschiebe ich das um ein Jahr." Aber mit der Zeit wurde mir klar, dass dieses Projekt vielleicht nicht mehr meins war. Und genau dann, im April, kam dieses Angebot. So landete ich in Berlin, in einem alten Bordell mit luxuriösen Sälen im klassizistischen und barocken Stil, und begann, alles von Grund auf neu aufzubauen.

„Bordell"-Arthouse: Geld, Gemeinschaft, Aktionen

Ich hatte nur dreihundert Euro. Mir war klar, dass das nicht reichen würde und ich irgendwie mehr Geld auftreiben musste. Und hier möchte ich betonen, was ich in jedem Interview wiederhole: Ohne die Deutschen, ohne ihren Geist und ihre Hilfsbereitschaft wäre das nie möglich gewesen. Sie haben mich unglaublich inspiriert. Denn sie waren zu nichts verpflichtet. Aber als ich auf die Straße ging, in Bars ging und anfing zu erzählen: „Hört mal, ich habe einen leeren Bordell gefunden. Ich weiß, das klingt seltsam, aber ich muss Geld sammeln, um die Räumlichkeiten zu renovieren und sie den Menschen zur Verfügung zu stellen. Es gibt dort mehr als zwanzig Zimmer. Das ist ein riesiger Raum. Wir haben bereits etwa 400 Menschen versammelt, obwohl es von außen so aussieht, als wäre der Ort klein. In Wirklichkeit ist er sehr groß."

Die Leute reagierten erstaunlich. Einige spendeten Geld, andere boten ihre Zeit, ihre Energie, ihr Auto an – alles, was sie hatten. Sie sagten: „Nimm es, wir brauchen es nicht." Das war unglaublich. Und genau das machte mich als Künstlerin glücklich. Ich spürte diesen Fluss, diesen Geist, diese Echtheit. Das war etwas, das weit über mich hinausging. Ich war nur die Katalysatorin dieses Prozesses.

Später kam mir die Idee, ein Konzert zu organisieren. Ich nahm meine Flöte, fand einen deutschen DJ, und zusammen veranstalteten wir einen Jazz-Techno-Abend. Am Ende konnten wir dreitausend Euro sammeln. Dieses Geld habe ich in das Nötigste investiert: Elektrik, Rohre, Reinigungsmittel. Wir haben die Räumlichkeiten aufgeräumt und begonnen, Menschen aus Mariupol zu evakuieren. Nicht selbst, sondern in Zusammenarbeit: Unsere Fahrer holten die Menschen von der Grenze ab und brachten sie nach Berlin.

Wir öffneten unsere Türen für Familien, die zumindest für eine Nacht eine Unterkunft brauchten, und träumten von unserem Hauptziel – zwanzig ständige Bewohner aufzunehmen. Parallel dazu organisierten wir Ausstellungen, Performances, Auktionen, Festivals – alles, was mit Kunst zu tun hatte. So entstanden neue Projekte. Eines davon hieß „Das Testamenmt von Bucha". Wir brachten ein Auto aus Bucha nach Berlin, stellten es auf dem Kurfürstendamm in Charlottenburg aus und organisierten eine Auktion. Dieses Auto wurde zum Symbol der Tragödie, denn in ihm kam die junge Künstlerin Anna ums Leben.

Wir hatten ihre Originalwerke und verkauften einen Teil davon. Ich organisierte eine doppelte Auktion: Ich scannte einige Bilder, die wir nicht transportieren wollten, und stellte einen Teil davon als NFT auf

OpenSea aus, während wir andere als Originale offline verkauften. So funktionierte es.

Schließlich zogen wir einfach aus den Räumlichkeiten aus. Es war ein extrem schwieriges Jahr, aber gleichzeitig auch ein unglaubliches. Wir haben über 70.000 Euro gesammelt und dieses Projekt international gemacht. Es konzentrierte sich nicht nur auf die ukrainische Kultur. Und vielleicht sollte man das nicht sagen, aber ich sage es trotzdem: Die Menschen vertrauten mir gerade deshalb, weil sie in mir kein Opfer sahen, das nur auf Hilfe wartet. Sie sahen in mir einen Partner. Sie sahen, dass wir zusammenarbeiten können, weil uns sehr viel verbindet. Es ist unglaublich – trotz all unserer Unterschiede bleiben wir Menschen von einem Planeten. Und es ist etwas Besonderes, wie Menschlichkeit funktioniert. Als ich gerade angekommen war, war mein Englisch einfach schrecklich. Aber man hat mich trotzdem verstanden. Denn es gibt so etwas wie die „Sprache der Seele". Und genau sie ist inspirierend. Sie erinnert uns daran, dass das Wichtigste, was wir in unserer Kultur bewahren und weiterentwickeln müssen, Humanismus und gegenseitiger Respekt sind.

Weiter – internationale Projekte und persönliche Schlussfolgerungen

Wir verließen diesen Raum und begannen, andere, größere Projekte zu realisieren. Unsere Projekte wurden immer internationaler. Wir begannen mit dem Deutsch-Französischen Jugendwerk zusammenzuarbeiten – einer wunderbaren Organisation, die die Ukraine als vollwertiges Mitglied eingeladen hatte. Wir brachten junge Menschen aus drei Ländern zusammen – der Ukraine, Frankreich und Deutschland. Gemeinsam führten wir tiefgreifende politische Diskussionen und schufen Kunstinstallationen. Dabei konzentrierten wir uns auf globale Themen.

Mir gefällt sehr, dass wir den Menschen nicht nur Zeit zum Nachdenken gegeben haben, sondern ihnen auch gezeigt haben: „Ich habe das Recht, mich zu äußern. Ich habe das Recht, die Welt zu verändern.“ Wenn du spürst, dass du inspiriert bist und die ersten Schritte gehen möchtest, dann ist das etwas, das ich als Künstlerin und Gründerin wirklich wertschätze. Denn selbst wenn es nur ein kurzes Gespräch mit jemandem ist, ist das schon ein Geschenk, das du in etwas Echtes für andere verwandeln kannst, wenn du diese Inspiration hast. Noch wichtiger ist, dass wir gemeinsam darüber nachdenken können, wie wir zusammenarbeiten und die Situation um uns herum verändern können.

Wir haben Ausstellungen in verschiedenen Museen organisiert, darunter im Museum für Wohnen und im Kurt-Mühlenhaupt-Museum, und ein globales Projekt realisiert, das man als Kulturdiplomatie bezeichnen könnte. Aber in Wirklichkeit ist es viel mehr. Es geht um das Gefühl, dass wir keine Fremden mehr sind, sondern Partner, die sich gegenseitig inspirieren, gemeinsam lernen und gemeinsam wachsen. Genau das macht mich glücklich.

Oft denke ich: Wenn ich in der Ukraine genauso aktiv wäre wie jetzt, würde ich sagen: „Ich bin so geboren.“ Aber gleichzeitig übt diese neue, durch den Krieg geschaffene Realität einen starken Druck aus. Sie erzeugt Angst bei Menschen wie mir, die ohnehin schon oft ängstlich sind. Ich weiß nicht, warum ich so bin, aber ich bin extrem aktiv, emotional und immer in Projekte vertieft. Wenn ich etwas Neues beginne, kann ich nur vier Stunden schlafen, vergesse das Essen und meine eigenen Bedürfnisse.

Ich erinnere mich, wie ich zum ersten Mal statt eines einfachen „Wie geht es dir?“ eine lange Nachricht voller Gefühle und Fragen schrieb. Und dann wurde mir klar: Ich habe mich von ehrlichen Gesprächen entwöhnt. Denn der Krieg und dieser ständige Druck setzen einen in eine Lage, in der es schwer ist, sich zu entspannen. Erst jetzt habe ich begonnen zu begreifen, dass genau das einen Menschen krank macht. Aber gleichzeitig akzeptiere ich mich selbst: Ich war schon immer so. In meinem Leben ging es immer darum, etwas aufzubauen und zu schaffen. Das ist wunderbar, auch wenn es schwer ist, sich einfach nur auszuruhen.

Die Familie in Charkiw und der Preis des möglichen Friedens

Meine ganze Bubble ist jetzt hier, aber meine Eltern und meine ganze Familie sind in der Ukraine geblieben, in Charkiw. Sie sind furchtbar müde. Obwohl „müde" noch zu milde ausgedrückt ist. Meine Eltern waren immer sehr positive Menschen. Und wieder kommt es auf die Balance an. Sie versuchen, positiv zu bleiben, auch wenn das fast schon schmerzhaft klingt. Aber sie haben einfach keine andere Wahl. Ich kann sie nicht verurteilen, denn sie haben mit eigenen Augen gesehen, wie die Stadt leergeräumt wurde, wie das glückliche Leben, das sie zuvor geführt haben, verschwunden ist. Die Wirtschaft ist zerstört. Manchmal können sie sich nicht einmal die grundlegendsten Dinge leisten, sie müssen ständig an Geld denken.

Besonders schwer ist es, weil mein Vater nicht zu Hause ist. Sie können sich nicht sehen, sie können kein normales Familienleben führen. Sie wollen nicht einmal darüber sprechen – es tut zu sehr weh. Und trotzdem sagen sie mir jedes Mal: „Wir glauben, dass es bald vorbei sein wird." Und wir wünschen es uns, denn wir haben viele unserer Freunde verloren – jung und brillant. Die Genies unserer Generation. Schauspieler, Dichter, Regisseure. Jeden Tag erreichen uns Nachrichten über Verluste, und das bricht uns das Herz. Alle wollen nur eines: Frieden.

Aber welchen Preis müssen wir dafür zahlen? Es ist schmerzhaft, sich einzugestehen, dass bereits so viele Leben geopfert wurden, um die Situation zu ändern. Aber auf der anderen Seite können wir nicht mehr. Die beste Lösung wäre, das endlich zu stoppen. Aber jeder versteht, sogar die Soldaten sagen dasselbe: Selbst wenn Frieden kommt, dauert es höchstens fünf oder zwei Jahre, und Russland greift die Ukraine wieder an. Das ist kein Geheimnis, denn Russland braucht nur etwas Zeit, um sich zu erholen und sein System neu aufzubauen. Und sie werden wie¬der anfangen. Was ich darüber fühle, ist sehr schmerzhaft für mich, denn ich speichere wirklich jeden Screenshot aus den Bataillonen und jede Nachricht von unseren Freunden an der Front, in der sie sich für unsere Unterstützung bedanken. Selbst wenn sie etwas posten, bin ich sehr glücklich. Und ich bin tief berührt davon. Ich kann nicht aufhören zu weinen, wenn ich darüber spreche. Ich weiß nicht, was eine „große“ und „gute“ Lösung dafür wäre.

22

IRYNA TKACHIVSKA

„Ich habe Ukrainern am Hauptbahnhof geholfen: „Wir möchten in ein anderes Land ausreisen. Was würden Sie uns raten?" „Zum Beispiel nach Italien oder Norwegen."

„Kintsugi ist ein Konzept, das aus Japan stammt. Es besteht darin, zerbrochene Keramikgegenstände zusammenzusetzen, zu kleben und dann mit Gold zu verzieren. Es ist sozusagen ein Symbol für Zerbrochenheit, die in Stärke verwandelt werden kann."

Das Gespräch mit Iryna Tkachivska (34) fand am 20. Januar 2025 im Berlin Story Bunker

Was wir abgeben können? Ich würde sagen: nichts!
Welchen Teil würde Deutschland abgeben, wenn es von Russland überfallen würde? Das steht gar nicht zur Diskussion. Die Ukraine muss so bleiben, wie es 1991 bestimmt wurde. Ich glaube nicht an Friedensgespräche mit Russland. Ich würde gerne glauben, dass es ein Ergebnis gibt, aber es wird nicht so sein.

Ich heiße Iryna Tkachivska. Ich bin Ukrainerin, geboren 1991 in Ivano-Frankivsk, im Westen der Ukraine, und wohne seit 2018 in Deutschland. Ich habe hier studiert: Zuerst bekam ich 2009 als Studentin der Schewtschenko-Universität Kyiv ein DAAD-Semesterstipendium an der Universität Rostock. Einige Jahre später machte ich meinen Master in Kulturwissenschaften an der Viadrina-Universität in Frankfurt (Oder). Seitdem arbeite ich vielfältig und interdisziplinär: als Übersetzerin, als DAF-Lehrkraft in einem Schulprojekt für ukrainische Kinder in Berlin, als freiberufliche Trainerin in der außerschulischen Bildung, und im Bereich Foto und Film. Ich habe zusätzlich Dokumentarfilm an einer selbstorganisierten Filmschule in Berlin, Filmarche, studiert und steige nun aktiver in die audiovisuelle Branche ein.

Bruchstellen, die zu Stärke werden

Ich drehe gerade meinen ersten Dokumentarfilm. Er handelt von der Resilienz der Menschen im Krieg und davon, wie sie den Krieg im Alltag erleben. Der Film trägt den Titel Ukrainisches Kintsugi. Kintsugi ist ein Konzept aus Japan: Zerbrochene Keramikteile werden zusammengestellt, später zusammengeklebt und mit Gold verziert. Das ist ein Symbol dafür, wie Zerbrochenes zu einer Stärke werden kann. Aus den Narben können goldene Linien entstehen, aus denen etwas Wunderbares entsteht. Dies möchte ich durch Geschichten von Menschen erzählen, die Verlust im Krieg in der Ukraine auf unterschiedliche Weise erlebt haben – nicht nur den Verlust materieller Dinge, von Häusern oder Familienangehörigen, sondern auch die alltäglichen Schwierigkeiten, die sie meistern, und die Momente, in denen sie trotz allem Freude finden. Denn wenn man über die Ukraine spricht, ist es wichtig, nicht nur über den Krieg zu reden, sondern auch über Kultur und die Stärke der Menschen. Das ist mir ein zentrales Anliegen.

Ankommen in Deutschland – und doch immer unterwegs

Wie ich nach Deutschland kam? Schon als kleines Kind konnte ich Deutsch sprechen, weil meine Eltern von Anfang an mit mir zu Hause auf Deutsch sprachen. 1995 kam ich das erste Mal nach Deutschland – meine Mutter hatte ein Jahresstipendium an der Humboldt-Universität, um ihre Doktorarbeit zu schreiben. Ich durfte ein Jahr im Kindergarten verbringen, lernte Sprache und Kultur kennen, und Deutschland wurde ein wichtiges Land in meinem Leben. Später kehrten wir in die Ukraine zurück. Meine Eltern, selbst promovierte Deutschlehrer, achteten darauf, dass ich die Sprache weiter behielt. Damals konnte man in den 90er die Satelitenanlage kaufen. Wir haben deutschsprachiges Fernsehen geschaut, also nur auf Deutsch. Ich habe mir alle Kinderfilme auf Deutsch gesehen. Besonders beliebt waren in der Familie „Die Sendung mit der Maus" und „Sonntagsmärchen". In der Schule hatte ich kein Deutsch, aber trotzdem habe ich in der letzten Schulklasse eine allukrainische Olympiade im Fach Deutsch gewonnen, was mir ein Philologie - und Übersetzungsstudium in Kyiv ermöglichte. Ich habe meinen ersten Master-Abschluss an der Schewtschenko-Universität in Kyiv gemacht und mich anschließend an der kulturwissenschaftlichen Fakultät der Europäischen Universität Viadrina in Frankfurt (Oder) beworben, um noch einen Abschluss in Kulturwissenschaften zu erwerben. So bin ich das zweite Mal nach Deutschland gekommen und hier für längere Zeit geblieben.

Zwischendurch war ich auch in vielen anderen Ländern – ein kurzes Praktikum in Georgien, Freiwilligendienst in Polen, und anschließend ein Jahr lang in Spanien, Málaga, ein Auslandsjahr in Mexiko. In Mexiko habe ich Design und Medienproduktion studiert und meine Liebe zum Film neu entdeckt, als wir unseren ersten Kurzfilm produzierten. Danach arbeitete ich zwei Jahre in Polen. Ich bin also viel gereist, bevor ich mich schließlich in Deutschland niederließ. Ich habe das Gefühl, dass dies die längste Zeit ist, in der ich in den letzten fünf Jahren nicht umgezogen bin. Meine Eltern haben mir eine Liebe zur Welt und zum Erkunden unterschiedlicher Länder mit auf den Weg gegeben. Deshalb konnte ich nie stillsitzen.

Erste Tage der Invasion – Mit der Flagge auf den Schultern

Ob ich auf die Invasion vorbereitet war? Das ist schwer zu beantworten. Viele Menschen in der Ukraine hatten eine innere Ahnung, wollten es aber nicht wahrhaben. Auch ich spürte, dass etwas passieren könnte, konnte es aber nicht wirklich greifen. Am 24. Februar war ich in Berlin. Mein Bruder, der in Kyiv studiert hatte, war zu Besuch. Einige Tage vor dem 24. Februar nahm er einen der letzten Flüge aus der Ukraine, um mich zu besuchen.

Es war mein Bruder, der mir sagte, dass der Krieg ausgebrochen war. Ich habe, Gott sei Dank, keine Explosionen gehört. Ich war in dieser Situation sehr privilegiert, da ich mich an einem sicheren Ort befand. Mental war ich jedoch nicht in Deutschland, sondern in der Ukraine. Wir waren alle sehr fassungslos. Ich sollte an diesem Tag in die Filmschule, aber ich konnte mich natürlich auf nichts konzentrieren, ich weinte und fühlte mich hilflos. Gleichzeitig organisierte sich die ukrainische Community in Berlin sehr schnell. Am selben Tag gingen wir zu einer Demo. Ich erinnere mich, dass wir in der S-Bahn saßen und ich die ukrainische Flagge um die Schultern gelegt hatte, die mir mein Bruder aus der Ukraine mitgebracht hatte. Sie war für mich wie ein Schutz, ein Symbol für den Freiheitskampf. Mein Bruder hatte sie mir aus der Ukraine mitgebracht, bevor er ausgereist war. Es war ein sehr starkes Gefühl von Gemeinschaft. Das war sehr rührend und beeindruckend, aber auch schwierig, weil wir alle fassungslos waren und nicht wussten, was wir tun konnten – außer vor dem Kanzleramt zu stehen und um Unterstützung zu bitten. Ich erinnere mich, dass ich bei dieser Demonstration Fotos und Videos gemacht habe, um alles zu dokumentieren. Es waren auf jeden Fall sehr viele Ukrainer*innen aus der Diaspora dabei. Es war ein starkes Gefühl von Solidarität, aber auch sehr überwältigend, weil wir alle fassungslos waren und nicht wussten, was wir tun konnten – außer vor dem Kanzleramt zu stehen und um Unterstützung zu bitten. Manchmal habe ich das Gefühl, dass ganze Tage aus meinem Gedächtnis herausgerissen wurden und ich nur einzelne Momente sehe, ohne das große Ganze überblicken zu können.

Plötzlich eine Wohnung voller Menschen

In den nächsten Tagen rief mich meine Cousine an und fragte, ob sie zu mir kommen könnte. Alle waren sehr geschockt und haben sich auf den Weg gemacht, ohne zu wissen, wohin sie fahren oder was sie tun sollten. Es war einfach ein Impuls. Ich habe meiner Cousine natürlich gesagt: „Klar, komm, ich helfe dir", obwohl wir nur eine Anderthalbzimmerwohnung hatten. Kurz darauf kamen noch meine zwei Cousinen. Sie waren ebenfalls unterwegs und standen drei Tage an der Grenze, bevor sie beim zweiten Versuch die Grenze überqueren konnten. Später kam auch die Frau meines Cousins und ihre Tochter. Insgesamt waren wir also sieben Personen in unserer 1,5-Zimmerwohnung. Zwei weitere übernachteten bei unseren Nachbarn, weil wir nicht genug Platz hatten, um allen einen Schlafplatz zu bieten.

Schließlich gelang es insgesamt sechs Personen, bei uns unterzukommen. Puh, diese Zeit war eng und herausfordernd, sowohl räumlich als auch mental. Wir mussten irgendwie zusammenleben, und das waren wir nicht gewöhnt. Drei Familienmitglieder kehrten nach einigen Wochen in die Ukraine zurück, andere blieben in Berlin.

Ich hatte damals sehr viel Glück, denn ich konnte ihnen dabei helfen, eine Wohnung zu finden – das war ganz am Anfang, als es noch viele Hilfsangebote gab. Wir hatten Glück und haben es geschafft. Auch Arbeit habe ich für die beiden gefunden, ebenso für meinen Bruder – Wohnung und Arbeit. Das war eigentlich alles Zufall, aber ich wollte ihnen unbedingt helfen. Heute arbeiten sie weiterhin dort. Sie helfen selbst auch anderen ukrainischen Geflüchteten. Mein Bruder arbeitet in einer Unterkunft für Geflüchtete und hat dort eine koordinierende Position. Meine Cousinen unterrichten in einer Schule bzw. arbeiten in einem aus der Ukraine nach Deutschland verlegten Kinderheim, in dem sie ukrainische Kinder betreuen. Alle sind also auf ihre Weise mit dem ukrainischen Kontext verbunden.

Bahnhof, Tegel und die Realität der Flucht

Am Anfang der Invasion wusste ich nicht genau, wie ich selbst hilfreich sein könnte. Parallel dazu musste ich meine Masterarbeit sehr bald abgeben, worauf ich mich natürlich überhaupt nicht konzentrieren konnte. Die Uni hat mir eine Fristverlängerung angeboten, und nach einem kurzen Zögern nahm ich sie an. In dieser Zeit hat sich meine Masterarbeit fast sinnlos gefühlt, ich bin fast jeden Tag zum Berliner Hauptbahnhof gegangen, um den Menschen im Reisezentrum zu helfen, kostenlose Tickets in verschiedene Richtungen zu bekommen, und sie allgemein zu unterstützen. Das habe ich auch mit meinem Bruder und meinen Cousinen gemacht, solange sie noch bei mir wohnten. Es war fast wie eine Familiensache – wir waren sehr oft dort. Ich habe mich sehr erfüllt gefühlt, den Menschen helfen zu können. Gleichzeitig fühlte ich mich aber manchmal auch hilflos, weil ich die Verantwortung spürte, Fragen zu beantworten, auf die es keine klare Antwort gab. Manche fragten mich zum Beispiel: „Wir möchten jetzt in ein anderes Land ausreisen. Was würden Sie uns empfehlen – Italien oder Norwegen?“ Da war ich einfach ratlos. Ich konnte diese Entscheidung nicht für sie treffen; sie mussten selbst entscheiden, wohin sie ihr One-Way-Ticket nehmen.

Das alles war sehr herausfordernd. Wie ich überhaupt dorthin gekommen bin? Ich glaube, es war unmöglich, nicht dort zu landen. Der

Hauptbahnhof war in dieser Zeit der wichtigste Ort in der Stadt – ein Ort, an dem alle, die helfen wollten, aber nicht wussten wie, zuerst hingegangen sind. Ich hatte von anderen gehört: „Wenn du nicht weißt, wie du helfen kannst, geh einfach zum Hauptbahnhof – dort findet sich auf jeden Fall etwas." Und genauso war es. Ich bin einfach hingegangen und habe gefragt: „Wie kann ich nützlich sein? Was kann ich machen?" So bin ich direkt im Reisezentrum gelandet.

Die Situation in Tegel ist natürlich sehr schwierig, weil es dort sehr voll ist. Das Konzept hat sich stark verändert. Früher blieben die Menschen nur eine Nacht und wurden dann mit Bussen in andere Bundesländer verteilt. Jetzt wohnen sie dort bis zu anderthalb Jahren. Die Wohnverhältnisse sind belastend: Es gibt kaum Privatsphäre, man kann die Tür nicht einfach hinter sich schließen, sondern teilt sich ein Zimmer mit etwa zehn Personen.

Viele meiner Schüler*innen leben in Tegel. Einige konnten inzwischen ausziehen und haben einen Platz in einem Wohnheim oder sogar eine Wohnung gefunden, aber viele sind weiterhin dort. Ich sehe deutlich, wie sich das auf ihren Schulalltag auswirkt. Sie sind erschöpft, manche schlafen im Unterricht ein, weil sie keinen Rückzugsort haben, keinen Platz, um allein zu sein oder zu lernen. Es betrifft oft Kinder, die keine Verwandten oder Bekannten in Deutschland haben und völlig ohne Anlaufstelle hierherkommen. Für sie ist Tegel manchmal der erste Ort in Deutschland, an dem sie landen. Sie steigen in erschöpft in Berlin aus und sagen: „Ich möchte einfach nicht weiterfahren." Oft wissen sie nicht, was sie erwartet.

Zwar wird ihnen erklärt, dass es Unterkünfte in anderen Bundesländern gibt, doch viele sind nach der Flucht so erschöpft, dass sie nicht mehr die Kraft haben, sich erneut auf den Weg ins Ungewisse zu machen. Sie entscheiden sich aus Müdigkeit und Verzweiflung, in Tegel zu bleiben – ohne zu wissen, dass es für sehr lange sein kann. Später würden viele diese Entscheidung vielleicht anders treffen. Aber das bürokratische System lässt es nicht zu: Wer sich einmal in Tegel registriert, ist an Berlin gebunden und muss warten, bis sich eine neue Wohnmöglichkeit ergibt. So füllt sich Tegel immer wieder.

Auch die Zustände sind schwer zu ertragen. Es gibt zwar Duschen, aber nicht in den Zelten – man muss zu Gemeinschaftsduschen laufen. Egal, aus welchen Verhältnissen man kommt – das Leben dort ist eine Prüfung. Auch kenne ich Menschen, die Familie oder Freunde in Berlin haben, aber nicht zu ihnen ziehen dürfen, weil die Quadratmetergrenze eine Anmeldung verhindert. So bleibt nur Tegel: anmelden, warten, hoffen.

„Ich spüre, dass sich vieles in mir verändert"… „Mein Land ist mir näher, kostbarer, dringlicher geworden."

Diese ganze Situation hat mich selbst sehr berührt. Schon die Pandemie war eine harte Zeit, voller Einsamkeit und Abbrüche. Und dann kam der Krieg – wie ein weiterer Schlag, der alles verdoppelte. Ich habe viele depressive Episoden erlebt, die letzten Jahre waren sehr schwer. Lange habe ich mich dagegen gewehrt, darin einen Sinn oder gar eine Stärke zu sehen. Ich wollte das nicht akzeptieren. Ich war einfach wütend und dachte: „Warum müssen wir – warum muss ich-von der Ferne, aber doch ganz nah, warum muss das ganze Land – das durchmachen, nur um am Ende stärker zu sein?" Erst jetzt spüre ich, dass es vielleicht doch so sein könnte. Genau daraus ist auch die Idee für meinen Film entstanden.

Ich bin noch nicht an dem Punkt, an dem ich sagen könnte, dass mich all das so stark gemacht hat, dass ich nun einfach weitergehen kann. Dafür braucht es wohl noch Zeit. Aber ich spüre, dass sich vieles in mir verändert. Ich empfinde kleine Erleichterungen, neue Perspektiven. Früher erschien mir die Welt größer, spannender, wichtiger als mein eigenes Land. Heute ist es umgekehrt: Mein Land ist mir näher, kostbarer, dringlicher geworden.

Das bedeutet nicht, dass ich die Welt nicht mehr liebe – im Gegenteil. Ich bin nach wie vor neugierig auf sie. Doch ich habe erkannt, dass ich mein Land und meine Kultur lange vernachlässigt habe, vieles gar nicht wusste. Jetzt entdecke ich sie neu. Der Krieg ist zu einem schmerzhaften, aber auch starken Impuls geworden, mein Land, seine Geschichte und seine Kultur wiederzubeleben, sie zu schätzen und in die Welt hinauszutragen. Damit die Menschen nicht nur vom Krieg hören, sondern auch von der Fülle und der Schönheit der ukrainischen Kultur, die nicht ausgelöscht werden darf – weder unsere Lieder, noch unsere Sprache, noch unsere Tänze.

Darum suche ich gerade diese Nähe: Ich gehe zu Workshops für traditionelle ukrainische Tänze, besuche Stand-up von ukrainischen Künstler:innen, mache Improvisationstheater. Ich versuche, mich neu in dieser Kultur zu verorten, sie in mir zu tragen und hier in Deutschland lebendig zu machen. Das gibt mir Kraft. Ich spüre meine Wurzeln – sie sind bedroht, vielleicht beschädigt, aber sie wachsen auch neu.

Vor kurzem war ich Teil einer therapeutischen Gruppe, aus der ein Film entstanden ist. Eine Mischung aus Therapie und künstlerischer Dokumentation. Im Zentrum stand die Frage: Wie ist es, als Ukrainer:in in Berlin zu sein? Wie gelingt Integration? Dabei zeigte sich eine paradoxe, aber sehr prägnante Tendenz: Viele leben gleichzeitig in zwei Welten. Mit dem Körper hier, in Deutschland. Mit den Gedanken, den Gefühlen, den Telefonaten und Nachrichten ständig dort, in der Ukraine – bei Verwandten, Freund:innen, Männern an der Front. Diese ständige Zerrissenheit kostet ungeheure Energie. Sie erschwert das Lernen, die Arbeit, das alltägliche Leben.

Familien zwischen Front und Ferne

Ich sehe auch, wie Familien zerbrechen. Irgendwann bricht eine Distanz auf, die schwer zu überwinden ist. Manche Frauen gründen neue Familien, andere gehen allein weiter. Es ist kaum möglich, ein gemeinsames Leben in dieser Ungewissheit zu halten. Viele sprechen nicht darüber. Sie konzentrieren sich auf das, was hier und jetzt überlebbar ist, weil die seelischen Kräfte kaum reichen. Doch Depressionen und psychische Erkrankungen nehmen spürbar zu. Man könnte lange darüber diskutieren, was schwerer zu ertragen ist: das Leben mitten im Krieg oder das Leben weit entfernt vom Land. Wenn man dort ist, muss man einfach im Moment überleben, handeln, irgendwie funktionieren – auch wenn die Gefahr groß ist. Wenn man aber fern ist, entsteht oft ein anderes, manchmal sogar grausameres Bild. Es legt sich wie eine schwarze Wolke über den Kopf. Man malt sich das Schlimmste aus, ohne genau zu wissen, was geschieht, und trägt diese Last im Alltag mit sich herum, ohne einen Ort, an dem man sie ablegen kann. Es fehlt das Kontrolle-Gefühl.

Ob Familien in dieser Situation zusammenbleiben oder zerbrechen, hängt von vielen Faktoren ab. Natürlich spielen die Entfernung und das Fehlen physischer Nähe eine Rolle. Aber auch die mentale Last – dieser unsichtbare „Load", wie man es auf Englisch nennt – ist entscheidend. Frauen, die mit Kindern alleine in einem fremden Land zurechtkommen müssen, tragen eine doppelte Verantwortung. Gleichzeitig darf man nicht vergessen: Auch für die Männer an der Front ist es unvorstellbar schwer, und ich möchte das keinesfalls kleinreden. Es ist ein Leben am Limit – auf beiden Seiten.

Viel hängt davon ab, wie stark die Bindung vor dem Krieg war. War die Familie sehr glücklich, mit einer innigen Verbindung, ist die Chance größer, dass sie durchhält. Doch oft bringt die Entfernung alte, verdrängte Probleme an die Oberfläche. Manche Frauen empfinden die Trennung dann sogar als Befreiung. Sie spüren vielleicht zum ersten Mal: „Ich kann alleine weitergehen." Sie atmen auf, lassen unglückliche Ehen hinter sich und wagen einen neuen, glücklicheren Weg.

Und doch gibt es auch andere: Paare, die fest daran glauben, dass ihre Liebe stärker ist als die Distanz, die mit aller Kraft um ihre Beziehung kämpfen und versuchen, Brücken zu schlagen, wo eigentlich Abgründe sind. Das ist beeindruckend, auch wenn es nicht immer gelingt.

In Berlin habe ich viele Frauen kennengelernt, die mit ihren Kindern hierherkamen, sich neue Freundschaften aufgebaut haben – und manchmal auch neue Partnerschaften. Manche sind sehr offen für einen neuen Anfang. Es ist ein weites, widersprüchliches Bild: Zerbrechen und Neubeginn liegen dicht nebeneinander.

Identität, Krieg und Bildung

Da ich viel mit Jugendlichen arbeite, liegt mir das Thema der Bildung und Identität besonders am Herzen. Was mir dabei sehr wehtut, ist die Vorstellung, dass diese Jugendlichen im Laufe der Jahre ihre Sprache, ihre Kultur und den Bezug zu ihrem Land verlieren könnten. Dass sie in Deutschland aufwachsen, ohne zu wissen, wer z.B. Lesya Ukrajinka ist, oder ohne wirklich zu verstehen, was in der Ukraine geschieht. Einerseits ist es nachvollziehbar, dass sie sich integrieren, anpassen und ihren Platz in der neuen Gesellschaft finden möchten. Andererseits bedeutet das aber auch, dass eine ganze Generation Gefahr läuft, ohne ihre Wurzeln aufzuwachsen.

In meiner Schule sehe ich das ganz konkret: Viele der Jugendlichen stammen aus russischsprachigen Familien. Manche verstehen nicht immer alles, was ich auf Ukrainisch zu ihnen sage. Sie sind hier, in einem neuen Land, und das Ukrainische rutscht immer weiter in den Hintergrund. Das ist eine Entwicklung, mit der die Ukraine irgendwann umgehen muss – oder wir, die wir uns in der Diaspora dafür verantwortlich fühlen, die ukrainische Sprache und Kultur lebendig zu halten.

Hinzu kommt die Bildungskrise, die der Krieg ausgelöst hat. Schon während der Pandemie wurde in viele Schulen nur online unterrichtet. Jetzt, im Krieg, gibt es vielerorts erneut ausschließlich Online-Unterricht oder gar keinen Unterricht mehr. Viele Schulen sind zerstört, und das Bildungsniveau ist dramatisch gesunken. Ich sehe das als ein riesengroßes Problem – ein regelrechtes Bildungsdesaster in einem Land, wo Bildung eigentlich eine sehr wichtige Rolle spielt.

Meine größte Sorge ist, dass diese neue Generation ukrainischer Kinder und Jugendlicher ihre Identität verliert. Und das ist genau das, wofür wir gerade so stark kämpfen. Viele junge Frauen leben inzwischen im Ausland, während ihre Männer an der Front sind. Ihre Kinder werden hier geboren, fern von der Ukraine. Ganze Familien sind auseinandergerissen, verstreut in alle Richtungen.

Wie wird diese Generation aufwachsen? Wo wird ihr Zuhause sein? Unter welchen Umständen? Das sind Fragen, auf die es heute noch keine Antworten gibt – nur viele offene Fragezeichen.

Aber ich sehe auch eine andere Tendenz in der Ukraine, vor allem bei der Jugend. Ich bin oft bei Jugendaustauschen unterwegs und erlebe die jungen Menschen dort. Diese Jugend ist einfach großartig: bewusst, reflektiert, engagiert. Sie kämpft für die Ukraine – das haben sie im Blut. Sie wollen ihr Land verteidigen und in der Welt davon erzählen. Sie möchten die Stärke ihres Landes zeigen. Deswegen bin ich überzeugt, dass diese Generation ihren Beitrag leisten wird, und ich hoffe sehr, dass die Zukunft gut sein wird.

Keine Kompromisse über das Land

Friedensgespräche mit Russland sind eine sehr schwierige Frage. Ich weiß nicht, wie man das beantworten soll, denn ich glaube nicht an Friedensgespräche mit Russland. Schon vor vielen Jahren sagte Bismarck: „Die Verträge mit den Russen sind nicht des Papiers wert, auf dem sie geschrieben sind." Ich habe den Eindruck, dass Verhandlungen kaum verlässlich sind. Mit wem sollte man reden? Es gibt keinen verlässlichen Gesprächspartner. Ich würde gern glauben, dass Verhandlungen ein Ergebnis bringen könnten, aber ich befürchte, dass das nicht der Fall sein wird. Die einzige Chance bleibt für mich, das Land weiter zu verteidigen.

Ich sehe auch die Verunsicherung im Alltag: Es gibt noch Männer, aber immer weniger. So viel Ungewissheit herrscht. Viele trauen sich kaum noch nach draußen, schlafen am Arbeitsplatz oder bleiben zu Hause, weil sie Angst haben, beim Einkaufen aufgegriffen zu werden und eingezogen zu werden. Das ist schrecklich. Im Moment sehe ich keinen anderen Ausweg als weiterzukämpfen. Ich weiß nicht, was wir abgeben könnten. Ich würde sagen: nichts.

Welchen Teil würde Deutschland abgeben, wenn es von Russland überfallen würde? Oder würde Frankreich einem anderen Land einfach Territorium abtreten? Das ist gar keine Diskussion. Die Ukraine ist einheitlich und muss so bleiben, wie es 1991 festgelegt wurde. Niemand darf sagen, er nehme ihr etwas weg. Ich bin nicht dafür, dass irgendein Teil des Landes aufgegeben wird. Auch die Krim muss zurück zur Ukraine. Das ist für mich die einzige Lösung: Wir müssen bis zum Ende kämpfen.

23

ANNA MRACHKOWSKA

„Alles, wovon du geträumt hast, ist plötzlich verschwunden."

„Am meisten beeindruckten mich jedoch die Antworten meiner deutschen Freunde auf die einfache Frage: ‚Was würdet ihr tun, wenn beispielsweise Frankreich oder Österreich euer Land angreifen würden?' Und sie antworteten: ‚Wir würden fliehen.'"

Das Interview mit Anna Mrachkowska (22) fand am 24. Januar 2025 im Berlin Story Bunker

Eine Woche vorher rief mich mein Vater an und sagte: „Anna, es wird Krieg geben. Du musst deine Sachen packen." Ich hatte sie schon gepackt. Er sagte: „Ich werde dir 100 Dollar schicken, falls die Hrywnja wertlos wird." Meine Eltern leben in Winnyzja. Aber in Kyiw haben wir Verwandte. Er sagte: „Ruf Onkel Viktor an, er wird dich abholen." Das war der Plan. Und dann begann der Krieg.

Wir leben unter dem Eindruck, das Leben kann in jedem Moment zu Ende sein. Wir als Ukrainer verteidigen unser Land, unsere Sprache, unsere Tradition, unsere Kultur. Deswegen können wir uns als Patrioten sehen. Wir verteidigen unser Selbstbestimmungsrecht. Vergessen wir nicht das Budapester Memorandum, als wir unsere Nuklearwaffen abgegeben haben.

Von Winnyzja nach Kyiv. Die Freiheit der Bühne

Mein Name ist Anna. Ich bin zweiundzwanzig Jahre alt. Ich komme aus der Ukraine. Ich bin Schauspielerin. Ich stamme aus Winnyzja – einer kleinen, schönen Stadt, drei Stunden von Kyiv entfernt, unweit der Grenze zu Moldawien. Ich liebe diese Stadt sehr.

Vor dem Krieg lebte ich in Kyiv.

Es war eine sehr schöne Zeit, denn in Kyiw kontrolliert dich niemand. Das ist wunderbar. Wenn du in der Hauptstadt lebst, verstehst du das. In dieser Stadt kannst du einen ein¬zigartigen Ort für jede Eigenart finden. Ich versuche, das zu erklären. Ich fühlte mich frei. Niemand verurteilt dich. Niemand versucht, dich zu kontrollieren. Ich studierte – und das war unglaublich. Schauspiel bedeutete, von acht Uhr morgens bis zehn Uhr abends an der Universi¬tät zu sein. Du bist immer an der Universität. Du machst ständig etwas mit anderen zusammen. Immer etwas Verrücktes. Es ging um Kreativi¬tät, Spiele und persönliche Entwicklung. Es war lustig, es war schön. Es gab viel Unbekümmertheit. Ich hatte viele Freunde. Bis heute fällt es mir schwer, in

Deutschland echte Freundschaften zu schließen. Ich weiß nicht, warum. Alle meine engen Freunde leben noch in der Ukraine. Leider. Nur Maritschka ist hier.

Ein Monat Glück vor dem Sturm

Übrigens ist das sehr interessant: Vor dem Krieg hatte ich das Gefühl, dass etwas passieren würde. Ungefähr einen Monat vorher begannen wir, uns vorzubereiten. Aber gleichzeitig bemerkte ich, dass die Menschen in Kyiw sehr verändert waren. Als wollten alle den letzten Moment ihres Lebens festhalten. Sie taten verrückte Dinge, tanzten und tranken. Alle Bars waren voll. Die Restaurants auch. Vor dem Krieg spürte ich zum ersten Mal wahres Glück. Ich fühlte mich wirklich glücklich. Ich weiß nicht ... Das Nachtleben war toll. Aber ich bin ein häuslicher Mensch. Trotzdem – ich war 19, ich ging aus. Es war sogar manchmal zu viel. Es war ein Schock. Als müssten die Menschen etwas Kreatives tun, das sie vorher noch nie gemacht hatten.

Noch etwas über mich. Mein Vater ist politisch aktiv. Seit meiner Kindheit hat er mir beigebracht, Nachrichten zu schauen, Informationen zu überprüfen und viel zu lesen. Er hat mir immer Ressourcen zur Verfügung gestellt, damit ich mir meine eigene Meinung bilden konnte. Ich habe auch versucht, aktiv zu sein. Als alle über den Krieg sprachen, sagte mein Vater: „Er wird im Frühjahr beginnen." Er wusste das – er hat einen analytischen Verstand. „Wenn Putin mit Donbass, Krim und Luhansk angefangen hat, wird er nicht aufhören. Er hört nie einfach auf." Es war nur eine Frage der Zeit. Auch für mich war klar: Putin wird kommen und auf unserem Boden eine „große Geste" machen. Es war offensichtlich.

Ich muss etwas Wichtiges sagen. Ich komme aus einem Kinderheim; ich wurde adoptiert, als ich drei Jahre alt war. Meine Eltern sind jetzt siebzig, zwischen uns liegt eine große Generationskluft. Sie haben den größten Teil ihres Lebens in der Sowjetunion verbracht, und deren Zusammenbruch 1991 war für sie ein Schock. Mein Vater sagte: „Alle haben mich belogen. Sie haben einfach gelogen." Aber selbst damals verstand er: Russland ist nicht auf unserer Seite. In der UdSSR arbeitete er als Polizist. In seinem Büro hing ein Porträt von Taras Schewtschenko, unserem Nationaldichter. In den Büros der anderen hingen Stalin oder Lenin, in seinem Schewtschenko. Diese Erinnerung ist mir sehr wichtig. Die Leute fragten: „Wer ist das?" – „Das ist Taras Schewtschenko." Mit diesem Gefühl bin ich aufgewachsen.

Mein Vater hat mich nie zu irgendetwas gezwungen. Obwohl wir zu Hause vor dem Krieg Russisch sprachen, habe ich mich selbst entschieden, auf Ukrainisch umzusteigen – das war meine Entscheidung. Meine Freunde fragten: „Warum sprichst du Ukrainisch, wenn deine Eltern Russisch sprechen?" – „Ich weiß nicht. Einfach so." Während der Revolution der Würde war ich 14 Jahre alt. Meine Schwester und ich fuhren am Tag nach dem Ende der Proteste zum Maidan und sahen die schrecklichen Folgen. Für meinen Vater war das wichtig: Er hatte zusammen mit meiner Mutter an der Orangenen Revolution teilgenommen. Sie wollten nicht nur patriotisch sein wollten – sie haben wirklich gehandelt. Mein Vater arbeitete im Staatsdienst und war pro-ukrainisch eingestellt. Auch meine Mutter hat immer die ukrainische Position verteidigt.

Der Morgen des 24. Februar. Die ersten Explosionen

Als der Krieg begann – ich erinnere mich noch gut daran –, war ich sehr mit der Universität beschäftigt. Wir bereiteten eine Aufführung vor, die einen Monat später stattfinden sollte, wenn es nicht zur Invasion gekommen wäre. Es war Mittwoch. Am Donnerstag hatte ich frei. Ich dachte: Endlich kann ich mich ausruhen und ausschlafen. Ich fuhr zu meiner Freundin Sofia; wir verbrachten einen ruhigen Abend mit ihrer Familie. Aber es war ein seltsames Gefühl. Sophies Mutter erzählte, dass fast niemand im Einkaufszentrum war und die Regale halb leer waren. Man spürte, dass etwas passieren würde. Wir bestellten trotzdem Sushi und Pizza. Ich hatte Schnecken – eine nannte ich Britney, die andere Spears. Spears starb, nur Britney blieb übrig. Ich erinnere mich, wie

Sofias Mutter ein großes Aquarium für die Schnecke kaufte – sie bewegte sich, „organisierte etwas". Es gibt sogar ein Foto, auf dem wir dieses Aquarium betrachten. Es war ein schöner Abend. Sofia hat einen jüngeren Bruder und eine jüngere Schwester; ihre Mutter ist sehr ruhig und liebt mich sehr. Wir gingen schlafen. Um vier Uhr morgens weckte uns Sofias Mutter: „Der Krieg hat begonnen."

Zuerst glaubte ich es nicht – Sofias Mutter glaubt manchmal alles, was sie im Internet liest: „Boryspil wird bombardiert!" – „Nein, Nadja, das ist eine Falschmeldung. Geh schlafen." Ich legte mich wieder hin – und hörte die erste Explosion. Wie im Kino. „Das kann nicht wahr sein." Dann – noch eine. „Oh Gott. Es ist wahr." Die erste Explosion vergisst man nicht – in einem Augenblick ändert sich alles. Alles, wovon du geträumt hast, ist plötzlich verschwunden.

Was du aufgebaut hast, löst sich auf. Und du bist geschockt: „Was soll ich tun?" Zum Glück hatte mein Vater mir vorher erklärt, wie ich mich verhalten soll – ich hatte einen Plan. Aber ich war mit Sofia zusammen und wollte sie und ihre Familie beschützen. Gleichzeitig musste ich mich um mich selbst kümmern. Dann begann fast wie in einem Spiel das „Zählen": die erste Explosion, die zweite, die dritte ... Du rufst deine Freundin an: „Wie geht es dir?" – „Ich habe sieben gehört." – „Und ich zehn."

Eine Woche zuvor hatte mich mein Vater angerufen und gesagt: „Anna, es wird Krieg geben. Du musst deine Sachen packen." Ich hatte meine Sachen bereits gepackt. Er sagte: „Ich schicke dir 100 Dollar, wenn die Griwna an Wert verliert." Meine Eltern leben in Winnyzja. Aber wir haben Verwandte in Kyiv. Er sagte: „Ruf Onkel Viktor an, er wird dich abholen." Das war der Plan. Und dann begann der Krieg.

Wir leben mit dem Gefühl, dass das Leben jeden Moment enden kann. Wir Ukrainer verteidigen unser Land, unsere Sprache, unsere Traditionen und unsere Kultur. Deshalb können wir uns getrost als Patrioten bezeichnen. Wir verteidigen unser Recht auf Selbstbestimmung. Und wir dürfen das Budapester Memorandum nicht vergessen – als wir unsere Atomwaffen abgegeben haben, in der Hoffnung auf Sicherheit.

Meine Mutter rief an – in Winnyzja war es nicht so laut, sie verstand nicht, was vor sich ging. „Mama, hier gibt es Explosionen.“ Sie ist eine große Optimistin – zuerst glaubte sie es nicht, aber dann sagte sie: „Das tut mir so leid.“ Und fügte hinzu: „Onkel Viktor wird dich anrufen.“ Er war schon bereit. Sofia und ich verabschiedeten uns, ohne zu wissen, wann wir uns wiedersehen würden.

Die Fahrt nach Winnyzja und die Nacht mit der Pistole

Mein Vater sagte zu mir: „Du bist mein Kind. Ich muss dich beschützen.“ Sofia blieb bei ihrer Familie, und ich fuhr zu meiner Wohnung, um meine Sachen zu holen. Normalerweise dauert die Fahrt von Sofia zu mir eine halbe Stunde, aber an diesem Morgen dauerte sie anderthalb Stunden: Staus, langsamer Verkehr. Glücklicherweise war es noch relativ ruhig – die Bombardierungen waren nicht so intensiv.

Ich packte das Nötigste zusammen und wir fuhren zu Viktor – er wohnte außerhalb der Stadt. Dort beruhigte ich mich ein wenig: Ich war von Menschen umgeben, die mich beschützten. Ich fragte nicht „warum” und dachte nicht daran, mich zu verstecken. Ich legte mich im zweiten Stock, direkt unter dem Dachfenster, schlafen und sah, wie Flugzeuge über uns hinwegflogen. Ich wollte mich nicht verstecken. Natürlich hörte ich Explosionen. Ich aß nichts. Ich war schockiert. Aber ich dachte trotzdem nicht daran, mich zu verstecken. Ich aktuali¬sierte ständig die Nachrichten.

Interessant war, was in der Nacht ge¬schah: Viktor gab mir eine Pistole. Er war Polizist und hatte einen offiziellen Waffenschein. Er sagte: „Das ist zu deinem Schutz.“ Ich schlief nämlich separat von den anderen. Falls jemand ins Haus ein¬bricht, hier ist die Pistole. Es war eine große Pistole, keine kleine. Ich konnte damit umgehen, weil mein Vater es mir in meiner Kindheit bei¬gebracht hatte. Einfach so. Wir trainierten legal auf unserem Grund¬stück im Dorf. Ich wusste also, wie man sie benutzt. Aber ich dachte: „Warum brauche ich jetzt eine Waffe? Ich will keine Soldatin werden.“ Aber ich schlief tatsächlich mit der Pistole neben mir. Am nächsten Morgen weckten sie mich und andere Leute nahmen mich mit nach Winnyzja.

Obwohl der Krieg bereits im Gange war, war der Morgen des 25. Februar ruhig. Die Sonne schien, es war nicht kalt, die Straße war fast leer – vielleicht weil wir sehr früh losgefahren waren. Ich kannte die Leute nicht, die mich mitnahmen, aber sie waren unglaublich optimistisch: „Alles wird gut, in zwei Wochen ist alles vorbei." Blablabla. Ich dachte: „Seltsam."

In Winnyzja begannen wir sofort, meinen Eltern zu helfen. Wir haben ein großes Haus. Winnyzja liegt im Zentrum der Ukraine, und gerade durch diese Stadt kamen Tausende von Menschen, die aus Charkiw und Kyiv flohen. Sie brauchten eine Verschnaufpause. Wir richteten eine Unterkunft ein.

Früher hatten meine Eltern drei Kinder. Sie sind alle gestorben. Um diesen Verlust zu überwinden, bauten sie ein großes Haus und adoptierten mich später. Aber das Haus stand lange Zeit leer – bis die Menschen kamen. Jeder hatte seine eigene Geschichte, sein eigenes Trauma. Einige waren zwanzig Tage lang unterwegs. Wir sagten: „Kommt herein, ruht euch aus." Alles war kostenlos. Die Menschen schliefen ein oder zwei Tage und fuhren dann weiter nach Westen. Es war eine anstrengende Zeit.

Eine Geschichte ist mir besonders in Erinnerung geblieben. Es kamen zwei Autos – eine Familie: junge Eltern, etwa 25–30 Jahre alt, und drei Kinder – zwei Mädchen und ein Junge. Ich ging näher heran: Das ganze Auto war von Kugeln durchlöchert. Ich fragte, was passiert sei. Die Kinder spielten und lachten, als wäre nichts geschehen. Die Mutter stand unter Schock, der Vater war seltsam ruhig. Sie erzählten, dass sie in Bucha gelebt hätten. Am fünften oder siebten Tag des Krieges hätten sie versucht zu fliehen. Sie standen in einer Autoschlange und warteten auf den „grünen Korridor". Entlang der Straße saßen auf beiden Seiten russische Soldaten, die gesamte Autobahn war besetzt. Plötzlich hielt das erste Auto an. Der Fahrer stieg aus – und wurde sofort erschossen. Die Russen eröffneten das Feuer auf alle. Die Familie beschloss, nicht auf der Straße auf den Tod zu warten – sie rannten über das Feld.

„Und was war mit den Kindern?“, frage ich.

„Wir legten sie auf den Boden des Autos. Sie schliefen. Sie verstanden nicht einmal, was vor sich ging.“

Ich dachte: „Was für eine Hölle.“ Die Männer, die damals zu uns kamen, weinten einfach. Selbst sie konnten das nicht begreifen. Und die Kinder tauten auf. Denn wir hatten eine Katze, Hunde und sogar Hühner. Sie spielten mit ihnen – und lachten zum ersten Mal seit langer Zeit wieder.

Flugzeuge über dem Dach und Mutter in Verleugnung

Später bemerkte ich: Meine Mutter schien sich ihre eigene Realität geschaffen zu haben – eine Welt, in der es keinen Krieg gab. So rettete sie ihre Psyche. Aber diese Illusion wurde gefährlich.

Eines Morgens hörte ich in der Nähe von Winniza ein schrilles Geräusch – als würde ein Flugzeug die Luft durchschneiden. Ich schaute aus dem Fenster: Ein Flugzeug flog direkt auf mich zu, sehr tief, ohrenbetäubend laut. Ich war bereit zu sterben. Im letzten Moment stieg es scharf nach oben. Und so ging es dreimal: Das Flugzeug tauchte tief auf und stieg plötzlich über unserem Grundstück in die Höhe. Jedes Mal verabschiedete ich mich in Gedanken. Damals wusste ich noch nicht, dass ukrainische Flugzeuge tief fliegen, damit sie von den Russen nicht entdeckt werden.

Als ich meine Mutter fragte: „Hast du das gehört?“, –, antwortete sie: „Nein, da war nichts.“ Ich dachte: „Machst du Witze?“ Es fühlte sich an, als hätte ich mir alles nur eingebildet. Meine Mutter sagte im¬mer: „Das ist nur ein Zug. Keine Bomben.“ Geräusche von Zügen. Ich dachte: „Ernsthaft?“

Inzwischen war meine Freundin nach Berlin gezogen. Sie musste ihre Mutter und ihre jüngeren Brüder retten. Ihr Vater war ein Arschloch. Er wusste, dass der Krieg kommen würde, und floh zwei Tage vor Kriegsbeginn aus dem Land, ohne seine Familie mit-zunehmen. Er ließ die Kinder einfach zurück. Er half ihnen nicht. Sophia war damals 19

Jahre alt. Ihre Mutter war völlig hilflos. Und so übernahm Sophia die Verantwortung. Meine Eltern halfen ihnen, über Moldawien ins Ausland zu kommen. So kam sie nach Berlin.

Berlin statt Ohnmacht. Schuld und Bühne

Damals hielt ich es für Verrat, das Land zu verlassen. Meine Klassenkameraden gingen an die Front, zwei von ihnen kämpfen noch immer. „Nein, ich werde nicht gehen. Ich muss etwas tun." Ich war in dieser Hinsicht radikal – und völlig allein. Meine Mutter verstand mich nicht, mein Vater war schockiert, wir sprachen fast nicht miteinander. Die Einzige, die mich unterstützen konnte, war Sofia.

Ich dachte: „Was kann ich als Künstlerin derzeit in der Ukraine tun?" Und ich antwortete mir ehrlich: „Nichts." Ich hatte das Gefühl, dass ich kreativ sein musste, aber ich konnte es nicht – es war gefährlich, es fehlten die Ressourcen. Das unterstrich nur meine Ohnmacht.

Später wurde mir klar: In Berlin würde es mir leichter fallen. Meine Mutter bat mich: „Ich habe Angst um dich. Bleib hier." Aber ich sah, wie der Stress meinen Körper zerstörte: Meine Gastritis verschlimmerte sich, ich verlor fünf Kilogramm an Gewicht.

Eines Tages ging ich zu meinem Vater und sagte: „Wir müssen weg. Ich halte das nicht mehr aus." Mir ging es wirklich sehr schlecht. Dann kam es zu einem heftigen Streit zwischen meinen Eltern – so etwas hatte ich noch nie zuvor gesehen. Und dann sagte mein Vater entschlossen: „Ich werde meiner Tochter helfen. Sie wird nach Ternopil fahren."

Dort lebte meine Cousine. Zusammen mit meiner Mutter half sie mir, die Grenze zu überqueren. So kam ich außerhalb der Ukraine an.

Aber schon in Berlin habe ich mir lange Vorwürfe wegen dieses Schrittes gemacht. Meine Freunde waren zu Hause geblieben, ich konnte ihnen nicht helfen, und das ließ mir keine Ruhe. Es schien, als wäre ich in Sicherheit, als wäre alles in Ordnung – und gleichzeitig fühlte ich mich schuldig. Ich liebe mein Land, aber ich bin mir auch bewusst, dass es Probleme gibt. Und ich scheue mich nicht, mit Deutschen darüber zu sprechen.

Es wäre naiv zu glauben, dass die Ukraine nur deshalb perfekt ist, weil sie sich verteidigt. Nein – es gibt genug Probleme, und die müssen gelöst werden. Deshalb geht es in dem Stück „Kharkiv Calling" nicht um Rufe wie „Ruhm der Ukraine!" oder „Helft uns!". Das rufen wir auf der Bühne nie. Das ist meine Geschichte und gleichzeitig die Geschichte von vier weiteren Frauen. Sie sind in den Osten, an die Front gegangen. Ich bin in den Westen gegangen, an einen sichereren Ort. Es gibt große Unterschiede zwischen uns, aber wir haben nach dem gesucht, was uns verbindet.

Ich habe offen mit den Deutschen über Nationalismus gesprochen. Ich sagte: „Für uns ist er wichtig. Ohne ihn hätten wir nicht überlebt. In unserer Geschichte gab es Russen, Deutsche, Polen, Österreicher – viele. Und ohne Nationalismus gäbe es uns einfach nicht." Ich erinnere mich, dass während dieses Monologs fünf Leute den Saal verlassen haben. Ich dachte: „Gut. Das heißt, es hat sie berührt." In Artikeln wurde ich sogar als „Neonazistin" bezeichnet. Und ich reagierte gelassen: „Großartig. Ich bezeichne mich selbst nicht so, aber ich bin froh, dass die Menschen etwas empfunden und angefangen haben, nachzudenken – auch wenn ihre Reaktion negativ war."

Position und Verantwortung. Ein Gespräch über Pazifismus

Am meisten beeindruckten mich jedoch die Antworten meiner deutschen Freunde auf die einfache Frage: „Was würdet ihr tun, wenn beispielsweise Frankreich oder Österreich euer Land angreifen würden?" Und alle antworteten: „Ich würde fliehen."

Das war der Unterschied zwischen unserer Erfahrung und ihrer Welt. Für uns bedeutet Patriotismus, zu handeln. Man kann sich nicht Patriot nennen und nichts tun. Wir Ukrainer haben in jedem Jahrhundert so viel geleistet. Wir haben immer unser Land, unsere Sprache, unsere Traditionen und unsere Kultur verteidigt. Aber schließlich habe ich verstanden: Es geht nicht nur um das Land – wir verteidigen die Menschenrechte. Wenn jemand in dein Land kommt und dich töten will, verletzt er deine Rechte. Er sagt: „Ich kann mit deinen Rechten machen, was ich will." Nein. Ich habe das Recht, nicht getötet zu werden, wenn ich das nicht will. Ich habe das Recht, nicht vergewaltigt zu werden, nicht entführt zu werden – und so weiter.

Jetzt verteidige ich meine Menschenrechte. Mein Land verteidigt genau diese Rechte. Das ist alles, was wir tun. Natürlich wollen wir uns selbst gehören. Und damit auch selbst bestimmen, wie wir leben: In welcher Sprache sprechen wir? Ukrainisch. Was sind unsere Wurzeln? Traditionell. Genau das verteidigen wir. Wir wollen einfach wir selbst sein.

Ich war beeindruckt, als jemand in Deutschland sagte: „Ich bin bereit, nicht zu meinem Land zu gehören." Ein junger Mann sagte: „Ich habe nichts getan, um ein Patriot zu sein." – Ich sagte ihm: „Du kannst etwas tun." Er antwortete: „Wofür?" Ich dachte: „Was zur Hölle?"

Hast du den Dokumentarfilm „Hamlet-Syndrom" gesehen? Eine dokumentarisch-biografische Do¬kumentation einer polnisch-deutsche Regisseurin. Die kam noch vor dem großen Krieg in die Ukraine; zusammen mit einer Theaterregisseurin inszenierte sie „Hamlet" mit Schauspielern aus den Konfliktgebieten Donbass und Krim. Sie dachten über die Wahl nach: töten oder nicht töten? Ein „guter Mensch" bleiben oder kämpfen und töten? „Hassen mich alle? Liegt das Problem bei mir?" Ich fand einen Monolog über eine Scharfschützin. Während ich am Projekt „Frau im Krieg" im Deutschen Theater arbeitete, schrieb ich einen Monolog, ein Gespräch zwischen einer Tochter und ihrer Mutter: Das Mädchen entschuldigt sich dafür, dass sie nicht gesagt hat, dass sie in den Krieg zieht. So etwas habe ich noch nie gehört – unglaublich. Das Kind geht an die Front, und die Eltern ... Sie haben Angst und sind gleichzeitig stolz. Die Tochter versteht das nicht: Sie denkt nur „ich habe gelogen" und bittet um Verzeihung. Ich habe diesen Monolog auf der Bühne gelesen. Eine Person stand auf und sagte: „Sie müssen sich nicht entschuldigen – die Eltern müssen sich dafür entschuldigen, was sie Ihrer Generation angetan haben." Das hat mich verändert. Ich habe verstanden, warum Eltern in den Krieg ziehen: Sie kämpfen für die Zukunft ihrer Kinder – für ein wirklich unabhängiges Land, nicht nur formal, sondern wirklich, damit wir nie wieder unterworfen werden. Da habe ich mich gefragt: Warum kämpfen Menschen? Warum sind sie bereit, für ihr Land zu sterben?

Es gibt viele Gründe, aber für mich ist dieser der wichtigste. Hier gibt es viele Pazifisten. Ich könnte auch Pazifistin sein. Aber man kann das Böse nicht ignorieren. Es fällt mir schwer zu verstehen, wie Menschen das Böse nicht erkennen – und dass man es bekämpfen muss. Wir können nicht einfach „wie Jesus" sagen: „Du hast mir Böses angetan, aber ich werde für dich sterben" – ohne Widerstand. Warum? Du musst dein Land verteidigen. Wenn du leben willst, sei aktiv. Du musst nicht aggressiv sein oder die Grenzen anderer überschreiten. Verteidige einfach deine Rechte. Das ist alles.

Wie kann man Pazifist sein? Für mich ist das kindisch. Hast du nie einen Krieg erlebt? Dann hast du Glück gehabt. Ich wollte auch keinen Krieg, aber er ist gekommen. Und trotzdem muss man für etwas kämpfen. Man kann nicht ohne Überzeugungen leben. Jeden Tag und jede Sekunde musst du für deine Werte kämpfen – sie kann man leicht verlieren. Weder die Kirche noch jemand anderes wird sie dir einflößen. Du musst selbst verstehen, was für dich wichtig ist, was du unterstützt, auf welcher Seite du stehst, und dann jeden Tag daran arbeiten: für deine Rechte kämpfen, für Menschlichkeit. Wenn du ein guter Mensch sein willst, arbeite daran. Es ist immer eine Entscheidung: Wer willst du sein? Wenn du dich entschieden hast, kämpfe dafür. Kämpfe für die Menschen. Denn du möchtest, dass man dich genauso behandelt. Behandle andere also so, wie du selbst behandelt werden möchtest.

Unsere Generation hat andere Erfahrungen gemacht. Hier in Deutschland sind die Menschen oft kindisch und unpolitisch. Im wirklichen Leben ist das nicht so. Wenn du schweigst, stellst du dich auf die Seite des Bösen, weil du nicht sagst, dass man sich anders entscheiden sollte. Das ist wie mit dem Satz „Es gibt gute Russen". Die gibt es nur, wenn sie offen zugeben: „Ich liebe mein Land, aber ich erkenne all das Böse, das es getan hat", und wirklich ihre Weltanschauung ändern. Ich verstehe die Deutschen nicht immer, besonders in Berlin. Aus der Erfahrung der DDR wissen sie, dass es schlecht war, aber sie romantisieren: „Oh, Kommunismus – interessant, ästhetisch!“ Junge Menschen sagen oft: „Wir wollen wissen, wie man in Russland gelebt hat, wie der Kommunismus entstanden ist.“ Für sie ist das spannend. Aber während des Kommunismus sind Millionen Menschen gestorben. Und dafür kämpft ihr jetzt? Auch in Deutschland gab es dieses System – und es war sehr schlecht. Es gibt keine Möglichkeit, es „gut“ umzusetzen. Ich sage nicht, dass ich den Kapitalismus liebe, aber man muss realistisch sein: Wir leben in dieser Welt und kommen irgendwie mit ihr zurecht – aber in gewisser Weise ist das sogar ein Plus.

Drei Beobachtungen. Erstens: Hier gibt es viel Pazifismus. Zweitens sind die Menschen etwas kindlich. Die Deutschen haben eine gute Ausbildung, besser als in der Ukraine, sie lernen viel – aber warum nutzen sie ihr Wissen nicht? Die Geschichte zu kennen und nichts zu tun, ist kindisch. Drittens: ein gewisser Fanatismus in Bezug auf den Kommunismus. Ich beobachte nur. Ansonsten gefällt mir die junge Generation hier: Sie ist nicht traumatisiert, sondern entspannter. Hier erlaubt man sich, zu arbeiten und sich zu erholen, Spaß zu haben und leichter zu leben. In der Ukraine war das unmöglich. Meine Eltern sagten immer: Man muss hart arbeiten – oft ohne Ergebnis. Deutschland hat mir viel beigebracht. Jedes Land hat zwei Seiten – so wie die Ukraine.

Theater und Kino. Erfahrungen und Projekte

Hier habe ich wunderbare Erfahrungen als Schauspielerin gesammelt. Als ich hierherkam, wurde ich in das Schauspielprogramm von BOOM aufgenommen – das war sehr gut. Alles, was ich über das Schauspielern weiß, habe ich dort gelernt; das Erasmus-Programm hat mir sehr geholfen. Dann habe ich nach und nach angefangen, im Theater zu arbeiten: zuerst in Kreuzberg, dann im Hotel Continental – wir haben drei Aufführungen gemacht. Danach folgten zwei Lesungen im Deutschen Theater – ich arbeitete mit professionellen Schauspielerinnen zusammen, was mich sehr inspirierte. Es gab auch einige Dreharbeiten –

manchmal für Filme zur Unterstützung der Ukraine, manchmal auch nicht. Ich habe sogar in einem polnischen Film auf Polnisch mitgespielt.

2023 traf ich Marichka, eine Bekannte aus Kyiv. Ich schickte ihr die Novelle „Die Nachricht" von Vasyl Stefanyk. Ich habe immer davon geträumt, Regisseurin zu werden, wollte mit jemandem zusammenarbeiten, der mich unterrichtet. „Bitte lies diese Novelle. Vielleicht können wir gemeinsam etwas schaffen." Marichka hat einen besonderen kinematografischen Geschmack, ihre Werke sind sehr pro-ukrainisch: einfache Geschichten durch Symbolik, ethnokulturelle Sichtweise. Ich bin Realistin. Schritt für Schritt schrieben wir das Drehbuch, überarbeiteten es etwa zwanzig Mal. Das war nützlich: viele Entdeckungen. Dann fuhren wir in die Ukraine, um Drehorte zu suchen. Für mich war es wichtig, die Stadt zu sehen, in der Stefanik aufgewachsen ist, sein Museum zu besuchen. Dort kennt man ihn, aber die Stadt ist klein, es gibt nur wenige Touristen, leider kennt nicht jeder seine Texte. Dabei ist er ein großartiger Schriftsteller: Mit zehn Sätzen auf einer halben Seite kann er eine schwere Geschichte darüber erzählen, was wir unter der österreichisch-ungarischen Monarchie erlebt haben.

Arbeit und Unabhängigkeit. Bildung als Stütze

Wie geht es weiter? Im Moment suchen wir nach Finanzmitteln. Ich arbeite viel – ich unterrichte Tanz. Als Kind habe ich Hip-Hop getanzt und wurde sogar ukrainische Hip-Hop-Meisterin. Ich weiß: Der Beruf des Schauspielers ist unsicher, man muss etwas Beständiges haben. Deshalb arbeite ich in zwei Schulen und zwei Hotels mit Flüchtlingskindern. [Anm.: Inzwischen arbeitet Anna im Berlin Story Bunker.] In den ersten sechs Monaten war die Hilfe der deutschen Regierung sehr nützlich, aber mir wurde klar: Wenn das Arbeitsamt Geld gibt, will es auch Kontrolle. Und ich hasse Kontrolle – das ist gefährlich. Also habe ich beschlossen: Lieber bin ich ärmer, aber unabhängig von einem System, das ich nicht ganz verstehe.

Ich verstehe Menschen nicht, die seit drei Jahren hier leben und immer noch nicht selbstständig Geld verdienen können. Was stimmt mit euch nicht? In drei Jahren kann man die Sprache lernen und tun, was man will. Ich bin auch ohne Deutschkenntnisse gekommen, aber nach einem Monat habe ich mich an der Universität eingeschrieben. Zuerst wurde mit uns Englisch gesprochen, aber auf der Bühne haben wir nur Deutsch gespielt. Parallel dazu habe ich bei der Julia Stoschek Foundation gearbeitet. Mein Englisch war nicht besonders gut – jetzt ist es besser, aber nicht perfekt. Aber wenn man etwas wirklich will, kann man alles erreichen.

Zehn Reisen nach Hause. Adrenalin und Fragen zur Zukunft

Während des großen Krieges war ich zehn Mal in der Ukraine. Ende Februar werde ich wieder hinfahren. In zwei Jahren hat sich viel verändert: Die Menschen sind furchtbar müde – sowohl die Zivilisten als auch die Soldaten. Zwischen ihnen ist eine Kluft entstanden. Alle wollen nach Hause und Frieden. Vielleicht ist das unmöglich. Aber wenn man sich das vorstellt – wir brauchen mindestens ein Jahr Ruhe. Wir brauchen Erholung. Denn derzeit sehen wir: Niemand will uns wirklich militärisch unterstützen. Aber wir dürfen das Budapester Memorandum nicht vergessen. Damals haben wir unsere Atomwaffen abgegeben. Wer hat das Abkommen unterschrieben? Russland, die USA, Großbritannien und wir. Vier Länder. Und was sehen wir jetzt? Die USA unter Trump sagen praktisch: „Dieses Dokument ist uns egal." Es funktioniert nicht mehr. Russland – dort war es sowieso nie rechtmäßig. Großbritannien tut etwas, aber sehr langsam. Niemand schützt uns wirklich. Und wir verstehen das.

Wir sind bereit, einfach nur zu entspannen. Ohne Bomben. Ohne Luftalarme. Einfach so zu leben wie früher. Aber das ist fast unmöglich. Die Menschen sind süchtig nach Adrenalin geworden. Es ist wie eine Droge. Jeden Tag lebst du am Abgrund – ein Moment, und du bist vielleicht nicht mehr da. Es ist beängstigend. Und gleichzeitig ... interessant.

Ich erinnere mich, wie ich 2023 einen Monat in der Ukraine verbracht habe. Manchmal gab es Explosionen. Wenn die Sirene heulte und es keine Explosionen gab, war ich wütend. Ich wartete auf Explosionen, auf Adrenalin – und wenn es das nicht gab, war ich enttäuscht. Ich hatte Angst und dachte: „Was ist los mit mir?“ Aber gleichzeitig wartet man, wenn der Alarm ertönt, irgendwie auf eine „Show“. Selbst ich, die ich nicht ständig dort lebe, habe diese Abhängigkeit gespürt. Und diejenigen, die dort jeden Tag leben, sind noch mehr daran gewöhnt.

Ich weiß genau: Die ersten sechs Monate nach dem Friedensschluss werden sehr schwer sein. Aber wir werden uns daran gewöhnen. Und dann ... werden wir wieder glücklich sein.

Was die anderen Gebiete betrifft, so wollen wir natürlich die Krim zurückholen. Aber im Moment gibt es realistisch gesehen keine Mög¬lichkeit dazu. Ich beschreibe euch die Situation: Seit jeher haben die Russen die Krimtataren von der Krim vertrieben und stattdessen Russen angesiedelt. Als Russland 2013 kam, gab es deshalb fast keine echten Krimtataren mehr dort. Einige von ihnen lebten noch dort, doch die Mehrheit waren Russen, die seit 50 bis 60 Jahren dort lebten. Selbst wenn wir die Krim also zurückholen wollen, wird es wegen der dort lebenden Menschen sehr schwierig. Sie haben eine ganz andere Meinung. Leider haben wir, als die Krim zur Ukraine gehörte, kaum etwas für sie getan. Russland hat dort tatsächlich etwas unternommen. Wir hingegen nicht.

Mein Vater erzählte mir: Nach dem Zusammenbruch der Sowjetunion 1991 gehörte die Krim zur Ukraine. Aber selbst die Ukrainer sagten damals über die Krimtataren: „Oh, das ist etwas Schlechtes.“ Als dann Russland kam und begann, den Krimtataren zu „helfen“, änderten die Ukrainer plötzlich ihre Meinung: „Nein, das ist unser Volk! Wir werden sie verteidigen!“ Was für ein Unsinn! Warum haben sie ihre Meinung erst geändert, als Russland kam?

Und der Donbass ... Der Donbass ist eine sehr pro-ukrainische Region. Die meisten ukrainischen Schriftsteller, die ich liebe, kommen von dort. Sie sind interessant. Pro-ukrainisch. Die Illusion, dass der Donbass sich Russland anschließen wollte, ist nicht wahr. Die Menschen dort sind Ukraine immer treu geblieben. Es ist nur eine Frage der Zeit, wann sich die Situation für sie ändern wird. Über Luhansk weiß ich weniger, aber Donbass ist ein großer Teil unseres Landes. Die Menschen dort wollten immer zu uns gehören. Und sie haben immer dafür gekämpft.

24

LINA PETRENKO

„Deutschland hat mich gerettet. Es hat mein Leben gerettet, nicht nur vor dem Krieg, sondern ganz allgemein."

„Der erste Tag des Krieges war unglaublich schwer. Es war der Geburtstag meines Sohnes – er wurde zwölf Jahre alt. Um sechs Uhr morgens weckte ich ihn und sagte leise: ‚Mein Sohn, alles Gute zum Geburtstag ... Der Krieg hat begonnen.'"

Das Interview mit Lina Petrenko (40) fand am 26. Januar 2025 im Berlin Story Bunker

„Ich hatte gerade eine Strahlentherapie abgeschlossen und nahm Chemotherapie in Tablettenform."

Der Mangel an Medikamenten, die ständige Suche, die Nächte im Keller und die Reise voller Angst und Gefahr – all das wurde Teil ihres Weges zur Rettung. Ihre Geschichte ist eine Reise durch die Menschenmenge am Bahnhof, einen Evakuierungszug, in dem Menschen und Tiere dicht gedrängt nebeneinander saßen, und einen Bus, der sie schließlich nach Deutschland brachte.

In Berlin fand Lina nicht nur Sicherheit, sondern auch eine neue Chance auf Leben: Ärzte, die ihre Behandlung fortsetzten, eine deutsche Schule für ihren Sohn, Unterstützung und die Möglichkeit, trotz Schmerzen und Müdigkeit zu träumen. „Ich bin Deutschland sehr dankbar."

Explosionen am Geburtstag: Der Beginn der Reise

Mein Name ist Lina, ich bin vierzig Jahre alt. Ich komme aus Pawlohrad, einer ukrainischen Stadt in der Nähe von Dnipro. Jetzt bin ich in Berlin.

Der erste Tag des Krieges war unglaublich schwer. Es war der Geburtstag meines Sohnes – er wurde zwölf Jahre alt. Um fünf Uhr morgens hörten wir Explosionen. Ich hörte sie selbst, mein Sohn und mein Mann schliefen noch. Ich konnte nicht glauben, dass das wirklich passierte. Aber dann kamen die Anrufe, und die Realität drang in unser Haus ein. Der Krieg hatte begonnen.

Um sechs Uhr morgens weckte ich meinen Sohn und sagte leise: „Mein Sohn, alles Gute zum Geburtstag ... Der Krieg hat begonnen." Vor dem Krieg hatten mein Mann und ich besprochen, was wir im Falle einer Bedrohung tun würden, aber wir hatten keine Zeit, uns richtig vorzubereiten. Wir hatten keinen Notfallkoffer. Wir packten nur Dokumente und das Nötigste für mich ein – ich war zu diesem Zeitpunkt zum zweiten Mal in Therapie. Ich hatte gerade eine Strahlentherapie abgeschlossen und nahm Chemotherapie in Tablettenform. Damals befand ich mich im vierten Zyklus der Chemotherapie und nahm viele Medikamente. Diese waren nirgendwo zu finden.

Wir leben in Pawlohrad, und meine Behandlung fand in Dnipro statt. Mein Mann fuhr mich durch die Stadt auf der Suche nach Tabletten, die mein Leben retten konnten. Die Apotheken waren geschlossen, die Krankenhäuser auch. Wir fuhren durch die ganze Stadt und konnten zumindest einen Teil des Benötigten finden. Das war meine Hausapotheke – mein kleiner Schatz.

An diesem Tag tankten wir das Auto voll und fuhren zu meiner Schwester in eine andere Stadt. Sie hatte ein eigenes Haus mit einem Keller, in dem man sich verstecken konnte. Dort gab es ein Bett und ein wenig Platz – und genau dort verbrachten wir die ersten Tage des Krieges. Ich lag nach der Chemotherapie im Keller, und die Verwandten meines Mannes, meine Schwester, meine Tochter – alle kamen, wenn der Alarm ertönte, und blieben bei mir. Sie haben mich in den schwersten Momenten unterstützt.

Später begannen wir darüber nachzudenken, zumindest in den Westen der Ukraine zu fliehen. Mein Sohn war nervös und fragte ständig: „Mama, warum fahren wir nicht?“ Aber damals schien das unmöglich. Wir waren nicht bereit.

Aber das Leben gab uns eine Chance. Eine Bekannte der Familie fuhr zu ihrer Schwester nach Berlin und bot an, uns – mich und meinen Sohn – mitzunehmen. Mein Mann kam in den Keller und fragte: „Was sollen wir tun? Wirst du nach Berlin fahren?“ Ich antwortete: „Wenn es sein muss, werde ich fahren.“ Er zweifelte: „Aber wie willst du fahren? Du bist doch in diesem Zustand ... Du nimmst Medikamente.“ Ich konnte kaum laufen, fühlte mich ständig unwohl, sagte aber: „Ich unterbreche die Behandlung vorerst und setze sie in Berlin fort.“

Ich war mir sicher, dass man mir dort helfen würde, dass man mich dort behandeln würde. Wir machten uns auf den Weg. Zuerst nach

Dnipro. Zum Glück sind wir früh losgefahren. Der Zug sollte um zehn Uhr abfahren, und wir waren um fünf oder sechs Uhr morgens am Bahnsteig. Aber als wir hinausgingen, wurde der Eingang sofort geschlossen – und niemand konnte mehr hinein. Nur diejenigen, die bereits auf dem Bahnsteig standen, durften bleiben.

Als der Zug kam, waren so viele Menschen da, dass man fast nicht an die Waggons herankommen konnte. Ich hatte nur einen Rucksack mit Medikamenten. Mein zwölfjähriger Sohn hatte einen Rucksack mit Unterwäsche und Socken. Und sonst nichts. Eine Freundin der Familie brachte uns mit ihrem Auto hin, sie war mit ihrer Tochter da. Als die Waggons ankamen, stürmte die Menge hinein. Es fielen Schüsse – die Polizei schoss in die Luft, um die Menge zu beruhigen. Die Menschen drängten sich; wir rannten nicht – wir wurden mitgerissen. Vor dem Einstieg standen Metallbarrieren. Ich blieb hinter der Barriere stehen, während mein Kind bereits hindurchgegangen war. Wir hielten uns an den Händen – wir wurden auseinandergerissen. Ich konnte nichts tun. Ein Mann riss die Barriere weg, damit wir passieren konnten. Als ich in den Waggon stieg, wurde ich gestoßen; ich fiel hin und mein Bein blieb zwischen dem Zug und dem Bahnsteig stecken. Ich hatte keine Kraft, mich aufzurichten. Die Menschen hoben mich unter den Armen hoch und zogen mich hinein. So wurden wir hineingetragen – und so fuhren wir los. Wie lange die Fahrt nach Lwiwdauerte, weiß ich nicht mehr.

Evakuierung und Grenzübertritt

Es war ein Evakuierungszug von Dnipro nach Lwiw– wahrscheinlich mehr als achtzehn Stunden. Der Waggon hatte Sitze, und auf einem kleinen Abschnitt saßen zweiundzwanzig Menschen. Ich konnte mich hinsetzen – mein Sohn war als Erster eingestiegen und hatte Plätze „reserviert". Wir saßen, und ein alter Mann lag auf meinen Beinen. Neben uns waren andere Menschen und Kinder. Es gab keinen Platz zum Stehen oder Gehen – der Zug war überfüllt. Am meisten überraschte mich, dass Tiere – Katzen und Hunde – mitfuhren und keinen Mucks von sich gaben. Kein Bellen, kein Miauen. Neben uns waren auch zwei Babys. Alle fuhren zusammen, „als eine Masse". Am schlimmsten war es in Bila Tserkva: Wir standen lange unter Beschuss. Die Menschen klopften an die Waggons und flehten darum, hereingelassen zu werden. Im Zug waren nur Frauen, Kinder und ältere Menschen, aber in Bila Tserkva öffneten sie die Türen und ließen alle einsteigen – sogar junge Männer. Sie ließen niemanden zurück – sie retteten Leben, genau wie uns. In Lwiw sind wir nicht zum Bahnhof gegangen – dort war es zu voll. Vom Eingang zur Unterführung aus sah man ein einziges Meer von Köpfen. Wir beschlossen, den Bahnhof von außen zu umgehen. Ich konnte kaum laufen, aber ich stimmte zu: „Ich schaffe das." Langsam gingen wir um den Bahnhof herum. Wir sahen fünf Krankenwagen vorbeifahren. Später hörten wir – ob es stimmt oder nicht – dass fünf oder sieben Kinder in der Menge zerdrückt wurden.

Was sollten wir nun tun? In Lwiw hofften wir, einen anderen Zug zu nehmen, aber wir verstanden, dass das unmöglich war: Wir konnten nicht einmal den Bahnhof betreten. Wir begannen, nach einem anderen Weg zu suchen. Ich war mit meiner Freundin Olya zusammen: Ich stand dort, wo sie es mir sagte, und sie lief herum und suchte nach Möglichkeiten. Unsere Männer, die zu Hause geblieben waren, suchten parallel dazu im Internet nach Optionen. Zuerst wandten wir uns an die jüdische Gemeinde, aber dort hätten wir übernachten müssen, also setzten wir unsere Suche fort. Wie durch ein Wunder wurden vier Plätze im FlixBus frei – wir stiegen ein und fuhren nach Polen. Wir kamen in Warschau an. Olyas Verwandte holten uns ab – ihr Neffe fuhr uns nach Berlin. Am 8. März 2022 um zwei Uhr nachts waren wir schon dort.

Behandlung, Unterstützung und neues Leben in Deutschland

Am ersten Tag stand das Wichtigste an: die Versicherung, um meine Behandlung fortzusetzen. Alles wurde so organisiert, dass es schnell losgehen konnte, aber es klappte nicht sofort: Erst im April, also einen

Monat später, konnte ich zu einer Beratung gehen. Wir fanden einen Onkologen, der Russisch sprach. Was konnte ich tun? Ich musste verstehen und verstanden werden: Alle meine Unterlagen und Befunde waren auf Ukrainisch. Aber das war nicht das Wichtigste. Das Wichtigste war, dass ich einen Onkologen aufgesucht hatte und er mit der Behandlung begann. Ich nahm die Tabletten, die ich mitgebracht hatte, auf.

Mein Sohn ging zur Schule. Zunächst besuchte er eine „Willkommensklasse". Damit er sich besser anpassen kann, fragten wir ihn anschließend, ob er etwas ausprobieren möchte. Er hatte das noch nie gemacht. Wir meldeten ihn im Basketballclub an. Es gefiel ihm sehr. Jetzt ist er Vereinsmitglied und spielt sehr gut. Er hat ständig Spiele, heute und morgen. Es macht ihm wirklich Spaß. Alles ist gut.

Als wir uns dann etwas eingelebt hatten (das hat lange gedauert), haben wir ständig die Nachrichten verfolgt: Die Telefone waren immer griffbereit. Wir saßen vor den Bildschirmen und verfolgten, was zu Hause geschah. Bis heute gibt es keine guten Nachrichten. Jetzt verläuft die Frontlinie nicht weit von meiner Stadt entfernt – die Artillerie kann sie bereits erreichen. Es ist alles sehr traurig. Danach besuchten wir Deutschkurse. Wir versuchten, die Sprache zu lernen. Denjenigen, die einen klaren Kopf hatten, fiel es leichter. Für mich war es schwer: Die Medikamente verschlechterten mein Gedächtnis. Aber dank Deutschland habe ich es geschafft. Deutschland hat mir so viel gegeben: Ich bekam sofort Krücken, Kleidung – alles, was ich brauchte.

Ich habe Brustkrebs. Schon zum zweiten Mal. Alles wurde so organisiert, dass ich mich sicher fühlte, und ich fühlte mich wirklich gut – ich wurde regelmäßig untersucht. Aber noch bevor ein Jahr vergangen war, wurde bei der nächsten Untersuchung erneut Krebs festgestellt – diesmal in der Leber. Die Chemotherapie begann von Neuem. Wieder die gleichen Behandlungen – viele, den ganzen Winter über, ich glaube vierzehn. Ich weiß es nicht mehr genau. Zwischen den Zyklen wurde ich operiert und mir wurde eine Rekonstruktion angeboten: Alles, was entfernt worden war, wurde wiederhergestellt. Das wurde sehr gut gemacht. Ich bin Deutschland sehr dankbar – diese Hilfe war für mich äußerst wichtig.

Nach der Behandlung besuche ich weiterhin Sprachkurse, um mich zu integrieren. Ich möchte arbeiten, ich möchte nützlich sein. Vor meiner Erkrankung arbeitete ich in einem Kohlebergwerk – unsere Stadt ist eine Bergbaustadt. Ich war Aufzugführerin: Ich beförderte Menschen zum Bergwerk und vom Bergwerk. Diese Arbeit hat mir sehr gefallen. Aber in der Ukraine wurde mir die dritte Behinderungsgruppe zuerkannt, sodass ich nicht mehr als Aufzugführerin arbeiten konnte. Da beschloss ich, meinen Traum zu verwirklichen und eine Ausbildung zur Visagistin zu machen. Ich wollte schon immer Menschen schön machen. Ich habe fast ein Jahr lang gelernt und gearbeitet. Ich habe immer gehofft, dass ich nach dem Sprachenlernen meine Qualifikation in Deutschland bestätigen und meine Lieblingsbeschäftigung fortsetzen kann – Menschen schön und glücklich zu machen. Denn wenn es ihnen gut geht, geht es mir auch gut. Das ist meine Leidenschaft. Aber im Moment kann ich das noch nicht machen.

Es ist noch kein halbes Jahr vergangen, da ist der Krebs wieder zurückgekommen – mit Metastasen. Und jetzt bin ich wieder in Behandlung. Wieder Krebs. Wieder Chemotherapie. Schon zum vierten Mal. Und wieder rettet mich Deutschland. Es hat mein Leben gerettet – nicht nur vor dem Krieg, sondern auch vor dem Tod.

Die Entscheidung zu bleiben, Dankbarkeit und Hoffnung

Mein Sohn fühlt sich hier wohl, und dafür bin ich unendlich dankbar. So sehr ich mich auch nach Hause sehne, ehrlich gesagt weiß ich nicht, ob sich dort wirklich etwas zum Besseren wenden kann, selbst wenn der Krieg etwas nachlässt. Ich träume von Frieden. Aber ich weiß: Es wird keinen geben. Die Russen sind nicht diejenigen, die sich friedlich zurückziehen. Und die Ukrainer sind nicht diejenigen, die aufgeben. Wir geben nicht auf. Und wir werden nicht aufgeben.

Eine friedliche Lösung ist unmöglich – das ist mein Gefühl. Vielleicht findet jemand Klügeres einen Ausweg, aber ich weiß nicht, wie dieser Konflikt beendet werden kann. Und mir ist eine einfache Sache klar geworden: Ich kann nicht nach Hause zurückkehren. Einfach weil mein Land mich nicht so retten kann, wie es Deutschland getan hat. Meine Behandlung ist extrem teuer. Und hier habe ich eine Versicherung. Sie hat mir alles gegeben, wovon ich nur träumen konnte. Mehr, als ich mir jemals hätte vorstellen können.

Als ich in der Ukraine behandelt wurde, saß neben mir eine Frau, die weinte. Sie konnte sich nicht einmal eine Chemotherapie leisten. Nur eine, obwohl mindestens sechs nötig gewesen wären. Hier in Deutschland habe ich vierzehn bekommen. Und jetzt gibt es nicht einmal strenge Grenzen – ich bekomme so viele Behandlungen, wie ich brauche.

Zum Glück habe ich meine Haare noch. Vielleicht sind sie einfach müde geworden, auszufallen. Sie fallen zwar aus, aber nicht so stark wie bei anderen.

Eine weitere Geschichte handelt von meinem Freund. Als bei ihm Krebs diagnostiziert wurde und er die Kosten für die Behandlung erfuhr, stand seine Familie vor einer schrecklichen Entscheidung. Das Geld reichte nur für eine Chemotherapie. Und sie mussten sich entscheiden: ihn nicht behandeln, das Geld für die Familie sparen oder alles ausgeben, um den Vater zu retten? Sie entschieden sich, die Familie zu retten. Und den Vater nicht zu behandeln. Zumindest etwas Geld zu behalten. Er hatte zwei kleine Söhne. Und er ist jetzt tot. Schon lange. Aber ich bin noch da. Ich lebe dank Deutschland. Deshalb plane ich im Moment nicht, zurückzukehren. Weil ich es einfach nicht kann. Ich werde versuchen, hier zu bleiben. Ich möchte nützlich für Deutschland sein. Und dann sehen wir weiter. Vielleicht ändert sich etwas. Vielleicht werde ich ja geheilt. So ist es eben.

25

VLADYSLAVA VOROBIOVA

„Wir sprachen Russisch und wurden von Russland angegriffen, weil sie uns, die russischsprachigen Menschen, befreien wollten."

„Ich dachte: „Genau, wir alle in Deutschland müssen Hannah Arendt kennen. Aber warum zieht niemand Parallelen zu dem, was Russland gerade tut?" Die Menschen waren damals schockiert, sie wussten nicht, wie sie reagieren sollten, was sie sagen sollten."

Das Interview mit Vladyslava Vorobiova (21) fand am 27. Januar 2025 im Berlin Story Bunker

„Dieser Krieg ist ein Vernichtungskrieg. Sie wollen die ukrainische Sprache, Geschichte und Kultur auslöschen. Wir brauchen Waffen! Diese ganzen Waffen wurden nur eingesetzt, um uns zu verteidigen. Ich will nicht, dass meine Generation immer wieder mit diesem Krieg konfrontiert wird. Wenn der Krieg eingefroren würde, hätte Russland Zeit, noch mehr Munition zu produzieren. Noch mehr Länder könnten sich mit den Russen verbünden und uns angreifen. Der Dritte Weltkrieg bricht nicht aus, wenn wir Russland keine Möglichkeit dazu geben.

Ich habe auch hier in Berlin im Theater gespielt, und zwar seit meinem 15. Lebensjahr an der Volksbühne, und das drei Jahre lang. Die Menschen konnten zwar Englisch, meinten aber: ‚Du musst schon Deutsch lernen'."

Leben zwischen zwei Welten

Mein Name ist Vlada, Vladyslava. Ich komme aus Charkiw und bin 21 Jahre alt. Ich bin seit fast acht Jahren in Berlin. Hier habe ich mein Abitur gemacht und studiere derzeit an der Freien Universität. Ich arbeite bei einer Organisation namens Vitsche. Ich bin eine der Mitbegründerinnen von Vitsche und arbeite außerdem in einer ukrainischen Bar.

Der Umzug, der mein Schicksal veränderte

Ich bin 2017 nach Berlin gekommen, damals war ich 14 Jahre alt. Es war nicht wirklich meine Wahl, sondern mein Vater ist nach Berlin gekommen. Er lebt schon seit zehn Jahren hier. Er hat mich mitgebracht, weil der Krieg 2014 begonnen hat und meine besten Freundinnen aus der Ukraine kamen, eine aus Berdyansk und eine aus Luhansk. Deshalb hatte ich schon immer das Gefühl, dass der Krieg 2014 begann, als auch sehr viele Kinder aus der Region Donezk und Luhansk nach Charkiw kamen. Mein Vater wollte uns eine bessere Zukunft ermöglichen, er wollte, dass wir in Europa zur Schule gehen. Mit dem Maidan und allem ... Er war bei diesen ganzen Protesten dabei und wollte diese europäische Zukunft für uns.

Seiten des Lernens und des Kampfes

Ich sage „für uns", weil ich eine Schwester habe, die später auch nach Berlin gekommen ist. Deswegen sind wir gekommen. Mein Vater hat mich hierhergebracht. Er hatte die Möglichkeit, mich und meine Schwester nach Berlin zu bringen, weil er viel gereist ist. Er meinte, dass Berlin eine Stadt ist, in der man die Möglichkeit hat, zu leben und zu studieren. Er hat eine Firma, die Übersetzungen macht. Also Russisch, Ukrainisch, Ukrainisch-Russisch und dann Deutsch, Englisch, Ukrainisch. Also alles Mögliche. Und genau, wegen dieser Firma hatte er die Möglichkeit, mich und meine Schwester nach Berlin, nach Europa zu bringen. Ich bin ihm wirklich dankbar dafür.

Ich hatte die Möglichkeit, in einer englischen Schule in Charkiw zu lernen. Deswegen hatte ich Englisch schon als Sprache. Als ich dann nach Berlin kam, wusste ich außer „Hallo", „Tschüss", „Danke" und „bitte" fast gar kein Deutsch. Ich ging auf eine private englisch-deutsche Schule, weil mein Vater diese Möglichkeit hatte. Dadurch hatte ich die Möglichkeit, auf Englisch und auf Deutsch zu studieren.

Zwei Geschichten eines Krieges

In Berlin habe ich in meiner Schule Deutsch gelernt. Ich hatte unglaublich tolle und wirklich gute Lehrerinnen, aber auch welche, die mich gar nicht verstanden haben und nichts mit mir zu tun haben wollten, weil mein Deutsch einen starken Akzent hatte, nicht perfekt war oder kein Hochdeutsch. Aber ich hatte auch Lehrer, die mir wirklich Deutsch beigebracht haben und an mich geglaubt haben. Deshalb konnte ich Deutsch lernen. Ich habe auch hier in Berlin im Theater gespielt, seit ich 15 Jahre alt war, an der Volksbühne. Dort habe ich drei Jahre gespielt und Deutsch gelernt, weil niemand Englisch konnte. Die Menschen konnten zwar Englisch, meinten aber: „Du musst schon Deutsch lernen." Deswegen haben sie alle mit mir nur Deutsch gesprochen und ich habe sehr schnell gelernt. Mein Cousin zum Beispiel ist mit 14 oder 15 wegen des Krieges aus Charkiw nach Berlin gekommen, wegen der Invasion. Er ist 2022 aus Charkiw hierhergekommen und musste als Geflüchteter in die Schule gehen, während ich als Migrantin hierherkam. Das ist schon ein bisschen anders.

Ich kann nicht sagen, dass er wirklich motiviert ist, Deutsch zu lernen. Bei mir war es keine Wahl, aber mein Vater hat mit mir gesprochen: „Wir fahren nach Deutschland. Wir werden in Deutschland studieren. Wir werden in Deutschland leben." Das wusste ich. Mein Cousin wusste das gar nicht. Er hatte wirklich keine Wahl, weil Russland die Ukraine angegriffen hat. Er hatte Freunde, eine Schule und ein Leben, aber er musste wegen Russland nach Deutschland fliehen. Deswegen war ich motivierter als mein Cousin, Deutsch zu lernen, denn er hatte gar keine Wahl. Er wollte nicht nach Deutschland, er wollte nicht Deutsch lernen. Jetzt hat er Freunde und ein Leben hier. Aber Deutsch zu lernen ist immer noch schwierig.

Zwischen Universität und Invasion

Ich habe 2021 in Berlin mein Abitur gemacht. Dann bin ich 18 geworden, habe angefangen, in einer Bar zu jobben. Danach bin ich an der Humboldt-Universität gelandet und habe ein halbes Jahr lang Kulturwissenschaften und Kunst- und Bildgeschichte studiert. Am 22. Februar 2022 habe ich meine letzte Prüfung geschrieben. Zwei Tage später begann die Vollinvasion und seitdem habe ich zwei Jahre lang keine Uni besucht, weil es für mich wirklich ... Ich erinnere mich, dass wir Hannah Arendt studiert hatten. Für mich war es wirklich absurd, dass die Vollinvasion angefangen hatte und ich, als Ukrainerin aus einer russischsprachigen Familie, Hannah Arendt studiert hatte. Ich dachte: ‚Das ist genau das. Das klingt so nah, und wir in Deutschland sollten alle Hannah Arendt kennen." Hannah Arendt ist eine unglaubliche Philosophin, die die Geschichte maßgeblich beeinflusst hat. Ich fand es toll, dass wir Hannah Arendt auch mit der Ukraine in Verbindung bringen können, also dass wir das, was jetzt gerade in der Ukraine passiert, auf Hannah Arendt beziehen können. Aber damals hat das niemand gemacht, weil alle so schockiert waren. Sie wussten nicht, wie sie reagieren oder was sie sagen sollten. Und als ich an die Uni ging, gab es in meinem Land Krieg. Meine Eltern, also meine Mutter, meine drei Tanten, mein Opa und meine Oma, mussten alle fliehen und ihr ganzes Leben ändern.

Wir hatten alle Russisch gesprochen und wurden von Russland angegriffen, weil sie uns, die russischsprachigen Menschen, befreien wollten. Und damals war es wirklich schwer für mich, an die Uni zurückzukehren, weil ich verstanden habe, dass ich ein bisschen Zeit brauche. Ich musste lernen, wie ich argumentieren und mit Menschen über das, was in meinem Land passiert, sprechen kann. Jetzt habe ich an der Freien Universität angefangen, Politische Kommunikation und Sozial- und Kulturanthropologie zu studieren. Jetzt bin ich eine ganz andere Person. Damals war ich eine Person, die gar nicht wusste, wie man mit Menschen in Deutschland über Krieg spricht. Jetzt weiß ich, wie ich das machen kann, und deswegen fällt es mir viel leichter, an der Uni zu lernen.

Eine Stimme, die in Berlin zu hören ist

Bei mir hat dieser Veränderungsprozess angefangen, weil ich an der Humboldt-Universität war. Einen Monat vor der Vollinvasion gab es eine Demonstration. Bei dieser Demonstration habe ich andere Ukrainer getroffen, zum Beispiel Jewa Jakuschewskyj und Pawel Myhal. Zusammen haben wir Vitsche gegründet. Das ist eine Organisation, die sich für die Ukraine einsetzt. Wir sprechen über die Subjektivität der Ukraine. Am 30. Januar 2022 ist der Geburtstag von Vitsche. An diesem Tag hatten wir unsere erste Demonstration am Brandenburger Tor organisiert. Das ist der Tag, an dem wir sagen, dass Vitsche gegründet wurde. Ein Monat später begann die Vollinvasion. Vor der Vollinvasion war Vitsche also eine Idee. Die Idee dahinter war: „Wir machen Demonstrationen, aber wir machen es so, dass die ukrainische Community und Ukrainer allgemein nicht in die russischsprachige Osteuropa-

Schublade gesteckt werden.“ Wenn du aus der Ukraine kommst und Russisch sprichst, dann heißt es: „Ah ja, du sprichst Russisch. Kommt alle zusammen, und ihr seid alle Freunde, Russen, Belarusen und alle, die Russisch sprechen.“ Und das war wirklich ... Wir brauchen unsere Subjektivität. Wir müssen über die Ukraine als subjektives Land sprechen, das seine eigene Kultur, Sprache und Geschichte hat. Und deswegen standen wir hinter Vitsche. Damals hatten wir auch Demonstrationen organisiert, denn schon vor einem Monat war klar, dass etwas passieren würde, da sich Soldaten an den Grenzen von Belarus und Russland befanden. Ich als Person aus Charkiw habe mit meiner Mutter gesprochen und sie meinte: „Ja, leider ist es wirklich so, die Menschen haben Angst.“

Wir hatten damals schon dieses Gefühl, dass etwas passieren würde. Aber klar war auch, dass niemand den Krieg wollte. Wir hatten uns zwar schon diese Gedanken gemacht, aber nie damit gerechnet, dass er wirklich passiert, dass er jetzt wirklich passieren kann. Und dann, am 24. Februar 2022, arbeitete ich in meiner ukrainischen Bar. Um 2 Uhr morgens kam die Nachricht: „Ja, etwas passiert, etwas passiert, etwas passiert.“ – „Ja, nein, alles gut.“ Ich bin nach Hause gegangen, habe eine Serie geguckt und dann auf mein Handy geschaut. Es war ungefähr 4 Uhr morgens, als ich las: „Krieg.“ Ich ging ins Zimmer meines Vaters und sagte: „Papa, Krieg ist ausgebrochen.“ Er sagte: „Nein, nein, nein. It can‘t be, it can‘t be.“ Er ist wieder schlafen gegangen. „Papa, es ist Krieg! Jetzt gerade in unserem Land, in unserer Stadt.“ Und dann ist er aufgewacht und ich habe eine Stunde lang geweint, weil man nicht mit seiner Familie sprechen kann, weil die etwas ganz anderes machen müssen.

26

KATERYNA DERDIUK

„Meine Tante in Hostomel hatte sich einen Zettel mit ihren Daten in die Schuhe gesteckt. Alle waren im Keller, im Hochhaus die Russen."

„Ich möchte, dass der Krieg endet und die Menschen nicht mehr leiden müssen. Aber ich möchte nicht, dass der Frieden nur vorübergehend ist, „eingefroren", damit er in ein paar Jahren wieder zerstört werden kann. Wenn es Frieden gibt, muss er endgültig, dauerhaft und gerecht sein."

Das Interview mit Kateryna Derdiuk (26) fand am 29. Januar 2025 im Berlin Story Bunker statt.

Was meine Freunde von der Front berichten ist gruselig. Desertationen? Ja, die gibt es. Aber ich kenne auch Menschen, die hier in Berlin in Sicherheit waren und die freiwillig an die Front gegangen sind. Das Interessante ist, das waren alles Frauen oder nicht-binäre Menschen. Ich finde es sehr stark, dass es immer noch Menschen gibt, die bereit sind zu kämpfen. Sie würden nie aufgeben und sagen 'Wir sind Russen'. Niemand, den ich kenne, würde das zulassen. Lieber weiterkämpfen.

Meine Tante hatte sich in Hostomel, als sie im Keller des Hochhauses saßen und oben die Russen waren, einen Zettel mit ihrem Namen, ihrem Geburtsdatum und so weiter in die Schuhe gesteckt, für den Fall, dass sie stirbt, damit wir ihren Körper identifizieren können.

Bei Vitsche arbeite ich hauptsächlich als Projektmanagerin und leite unterschiedliche Projekte, zum Beispiel Fundraising-Kampagnen. Jetzt hatten wir Geld gesammelt, um einen Schulbunker auszustatten. Denn Kinder können nicht in die Schule gehen, wenn es dort nicht sicher ist. Wir wollten den Schulbunker so gestalten, dass sich die Kinder dort treffen und in die Schule gehen können.

Hallo, ich bin Kateryna. Ich bin 26 Jahre alt, komme ursprünglich aus Riwne, habe aber fast mein ganzes Leben in Kyiv gewohnt. Jetzt wohne ich in Berlin und bin bei einer NGO namens Vitsche aktiv. Wir organisieren Demonstrationen und unterschiedliche Kulturveranstaltungen und Events, die das Ziel haben, die Ukraine zu unterstützen und den Menschen in der Ukraine zu helfen.

Ich bin nach Deutschland gekommen, um hier zu studieren, und wohne seitdem insgesamt seit sieben Jahren hier. Ich habe mein Studium hier abgeschlossen und dann angefangen zu arbeiten und mich als Volontärin zu engagieren. Ich habe in Wiesbaden Medieninformatik studiert und arbeite jetzt bei der Agentur „Why Do Birds“. Die machen Audio

Branding und Motion Design. Ich habe jetzt sozusagen zwei Jobs. 32 Stunden pro Woche arbeite ich bei dieser Agentur und die restliche Zeit bei Vitsche, weil es schwierig ist, wenn man in einem Verein arbeitet. Fast alle arbeiten kostenlos, und es ist unmöglich, sich damit zu versorgen, die Miete zu bezahlen und alle anderen Lebenshaltungskosten zu decken.

Aktiv sein – das ist mein Credo

Für mich ist es wichtig, aktiv zu sein, und ich kann nicht einfach nichts tun. Unter meinen Freundinnen gibt es kaum Menschen, die Bürgergeld, also diese soziale Hilfe, bekommen. Fast alle arbeiten und versuchen, sich selbst zu versorgen. Ich bin nach Deutschland gekommen, weil es hier möglich ist, zu studieren und gleichzeitig zu arbeiten. Ich hatte nicht das Geld, um in den USA zu studieren, und wollte deshalb diese Möglichkeit haben. Bei Vitsche arbeite ich hauptsächlich als Projektmanagerin und leite unterschiedliche Projekte, zum Beispiel Fundraising-Kampagnen. Jetzt hatten wir eine Fundraising-Kampagne, bei der wir Geld gesammelt haben, um einen Schulbunker auszustatten. Denn Kinder können nicht in die Schule gehen, wenn es dort nicht sicher ist. Wir wollten den Schulbunker so gestalten, dass sich die Kinder dort treffen und in die Schule gehen können. Bei diesem Projekt war ich aktiv und beteilige mich sonst auch an Demonstrationen und deren Organisation.

Vorahnung des Krieges

Tatsächlich haben wir bei Vitsche schon vor dem Krieg bemerkt, dass es nicht gut aussieht. Als die Territorien von Donezk und Luhansk von Russland offiziell annektiert wurden, war klar, dass es bald losgehen würde.

Am 24. Februar 2022 bin ich aufgewacht, weil meine Mutter mich angerufen und gesagt hat: „Wir sind jetzt auf dem Weg zu unserem Haus, weil Krieg ist.“ Das war das Erste, was ich gehört habe. Meine Mutter hat alle Freunde und Familie gesammelt und sie haben sich dort versteckt, weil das nicht direkt in der Stadt ist. Meine Mutter und mein Vater wohnen beide in Kyiv. Es ist gefährlich, in der Stadt zu sein, weil sie das Ziel für Russland ist, das sie angreifen wollen. Deswegen haben sie sich entschieden, zu unserem Haus zu fahren. Das ist im Wald, ein bisschen weiter unten von Kyiv. Sie haben sich entschieden, dorthin zu fahren, weil es sich ein bisschen sicherer anfühlt, weil nicht so viele Raketen fallen. Und dann sind viele Freunde und Familien gekommen.

Der Kontakt zu meiner Familie war für mich sehr schwierig, weil sie versucht haben, die ganze Zeit leise zu sein, und auch nicht so viel miteinander geredet haben. Es gab viele Saboteure, die überall in der Ukraine waren. Meine Familie hat in den Klamotten geschlafen, weil sie Angst hatten, dass jetzt jemand ins Haus kommt. Sie haben nachts das Licht nicht angemacht, weil einige Menschen das erlebt haben: Russische Saboteure haben gesehen, dass jemand da ist, sind reingekommen und haben diese Menschen getötet. Deswegen gab es viel Angst, dass etwas passiert.

Und ich denke, sicher hat es sich für sie auf jeden Fall nicht angefühlt. Aber in der Stadt war es auch anders. Im Endeffekt war nirgendwo etwas sicher. Ich konnte nicht so viel mit meinen Eltern reden, weil ich in den ersten zwei Wochen fast überhaupt nicht geschlafen habe. Wir haben die ganze Zeit versucht, Helme und Westen zu suchen und Leute zu organisieren, damit nicht viele Menschen getrennt voneinander kleine Initiativen starten, sondern damit wir alle zusammenarbeiten. Deswegen konnte ich mit meiner Familie nicht so viel reden. Ich denke, das war auch so ein emotionaler Block. Sie wollten nicht sagen, dass sie Angst haben und so.

Das Einzige, worüber wir wirklich lange gesprochen haben, war, dass sie sich auch für den Fall vorbereitet haben, dass sie sterben. Das mussten wir auch besprechen. Es war sehr hart für mich, weil der Krieg an sich schon ein sehr schockierender Moment war und dann musste ich auch noch solche Dinge besprechen. Dass meine Eltern sagen: „Falls wir sterben, gibt es diese Dinge, um die du dich kümmern musst." Sie haben auch versucht, nicht so emotional zu sein, weil sie schon Angst hatten, aber sie wollten das nicht zeigen. Ich denke, dass sie Angst haben. Sie wollten pragmatisch sein und sagen: „Wir sind auf diese Fälle vorbereitet." Sie wollten entscheiden, was in diesem Fall zu tun ist, denn das war auch schon eine Option. Das könnte auch passieren.

Wunder des Überlebens

Meine Tante wohnt in Hostomel und wohnt da immer noch. Am 24. Februar 2022, wie ich gesagt habe, haben meine Eltern und die ganze Familie versucht, in unserem Haus zusammenzukommen, weil es sicherer war und man sich gegenseitig unterstützen kann. Aber meine Tante dachte erst, dass russische Truppen nicht so schnell nach Hostomel kommen würden. Sie wollte zu Hause bleiben, denn sie hatte einen Kater und wollte ihm keinen Stress machen.

Aber nach ein paar Tagen waren russische Truppen da. Damals war es so, dass sie gesehen haben, wo Handyempfang war, und da geschossen haben. Deswegen sind russische Truppen zu jedem nach Hause gekommen und haben alle Geräte, mit denen man telefonieren könnte, zerstört. Deswegen hatten wir einfach keinen Kontakt mehr. Nur in Facebook-Gruppen von Hostomel haben wir gesehen, dass Menschen in diesem Haus gefangen genommen wurden. Im Endeffekt hatten wir fast zwei Wochen lang keinen Kontakt mehr. Für meine Mutter war das besonders schwer, denn das ist ihre Schwester. Wir wussten nicht, ob sie noch lebte. Irgendwann haben sie ein Handy gefunden und nacheinander telefoniert. Alle aus dem Hochhaus waren im Keller, weil russische Gruppen die ganzen Häuser besetzt haben, um von oben zu schießen. Sie hat einfach meine Mutter angerufen und gesagt: „Ich lebe noch", dann hat sie aufgelegt und wir wussten zumindest, dass sie lebt. Wir haben versucht, sie zu erreichen, denn es gab eine Evakuierung aus Hostomel, aber sie konnten das nicht wissen, da sie weder ein Handy noch ein Radio hatten.

Sie saßen im Keller und wir wollten ihnen sagen: „Es gibt Busse, die Menschen evakuieren. Sie kommen zu Euch." Das wollte meine Mutter ihnen sagen. Aber es war nicht möglich. Im Endeffekt ist es ein echtes Wunder, wie Menschen aus kritischen Situationen herauskommen. Sie haben aus einem zerstörten Auto ein Radio ausgebaut, es irgendwie zusammengeschraubt und im Keller gehört, dass eine Evakuierung stattfindet. Das Problem war jedoch, dass es nicht genug offizielle Busse gab. Menschen haben versucht, in den Autos hinter diesen Bussen rauszukommen. Aber es hat nicht immer geklappt, weil die Russen auf viele

Autos einfach geschossen und die Menschen getötet haben. Dann hat meine Tante mit ein paar anderen Menschen ein Auto gefunden, das schon komplett zerstört war. Sie hat nicht geglaubt, dass sie da rauskommt, aber sie wollten es versuchen, weil sie einfach kein Essen hatten und dort sowieso nicht weiterleben konnten. Es war auch minus 20 Grad. Am Ende haben sie dieses Auto genommen und sich damit evakuiert. Sie hatten Glück, dass sie nicht umgebracht wurden, denn viele Autos davor und danach hatten kein Glück.

Sie hatte sich einen Zettel mit ihrem Namen, ihrem Geburtsdatum und so weiter in die Schuhe gesteckt, für den Fall, dass sie stirbt, damit wir ihren Körper identifizieren können. Einige Menschen suchen nämlich immer noch nach ihren Verwandten. Sie können ihre Verwandten nicht mehr finden.

Meine Mama hat mir ein Foto geschickt, auf dem der Kater meiner Tante auf der Fensterbank sitzt, während draußen Panzer fahren. Sie konnte ihn nicht mitnehmen, weil sie ihn dort lassen musste, da sich viele Menschen in dem Auto befanden. Sie hat immer gesagt: „Oh, wie geht es meinem Kater? Lebt er noch?“ Sie konnten erst einen Monat danach zurück. Sie hat die ganze Zeit Leute gefragt, die noch da waren, ob sie den Kater gesehen haben, aber sie haben ihn nicht gefunden. Als sie zu ihrem Haus zurückkam, hat sie ihn einfach gerufen und er ist zu ihr gekommen. Ja, und er lebt immer noch mit ihr. Wer weiß, was dieser Kater alles gesehen hat.

Entscheidung und Mut

Für viele Menschen hat sich im Leben schon vieles geändert. Zum Beispiel sind mehrere Menschen, die zuvor als Ärzte, Fotografen oder Künstlerinnen gearbeitet haben, zur Armee gegangen. Ich habe selbst auch viele Bekannte, die jetzt in der Armee sind. Viele Menschen haben angefangen, freiwillig Hilfe zu sammeln, sich zu organisieren und zu helfen. Ich denke, fast alle Ukrainerinnen im Ausland, die ich kenne, haben irgendetwas gemacht. Niemand hat gesagt: „Ich warte einfach und mache nichts“, sondern alle waren aktiv, genauso wie in der

Ukraine. Ich kann nachvollziehen, dass Menschen, die in der Ukraine wohnen – also auch meine Familie und Freunde – sehr müde sind und keinen Krieg mehr wollen. Aber ich finde es trotzdem sehr stark, dass immer noch Menschen bereit sind zu kämpfen. Sie würden niemals aufgeben und sagen: „Wir gehören zu Russland." Ich glaube, kaum jemand, den ich kenne, würde sich das gefallen lassen. Lieber weiterkämpfen als Russland sein. Ich kann mir vorstellen, dass es schrecklich ist. Was meine Freunde, die an der Frontlinie sind, erzählen, ist sehr gruselig.

Ich denke, es gibt schon Menschen, die desertieren. Gleichzeitig kenne ich aber auch viele Menschen, die als Geflüchtete nach Berlin gekommen sind und zurückgekommen sind, um in der Armee zu kämpfen, obwohl sie in Sicherheit waren. Interessant ist, dass es fast ausschließlich Frauen oder nicht-binäre Menschen waren, die zurückgekommen sind und der Armee beigetreten sind. Vor diesem Winter hatten viele Menschen große Angst, denn selbst im Sommer gab es kaum Licht, als ich in der Ukraine war. Es war wirklich schlimm und viele Menschen dachten, im Winter würde es noch schlimmer werden. Wir würden keine Elektrizität mehr haben und nicht überleben können. Es kam anders. Die Ukraine wird trotzdem nicht aufgeben und diese Methode wird nicht funktionieren. Sie haben nicht so viel Infrastruktur zerstört, denn im letzten Winter war es auch schlimm, aber die Menschen sind trotzdem bereit, weiterzukämpfen. Es ist schon sehr erstaunlich, dass Menschen so sind. Mit Trump weiß man allerdings nicht, was passiert, um ehrlich zu sein. Ich hoffe, dass der Krieg aufhört und die Menschen nicht mehr leiden müssen. Gleichzeitig will ich aber nicht, dass der Krieg pausiert wird und sich in der Zukunft wiederholt.

Falls es also zu Verhandlungen kommt, werden Ukrainerinnen nicht zu allen Bedingungen Ja sagen, denn wenn der Krieg aufhört, dann muss er für immer aufhören und nicht nur für einige Zeit. Es muss eine Garantie geben, dass Russland nicht weiter eingreift, noch mehr Krieg bringt und in der Zukunft noch stärker wird.

27

OKSANA HRUDSKA

„Transsilvanien, Winniza, Prag, Berlin – Welcome Hall am Hauptbahnhof."

„Das Leben eines Flüchtlings ist ein Leben ohne Pläne. Jeden Tag denkt man: „Was wird als Nächstes passieren?" Im Jahr 2022 hätte ich einen deutsch Online-Kurs C1 absolvieren können, aber ich habe es nicht getan – ich war mir sicher, dass ich bald zurückkehren würde. "

Das Interview mit Oksana Hrudska (44) fand am 29. Januar 2025 im Berlin Story Bunker

Ich bin Sprachwissenschaftlerin für Ukrainisch und außerdem von Beruf Kinderpsychologin. Zunächst habe ich zehn Jahre lang als Schulpsychologin an einer Schule in der Ukraine und anschließend im Schulamt einer kleinen Stadt gearbeitet, davon die letzten fünf Jahre in der Kinderschutzabteilung. Dann habe ich beschlossen, zusätzlich ein Jurastudium zu absolvieren. Danach war ich noch elf Jahre lang Leiterin einer Abteilung in unserem Rathaus. Ich war Beamtin in der Ukraine. Jetzt arbeite ich hier in der Kita als Quereinsteigerin.

Ich habe nicht damit gerechnet, dass die Russen durch die weißrussische Grenze kommen und bis nach Kyiv vordringen würden. Wie alle anderen habe ich nicht damit gerechnet, dass es so schlimm werden würde. Für mich war Krieg allerdings nichts Neues, da ich im Donbass gelebt habe. Für mich persönlich hat der Krieg bereits 2014 begonnen. Und ich werde diesen Tag nie vergessen.

Jeder Krieg endet nur, wenn sich beide Seiten an einen Tisch setzen und reden. Ich hoffe, dass das bald passieren wird. Aber ich bin mir nicht sicher.

Wurzeln, die nach Berlin führen

Mein Name ist Oksana Hrudska. Ich bin 44 Jahre alt und wohne seit März 2022 hier in Berlin, weil in meinem Land Krieg herrscht. Und ja, warum bin ich hier? Warum nicht einem anderen Land? Warum Deutschland? Weil ich Spätaussiedlerin bin, meine Oma war deutsch und hier in Berlin wohnen zwei meiner Tanten. Eine wohnt seit 30 Jahren hier, die andere seit 2017. Sie sind beide aus Russland gekommen. Mein Vater hingegen hat sein ganzes Leben in der Ukraine verbracht.

Meine Großmutter lebte in der Deutschen Volga-Republik. So heißt das auf Deutsch, meine ich. Sie lebte in Engels, einer russischen Stadt, in die die Ukraine jetzt Raketen schickt. Sie war Deutsche und wurde 1941 wegen der stalinistischen Repressionen nach Sibirien geschickt. Seit 1961 lebte sie im Zaporizhia-Gebiet in der Ukraine. Sie ist inzwischen verstorben. Ihr Leben war sehr schwer, weil sie sehr jung war, als sie als Deutsche nach Sibirien geschickt wurde und in ein stalinistisches Konzentrationslager kam. Seit meiner Kindheit habe ich gehört, wie schwer es für meine Oma war, in einem anderen Land ohne deutsche Sprache zu leben, weil alle Deutschen keine deutsche Sprache benutzen durften. Als in der Ukraine der Krieg begann, bin ich mit meiner Tochter nach Deutschland geflüchtet, weil ich ein bisschen Deutsch spreche. Ich habe gedacht, ich kann nicht zum Beispiel in Polen bleiben, weil Polnisch für Ukrainer leichter ist. Wenn ich Deutsch spreche, dann muss ich nach Deutschland. Meine Tochter spricht übrigens auch sehr gut Deutsch und Englisch.

Das war die kleine Geschichte aus meiner Familie. Meine Eltern bleiben jetzt in der Ukraine. Sie wohnen jetzt im Gebiet Dnipro bei Pavlograd, wo es jetzt sehr gefährlich ist, weil die Front in diese Richtung geht. Ich habe auch dort gewohnt, bis der Krieg ausbrach.

Der Tag, der die Stille zerbrach

Mein erster Kriegstag ... Ja, erst einmal muss ich sagen, ich war überhaupt nicht vorbereitet. Ich habe ein bisschen gewartet, aber ich habe gedacht, dass es nur im Donbass-Gebiet sein wird. Ich habe nicht damit gerechnet, dass die Russen durch die weißrussische Grenze kommen und bis nach Kyiv vordringen. Wie alle anderen habe ich nicht damit gerechnet, dass es so schlimm werden würde, denn für mich war Krieg nichts Neues, da ich im Donbass gelebt habe. Für mich persönlich hat der Krieg schon 2014 begonnen. Ja, ich habe gewartet, aber ich habe nicht gedacht, dass es so schlimm werden würde. Und ich werde diesen Tag nie vergessen.

Am Abend davor war der 23. Februar. Zunächst einmal war ich zwei Wochen lang krank, als der Krieg ausbrach. Ich war zu Hause und nur am Montag vor dem Krieg bin ich zur Arbeit gegangen. Drei Tage vor dem Krieg habe ich nach meinem Krankenschein gearbeitet und meine Tochter hatte ihren 16. Geburtstag. Am Abend des 23. haben wir über ihr Abitur, das ukrainische Abitur, geredet. Sie hat mir erzählt, welches Kleid sie wollte und wie sie das sah. Wir haben auch über ihre Zukunft geredet: Welchen Beruf möchte sie ergreifen und was möchte sie danach machen? Das war ganz entspannt. Es war ein Familienabend mit Familienabendessen. Mein Mann war zu Hause, weil er Lokführer ist und deshalb ab und zu am Abend arbeiten muss. Aber an diesem Abend war er zu Hause und hat die ganze Nacht Nachrichten gelesen und TV geguckt. Er hat auch Putins Rede gehört. Am 24. Februar bin ich durch eine sehr laute Explosion aufgewacht und habe mich gefragt, was passiert ist. Zunächst dachte ich, dass vielleicht in der Nähe Gas explodiert sei oder etwas Ähnliches, aber mein Mann sagte: „Nein, Oksana, das ist Krieg. Ich sagte: „Nein, das kann nicht sein." Es war 4:50 Uhr. In der Nähe meiner Stadt gab es zwei große Militärbasen. Dort gab es eine große Explosion. Da war ein Militärflughafen, auf dem viele Militärflugzeuge standen. Deshalb war traf am ersten Tag um 4:50 Uhr schon eine russische Rakete in meiner Stadt.

Evakuierung und die Wahl des Weges

Und dann sagt mein Mann: ‚Ich nehme meine Sachen mit und gehe zum Krieg.' Aber an diesem Tag gab es in meiner Stadt auch eine große Schlange von Männern, die ihre Sachen packten und kamen, weil sie Soldaten sein wollten. Sie wollten ihr Heimatland und ihre Familien an der Front unterstützen. Und ich wollte gar nichts. Ich habe nicht verstanden, was ich machen soll. Meine Tochter stand auf, nahm ihre Schultasche und sagte: „Ich gehe in die Schule." Ich fragte: „In welche Schule?" Krieg ist. Sie sagt: „Mama, du verstehst es nicht. Ich muss in die Schule. Ich habe heute eine Kontrollarbeit. Ich muss heute einen Test schreiben. Ich sage: „Nein, du verstehst nicht. Jetzt hat der Krieg angefangen." Wir waren zu zweit zu Hause und ich hatte gar nichts zu essen. Ich bin in den Supermarkt gegangen, aber da war eine sehr lange Schlange. Was sollte man denn machen? Was muss man machen? Einige waren schon im Auto und sind aus unserer Stadt geflüchtet. Und dann haben wir den ganzen Tag TV geschaut, wo gezeigt wurde, was in Kyiv passiert. Das war mein erster Tag. Am zweiten Tag kam mein Mann aus dem Militäramt und sagte, er müsse noch nicht gehen, da er Logistiker ist und dieser Beruf sehr wichtig ist.

Deshalb kann er nicht kommen, aber er hat seine Daten im Militäramt gelassen. Wenn er gehen muss, muss er angerufen werden. Wir setzten uns ins Auto und fuhren zu meinen Eltern aufs Dorf, weil es in der Stadt gefährlicher war als auf dem Dorf. Auch die Familie meines Bruders kam. Wir waren alle in einem Haus: meine Eltern, ich mit meiner Tochter, meine Schwägerin mit ihrer Tochter und mein Schwager.

Ja, das war schwer. Wir waren mehr als eine Woche dort und zu uns kamen noch zwei Ausländer aus Charkiw. Das waren Studenten aus Charkiw. Mein Bruder ist Polizist. Natürlich musste er die ganze Zeit arbeiten. Die Leute, die zu Fuß aus Charkiw kamen, hat er mitgebracht und zu uns nach Hause zu meinen Eltern geschickt. Eine Woche später sagte mein Mann: „Hier in der Ostukraine ist es sehr gefährlich, aber auch in Kyiv. Der Frontverlauf war in drei Richtungen: Charkiw, Donbas und Saporischschja. Meine Stadt liegt hier in der Mitte zwischen diesen Gebieten. Deshalb sagt mein Mann, dass ich, meine Tochter und meine Schwiegermutter mit ihrer Tochter nach Westukraine evakuiert werden müssen. Das war meine erste Erfahrung als Flüchtling.

Meine Eltern hatten alles. Sie hatten ein paar Hühner, Gänse und Enten. Das ist ein Bauernhof. Deshalb waren wir dort und sind auch noch aus dem Gebiet um Charkiw geflüchtet. Wir waren in einem Haus. Ich muss jetzt eins, zwei, vier, fünf, sechs, sieben, acht zählen. Acht Leute. Ab und zu kommen auch mein Bruder und mein Mann, weil die beiden arbeiten müssen. Die beiden sind Männer. Danach fuhren wir in die Westukraine oder nach Europa. Wir waren am Bahnhof in Dnipro. Aber wir konnten zwei Tage lang nicht in den Zug steigen, weil es viel zu viele Leute waren. Ich meine, sie alle haben diese Fotos und Videos geguckt, die in unserem Bahnhof in der Ukraine aufgenommen wurden. Das war unmöglich. Deshalb hat mein Mann gesagt: „Nein, wir setzen uns ins Auto und fahren in die Westukraine. Im Auto waren ich, mein Mann, meine Tochter und noch ein 14-jähriges Kind. Ihre

Mama war in Polen und ihr Papa in der Slowakei, und sie war mit ihrer Oma zu Hause ganz allein. Ihre Oma hatte natürlich Angst, aber mein Mann sagte: „Wir nehmen dieses Mädchen mit und fahren bis zur Grenze. Ich gehe mit den zwei Kindern durch die Grenze."

Vier Tage Reise und die ersten Engel der Hilfe

In Mukatschewo, das ist eine Stadt im Transkarpatien, im äußersten Westen der Ukraine, habe ich Verwandte. Erst einmal waren wir dort und haben auf diese Mama aus Polen gewartet. Sie hat ihre Tochter mitgebracht und dann bin ich mit meiner Tochter nach Deutschland gefahren. Aber ich muss sagen, dass wir mit dem Auto vier Tage von Ostukraine nach Westukraine fahren mussten. Mit zwei Kindern, ohne Lebensmittel und Wasser. Ich hatte natürlich etwas dabei, aber ich hatte nicht damit gerechnet, dass wir vier Tage fahren müssen. Ich habe alle meine Bekannten angerufen und gefragt, ob wir zum Beispiel in Winniza übernachten können. Wir haben zwei Kinder dabei und haben gar nichts zu essen. Ich hatte nur gekochte Kartoffeln, Speck und Eier dabei. Aber am ersten Tag haben wir ein bisschen davon gegessen und dann haben wir dieses Essen nur für unsere Kinder aufgehoben. Mein Mann und ich haben nur Wasser getrunken. Zwei Tage lang haben wir nichts gegessen, aber Gott sei Dank haben wir in Winniza eine Frau getroffen, die uns etwas zu essen gegeben hat. Wir kommen um circa 12 Uhr nachts an und müssen schon um 5 Uhr los. Das war die Lockdown-Zeit. Du konntest nicht durch die Stadt fahren, deshalb haben wir gefragt, ob wir bitte übernachten können.

Sie sagte: „Ja, natürlich. Sie hat uns Borschtsch, eine ukrainische Suppe, gekocht. Es war nach zwei Tage das erste Essen, das wir mit meinem Mann bekommen haben. Sie hat uns auch ein bisschen Brot und Käse gegeben. Wir fuhren weiter zu meiner Verwandten, noch zwei Tage. Danach haben wir auf der Straße im Auto übernachtet, weil Lockdown war. Wir konnten nicht weiterfahren. Am nächsten Tag ist mein Mann zur Arbeit zurückgefahren und ich bin mit den zwei Kindern geblieben. Meine Verwandte, bei der wir untergekommen waren, hatte ihre Tochter mit zwei Enkeln dabei. Das war eine Zweizimmerwohnung. Wir alle haben auf dem Boden geschlafen. Es war sehr voll, wir waren zu neunt. Natürlich gab es in der Zweizimmerwohnung keine Betten für alle, also haben wir drei Tage lang auf dem Boden geschlafen. Ich war da und dachte: „Muss ich dann weiter? Das ist gut, wenn du Verwandte hast, aber ich muss sagen, das ist ein Cousin meiner Mama und er hat seine Kinder und Enkelkinder.

Für uns beide war das ein bisschen kompliziert. Dann war die Mama von diesem Mädchen, mit dem wir diese Zeit verbracht haben, mit ihrer Tochter da und meine Tochter und ich sind nach Berlin gefahren. Bis Prag mit dem Zug und von dort aus auch mit dem Zug. Weil ich aus der Westukraine mit diesem Flüchtlingstrein gekommen bin, bin ich aus Mukatschewe nach Prag und von dort aus mit dem Zug nach Berlin gefahren. Hier hat mich meine Tante getroffen, aber sie hatte auch keinen Platz in ihrer Wohnung. Sie hat uns gesagt: „Du gehst jetzt bitte mit deiner Tochter ins Flüchtlings-Center am Hauptbahnhof, in die Welcome Hall. Dort waren viele Leute, Gott sei Dank viele Deutsche."

Wir waren dort und haben andere Leute getroffen. Die haben uns gesagt, dass wir beide im Hotel untergebracht werden können. Die ersten zwei Monate war ich mit meiner Tochter im Hotel Schmuckwitz. In dem Hotel waren dann mehr als 200 Leute. Alle kamen aus der Ukraine. Es waren nur Frauen mit Kindern und sehr alte Leute dabei. Aufgrund meiner Deutschkenntnisse habe ich dort und auch am Bahnhof geholfen. In der ersten Zeit half ich als Freiwillige den Leuten am Bahnhof und in diesem Hotel. Da habe ich eine deutsche Frau kennengelernt. Wir haben uns kennengelernt. Annette war sehr nett und hat mich mit Ralf Werm bekannt gemacht. Jetzt sage ich, das ist mein zweiter Papa. Seit Mai wohne ich mit meiner Tochter zusammen in einer Wohnung, die Ralf Werm gehört. Er hat uns aus dem Hotel geholt und eine Wohnung in Hennigsdorf bei Berlin für uns organisiert. Zwei Jahre lang habe ich dort gewohnt. Aber ich habe mich erst im Mai 2022 als Flüchtling angemeldet, weil ich die ersten zwei Monate ohne Anmeldung hier wohnen konnte, wie ein Tourist. Ich habe diese zwei Monate abgewartet, in der Hoffnung, dass sich in meinem Land alles zum Guten wendet und ich keine Anmeldung benötige.

Eine neue Berufung im Kindergarten und der Weg zur Fachkraft

Ich wollte zurückfahren. Aber dann habe ich gesehen, dass der Krieg weitergeht. Mein Mann sagt: „Hier ist keine Schule, keine Arbeit und unsere Tochter braucht Bildung. Ich will, dass die beiden in Ruhe leben. Es ist sehr gefährlich bei uns. Dann dachte ich: „Okay. Seit Anfang Mai 2022 bin ich als Flüchtling im Land Brandenburg registriert. Gott sei Dank habe ich nur sehr liebe und freundliche Deutsche getroffen. Annette, wir waren als Freiwillige im Hotel Schmöckitz. Sie arbeitet im Bildungssystem, aber sie hat mir gesagt, dass eine Kita hier in Deutschland jemanden mit pädagogischer oder psychologischer Ausbildung sucht, der zwei ukrainische Kinder in der Kita betreuen kann. Das gab es schon in Berlin. Ich sagte: „Ja, okay, dann probiere ich es aus. Seit dieser Zeit arbeite ich, seit Juli 2022, erst einmal als Erzieherhelferin in der Kita „Kleine Fraz“ in Pankow.

Früher? Erst einmal habe ich drei Studiengänge. Ich bin Sprachwissenschaftlerin für Ukrainisch und dann bin ich Kinderpsychologin von Beruf. Das war mein erstes Studium. Ich habe zwei Studiengänge nach meinem Schulabschluss absolviert. Danach habe ich erst als Schulpsychologin an einer Schule in der Ukraine und anschließend im Schulamt einer kleinen Stadt namens Samar gearbeitet. Ich war Beamtin und habe zehn Jahre lang in der Kinderschutzabteilung des Schulamts als Psychologin gearbeitet. Da habe ich gedacht, dass ich auch ein Jurastudium brauche, weil ich nicht nur mit Kindern, sondern auch mit Familien, die Hilfe brauchen, gearbeitet habe. Danach war ich noch elf Jahre lang Leiterin einer Abteilung in unserem Rathaus. Ja, ich war Beamtin in der Ukraine und habe mit Familien und Kindern gearbeitet. Als Freiwillige habe ich in dieser Zeit mit Kindern mit Angelmann-Syndrom, Autismus und Down-Syndrom sowie deren Familien gearbeitet. Deshalb war die Arbeit mit Kindern für mich nichts

Neues. Jetzt arbeite ich hier in der Kita als Quereinsteigerin. Ich habe schon eine Anerkennung bekommen, aber ich muss noch die Prüfung C1 machen und dann diese Weiterbildung, um die Prüfung als pädagogische Kraft zu bekommen.

Das deutsche Gesetz schreibt das vor und ich finde das ganz normal, denn erst einmal muss ich meine Sprachkenntnisse verbessern. Zum Beispiel kann ich Deutsch sprechen, aber nicht so gut schreiben wie Deutsche. Das ist mein Problem. Das muss ich lernen, das verstehe ich. In der Ukraine habe ich auch viele Flüchtlinge, zum Beispiel aus Afghanistan und Syrien, getroffen, darunter auch viele hochqualifizierte Leute. Aber die Sprache ist eine Barriere. Ein Problem hier in Deutschland ist zum Beispiel, dass Menschen, die Bürgergeld bekommen, kostenlos Kurse besuchen können, ich aber selbst bezahlen muss, obwohl ich Vollzeit arbeite. Erst muss ich selbst bezahlen und dann, wenn ich die Prüfung mache, kann ich die Hälfte vom BAMF zurückbekommen. Das Problem ist aber, dass ich Vollzeit arbeite und sehr wenig Zeit habe. C1-Kurse sind zum Beispiel nur online und nach der Arbeit kann ich nicht mehr sagen, dass ich keine Möglichkeit habe, einen normalen Kurs zu bekommen. Ein Online-Kurs, ja. Das ist ein Problem. Aber trotzdem lerne ich jetzt Deutsch. Ich habe einen Online-Kurs mit Privatlehrer gefunden, weil – das ist auch komisch, aber bei uns ist es gleich – die Prüfungsvorbereitung etwas anderes ist.

Und Deutsch sprechen, das ist etwas anderes. In der Prüfung musst du mehr wissen, ein bisschen anders als Alltagssprache. Deshalb muss ich mich vorbereiten. Und ich mache noch Fehler. Ich höre das. Jetzt mache ich auch viele Fälle, aber trotzdem ... Ja, ich habe keine Angst, Deutsch zu benutzen. In der Kita ist es natürlich leicht. Mit Kindern muss man nicht so kompliziert sprechen wie in der Schule oder mit Studenten. Das ist mein erster Schritt hier in Deutschland und ich bin sehr dankbar. Ich habe eine sehr freundliche Kitaleiterin und sehr nette Kollegen. Fast alle sind Deutsche und sie alle helfen mir. Seit meinem ersten Tag unterstützen sie mich. Das ist sehr wichtig für mich.

Zwischen zwei Welten

Es ist schwer, weil die Erwachsenen zum Beispiel so schnell reden, dass ich nicht alles verstehe. Kannst du bitte ein bisschen langsamer sprechen?" Die Erwachsenen können dann überlegen: „Was meine ich?" Und die Kinder denken: ‚Nein, ich muss nur gut Deutsch sprechen.' Die Kinder benutzen oft Kindersprache. Deshalb muss ich überlegen: „Ach ja, was meinst du jetzt? Vielleicht dieses Wort oder dieses Wort. Es passiert auch, dass die Kinder mich zum Beispiel nicht so gut verstehen. Dann muss ich meinen Satz etwas anders formulieren oder ihn wiederholen. Das war am Anfang. Jetzt verstehen mich natürlich alle.

Nein, das muss ich sagen. Die Arbeit mit Kindern ist keine Routine. Jeden Tag ist etwas Neues. Und ja, ich muss viel wissen. Ich muss mich mit vielen verschiedenen Themen auskennen, zum Beispiel mit gesunder Ernährung, den Kontinenten und verschiedenen Tieren. Deshalb ist es nicht langweilig und macht mir Spaß. In meiner Gruppe habe ich auch Kinder, die psychologische Probleme haben. Ich bin von Beruf Psychologin. In erster Linie bin ich Kinderpsychologin. Ja, meine Sprachkenntnisse sind noch nicht gut, aber meine psychologischen Kenntnisse sind gut. Ich kann Kindern helfen.

Die Eltern sagen immer, dass Oksana überqualifiziert ist, aber ja, natürlich beobachte ich die Kinder. Ich kann zum Beispiel erst einmal auf Ukrainisch schreiben und dann zu Hause übersetzen, was ich geschrieben habe. Aber ich beobachte Kinder und kann ihnen helfen. Jetzt lese ich viel Fachliteratur auf Deutsch. Das kann ich schon. Derzeit lese ich Psychologie und alles über das ADHS-Syndrom, weil es mich sehr interessiert. Ich habe einen kleinen Neffen mit ADHS und in der Kita gibt es auch ein paar Kinder mit dieser Störung und mit Autismus. Das ist sehr interessant für mich, ebenso wie das deutsche System.

Ich komme aus der Ostukraine und jetzt ist die Front sehr nah an meiner Stadt und ich verstehe das alles nicht. In meiner Seele will ich zurück, aber mein Verstand sagt mir: „Nein, das kannst du nicht machen. Trotzdem wohnen dort meine Eltern. Aber meine Tochter ist ein 15-jähriges Kind und jetzt sagt sie: „Nein, Mama, ich bleibe hier. Ich will hier studieren. Ich will hier bleiben. Jetzt teile ich mich zwischen meinen Eltern und meiner Tochter auf. Ich teile mich zwischen meinem früheren Leben in der Ukraine und meiner Zukunft hier. Deshalb kann ich nicht antworten. Noch vor einem Jahr war das eine leichte Frage für mich, weil mein Mann in der Ukraine war. Jetzt ist mein Mann aber schon seit einem Jahr hier in Deutschland. Er lernt die Sprache und arbeitet als Haustechniker in einem Hotel. Ich muss sagen, Deutsch ist sehr schwer für ihn, aber in diesem Hotel arbeiten fast die Hälfte der Leute aus der Ukraine. Deshalb können sie ihm helfen, wenn er etwas nicht versteht. Er ist von Beruf Lokführer, arbeitet aber jetzt als Haustechniker. Natürlich ist das auch eine leichte Arbeit für ihn, aber trotzdem verstehen wir beide, dass wir dankbar sein müssen und alles tun müssen, was wir können.

Meiner Meinung nach müssen alle Leute etwas Neues machen. Wenn wir nur zu Hause bleiben und über den Krieg nachdenken, ist es sehr schwer. Das war mein erstes Jahr hier in Deutschland. Aber dann sage ich mir: „Nein, du musst stark sein. Du bist hier ganz allein mit deiner Tochter und musst ihr ein Beispiel sein. Und jetzt denkt mein Mann genauso: „Es ist egal. Ja, natürlich. Ich hoffe, dass er Deutsch lernt und dann vielleicht bei der Deutschen Bahn oder der U-Bahn arbeiten kann. Aber das wird sich in Zukunft zeigen, wenn wir hier bleiben. Wir können noch nicht sagen, ob wir bleiben oder nicht. Was passiert in meinem Land? Natürlich möchte ich nicht mit Russen zusammenwohnen. Wie ich bereits gesagt habe, habe ich deutsche Wurzeln und wollte einen Antrag als Spätaussiedlerin stellen. Ich brauche nur ein Dokument, das Russland schicken muss, das belegt, dass meine Oma in einem Konzentrationslager in Sibirien war. Aber natürlich kann ich das nicht bekommen, weil ukrainische Leute ja nichts aus Russland bekommen können. Mir ist das jetzt egal. Ich bin sicher, dass meine Tochter hier eine bessere Zukunft hat als in der Ukraine.

Erwachsenwerden meiner Tochter und Zukunftsperspektiven

Sie lernt jetzt im Alexander-Puschkin-Gymnasium in Hennigsdorf. Ich bin diesem Gymnasium sehr dankbar, dass es meine Tochter diese drei Jahre unterstützt. Meine Tochter ist jetzt in der zwölften Klasse und ich bin sehr stolz, denn ihr Notendurchschnitt im letzten Semester war zwei. Das ist, meiner Meinung nach, für zwei Jahre in Deutschland sehr gut. Sie möchte Mathe an der Technischen Universität Berlin studieren. Ich hoffe, dass alles klappt. In diesem Jahr, 2025, macht sie Abitur hier in Deutschland und redet wieder über ihre Abiballkleidung und -schuhe. Wie war das noch gleich am 23. Februar 2022? Ich bin sehr glücklich, dass mein Kind hier in Deutschland wieder Freunde hat, Träume hat und ihre Zukunft hier sieht. Ich kann hierbleiben und meinen Kollegen sagen, dass ich bleiben muss, aber ein Teil meiner Seele ist in meiner Heimat. Dieses halbe Ich wartet. Ich warte noch.

Ich warte darauf, was in Zukunft in der Ukraine passiert. Ich kann es nicht sagen. Ich verstehe nur, dass Putin verrückt ist. Die Russen sind verrückt. Ich komme aus der Ostukraine und hoffe, dass nur das Gebiet um Donezk vielleicht okkupiert wird, aber ich bin mir nicht sicher. Ich wohne im Dnepr-Petrus-Gebiet, aber sehr nah am Gebiet von Charkiw, Donezk und Saporischja. In Zaporizhya, wo sich die okkupierten Gebiete befinden, wohnen jetzt meine Verwandten. Dort wohnten früher meine Großeltern, meine deutsche Oma stammte von dort. Ich will nicht zurückfahren, wenn ich an der Grenze zu den okkupierten Gebieten wohnen müsste. Vielleicht kann ich jetzt ein neues Leben in der Westukraine aufbauen, aber dann stelle ich mir die Frage: Warum muss ich noch einmal von vorne anfangen? Denn ich bin schon seit drei Jahren hier, habe Arbeit, lerne die Sprache und gehe meinen Weg. Ich bin mir nicht sicher. Vielleicht bleibe ich hier, wenn es möglich wird. Wenn Europa und Deutschland sagen: „Sie alle müssen raus", dann fahre ich natürlich in meine Heimat.

Leben ohne Pläne und die Suche nach einem Zuhause

Ein großes Problem der Geflüchteten ist, dass wir unsere Zukunft nicht planen können, weil ich jeden Tag denke: „Was mache ich? Soll ich weitermachen oder nicht? Zum Beispiel konnte ich schon 2022 diesen Online-C1-Kurs machen und die Prüfung ablegen, aber ich dachte: „Nein, ich warte noch ein Jahr und dann gehe ich vielleicht zurück. 2023 dachte ich dann: „Nein, ich mache nichts, ich will nicht. Ich bleibe hier, ich habe Arbeit. Ich arbeite einfach hier und dann fahre ich in mein altes Leben zurück. Aber das Problem ist, dass ich jetzt nicht verstehe, wie ich in der Ukraine leben kann. Ich war drei Jahre nicht dort und es hat sich ein ganz neues Leben entwickelt. Das ist auch das Problem. Wenn ich jetzt zurückfahre, muss ich lernen, ohne Strom, ohne Gas und ohne normales Leben zu wohnen. Ich verstehe nicht, wie die Leute, zum Beispiel meine Eltern, 10 oder 12 Stunden am Tag ohne Strom auskommen. Das ist auch ein Problem für mich, weil ich aus einem normalen Land komme und meine Familie war ganz normal. Bis zum Krieg konnten wir zwei- oder dreimal pro Jahr nach Europa, Asien oder in andere Teile der Ukraine reisen.

Mein Mann und ich hatten beide einen guten Lohn für ukrainische Verhältnisse. Und hier ist mein Leben natürlich schwieriger als dort. Hier gibt es viele Probleme mit Wohnungen. Als mein Mann nach Deutschland kam, waren wir acht Monate lang zusammen, drei Leute in einem Zimmer einer Wohnung. Das war sehr kompliziert. Es war eine kleine Wohnung und als ich mit meiner volljährigen Tochter allein dort wohnte, dachten wir, na ja, wir wollen nichts ändern, weil wir sind hier nur ein Jahr, dann okay, noch ein Jahr. Als mein Mann kam, musste ich natürlich etwas Neues suchen. Mehr als sieben Monate musste ich nach einer neuen Wohnung suchen. Und egal, ob du arbeitest oder geflüchtet bist, ich zum Beispiel habe kein Wohnberchtigungsschein, deshalb muss ich alles selbst bezahlen. Als Erzieherin bekomme ich nicht viel, ich muss sagen, hier ist das Leben und die Wohnungen sehr teuer und es war sehr kompliziert, eine neue Wohnung zu finden.

Meinen Urlaub verbringe ich jetzt in der Ukraine, an der Front. Als mein Mann in der Ukraine war, waren meine Eltern natürlich auch dort. Es ist gefährlich, ich verstehe das. Letztes Mal war ich mit meiner Tochter nur fünf Tage in der Ukraine. In diesen fünf Tagen wurde meine Stadt mit Raketen angegriffen. Meine Tochter sagte: „Nein, Mama, ich komme hier nicht mehr her. Ich will nicht, ich habe Angst." Aber im Sommer komme ich natürlich wieder zu meinen Eltern.

Freiwilligenarbeit, der Preis des Friedens und die Hoffnung

Und ich muss sagen, dass ich zum Beispiel viele Frauen hier in Deutschland kenne, die Depressionen haben. Und besonders im ersten Jahr ging es mir auch so. Ich komme nach der Arbeit nach Hause, in meine Wohnung und zu meiner Tochter. Wir hatten keine Freunde, keine Verwandten, keine Bekannten. Wir konnten zum Beispiel nicht zu Freunden gehen, was für mich sehr kompliziert war. Dann habe ich auf Facebook eine Gruppe gefunden, die verletzten ukrainischen Soldaten hilft. Seit dieser Zeit bin ich freiwillig hier in Berlin tätig. Ich helfe den Soldaten, die nach schweren Verletzungen in Krankenhäusern behandelt werden. Deshalb habe ich jetzt keine Zeit für Depressionen. Nach der Arbeit gehe ich sehr oft in verschiedene Kliniken. Ich arbeite dort als Übersetzerin. Ich treffe unsere Soldaten im Klinikum, weil sie sehr unsicher sind, die Sprache nicht verstehen und schwere Verletzungen haben.

Die Soldaten kommen mit einem Programm, Medewag. Hier in Berlin müssen die Malteser helfen, aber das ist kompliziert. Fast immer helfen nur die Freiwilligen. Die Soldaten kommen mit diesem Programm, mit Medewag, zwischen unserem Gesundheitsministerium und dem deutschen Gesundheitsministerium. Sie verteilen sich in ganz Deutschland und kommen auch in dieses Klinikum. Wir zum Beispiel kennen nicht die Namen derjenigen, die kommen. Wir bekommen nur eine Liste mit Namen und Klinikum. Einen Tag vor der Ankunft der Soldaten können wir uns ein wenig vorbereiten. Und wer kümmert sich um die Soldaten? Die Freiwilligen. Wir haben auch einige Deutsche, die helfen. Und ich muss sagen, dass sehr viele ukrainische Frauen, die aus der Diaspora stammen und schon mehr als 20 Jahre hier in Deutschland wohnen, sich engagieren, aber auch viele Flüchtlinge, denn die Soldaten brauchen nicht nur Übersetzung. Sie brauchen zum Beispiel auch die normale ukrainische Sprache, traditionelle ukrainische Gerichte und spezielle Kleidung. Hier in Deutschland, in Kiel, habe ich eine Freundin, die diese Kleidung näht, und auch hier in Berlin gibt es ein paar Frauen, die diese besondere Kleidung nähen. Wir treffen uns mit Soldaten, machen Picknicks und verschiedene Konzerte. Hier in Berlin kommen viele berühmte ukrainische Gruppen. Wenn es möglich ist und sie nicht im Klinikum sind, besuchen wir mit den Soldaten Konzerte.

Wir helfen mit Rollstühlen, weil sie nicht alleine sein können. Einige Soldaten wurden aus dem Krankenhaus nach Tegel entlassen. Das war auch ein Problem für die Leute, die nach dem Krieg Soldaten waren. Sie haben natürlich alle Kopfverletzungen und -probleme, Probleme mit lauten Stimmen und so weiter. Und ich muss sagen, dass die Silvesternacht nicht nur für die Soldaten, sondern für fast alle Ukrainer, die aus bombardierten Gebieten kommen, sehr anstrengend war. Es war eine sehr, sehr, sehr anstrengende Nacht. Ich meine, für die Deutschen war es auch anstrengend, aber für die Menschen, die Explosionen erlebt haben, war es besonders kompliziert.

Ich wünsche allen Deutschen, dass sie keinen Krieg erleben müssen. Ich hoffe, dass die europäische und die ukrainische Politik stark werden und dass wir gemeinsam diesen neuen, blöden Mann, Putin, und dieses russische Volk, von dem jetzt nicht alle, aber die meisten verrückt sind, besiegen können. Ich hoffe, dass wir zusammen stark werden und gemeinsam mit dieser Armee kämpfen und diese Probleme lösen können. Ich verstehe, dass sich jeder Krieg nur ändert, wenn beide Seiten an einen Tisch sitzen und miteinander reden. Ich hoffe, dass das in kurzer Zeit passiert, aber ich bin mir nicht sicher. Früher habe ich gedacht, dass das passiert, aber jetzt bin ich mir nicht mehr so sicher, weil Putin verrückt ist. Jetzt bin ich mir nicht mehr so sicher, weil Putin verrückt ist.

EINE FAMILIE

„Mein Vater wurde Krieger, mit meiner Mutter kamen wir nach Berlin“ – die Kurzfassung aus Sicht eines Kindes. Wie kriegt man das hin mit vier Kindern, denen man Sicherheit vermitteln muss?

28

GRYGORII PALII

„Meine Frau Maryna, eine Fernsehjournalistin, war mit unserem dritten Kind schwanger.“

„Unser Präsident hat oft gesagt, dass wir derzeit die größte Armee Europas haben. Das sind etwa eine Million Menschen, aber es sind nicht einfach eine Million Menschen, es sind eine Million Geschichten, persönliche Geschichten, und Millionen von Familien, die mit diesen Menschen verbunden sind.“

Das Interview mit Grigorij Palij (46) fand am 26. Januar 2025 im Berlin Story Bunker statt

Die Olympischen Winterspiele waren zu Ende. Unsere kleine Gruppe von Sportjournalisten veranstaltete eine kleine Party. Am nächsten Morgen rief mich ein Reporter aus Kolumbien an und fragte: „Was ist los in der Ukraine?" Ich antwortete: „Ich schlafe noch, ich weiß nichts." Er fragte: „Kein Krieg?" Ich dachte: „Vielleicht hat der Krieg schon begonnen, aber nein, ich schlafe noch."

„Discúlpame, me voy a dormir." Und das war's. Ich schlief weiter.

Es gibt Soldaten, die sagen: „Wir schaffen das nicht." Leider. Aber es gibt auch Soldaten, die weitermachen wollen, die motiviert sind. Es gibt Menschen, die in ihre Häuser zurückkehren wollen, obwohl von ihnen nicht mehr viel übrig ist. Derzeit haben wir die größte Armee Europas mit etwa einer Million Soldaten. Aber das sind nicht einfach eine Million Menschen, sondern eine Million Geschichten und eine Million Familien, die mit diesen Menschen verbunden sind. Wir leben in der modernen Welt. Aber die Regeln der alten Zeiten bleiben unverändert: Der Stärkere hat immer Recht.

Ich beschloss, Deutsch zu lernen

Mein Name ist Grigori, ich bin heute 46 Jahre alt und komme aus der Ukraine. Ich bin dort geboren, habe dort die Schule und die Hochschule abgeschlossen und sehr lange in der Ukraine gearbeitet. Im Großen und Ganzen ist mein ganzes Leben mit der Ukraine verbunden. Ich habe in der Schule Deutsch gelernt. Es war eine normale sowjetische Schule. In der vierten Klasse wurden wir gefragt, wer in der englischen und wer in der deutschen Gruppe lernen möchte. Die Klasse wurde in zwei Gruppen aufgeteilt. Meine ältere Schwester lernte Deutsch, und ich lernte ein wenig mit ihr und aus dem Lehrbuch. Ich dachte, dass Deutsch für mich einfacher sein würde. Wir lebten in der großen Industriestadt Krywyj Rih, wo es viele Bergwerke und Metallwerke gab, und mein Vater sagte: „Wenn du Bergmann werden oder in der Metallindustrie arbeiten willst, brauchst du Deutsch, denn viele Begriffe stammen aus dem Deutschen.“ Deutsch war früher die Sprache der Wissenschaft, aber wenn du Seemann werden willst, solltest du lieber Englisch lernen.

Ich dachte nach: Vielleicht wäre es für mich interessanter gewesen, Seemann zu werden, aber ich entschied mich dennoch, Deutsch zu lernen. Vielleicht lag das an meiner Schwester und daran, dass mein Vater auch ein wenig Deutsch sprach. Er hatte in der Schule Deutsch gelernt und bis zum Alter von sechs oder sieben Jahren hörte er sogar mehr Deutsch als beispielsweise Russisch. Er wurde 1939 in einem ukrainischen Dorf geboren, und als er anderthalb Jahre alt war, wurde sein Vater zur sowjetischen Armee eingezogen. Das war noch 1940, nicht 1941, und nach 1941 befand er sich in der Besatzungszeit und hörte mehr Deutsch als Russisch, weil im Dorf niemand Russisch sprach. Alle um ihn herum sprachen Ukrainisch, und selbst in der Nachbarstadt Krywyj Rih sprachen die Menschen damals überwiegend Ukrainisch. Nach dem Krieg begann man in der Schule, Russisch zu lernen. Kurz gesagt, ich beschloss, Deutsch zu lernen. Im Grunde genommen fand ich es ziemlich interessant, Fremdsprachen zu lernen.

Zu müde für einen Krieg so früh

Nun zum Krieg. Für mich war völlig klar, dass, wenn es in der Ukraine wieder Krieg geben würde, dieser von Russland kommen würde. Schon damals schaute ich mir die Karte von Europa an und sah, dass es außer dem Feind im Osten keine anderen gab. Und 2014 geschah es dann. Zunächst wurde ich 2015 zur ukrainischen Armee einberufen. Das war sozusagen die letzte Phase der Mobilmachung. Seit 2016 gibt es in der Ukraine bereits eine Berufsarmee, aber ich war noch immer ein eingezogener Soldat. Dann, im Jahr 2016, wurde ich aus dem Militärdienst entlassen und bin seitdem Reservist. Seit 2021 gab es viele Gerüchte, dass die Russen sich auf eine totale Eskalation vorbereiten. Sie wollen Kyiv angreifen und stürmen. Ich hielt diese Idee für völlig absurd, denn die letzten Jahre der ukrainischen Geschichte waren dadurch gekennzeichnet, dass wir einen Schritt von Russland in Richtung Europa und zwei Schritte zurück gemacht haben. Das war schon immer so. Wir waren wie gefesselt. Diese Besetzung war langsam, mental, mit russischen Geschäften, Informationen und allem, was dazu gehört. Die Ukraine hatte keine Waffen und keine Soldaten. Und warum und wem war eine solche Eskalation notwendig? Wir hatten uns noch nicht so sehr von Russland gelöst, und die Verbindungen waren sehr stark. Trotz der Ereignisse von 2004, dem ersten Maidan und den Ereignissen von 2013 waren wir immer noch fest miteinander verbunden. Deshalb hielt ich diese Idee für völlig absurd und glaubte nicht, dass so etwas passieren könnte, denn dafür gab es keinen Grund.

Ich arbeitete als Sportjournalist, und gerade waren die Olympischen Winterspiele zu Ende gegangen. Wir hatten unser Projekt abgeschlossen und eine kleine Party mit vier Personen, dem Team der Sportjournalisten, veranstaltet. Wir kamen zusammen, und am nächsten Morgen, sehr früh, erhielt ich einen Anruf aus Kolumbien. Es war ein Reporter, der beim Radio arbeitete, und er fragte: „Was ist los in der Ukraine?“ Ich antwortete: „Ich schlafe noch, ich weiß nichts.“ Er fragte: „Gibt es keinen Krieg?“ Ich dachte: „Vielleicht hat der Krieg schon begonnen, aber nein, ich schlafe noch.“

„Discúlpame, me voy a dormir.“ Und das war's. Ich schlief weiter. Zuvor hatte ich nur einmal Kontakt mit ihm gehabt. Das war während der Coronavirus-Pandemie. Er interviewte mich über den ukrainischen Sport während der Coronavirus-Pandemie. Wie läuft es mit dem Sport in der Ukraine? Zwei Jahre lang hatten wir nichts voneinander gehört, und jetzt rief er an. Ich kann nicht sagen, dass ich eingeschlafen war, aber ich war sozusagen im Halbschlaf, als ich hörte, dass etwas passiert war. Ich hörte bestimmte Geräusche, die wie Explosionen klangen. Und ich dachte: Vielleicht hatte er recht. Vielleicht hat etwas begonnen. Dann erhielt ich eine SMS aus den USA von einem Freund. Er stammt aus der Ukraine, lebt aber seit 20 Jahren in Rhode Island. Er schrieb, dass wir stark sein müssen, dass er in Gedanken bei uns ist und wenn wir etwas brauchen, wird er versuchen, irgendwie zu helfen. Da fügte sich alles zu einem Gesamtbild zusammen und ich verstand, dass etwas passiert war, und dann kamen fast minütlich Nachrichten, hauptsächlich aus dem westlichen Teil der Welt, aus Kuba, Kanada und den USA.

Die Leute schrieben mir ständig. Ich schickte einer Kollegin aus Kolumbien eine Sprachnachricht: „Der Krieg hat begonnen ... Es ist etwas los. Ich höre Explosionen, aber in der Stadt herrscht noch keine Panik. Es ist noch dunkel, aber es ist eine Invasion. Dann sagte ich zu meiner Frau Maryna:

„Wir müssen uns schnell beraten. Wach auf! Der Krieg hat begonnen. Was sollen wir tun?“ Sie sagte: „Also, die Kinder müssen... Der Älteste muss zur Schule gehen.“ „Und was machen wir?“ „Der Zweite geht nicht in den Kindergarten. Es ist besser, wenn er zu Hause bleibt.“

Packen!

Ich sagte: „Nein, nein, nein, auf keinen Fall zur Schule. Wir packen alles Notwendige zusammen und fahren zu deiner Arbeit.“ Sie ist Fernsehjournalistin, und dort, wo sie arbeitete, gab es einen Luftschutzbunker, einen sicheren Ort. Außerdem sagte ich: „Deine Arbeit ist jetzt sehr wichtig, und die Kinder können zumindest in diesem Bunker bleiben.“ Sie war mit ihrem dritten Sohn schwanger. Sie war im vierten Monat, aber sie arbeitete trotzdem. Wir packten alles zusammen und frühstückten. Die Geräusche wurden immer lauter, und wir verfolgten die Nachrichten, aber wir sprachen nicht viel mit den Kindern. Es gab überhaupt keine Panik. Die Kinder waren ganz normal, würde ich sagen. Sie fragten uns: „Warum gibt es heute keine Schule und keinen Kindergarten? Was ist los? Warum?“

„Es wird weder das eine noch das andere geben, alles ist in Ordnung, es hat nur ein Krieg begonnen. So war es. Wir packten alles zusammen und fuhren gegen Mittag los, war es um neun oder um acht? Leider weiß ich das nicht mehr genau. Wir fuhren mit dem Auto vom östlichen Teil der Stadt in den westlichen Teil, auf die rechte Seite, und verbrachten, glaube ich, etwa einen halben Tag bei Marynas Arbeit. Ihre Produzentin sagte dann: „Ja, du bist schwanger. Was machst du hier? Du musst evakuiert werden. Weg, weg, weg." Ich antwortete: „Okay, wenn du hier gerade nicht gebraucht wirst, dann lass uns gehen. Geh lieber zu deiner Mutter." Marynas Mutter lebt in einer kleinen Stadt südlich von Kyiv, weit weg von der Grenze zu Weißrussland und Russland. Sie ist mit den Kindern dorthin gefahren. Ich blieb noch ein paar Stunden zu Hause. Ich suchte meine Sachen.

Ich habe noch etwas gepackt, ich weiß nicht mehr genau was. Vielleicht Akkus oder so etwas. Mit all diesem Gepäck und meiner Uniform bin ich zuerst zum Militärkommissariat gegangen, aber dort war geschlossen. Das Zentrum war auf jeden Fall geschlossen. Dann bin ich mit dem Auto zu meinen Freunden gefahren, die nicht weit vom Standort meiner Brigade wohnen.

Ich wurde 2016 aus der Kyiver Brigade, die an der U-Bahn-Station „Brestskaja" stationiert ist, demobilisiert. Ich ließ mein Auto und meine Schlüssel dort und ging mit meinem Rucksack zu meiner Brigade. Ja, das war der erste Tag. Noch 2016, als ich demobilisiert wurde, sagte der Stabschef der Brigade. Er füllte die Dokumente aus und sagte: „Herzlichen Glückwunsch. Du bist mobilisiert, bleibst aber als operativer Reservist in unserer Brigade. Großartig. Wenn etwas passiert, komm zu uns. Wir freuen uns, dich wiederzusehen." Das war 2016. Im Grunde genommen hatte ich keine große Wahl, wohin ich gehen sollte. Die Frage war nur, wie ich dorthin kommen sollte, da die U-Bahn nicht fuhr. Die U-Bahn fuhr nicht vom linken zum rechten Ufer.

Es gab einige Kleinigkeiten in Bezug auf Logistik und Vorbereitung, die ich erledigen konnte. Jetzt erinnere ich mich auch, dass im Kühlschrank Speck lag und auf dem Regal Konserven standen. Am Morgen habe ich noch etwas Geld an Geldautomaten abgehoben. Nicht alle funktionierten damals, aber im Einkaufszentrum konnte man Geld abheben. Es gab lange Schlangen.

Marynas Evakuierung: Kaniv – Krakau – Berlin

Die Gespräche mit Maryna waren, soweit ich mich erinnere, so: „Es sieht so aus, als würde sich die Situation verschlechtern, und das wird nicht so schnell vorbei sein." „Also beruhige dich, ich denke, in vier bis fünf Monaten wird sich etwas entscheiden. Fahre zu deiner Mutter." Das ist die Stadt Kaniv, 132 Kilometer südlich am Dnipro. „Keine Panik wegen der Geburt deines Sohnes. Ich denke, alles wird gut, ich hoffe, dass die Großmächte in dieser Zeit vielleicht etwas beschließen, damit wir durchhalten können. Was sollen wir jetzt tun? Wir müssen das tun.

Wir müssen den Gegner, den Feind, aufhalten, und dann wird der diplomatische Prozess beginnen." So dachte ich damals. Den ganzen Tag über erhielt ich neue Nachrichten. Viele Menschen aus Europa schrieben: „Was ist bei euch los? Vielleicht wäre es besser, wenn du mit deiner Familie zu uns kommen würdest."

Es gab vier, fünf oder sechs konkrete Angebote, aber die Warteschlangen an der Westgrenze der Ukraine waren bereits sehr lang. Ich verfolgte die Nachrichten, soweit das möglich war. Dann, etwa eine Woche später, schickte ich Maryna einige Kontakte hier in Europa. Ich sagte, dass dies vertrauenswürdige Menschen seien, an die ihr euch alle wenden könnt und die euch helfen werden, wenn etwas passiert. Das Problem in Kaniv war, dass diese Stadt an einem Wasserkraftwerk liegt und ein Ziel für die Russen ist. Außerdem gab es dort keine Bunker für die Zivilbevölkerung.

Was in Kaniv passiert ist, kann Maryna besser erzählen. Aber nach ein paar Tagen fuhr sie zu den Eltern meines Freundes in den Westen der Ukraine. Sie haben ein großes Landhaus in der Nähe von Lemberg und unweit der polnischen Grenze. Und sie hatte bereits Kontakte zu Menschen in Europa, die uns helfen wollten. Ich fragte: „Willst du vielleicht weiterfahren?" Ich fragte. „Ja, ich möchte nicht weiterfahren. Die Situation ist nicht so gefährlich. Vielleicht bleiben wir hier." Und ich sagte: „Wenn ich keinen Mobilfunkempfang habe. Du hast alle Kontakte, du kannst entscheiden." „Ja, unsere Kinder sind bei dir, und du kannst die Situation einschätzen. Wenn du etwas brauchst, ruf diese Nummer an, frag nach der Adresse und entscheide, was zu tun ist." Auf jeden Fall lag die Entscheidung bei ihr. Ich machte ihr einen Vorschlag, aber ich befahl ihr nichts. Das war Mitte März, vielleicht schon in der zweiten Hälfte des Monats. Ich war noch in der Region Kyiv. Hier und da gab es Kämpfe. Dann sagte sie, dass es in ihrer Nähe mehrere Explosionen gegeben habe. „Kannst du deinen Freunden schreiben, dass ich weiter nach Europa fahre, und dann sehen wir weiter?“, fragte sie. Wenn ich mich nicht irre, beschloss sie damals, zu ihrer Freundin nach Frankreich zu fahren. Sie kennen sich seit 20 Jahren, aber Maryna war im fünften Monat schwanger und hatte zwei Kinder, als sie sich allein mit dem Auto auf den Weg machte. Sie fuhren los, und ich fand einen Kontakt in Krakau und schickte ihr eine Nachricht, wo sie übernachten konnten. Er fragte: „Wie können wir Ihnen helfen? Wo werden Sie übernachten? Möchten Sie bleiben?“, denn die Situation in Krakau war damals ziemlich schwierig. Es waren so viele Ukrainer gekommen, dass die kommunale Versorgung der Stadt bereits instabil war. Ich antwortete: „Nein, nein, sie werden auf jeden Fall weiterfahren.“ Nach Krakau fuhren sie nach Berlin. Hier wurden die Kinder und Maryna von meinem Freund empfangen, der alles tat, damit sie bleiben konnten. Sie sollten nicht weiterfahren, sondern hier in Berlin bleiben. Ich denke, erstens, weil Berlin nur einen Tag Fahrt von der Ukraine entfernt ist, und zweitens, weil es ziemlich schwierig war, noch tausend Kilometer mit dem Auto zu fahren. Also beschloss sie, hier zu bleiben.

Kyiver Region, Donbass: Dienst bis September

Wir befanden uns in der Region Kyiv, aber südwestlich der Stadt. In der Stadt selbst gab es keine Kampfhandlungen mehr. Die Russen waren gestoppt worden, aber in der Umgebung wurde noch gekämpft. In unserem Sektor gab es jedoch keine heftigen Kämpfe. Unsere Lage war ziemlich sicher. Wir beobachteten nachts alles und führten bestimmte Aufgaben aus, hatten aber keinen direkten Feuerkontakt mit den Russen. Ich blieb dort, glaube ich, bis Anfang Mai mit meiner Einheit in der Region Kyiv, und erst später wurden wir weitergeschickt. Ich weiß nicht, wie man das auf Deutsch nennt, zur Vorbereitung auf die weitere Verlegung. Unsere Einheit wurde vorbereitet. Bereits im April zogen sich die Russen aus der Region Kyiv zurück. Dann wurden wir zur Vorbereitung geschickt, es gab eine Umgruppierung und so weiter. In den ersten Wochen verlief alles sehr spontan. Ende Frühling, Anfang Sommer wurden wir schließlich in den Donbass geschickt und befanden uns im Osten der Ukraine.

Rotation, Demobilisierung und Winter in Berlin

Ich war bis Mitte September dort. Dann fand eine Rotation statt. Meine Einheit wurde zurück in die Region Kyiv versetzt. Wir wurden durch andere Leute ersetzt. Es gab eine Rotation zwischen den Einheiten. Nach etwa drei bis vier Monaten im Donbass kehrten wir nach Kyiv zurück. Glücklicherweise war unser dritter Sohn zu diesem Zeitpunkt bereits in Berlin geboren worden.

Das war im Juli. Ich war noch in Chasowy Jar, als mein dritter Sohn geboren wurde. Erst im September, als ich versetzt wurde, schrieb ich einen Urlaubsantrag, um meinen Sohn zu sehen und nach Berlin zu fahren. Das war ziemlich kompliziert. Damals war noch nicht allen klar, wie man Urlaub bekommt und wie das alles funktioniert, wie man ins Ausland fahren kann. Natürlich stellte sich auch die Frage, ob ich zurückkommen würde. Denn Frieden ist besser als Krieg, das ist klar. Ich bekam diesen Urlaub und sah im September zum ersten Mal meinen dritten Sohn in Berlin. Der Urlaub war jedoch sehr kurz. Nur zehn Tage. Darauf war ich nicht vorbereitet. Dazu kam noch die An- und Abreise. Insgesamt blieb ich nur fünf, sechs Tage bei meiner Familie. Dann kehrte ich zu meinem Bataillon zurück. Ende Oktober kam Maryna mit allen Kindern in die Ukraine und sagte: „Entweder du lässt dich demobilisieren, oder wir bleiben alle hier." Im November gab es bereits heftige Beschüsse der Energieinfrastruktur. Als Vater von drei Kindern hatte ich das Recht auf Demobilisierung und dachte: „Okay, gut. Vielleicht werde ich demobilisiert." Im November gab es eine sehr positive Entwicklung. Am 11. oder 12. November wurde Cherson von den Russen befreit. Sie zogen ab, und dann war die positive Dynamik zu spüren, die bereits im Frühjahr begonnen hatte. Ich entschied, dass jetzt vielleicht der richtige Zeitpunkt für meine Kinder und meine Familie war, denn ich war mir sicher, dass der Winter in Berlin für sie besser sein würde als beispielsweise in Kyiv. Am 19. November, dem Geburtstag meines ältesten Sohnes, wurde ich aus dem Militärdienst entlassen. Wir fuhren zu fünft mit dem Auto nach Berlin.

Arbeit, Deutsch C1, ukrainischsprachiges Radio

Als ich in Berlin ankam, war ich mir sicher, dass meine Kriegserfahrungen und meine journalistische Erfahrung mir helfen würden, einen passenden Job zu finden, denn ich dachte, dass alle Medien Menschen brauchen, die etwas zu erzählen haben, die verstehen, was Krieg ist, und die keine Angst vor dem Krieg haben. Ich schickte viele Lebensläufe, aber es kam nichts dabei heraus. Für journalistische Stellen erhielt ich Absagen. Ja, das war sehr interessant.

„Wir haben Ihren Lebenslauf gelesen, aber für diese Stelle haben wir Kandidaten, die möglicherweise besser geeignet sind." Das ist eine richtige, gute Antwort.

Aber ich habe meine Bewerbung an verschiedene Medien, Fernsehsender und große Verlage geschickt. Soweit ich das in der Ukraine und in Deutschland verstehe, ist es in diesem Beruf sehr wichtig, jemanden persönlich zu kennen. Wie in diesem Spruch: Wenn ein Mensch wüsste, wer der andere ist, gäbe es mehr Respekt zwischen ihnen. In der Ukraine sind persönliche Beziehungen wichtig. Der Produzent kennt den Journalisten, der Journalist kennt den Kameramann, mit dem er gut zusammenarbeiten kann, und die Arbeit wird produktiv. Das ist sehr wichtig. Deshalb habe ich verstanden, dass die Situation in Deutschland vielleicht ähnlich ist. Nach einem Monat habe ich beschlossen, den Job zu wechseln.

Es war eine Stelle bei einer Organisation, die sich um Obdachlose kümmert. Sie waren auch in der Ukraine tätig. Sie waren froh, jemanden zu haben, der die Ukraine versteht und gut Deutsch spricht. Ich hatte einen befristeten Vertrag. Es war eine schöne Zeit, aber das Projekt endete und der Sommer kam. Es war wieder Zeit, eine Entscheidung zu treffen. Im Sommer 2023 mussten wir entscheiden, wie es weitergehen sollte. Wir verbrachten wieder etwa einen Monat in der Ukraine. Aber wir beschlossen, nach Deutschland zurückzukehren, gerade als unser zweiter Sohn zur Schule kam. Wir beschlossen, nach Berlin zurückzukehren und hier unseren Weg fortzusetzen. Um Arbeit zu finden... Mir wurde geraten, einen Sprachkurs zu besuchen und ein Zertifikat zu erwerben. Denn ein Zertifikat ist immer nützlich. Fünf Monate lang habe ich meine Deutschkenntnisse verbessert. Einiges wusste ich bereits. Jetzt habe ich die Bestätigung, dass ich das Niveau C1 erreicht habe. Danach habe ich begonnen, als Selbstständiger zu arbeiten.

Hier haben wir einige Kollegen gefunden, die in Berlin ein ukrainischsprachiges Radio betreiben. Sie haben eine Sendung in ukrainischer Sprache, und ich war der vierte in diesem Team. Bis heute arbeiten wir in derselben Zusammensetzung. Manchmal übersetze ich für verschiedene Leute, manchmal arbeite ich als Journalist, aber ich bin selbstständig.

Gedanken nach dem Krieg und ein nüchterner Blick

Letzte Woche bin ich aus der Ukraine nach Berlin zurückgekehrt. Ich habe auch mit verschiedenen Zivilisten und mit den Jungs gesprochen, die in meiner Einheit waren und dort geblieben sind. Viele von ihnen sind bereits verwundet. Einige sind zurückgekehrt. Einige ... können aufgrund ihrer Verletzungen nicht mehr weiterkämpfen. Ich habe mit allen gesprochen, aber niemand ist sich einig und es gibt keine gute Lösung. Alle Entscheidungen sind schwer und schlecht für uns. Ja, es ist schlimm. Wir kennen die Geschichte und es gibt viele Beispiele, bei denen ein großes und starkes Land einen Krieg begonnen hat. Dieser Krieg wurde beendet, aber die Grenzen haben sich verändert. Diese zerrissenen Familien und Verbindungen bestehen bis heute. Serbien, Zypern, Nordzypern... überall. Es gibt unglaublich viele Geschichten. Was mir in diesem Fall auffällt: Alle von mir genannten Beispiele haben keine so langen Grenzen. Die ukrainisch-russische Grenze ist viel länger als alle diese Staaten zusammen. Und keines der genannten Länder, zum Beispiel die Türkei, ist eine Atommacht. Hier gab es keine Atomwaffen. Wir haben es jedoch mit einem Land zu tun, das über sehr viele Atomwaffen verfügt. Ich habe mit Menschen gesprochen, und ja, es gibt Zivilisten, die überzeugt sind, dass der Krieg so lange weitergehen muss, bis die Russen vertrieben und Russland zerstört ist. Das Militär sagt: „Wir können das nicht tun. Leider ist das derzeit unmöglich." Es gibt auch eine gegenteilige Meinung. Es gibt Militärs, die weitermachen wollen, die motiviert und überzeugt sind, und es gibt Zivilisten, die sagen: „Ja, das ganze Leben ist Krieg. Wie können wir weiterleben? Wir müssen alles beenden." Es gibt Menschen, die aus dem Osten und Süden geflohen sind und in ihre Häuser zurückkehren wollen, obwohl von ihnen nicht mehr viel übrig ist. Aber sie wollen zurückkehren, weil sie sich nur in der Stadt wohlfühlen, in der sie früher gelebt haben. Und so viele Menschen, so viele Meinungen. Unser Präsident hat oft gesagt, dass wir derzeit die größte Armee Europas haben. Das sind etwa eine Million Menschen, aber es sind nicht einfach eine Million Menschen, es sind eine Million Geschichten, persönliche Geschichten, und Millionen von Familien, die mit diesen Menschen verbunden sind. Und der Aggressor wurde nicht bestraft. Das ist für unser Jahrhundert unglaublich. Wir leben nicht im Mittelalter. Wir leben in einer modernen, technisch entwickelten Welt, aber die Regeln der alten Zeiten, dass der Stärkere immer Recht hat, gelten immer noch.

29

MARYNA PALIY

„Es wird sehr schwer sein, zu der Welt zurückzukehren, die wir vor dem Krieg hatten."

„Der erste Schock: Das ist kein Film, das ist Realität. Als mein Mann aufwachte und sagte: „Ich habe Explosionen gehört", konnte ich es nicht mehr leugnen. Wir wohnten in der Nähe von Brovary, wo eine Militärbasis bombardiert wurde."

Interview mit Maryna Paliy (35), geführt am 26. Januar 2025 im Berlin Story Bunker.

„Natürlich möchte ich, dass die Ukraine so bleibt, wie ich sie in der Schule gelernt habe. Aber seien wir realistisch: Wahrscheinlich werden sie sie uns nicht zurückgeben. Es ist sehr schwer, etwas aufzugeben, das man erobert hat und als „sein Eigentum" betrachtet. Zu welchem Preis sollen wir es zurückbekommen? Es gibt keine Garantie dafür, dass das Friedensabkommen eingehalten wird, dass die andere Seite ihre Verpflichtungen erfüllt. Sie können zustimmen und dann trotzdem tun, was sie wollen."

Der erste Tag: Als der Krieg Realität wurde

Mein Name ist Maryna Paliy. Ich bin 35 Jahre alt, Journalistin und Künstlerin aus Kyiv.

Am ersten Tag des umfassenden Krieges weckte mich meine Mutter und sagte: „Der Krieg hat begonnen." Ich glaubte ihr nicht: Meine Mutter ist immer im Internet und liest Nachrichten – ich dachte, dass sie auch dieses Mal übertreibt. Paradoxerweise habe ich selbst darüber berichtet, dass der Krieg jeden Moment beginnen könnte: Militärtechnik wurde an die Grenze verlegt. Ich wusste, dass etwas bevorstand, aber mein Verstand wollte es nicht akzeptieren. Wir leben doch im 21. Jahrhundert. Wie kann es einen Krieg geben?

Sogar Bekannte fragten mich: „Sag mal, wird es Krieg geben?" Ich antwortete: „Nein, das ist unrealistisch. Es kann zu einem Konflikt kommen, aber nicht zu einem Krieg." Und dann – Explosionen, Schüsse, Bombardierungen. Und plötzlich kommt der Schock: Das ist kein Film, das ist Realität.

Als mein Mann aufwachte und sagte: „Ich habe Explosionen gehört", konnte ich es nicht mehr leugnen. Wir wohnten in der Nähe von Brovary, wo eine Militärbasis bombardiert wurde. Der erste Gedanke: Wir haben nicht einmal unsere Koffer gepackt. Wir sind überhaupt nicht vorbereitet. Und gleichzeitig dachte ich noch: Ich muss mein jüngeres Kind in den Kindergarten bringen, mein älteres Kind zur Schule und selbst zur Arbeit gehen. Und plötzlich wird dir klar: Der Krieg hat begonnen.

Der Weg ins Ungewisse: Auf der Suche nach einem sicheren Zufluchtsort

An diesem Tag nahmen wir das Nötigste mit und machten uns auf den Weg zu meinem Büro, dem Fernsehsender „Suspilne" – dort gab es zumindest einen Luftschutzbunker. Wenn etwas passieren sollte, hätten wir einen Zufluchtsort, denn unser Haus ist ein fünfstöckiges Gebäude ohne Keller.

Der Tag verwandelte sich in ein einziges Chaos: Anrufe, Videos aus sozialen Netzwerken, die wir zu überprüfen versuchten, Versuche, die Behörden in Mykolajiw und Cherson zu erreichen – alle waren geschockt. Ich bereitete Material für die Nachrichtensendung vor, während die Kinder Zeichentrickfilme schauten und noch nicht verstanden, was vor sich ging. Am Abend sagte die Produzentin: „Du hast zwei Kinder und bist schwanger. Ich kann dir moralisch nicht erlauben, hier zu bleiben. Geh an einen sicheren Ort."

Wir fuhren zu meiner Mutter. Unterwegs sah ich zum ersten Mal einen Panzer – ein Moment des absoluten Schocks: Ist er von uns oder von den Feinden? Was wird als Nächstes passieren? Das ist kein Film, das ist deine Realität.

Wir blieben etwa eine Woche in Kaniv. Ich hielt diesen Ort für den sichersten: eine Stadt im Zentrum der Ukraine, das Haus meiner Mutter – wie eine Festung. Aber eine andere Gefahr ereilte uns. Als die Sirenen heulten, gingen wir in den Luftschutzkeller, der leider überhaupt nicht ausgestattet war – eigentlich war es nur der Keller eines unfertigen Kulturhauses. Das Land war einfach nicht auf den Krieg vorbereitet. Danach wurde Fadi schwer krank: Wir vermuteten, dass es sich um einen Rotavirus oder eine Lebensmittelvergiftung handelte. Mir wurde klar, dass es für mich als schwangere Frau mit zwei Kindern gefährlich wurde, hier zu bleiben.

Mein Mann schickte uns zu Freunden in ein Dorf in der Nähe von Lemberg. Dort blieben wir ebenfalls etwa eine Woche lang. Wir versuchten, alles zu verstehen, was passiert war, und herauszufinden, wie wir am besten mit der Situation umgehen sollten, aber der Militärübungsplatz in Yavoriv war ganz in der Nähe. Eines Tages sah ich, wie er brannte. Da wurde mir klar, dass auch dieser Ort gefährlich war. Ich wollte nicht in einem Bunker gebären.

„Also fragte ich mich: ‚Was soll ich jetzt tun?' In diesem Moment rief mich eine Freundin an, die ich während eines Studentenaustauschs zwischen den Partnerstädten Kaniv und Lambersar kennengelernt hatte. Sie sagte: „Meine Mutter hat ein großes Haus, komm zu uns." Ich erklärte ihr, dass ich schwanger bin, und sie beruhigte mich: „Alles wird gut. Meine Mutter ist Hebamme, ich kümmere mich um alles."

Deutschland: ein neues Zuhause und die Herausforderung der Vorläufigkeit

Unterwegs mussten wir mehrere Zwischenstopps einlegen. Zuerst Krakau: eine Nacht, ein kurzer Spaziergang, ein Versuch, die Kinder und mich selbst zu beruhigen. Dann fuhren wir weiter nach Berlin, wo ein alter Freund meines Mannes lebte, Sebastian, den ich noch nie zuvor gesehen hatte. Wir kamen gegen zehn Uhr abends an, und ich musste mich einem Menschen anvertrauen, den ich zum ersten Mal in meinem Leben sah. Er gab uns Unterschlupf und tat alles, um uns in Berlin einzurichten. Man sagt, Schwangere haben Glück – wir hatten Glück. Es fühlte sich an, als hätte Gott entschieden: Wir müssen hierbleiben.

In den ersten zwei Monaten zogen wir ständig um – vier Wohnungen in kurzer Zeit. Zuerst hatten wir nur einen Koffer, dann wurden es mehr: Die Kinder brauchten Kleidung und andere Dinge. Jeder hatte nur einen Trainingsanzug, ein Paar Schuhe, das Nötigste und einen Laptop für den Online-Unterricht. Schließlich kamen wir zur LEA, ließen uns registrieren und dann ging es wieder nach Berlin. Sebastian half uns mit allen Dokumenten. Ich war schwanger, konnte die Sprache nicht, und er ging zu den Terminen, übersetzte und füllte die Formulare aus.

Zwischen zwei Welten: Ruhe hier und Sehnsucht nach der Ukraine

Wie war es, die ganze Zeit in Berlin zu leben? Einerseits gut, weil wir in Sicherheit sind. Wir hören keine Sirenen, die Kinder auch nicht. Ich habe keine Angst mehr, dass etwas unser Leben bedrohen könnte. Aber andererseits ist es sehr schwer, weil Deutschland nicht die Ukraine ist. Wir haben unterschiedliche Ansichten, eine andere Denkweise, andere Gewohnheiten. Viele glauben aufrichtig an Frieden durch Verhandlungen – ohne Waffen. Wenn das möglich wäre, wäre es schon geschehen, aber derjenige, der den Krieg begonnen hat, hat seine eigenen Pläne und setzt sie hartnäckig um. Es schmerzt, dass man keinen direkten Einfluss auf ihn nehmen kann.

Als Mutter von vier Kindern (und nicht als Journalistin) stelle ich mir oft die einfache „Couchfrage": Warum kann man den Krieg nicht einfach beenden? Wir kennen doch den Aggressor, wir wissen, was er tut. Warum wird er nicht gestoppt? Die Antwort ist einfach: Die Ukraine ist technisch nicht stark genug. Uns fehlen Waffen und Ressourcen, professionelle Soldaten, Ausbildung. Ohne die Hilfe des Westens, Amerikas und anderer starker Länder ist das extrem schwierig.

Jetzt sind wir hier in Deutschland, und ich sehe, wie meine Kinder aufwachsen. Sie werden zu Persönlichkeiten erzogen, die ihre Bedürfnisse kennen, frei denken und handeln können, aber auch die Grenzen anderer respektieren. Ich zumindest bin nicht so erzogen worden – ich gehöre zur postsowjetischen Generation.

Mir wurde beigebracht, mich aufzuopfern, alles zu geben, keine eigenen Grenzen zu setzen. Das ist nicht immer schlecht – so entstehen Mitgefühl und moralische Sensibilität, aber wenn ein Mensch sich selbst nicht hört, seine eigenen Gefühle und Bedürfnisse nicht versteht, lässt er sich leicht manipulieren. Uns fehlt oft kritisches Denken und nüchterne Einschätzung. Manchmal reicht schon eine kleine Hilfe – und wir sind schon dankbar wie ein Hund, der die Hand desjenigen leckt, der ihn gefüttert hat. Gleichzeitig sind die Ukrainer stark und lieben die Freiheit. Wir wollen nicht aufgeben. Wir können auch dort durchhalten, wo andere längst den Mut verloren hätten. Wir kämpfen für das, was uns gehört, und geben nicht nach. Das ist es, was uns aufrecht hält.

Ich lerne, ehrlich zu mir selbst zu sein und meinen Gefühlen treu zu bleiben. Zu Beginn des Krieges war ich fest davon überzeugt, dass ich in die Ukraine zurückkehren würde, denn das ist meine Heimat, dort sind meine Lieben, dort bin ich aufgewachsen, dort versteht man mich. Aber wenn ich an die Zukunft denke – vielleicht klingt das egoistisch –, sehe ich für mich und meine Kinder mehr Perspektiven in Deutschland. Hier kann man seiner Lieblingsbeschäftigung nachgehen und gleichzeitig ein würdiges Leben führen. Hier hat man keine Angst vor dem Morgen.

Wenn ich mir vorstelle, dass wir in die Ukraine zurückkehren würden – ich allein mit vier Kindern und meinem Mann –, dann ist mir klar: Wir haben zwar eine Wohnung, aber keine Arbeit. Um bei den aktuellen Preisen überleben zu können, müssten beide Elternteile arbeiten und die Kinder müssten jeden Tag in der Schule oder im Kindergarten sein. Hier bekommt man viele grundlegende Dinge kostenlos: Kleidung, Lebensmittel, Dinge des täglichen Bedarfs. Das Land ist wirtschaftlich entwickelt, stabiler und bietet mehr Unterstützung. Die Menschen haben keine Angst zu teilen – sie tun es ohne zu zögern. Wir waren schockiert, als die Kinder in der Schule zwei Tablets von Apple bekamen. In der Ukraine müssten Väter oder Mütter sehr lange arbeiten, um so etwas zu kaufen, weil es sehr teuer ist. Es ist eher ein Luxusartikel. Hier ist es eine Notwendigkeit für den Online-Unterricht. Die Menschen gehen pragmatisch mit Dingen um, während sie für uns oft einen anderen, „wertvollen" Stellenwert haben.

Trotz des Erziehungsurlaubs und der Müdigkeit einer jungen Mutter möchte ich mich verwirklichen. Sehe ich mich hier? Ja, ich sehe Möglichkeiten. Meine Kunst ist in der Ukraine eher ein Hobby als mein Haupteinkommen, weil sie nicht genug Geld einbringt. Dort leben die Menschen noch nach der Vorstellung, dass ein Künstler hungern muss. Hier gibt es zwar mehr Konkurrenz, aber auch die Chance auf Selbstverwirklichung und Unterstützung – Stipendien, Programme. Deshalb bleiben wir hier, solange der Krieg andauert. Hier ist es sicher – für mich und für meine Kinder.

Schwierige Fragen: Wer wird den Preis des Krieges zahlen?

Natürlich möchte ich, dass die Ukraine so bleibt, wie ich sie in der Schule gelernt habe. Aber seien wir realistisch: Wahrscheinlich werden sie sie uns nicht zurückgeben. Es ist sehr schwer, etwas aufzugeben, das man erobert hat und als „sein Eigentum" betrachtet. Zu welchem Preis sollen wir es zurückbekommen? Sind die Ukrainer wirklich bereit, dafür zu zahlen, und wer genau wird das tun? Viele Männer wollen nicht zur Armee; viele kämpfen bereits und sind erschöpft. Wir haben nicht genug ausgebildete Soldaten, es mangelt an Waffen und Technik, und wir können diese nicht selbst herstellen, ohne Hilfe, ohne Unterstützung des Westens, Amerikas und anderer starker Länder. Es wird sehr schwer sein, zu der Welt zurückzukehren, die wir vor dem Krieg hatten, zu dem friedlichen Leben von 2014, nicht von 2022. Obwohl die Menschen jetzt so müde sind ... wollen sie zumindest das zurück, was wir 2022 noch hatten.

Wie sehe ich die Zukunft? Friedensverhandlungen... aber mit wem? Wie kann man mit so einem Menschen Frieden vereinbaren? Es gibt keine Garantie, dass die andere Seite sich an die Vereinbarungen hält. Wie in dem Sprichwort: „Vasja hört zu – und isst". Er kann zustimmen – und dann weitermachen wie bisher. Wer wird uns beschützen? Wir brauchen Hilfe. Wir brauchen Schutz.

30

IVAN PALIY

„Der erste Tag des Krieges? Das war eigentlich ziemlich lustig."

„Tatsächlich stammt die Hälfte meiner Klasse nicht aus Berlin. Mein Mentor war zum Beispiel Jude, ein Junge, der aus Israel gekommen war, und die Eltern eines anderen Freundes kamen beide aus Japan, obwohl er in Berlin geboren war."

Interview mit Ivan Paliy (11 Jahre), geführt am 26. Januar 2025 im Berlin Story Bunker.

Ivan rollt mit den Augen: *„Meine Mutter wollte unbedingt, dass ich zur Schule gehe, obwohl meine Großmutter angerufen und gesagt hatte, dass der Krieg begonnen habe. Meine Mutter glaubte ihr nicht, weil sie schon viele Fake News gesehen hatte. Aber ich musste nicht mehr zur Schule gehen."* Er lächelt.

Sein Mentor in der deutschen Schule ist ein Jude aus Israel. Die Eltern eines anderen Freundes stammen aus Japan, aber er selbst ist hier geboren. Ivan plant, in Deutschland zu bleiben: Hier ist es sicherer, *„und wenn man zum Beispiel aus einem anderen Land kommt, ist es nicht so schlimm, hier gibt es keinen Rassismus"*.

Ich bin Ivan. Ich bin elf Jahre alt und komme aus Kyiv. Ich bin wegen des Krieges in der Ukraine nach Deutschland gekommen.

Am ersten Tag, als der Krieg begann, sollte ich zur Schule gehen. Meine Mutter wollte, dass ich hingehe, aber dann erschien im Gruppenchat die Nachricht, dass die Schule geschlossen ist. Dann rief meine Großmutter an und sagte, dass der Krieg begonnen habe. Zuerst glaubte meine Mutter es nicht – sie dachte, dass es sich vielleicht um Fake News handelte, da meine Großmutter manchmal solche Nachrichten liest.

Es war sogar ein bisschen lustig: Wie könnte denn wirklich ein Krieg beginnen? Damals blieb ich oft nach dem Unterricht in der Schule in der Nachmittagsbetreuung zusammen mit anderen Kindern. Und einmal sagte ich zu meinen Freunden: „Vielleicht fängt der Krieg an", aber ich selbst glaubte nicht wirklich daran – und sie auch nicht. Wir beschlossen sogar, uns auf den Krieg „vorzubereiten" und ein wenig zu trainieren, aber daraus wurde nichts, und schon zwei Tage später begann der Krieg tatsächlich. Und dann sah ich meine Freunde ein ganzes Jahr lang nicht. Ich konnte mir damals nicht einmal vorstellen, wie das in Wirklichkeit sein könnte. Denn unsere Schule teilte sich ein Stadion mit einer anderen Schule, in der Russisch unterrichtet wurde. Nun, wir sind doch Freunde – wir laufen zusammen auf einem Feld! Und können Freunde einen Krieg beginnen? Das schien mir völlig unmöglich.

Zuerst fuhren wir zu meiner Mutter zur Arbeit, dann kehrten wir nach Hause zurück, packten unsere Sachen und fuhren zu meiner Großmutter. Mein Vater ging zur Armee. Danach war er noch eine Woche in Kyiv.

Ich blieb mit ihm in Kontakt – wir telefonierten miteinander. Damals war noch alles in Ordnung.

Wir blieben etwa eine Woche dort. An dem Abend, als wir zu meiner Großmutter kamen, aßen wir zu Abend, und plötzlich ertönte der Alarm. Wir dachten, dass wir jetzt wirklich bombardiert werden würden – aber zum Glück ist das nicht passiert. Meine Großmutter lebt im Zentrum der Ukraine – dort war es bisher relativ sicher, obwohl es erhebliche Risiken gibt.

Aber dieses Gefühl – wenn man nervös ist und denkt, dass es jetzt wirklich einen Luftalarm geben wird...

Wir packten schnell das Nötigste zusammen: Matratzen, Pyjamas, Taschenlampen und Essen. In der Stadt gab es einen Schutzraum, eine Art Bunker, aber er war nicht sehr komfortabel. Wir fuhren schnell dorthin und blieben, glaube ich, etwa sechs Stunden lang dort. Es war etwas langweilig – es gab fast kein Licht und der Raum roch nach frischer Farbe, weil er gerade erst gebaut worden war. Um uns herum lag viel Bauschutt. In den folgenden Tagen, als Alarm ausgelöst wurde, gingen wir nicht mehr in den Bunker – ich habe eine große Familie und viele waren krank, sodass wir nicht schnell dorthin gelangen konnten. Stattdessen legten wir Matratzen direkt im Flur der Wohnung aus. Zum Glück ist nichts passiert, aber wir hatten große Angst. Mein Vater rief meine Mutter an und sagte: „Ihr müsst nach Lemberg fahren." Er hatte Freunde, die uns aufnehmen konnten. Wir fuhren dorthin und blieben bei ihnen wohnen.

Wir blieben etwa eine Woche dort und hatten große Angst, denn einmal sah Mama einen Hubschrauber direkt über uns fliegen. Es war ein Militärhubschrauber. Deshalb beschlossen Mama und Papa, nach Berlin zu fahren, weil Papa dort Freunde hat, die uns aufnehmen konnten. Ich, meine schwangere Mama und Fadi fuhren mit.

Wir haben die Reise auf zwei Tage aufgeteilt, damit es leichter war. Zuerst sind wir nach Krakau gefahren, haben dort übernachtet und uns ein wenig ausgeruht, und am nächsten Tag haben wir unsere Reise fortgesetzt. Ich war noch nie so weit im Westen gewesen, und alles kam mir sehr seltsam und gleichzeitig ein wenig aufregend vor. Ich sprach überhaupt kein Deutsch, nur ein bisschen, weil mein Vater gut Deutsch spricht. Er hat es in der Schule gelernt. Deshalb kannte ich nur ein paar Wörter wie „ja", „nein" und „Hallo". Aber das reichte nicht aus, um so zu sprechen, wie ich es jetzt tue.

Wir kamen spät in der Nacht in Berlin an. Ein Freund meines Vaters fand eine Wohnung für uns, in der wir übernachten konnten. Wir blieben dort, glaube ich, nur zwei Tage, dann zogen wir um, dann noch einmal. Schließlich fanden wir eine relativ gute Wohnung für einen Monat und zogen dann in eine andere, wo wir etwa ein Jahr lang blieben.

Ich sprach mit meiner Mutter und fragte sie, ob es sich lohne, hier zur Schule zu gehen. Zu dieser Zeit hatte ich Online-Unterricht an einer ukrainischen Schule, und mir gefiel das Online-Lernen überhaupt nicht. Als wir uns für ein Jahr in dieser relativ stabilen Wohnung niedergelassen hatten, fand meine Mutter eine gute Schule für mich. Ich ging in eine Klasse für Neuankömmlinge, die hier „Willkommensklasse" genannt wird. Anfangs waren in der Klasse für Neuankömmlinge nur Ukrainer, aber nach einem halben Jahr kamen andere Schüler hinzu. Nach einem halben Jahr in der „Willkommensklasse" wechselte ich in eine normale Klasse. Dort verbrachte ich nicht viel Zeit im Unterricht und malte meistens, weil ich noch nicht viel anderes konnte. Zu diesem Zeitpunkt konnte ich die Sprache schon besser. So konnte ich vier Freunde finden, aber das war wegen der Sprachbarriere nicht so einfach – es fiel mir schwer, Deutsch zu sprechen.

Tatsächlich stammt die Hälfte meiner Klasse nicht aus Berlin. Mein Mentor war zum Beispiel Jude, ein Junge, der aus Israel gekommen war, und die Eltern eines anderen Freundes kamen beide aus Japan, obwohl er in Berlin geboren war. Es gab noch andere Schüler, zum Beispiel ein jüdisches Mädchen. Sie alle sprachen gut Deutsch und halfen uns Neulingen, uns einzuleben. An unserer Schule funktioniert das „Paten"-System so: Wenn ein neuer Schüler in die Klasse kommt, fragt der Lehrer: „Wer möchte Pate werden?" Und die älteren Schüler, wie meine Mentoren, erklären sich bereit, zu helfen. So läuft das immer mit Neulingen und Erstklässlern.

– Geht du gerne zur Schule?

– Eigentlich nicht so sehr, denn ich verbringe meine Freizeit lieber.

Ich finde es wichtig, nicht so oft umzuziehen, denn jedes Mal wird es schwieriger. Unser Rekord liegt bei einem Jahr oder anderthalb Jahren an einem Ort. Den Rest der Zeit ziehen wir fast alle zwei Monate oder sogar noch öfter um, weil wir derzeit in einem Wohnheim leben. Dort gibt es keine Perspektive zu bleiben: Es ist teuer und sinnlos. 49 € pro Tag und Person zu zahlen – und wir sind zu sechst – ist einfach unrentabel. Deshalb suchen wir derzeit eine eigene Wohnung, um endlich sesshaft zu werden und ein wenig Stabilität zu haben.

In unserem Wohnheim leben sehr viele Ukrainer – wahrscheinlich etwa achtzig Prozent. Der Rest sind Menschen anderer Nationalitäten. Deutsche gibt es anscheinend gar nicht.

Im Moment ist es sehr schwierig, eine Wohnung zu finden, weil wir zu sechst sind und eine große Wohnung brauchen, damit alle Platz haben. [Anm.: Die Familie hat eine Wohnung gefunden.] Wir gehen zur Schule, deshalb ist es wichtig, dass die Wohnung in der Nähe ist. Wenn ich zum Beispiel nicht studieren würde, könnte ich mir eine Wohnung suchen, wo ich will.

Meine Perspektiven? Ich sehe meine Zukunft in der Ukraine. Zuerst dachte ich, dass wir nicht lange in Deutschland bleiben würden, vielleicht würden wir dann nach Frankreich gehen, weil meine Eltern dort Freunde haben. Aber eigentlich hat es hier seine Vorteile: bessere Medizin, weniger Gefahren, mehr Möglichkeiten für Leben und Arbeit. Besonders wertvoll ist, dass man akzeptiert wird, auch wenn man aus einem anderen Land kommt. Es gibt Länder, in denen die Menschen rassistisch sind, aber in Berlin ist das nicht so, und das ist wirklich gut.

31

FADIY PALIY

„Dann ging mein Vater in den Krieg und meine Mutter fuhr mit uns nach Deutschland.“

„Ich war der einzige aus der Ukraine im Kindergarten. Zuerst wussten die Kinder gar nicht, dass ich aus der Ukraine komme, aber dann haben sie es herausgefunden.“

Interview mit Fadiy Paliy (8 Jahre), geführt am 26. Januar 2025 im Berlin Story Bunker.

„Im Kindergarten in Deutschland wurde uns gezeigt, was jedes neue Wort bedeutet, es gab Lern-Apps, in denen man die Sprache auswählen konnte, und wir hatten Betreuer, die uns beim Lernen halfen … Ich fahre selbst mit der U-Bahn U2 zur Schule – das sind zwölf Stationen."

Mein Name ist Fadi, ich bin 8 Jahre alt. Am ersten Tag des Krieges ging meine Mutter noch zur Arbeit, mein Vater ging zum Militär und meine Mutter blieb bei uns. Mein kleiner Bruder und meine kleine Schwester waren damals noch nicht geboren. Dann fuhren wir nach Deutschland und landeten in Berlin.

Dort hat uns ein Freund empfangen, und wir haben uns in der Wohnung des Bruders unseres Freundes niedergelassen. Später sind wir umgezogen, und meine Mutter hat angefangen, einen Kindergarten zu suchen. Wir hatten Glück, denn er war ganz in der Nähe – man musste nur um das Haus herumgehen, und schon war man dort. Ich war der einzige aus der Ukraine im Kindergarten. Zuerst wussten die Kinder gar nicht, dass ich aus der Ukraine komme, aber dann haben sie es herausgefunden. Die Kommunikation war nicht einfach, weil ich noch kein Deutsch konnte. Wir hatten Glück mit unseren Nachbarn – sie hinterließen Karten mit Bildern und deutschen Wörtern an der Tür, und so begann ich, die Sprache zu lernen. Im Kindergarten zeigten die Erzieher Bilder und erklärten die Wörter. Es gab auch spezielle Apps: Dort kann man seine Sprache und die Sprache, die man lernen möchte, auswählen. Dann wird einem ein Bild gezeigt und das Wort ausgesprochen. Wenn ein Wort sehr schwierig war, haben wir es mit dem Telefon übersetzt. So begann ich allmählich, die Kinder zu verstehen und mit ihnen zu kommunizieren.

In den Ferien fahren wir manchmal in die Ukraine. Manchmal dauert die gesamte Autofahrt mehr als einen Tag, und dann schlafen wir sogar im Auto. Das ist eigentlich sehr langweilig. Manchmal nehmen wir verschiedene Verkehrsmittel: einen Teil der Strecke mit dem Zug, einen Teil mit dem Bus und für kurze Strecken sogar mit der Straßenbahn. Das ist nicht einfach, denn wir sind zu sechst und müssen immer sechs Fahrkarten kaufen.

Wir wohnen in Kreuzberg, und die Schule ist in Prenzlauer Berg. Normalerweise gehe ich ein paar Meter zu Fuß zur U-Bahn-Station U2, fahre dann zwölf Stationen und gehe noch etwa einen Kilometer zu Fuß. Meistens gehen wir zusammen mit meinem Bruder. Als wir am ersten Tag mit meinem älteren Bruder ankamen, sagte man uns im Sekretariat, dass ich nicht sofort in meine Klasse gehen könne, sondern zuerst in die Vorbereitungsklasse für Erstklässler. Denn wir brauchten Paten, und zuerst musste man ein Kind als Patenkind auswählen. Außerdem musste man einen Brief schreiben.

Wenn du also schon in der zweiten Klasse bist, kannst du selbst Pate sein. Sie entscheiden selbst, wen sie auswählen. Selbst in der dritten Klasse kann man Pate sein, weil in dieser Schule drei Klassen zusammen unterrichtet werden. Die Mentoren zeigen den Neuen, wo die Toilette ist, was sie tun müssen, welche Fächer und Lernspiele es gibt. Wir haben auch solche Schulpläne. Im ersten Halbjahr sind die Mentoren wichtig, aber danach spielen sie keine Rolle mehr.

UNSERE UKRAINE AKTIVITÄTEN

Ein zerschossener russischer Panzer vor der Botschaft Moskaus in Berlin: Ein lebendiges Mahnmal des Widerstands

Der 24. Februar 2023, der erste Jahrestag des russischen Überfalls auf die GESAMTE Ukraine, war für uns, Enno Lenze, Chef des Berlin Story Bunkers und für Kurator Wieland Giebel, ein bedeutsamer Tag. Nach Monaten unermüdlicher Anstrengungen stand er da: Ein in der Ukraine zerstörter russischer T-72 Panzer, strategisch platziert auf der Mittelpromenade Unter den Linden, direkt vor der russischen Botschaft in Berlin. Seine Kanone zeigte auf das Gebäude, dessen Turm mit wehender Flagge unmissverständlich im Hintergrund zu sehen war. Diese Präsenz, ein politisches Kunstwerk, war weit mehr als nur ein aufgestelltes Objekt –

Der Panzer kommt mitten in der Nacht am Reichstagsgebäude vorbei

sie war ein bewusst gewähltes Symbol, eine Allegorie des Widerstands und des Untergangs.

Ein Zeugnis von Kriegsverbrechen und das Symbol des Untergangs

Die wahre Bedeutung dieses spezifischen Panzers offenbarte sich durch eine akribische Recherche von ONYX und Enno Lenzes eigenem Videomaterial vom April 2022. Es stellte sich heraus, dass dieser T-72 B1, hergestellt 1985 in der Sowjetzeit, am 31. März 2022 nahe des Dorfes Dmytrivka, unweit von Kyiv, durch eine Panzerabwehrmine zerstört worden war. Seine Einheit, die 37. Garde-Motorgewehrbrigade, stammte aus Ulan-Ude, über 6.300 Kilometer von Kyiv entfernt. Innerhalb kurzer Zeit hatte sie in der

Wieland Giebel auf Deutsche Welle Russia. Die Pressekonferenz vor dem zerstörten russischen Panzer vor Moskaus Botschaft in Berlin war überwältigend. Medien aus aller Welt berichteten.

Enno Lenze im TV-Einzelinterview. Jeder Sender wollte ein exklusives Statement. Nach der Pressekonferenz gaben wir weitere zwei Stunden lang Interviews.

Schlacht um Kyiv die Hälfte ihrer Soldaten und Fahrzeuge verloren.

Doch erschütternder noch war die Entdeckung, dass von einem Panzer dieser Art aus Zivilisten ermordet wurden. Ein Drohnenvideo zeigte, wie ein Mann, der in seinem Auto vor dem Krieg fliehen wollte, aus diesem Panzer heraus erschossen wurde. Ein eindeutiges Kriegsverbrechen, das von dem hervorragenden Journalisten Arndt Ginzel und dem Drohnenpiloten verifiziert werden konnte. Dieser Panzer war somit nicht nur ein Stück Schrott, sondern ein konkretes Zeugnis der brutalen und verbrecherischen Realität des russischen Angriffskrieges.

Bei der Pressekonferenz am 24. Februar 2023, umgeben von einer riesigen Menschenmenge und unzähligen Medienvertretern, machte Wieland Giebel seine Haltung unmissverständlich klar: „Dieser kaputte Panzer steht hier als Symbol des Untergangs. Das Regime wird untergehen, in die Hölle. So wie das Dritte Reich untergegangen ist. Wer solche Kriegsverbrechen begeht, wird das nicht überleben. Putin ist ein Schlächter. Er wird scheitern. Die Ukraine ist Putins Stalingrad... Hier in dieser Botschaft sitzen die Kriegsverbrecher. Keiner von der Botschaft hat sich gegen den Krieg gestellt." Enno Lenze ergänzte: „Die ganze Welt soll sehen, dass viele Bürger in Deutschland fest hinter der Ukraine stehen. Deswegen stellen wir den Russen ihren Schrottpanzer vor die Tür. Slava Ukraini."

Ein langer und steiniger Weg: Von der Idee zur Realität

Die Idee, ein Panzerwrack in Berlin auszustellen, entstand im Juni 2022. Eine kurze E-Mail von Enno Lenze an die ukrainische Botschaft in Berlin, in der er die Machbarkeit und Sinnhaftigkeit einer solchen Ausstellung anfragte, wurde überraschend schnell beantwortet. Seitdem hat sich die zuständige Ansprechpartnerin Alisa Podolyak in der Botschaft als unschätzbare Hilfe erwiesen. Sie verwies an Yuriy Bilovus vom Verteidigungsministerium in Kyiv, der wiederum die Regierung einschaltete, nämlich Hanna Maljar, die stellvertretende Verteidigungsministerin. Sie machte aus dem Panzer ein Museumsexponat und Wieland Giebel unterzeichnete mit ihr einen seitenlangen Vertrag. Es konnte losgehen.

Doch der bürokratische Weg in Berlin gestaltete sich als unerwarteter Hürdenlauf. Mit unserer langjährigen Erfahrung in der Organisation des großen Geschichtsfestivals Historiale rechneten wir mit gewissen Komplikationen, aber nicht mit dem Ausmaß des Widerstands. Ein harmloser Antrag an das Bezirksamt Mitte, gestellt am 28. Juni 2022, blieb wochenlang unbeantwortet. Anrufe, unzählige Versuche, das Bezirksamt telefonisch zu erreichen, führten ins Leere. Der erste persönliche Besuch im Rathaus Mitte, bei dem Giebel nur bis zum Pförtner vordrang, der das Telefon reichte, um mit der Sekretärin der zuständigen Stadträtin zu sprechen, verdeutlichte die Absurdität der Situation.

Die erste Ablehnung folgte bald. Die Begründungen der Bezirksstadträtin für Verkehr, Dr. Almut Neumann (inzwischen zurückgetreten) waren haarsträubend: Es handele sich nicht um Kunst, sondern um „militärische Propaganda“; die Herkunft des Panzers sei unklar; und der absurdeste Vorwurf: In dem Panzer könnten Menschen gestorben sein, was die Aufstellung moralisch fragwürdig mache. Enno Lenzes lakonische Replik darauf: „Begehe keine Kriegsverbrechen im Nachbarland, wenn du nicht im Panzer sterben willst! Ich lebe seit 40 Jahren nach diesem Motto und bisher bin ich von allen Panzerminen und Raketenwerfern verschont worden. Das ist so einfach.“

Der Bezirksverwaltung war es offensichtlich ein Dorn im Auge, dass ein solch deutliches politisches Statement in ihrem Zuständigkeitsbereich gemacht werden sollte. Eine Begündung gegenüber dem Gericht wurde nachgeschoben, dass die Aktion als Gefahr für die deutsche Außenpolitik darstellte, für traumatisierte syrische Flüchtlinge und sogar für Radfahrer, die vor Schreck vom Rad fallen könnten. Die Straße Unter den Linden sei zudem denkmalgeschützt.

An dieser Stelle trat Rechtsanwalt Dr. Patrick Heinemann auf den Plan. Als einer der prominentesten Verwaltungsrechtler Deutschlands bot er seine juristische Unterstützung

Dr. Patrick Heinemann (links) ist einer der besten Verwaltungsjuristen Deutschlands. Er bot an, unsere Sache gegen die Bezirksstadträtin für Verkehr zu vertreten – und das mehrfach erfolgreich.

pro bono an. Er hielt die Ablehnung für so abstrus, dass er sich herausgefordert fühlte. Ein Gutachten des renommierten Denkmalschützers Prof. Dr. Leo Schmidt von der Brandenburgisch Technischen Universität Cottbus widerlegte die Denkmalschutz-Argumentation des Bezirks eindrucksvoll: Unter den Linden stehe „wie kaum ein anderer Ort in Berlin für die vielschichtige und auch immer wieder schmerzliche und problematische Geschichte der Stadt", in die sich das Panzerprojekt hervorragend einfüge.

Die Auseinandersetzung wanderte vor Gericht. Das Rechtsamt des Bezirks bombardierte das Gericht mit immer bizarreren Schriftsätzen, forderte Absperrgitter und befürchtete sogar, das Kunstwerk könnte das Raum-Zeit-Kontinuum gefährden. Doch die Justitia blieb unbeeindruckt. Das Verwaltungsgericht widerlegte die Argumente des Bezirks, oft mit lapidarer Präzision, wie zum Beispiel die Nutzung von Google Maps, um die Behauptung zu entkräften, der Platz sei zu klein: Der Panzer sei 3,60 Meter breit, die Querung der Schadowstraße 15 Meter – ausreichend Platz für Fußgänger.

Am 3. November 2022 erging der Beschluss: Das Bezirksamt wurde „im Wege der einstweiligen Anordnung verpflichtet, der Antragstellerin [uns] die beantragte straßenverkehrsrechtliche Ausnahmegenehmigung zur Aufstellung eines Panzerwracks… für die Dauer von zwei Wochen zu erteilen." Das Ermessen des Bezirksamtes sei „auf Null reduziert. Eine Versagung wäre rechtswidrig." Wir hatten gewonnen.

Doch das Drama war noch nicht vorbei. Während in der Ukraine weitere russische Kriegsverbrechen Wellen von Raketen, Drohnen und Artillerie auf Wohnhäuser, Infrastruktur, Schulen und Krankenhäuser niederprasseln ließen, nutzte das Rechtsamt die Verzögerungen bei der Panzerlogistik aus. „Der neuerliche Vortrag sowie der damit verbundene Antrag

Das Verwaltungsgericht Berlin setzte durch, dass der Panzer aufgestellt werden durfte. Fun Fact: Die Stadträtin, die es verbieten wollte, war früher selbst Richterin an diesem Gericht.

Beglaubigte Abschrift

VG 1 L 304/22

VERWALTUNGSGERICHT BERLIN

BESCHLUSS

Bezirksamt Mitte von Berlin
Bezirksbürgermeister
Rechtsamt

BERLIN

Bezirksamt Mitte von Berlin, 13341 Berlin (Postanschrift)
Per ERV

EILT! Bitte sofort vorlegen, Fristablauf!

Verwaltungsgericht Berlin

Geschäftszeichen (bitte angeben)

(E-Mail-Adresse gilt nicht für Dokumente mit qualifizierter elektronischer Signatur)

Dienstgebäude: Rathaus Tiergarten

Der Bezirk tritt nach. Er versucht nachzutreten. Gegen die klare und unmissverständliche Ansage des Gerichts, dass diese Aktion möglich ist, lässt sich der Bezirk absurde Argumente einfallen.

des Antragsgegners sind nicht nachvollziehbar", kommentierte das Rechtsamt unsere Erklärungen zu den kriegsbedingten Schwierigkeiten beim Transport. Dieses Verhalten war zutiefst unwürdig und zeigte eine Arroganz der kleinen Macht, die uns fassungslos machte. Doch auch hier gab das Gericht dem Rechtsamt nicht nach.

Der Wendepunkt kam, als Enno Lenze aus Wut über die anhaltende Sabotage durch das Bezirksamt einen Blogbeitrag veröffentlichte, der kurz vor der Wahl zum Berliner Abgeordnetenhaus von sage und schreibe 250.000 Menschen gelesen wurde. Daraufhin meldete sich die neue Bezirksbürgermeisterin Stefanie Remlinger (Grüne) persönlich bei ihm. Sie versicherte, dass die permanenten Sabotageversuche des Rechtsamtes nicht von ihr angeordnet gewesen seien und dass ihr der gesamte Vorgang – ständig in den Medien – entgangen sei. Das knappe Gespräch endete in der Feststellung, dass man in der Sache einig sei – eine Erkenntnis, die nach neun Monaten sinnlosen Widerstands wie eine Erlösung wirkte.

Die Reise des Panzers: Eine logistische Meisterleistung im Kriegsgebiet

Parallel zu den bürokratischen Kämpfen in Berlin vollzog sich die komplexe und oft gefährliche Reise des Panzers. Enno Lenze war mehrfach in der Ukraine, um die vollständige Demilitarisierung des Panzers nach deutschen Maßstäben sicherzustellen. Zusammen mit Chris Klawitter, einem erfahrenen Kampfmittelräumer, der gerade aus Afghanistan zurückgekehrt war, wurde der Panzer im Museum für strategische Raketen des ukrainischen Verteidigungsministeriums in Perwomajsk akribisch inspiziert. Jede Box der Reaktivpanzerung wurde überprüft, das kaputte Rohr vermessen. Obwohl das Rohr grenzwertig war, konnte Chris Klawitters Team es direkt vor Ort so bearbeiten, dass es zweifelsfrei demilitarisiert war.

Finale Besprechungen fanden in der Lobby eines großen Kyiver Hotels statt, oft unter Luftalarm, während das Personal ungerührt Snacks und Kaffee servierte und die Anwesen-

Enno Lenze am Parkplatz für Schrottpanzer in Permovaisk. Wenn möglich, werden Panzer, die von den Russen erobert wurden, wieder repariert. Hier steht allerdings nur Schrott.

Der Tieflader mit dem Panzer darf nur nachts fahren und braucht vorn und hinten ein Begleitfahrzeug mit Warnlichtern. Der Fahrer freut sich über diesen außergewöhnlichen Auftrag.

den ihre schusssicheren Westen und Trauma-Kits neben sich liegen hatten. Das Projekt genoss höchste Priorität im ukrainischen Verteidigungsministerium, und sogar Logistiker westlicher Armeen am Nebentisch boten Hilfe an. Die Ukrainer begleiteten den Panzer bis zur polnischen Grenze, ab dort übernahm unser Team.

Die Überführung des 44 Tonnen schweren Panzers, der 9,53 Meter lang und 3,46 Meter breit ist, war ein logistischer Kraftakt. Er durfte nur nachts fahren und wurde an der polnischen Grenze erneut akribisch auf Demilitarisierung geprüft. Am Jahrestag einige Zeit nach Mitternacht, nach bangen Stunden des Wartens an der ukrainisch-polnischen EU-Außengrenze, kam die erlösende WhatsApp-Nachricht: „We crossed the border. Will be in Berlin on time." Ein Erfolg, der nach all den Hürden fast unmöglich schien.

Nachts Unter den Linden. Die Polizisten sind schon da, sie kriegen alles mit und sind jederzeit entgegenkommend und hilfsbereit. Wie genau sollen wir parken? Wir haben einen Plan. Foto: © Stefan Frank

Der Tag der Aktion und die globale Wirkung

Am 24. Februar 2023, früh morgens, stand der T-72 gut sichtbar vor der russischen Botschaft. Schon vor der offiziellen Pressekonferenz um 11 Uhr waren zahlreiche Journalisten vor Ort, darunter Teams von CNN und dpa-Video, die die ersten Bilder in die Welt sandten. Der Andrang um 11 Uhr war überwältigend. Reuters übertrug die Pressekonferenz 35 Minuten lang live, alle großen Medien und internationalen Agenturen waren vertreten. Wir gaben über zwei Stunden lang Interviews, sprachen deutsch und englisch, immer kurz und auf den Punkt. Die Polizei musste die Straße absperren, um den Andrang zu bewältigen, und agierte während der gesamten Aktion flexibel und entgegenkommend.

Morgens in aller Herrgottsfrühe, als noch keine Passanten "Unter den Linden" sind, warten aber schon CNN und dpa-Video, um sofort weltweit berichten zu können.

„vielen Gemeinsamkeiten". Auch bei den Finan- | Parteigremien entscheiden." | müsste Giffey keineswegs: Sie könnte Vize | nen (Dienstag).

DIE PANZER-ANKLAGE

Antikriegs-Mahnmal vor russischer Botschaft

Das Panzer-Wrack auf dem Boulevard Unter den Linden, dahinter die russische Botschaft mit Flagge

Michael Kovach (29) aus Kreuzberg: „Durch Anfassen und Anschauen des Panzers, bekommt man ein Gefühl für die dortige Situation. Deswegen finde ich die Aktion sehr gut. Die Ukraine wird es schaffen"

Andrea Bender (60), Bildungsberaterin aus Berlin: „Russland muss aus der Ukraine vertrieben werden. Wenn sie noch mehr Waffen bekommt, wird sie es schaffen"

Thomas Langer (34) und Michelle Dierdor (30) aus Bergkamen: „Ein wahrer Frieden zwischen Russland und der Ukraine wird wohl nie wieder möglich sein"

Von DANILO GLADOW

MITTE – **Zum Jahrestag des Krieges in der Ukraine wurde auf dem Boulevard Unter den Linden ein zerstörter russischer T-72B-Panzer aufgestellt. Als Mahnmal und Anklage gegen Putin direkt vor der Botschaft Russlands.**

„Der Panzer steht für den russischen Kolonialismus, der endlich ein Ende haben muss", sagte Wieland Giebel (73), einer der Initiatoren des Projekts.

Der Panzer steht auf dem Anhänger, mit dem er aus der Ukraine nach Deutschland transportiert wurde. Ausgerichtet ist das Wrack quer auf dem Mittelstreifen, die Kanone zeigt auf die Botschaft.

Unter den vielen Besuchern war auch der ukrainische Botschafter Oleksii Makeiev. Er sagte: „Ohne Waffen werden Kriege nicht gewonnen und die Ukraine wäre überrannt worden und viele tausend Zivilisten wären ermordet worden. Wir werden diesen Krieg gewinnen mit einer tollen deutschen Hilfe."

Ungläubig begutachteten viele die Kriegsnarben des Panzers, der am 31. März von einer Mine zerstört wurde. Einschusslöcher, Schrapnellschäden – dieses Ungetüm erzählt die Geschichte des Krieges.

Eigentlich sollte der Panzer mehrere Tage vor der russischen Botschaft stehen, aber das scheiterte an Vorgaben des Bezirks. Ab nächster Woche wird der Panzer laut Initiatoren in den Niederlanden ausgestellt.

Shame on Russia

Dieser Besucher hält ein Transparent in den Farben der Ukraine hoch. Der Wortlaut übersetzt: Schande über Russland!

Die BILD titelt genau richtig: „Eine Panzer-Anklage gegen die russische Botschaft, die Russen, gegen Putin." Das Symbol dieser Anklage ist jedem unmittelbar verständlich.

Die Wahrheit ist: Wir haben Schwein gehabt, dass es geklappt hat. Der Panzer kam auf den letzten Drücker. Die Medien haben unser Zittern in den letzten Tagen und Stunden nicht mitbekommen.

Fotos für die Medien: Wieland Giebel, Ukraine-Botschafter Oleksii Makeiev und Enno Lenze. Für uns ist die Resonanz in der Ukraine wichtig. Dafür machen wir das.

Botschafter Oleksii Makeiev und „Birdie", eine der letzten Verteidigerinnen des Azovstal-Werks in Mariupol, sind echt cool. Sie treten ohne jeglichen Personenschutz vor der Botschaft des Feindes auf.

Gegen 13 Uhr erschien der ukrainische Botschafter Oleksii Makeiev, direkt vom Bundespräsidenten kommend, in Begleitung von „Birdie", einer der letzten Verteidigerinnen des Azovstal-Werks in Mariupol, die nach viermonatiger russischer Kriegsgefangenschaft freigekommen war. Ihr mutiger Auftritt, ohne Bodyguards, vor der Botschaft des Feindes, war ein weiteres starkes Zeichen der Solidarität und wurde von den Medien wirkungsvoll inszeniert.

Die Bilder des Panzers gingen um die ganze Welt. „Ihr seid auf ALLEN griechischen Zeitungen auf der Titelseite", schrieb uns ein ehemaliger Mitarbeiter aus Griechenland. Von der Washington Post bis zur Irish Times, von türkischen bis zu chinesischen Nachrichtenagenturen – die Berichterstattung war breit und tief. Unser Ziel, den Ukrainern den

Die Welt steht hinter der Ukraine. Die Medien der Welt berichten. Putin kann nur die übelsten Diktatoren hinter sich versammeln.

Der Jubel der Ukrainer in Berlin ist für uns Lob und Ansporn zugleich. Mehr als 100.000 von ihnen sind nach Berlin geflüchtet. Vitsche hat eine Demo zum ersten Jahrestag des Überfalls organisiert.

Rücken zu stärken und der Welt zu zeigen, dass Deutschland fest an ihrer Seite steht, war erreicht. Mit der pro-ukrainischen Demonstration zogen Zehntausende am Panzer vorbei zum Brandenburger Tor. Vom Lautsprecherwagen der Organisation Vitsche hielt Enno eine kurze Rede.

Putin ans Bein gepisst

Vier Tage und Nächte lang stand der Panzer vor der russischen Botschaft. Hunderttausende Berliner und Touristen besuchten das Mahnmal. Am Montagabend, dem 27. Februar 2023, meldete sich die Polizei spät abends telefonisch: „Sofort zum Panzer kommen! Der muss weg. Um den Fahrer

Berliner und Besucher der Stadt verbreiten die Bilder über Social Media in der Welt. In diesen Tagen sind es die am häufigsten verbreiteten Fotos weltweit.

müssen Sie sich nicht kümmern. Wir wissen, in welchem Hotel er ist, und werden ihn abholen."

Als wir dort dort eintrafen, waren bereits Massen von Polizisten vor Ort und einen Mann vom Innenministerium. Der sagte: ‚Ich bin ganz zufällig und privat hier.'" Etwas später erklärte er gegenüber Enno Lenze: „Sie können sich gar nicht vorstellen, was bei uns los war. Wie damals beim Attentat auf dem Breitscheidplatz. Das kommt jetzt von gaaaanz oben, dass der Panzer weg muss."

Volltreffer! Besser konnte es nicht kommen. Ganz oben, das bedeutet, Putin fühlt sich ans Bein gepisst.

Kurz vor Mitternacht, wurde das Fahrzeug abtransportiert. Enno Lenze begleitete den Tieflader auf einem großen

Die Reaktion des Kremls lässt nicht lange auf sich warten: Kriegstreiber Putin will den Panzer vor der Botschaft weghaben. Irgendjemand in der deutschen Politik knickt vor ihm ein.

Amsterdam. In den freiheitsliebenden Niederlanden läuft es ganz anders. Die Bürgermeisterin von Amsterdam hat von unserer Aktion erfahren und lädt ein, den „Russen-Schrott" ins Zentrum ihrer Stadt zu bringen.

Teil der Strecke. Die Schadowstraße wurde besenrein hinterlassen, genau so, wie wir sie vorgefunden hatten. Die Reise des Panzers war jedoch noch nicht zu Ende. Wenige Tage später erreichte er zunächst Amsterdam. Die Bürgermeisterin hatte dazu eingeladen. Anschließend das Freiheitsmuseum in Groesbeek in den Niederlanden. Von Burjatien an der Grenze zur Mongolei, über die Schlacht um Kyiv, den exklusiven Aufenthalt in Berlin, bis in die freiheitsliebenden Niederlande – der Panzer bleibt ein bewegendes Symbol der russischen Aggression und des unbeugsamen ukrainischen Überlebenskampfes. Er erinnert an die vielen Toten der Ukraine und wird weiterhin als Mahnmal dienen.

Ein Rückblick und die Bedeutung der Zivilgesellschaft

Die Auseinandersetzung mit dem Bezirksamt Mitte, insbesondere mit der Stadträtin Dr. Almut Neumann, die uns so viele Steine in den Weg legte, ist im Nachhinein bemerkenswert. Ihre Verweigerungshaltung war geprägt von einer offensichtlichen Arroganz der Macht und einer Missachtung bürgerschaftlichen Engagements. Dieser Fall verdeutlicht einmal mehr die Herausforderungen, mit denen die Zivilgesellschaft konfrontiert ist, wenn sie sich politisch einmischt. Doch er zeigt auch die Kraft des beharrlichen Engagements, das am Ende gegen bürokratische Hürden und politische Widerstände triumphieren kann.

Das Projekt „Panzer vor der Botschaft“ wurde in Zusammenarbeit mit dem Nationalmuseum für Militärgeschichte der Ukraine, dem ukrainischen Verteidigungsministerium und der Berlin Story entwickelt und von Dr. Patrick Heinemann juristisch vertreten. Die knapp sechsstelligen Kosten wurden von uns, Wieland Giebel und Enno Lenze, aus eigener Tasche vorfinanziert. Einiges kam via Crowdfunding zurück. Es war eine Investition in die Sichtbarkeit des Widerstands, eine Investition in die Solidarität und ein klares Zeichen gegen Krieg und Diktatur.

Auf unserer Nachrichtenseite Berlin Story News berichten wir mit zahlreichen Videos und Fotos über diese Aktion

https://www.berlinstory-news.de/wie-kam-der-russische-panzer-nach-berlin-video/

Ralf Stegners (SPD) Reise in die Ukraine

„Einem SPD-Bundestagsabgeordneten, der Knete ohne Ende hat, die Organisation seiner Reise in die Ukraine zu bezahlen – seid ihr noch zu retten?" Es geht um die Hoffnung, dass die eingefrorenen russischen Gelder für die Ukraine freigegeben werden. Es geht um 200 Milliarden Euro. Da scheint der Einsatz von 3.000 Euro gerechtfertigt. Dabei geht es um die Organisation der Reise, nicht um Stegners persönliche Kosten.

Wenn ein einflussreicher Sozialdemokrat die Situation in der Ukraine mit eigenen Augen sieht, könnte sich seine Meinung zugunsten der Ukraine ändern. Stegner ist ein belieb-

Dr. Ralf Stegner, Bundestagsabgeordneter, SPD

ter Gast in Talkshows. Würden die eingefrorenen russischen Milliarden jetzt als Reparationszahlungen freigegeben, wäre das eine große Hilfe im Kampf um die Unabhängigkeit und ein signifikanter Erfolg.

Der Organisator der Reise sagte im Anschluss: „Viele Gesprächspartner waren überrascht, mit welcher Klarheit sich Stegner für die Beschlagnahmung aller russischen Vermögen im Westen aussprach – sogar entgegen der Haltung des SPD-Bundeskanzlers." Doch geht das überhaupt, dieses Geld für die Ukraine einzusetzen? Diese Möglichkeit hat Rechtsanwalt Patrick Heinemann im Online-Rechtsmagazin LTO unter dem Titel „Make Russia Pay" ausführlich begründet. Darin heißt es: „Nach den völkerrechtlichen Grundsätzen der Staatenverantwortlichkeit schuldet Russland der Ukraine jedenfalls Reparationen in noch viel größerer Höhe ... Im Ergebnis gibt es weder völker- noch verfassungsrechtlich durchgreifende Bedenken, das russische Zentralbankvermögen zu konfiszieren und der Ukraine zuzuwenden. Ein solcher Schritt wäre nicht nur legal, sondern auch bitter nötig, um die Durchhaltefähigkeit der Ukraine zu sichern."

Reparationen sind nichts Außergewöhnliches. So wurde das Deutsche Reich im Versailler Vertrag nach dem Ende des Ersten Weltkriegs zu Reparationen in Höhe von 20 Milliarden Goldmark verpflichtet. Nach heutigem Wert entspricht dies etwa 100 Milliarden Euro. Der Irak hat 2021 nach 30 Jahren alle Reparationen an Kuwait beglichen – 46 Milliarden Euro. Diese waren ihm 1990 nach dem Golfkrieg auferlegt worden. Vor diesem Hintergrund erscheint die geforderte Summe von 210 Milliarden Euro für die Ukraine als Anzahlung angemessen. Denn bereits im März 2023 bezifferte die Weltbank den Schaden, den Russland der Ukraine durch seinen völkerrechtswidrigen Angriffskrieg zugefügt hat, auf rund 411 Milliarden Euro.

Ralf Stegner schildert seine Eindrücke

In einem langen Facebook-Beitrag hat er seine Eindrücke und Erlebnisse während der Rückfahrt am 23. August 2024 festgehalten.

„Mein Besuchsprogramm im kleinsten Kreis und ohne Ankündigungen oder begleitende Social-Media- oder Pressearbeit entsprach meinem Wunsch, mich aus erster Hand zu informieren, mich intensiv auf die Menschen, Institutionen und Orte einzulassen und Voreingenommenheit möglichst zu vermeiden, also Schlussfolgerungen sorgfältig zu überdenken."

Diese Erklärung klingt plausibel, ist aber nicht wahr. Stegner berichtet selbst vom Treffen mit dem ARD-Korrespondenten Vassili Golod in Kyiv: „Ich besuchte das ARD-Studio in Kyiv und diskutierte mit Studioleiter Vassili Golod und seinem Team über die Erwartungen in der Ukraine an Deutschland und über die Haltung der Regierungskoalition sowie die Debattenlage in der Sozialdemokratie."

Auf dem veröffentlichten Foto aus Lwiw ist zudem der deutsche Journalist Jan-Philipp Hein zu sehen, der bereits hervorragend aus der Ukraine von der Front berichtet hat. Hein schreibt für den Focus und veröffentlichte anschließend einen mehrseitigen, durchaus kritischen Artikel.

Stegner weiter: „In Kyiv erlebte ich nicht nur selbst mehrmals Luftalarme, die insbesondere in der Nacht zu einer ungewöhnlichen Schlafanzuggemeinschaft der Hotelgäste im Bunker der Tiefgarage führten, sondern auch Stromausfälle, nächtliche Ausgangssperren, Durchsagen, Sirenen und eindringliche akustische Signale der Warn-Apps mit Kartendarstellungen der Angriffsziele im ganzen Land ... Bei jedem der Termine ging es auch immer wieder um die militärische Unterstützung und den Wunsch nach Waffen, um sich gegen die quantitative Übermacht der russischen Aggression zur

Wehr setzen zu können." Gleichzeitig bleibt meine Skepsis, ob die¬ser scheußliche und brutale Angriffskrieg, für den Putin allein die Verantwortung trägt, dadurch schneller und erfolgreich beendet wird, dass immer mehr und immer offensivere Waffen ohne Einsatzbeschränkung geliefert werden."

Den Löwen zum Vegetarier machen

Nur Aufbauhilfe zu leisten, aber keine Waffen zu schicken, ist offensichtlich pazifistische Traumtänzerei. Der Kommentar, der uns dazu aus Kyiv erreichte, lautet: „It is closed circle – not stopping the war – more destruction – more reconstruction. However if Putin wins – all previously provided help (money, weapons) will be pointlessly lost."

Auf Deutsch: „Es ist ein Teufelskreis: Der Krieg wird nicht gestoppt – es gibt mehr Zerstörung – es braucht mehr Rekonstruktion. Wenn Putin gewinnt, ist all die bisherige Hilfe (Geld, Waffen) umsonst gewesen."

Zusammen mit dem langjährigen SPD-Fraktionsvorsitzenden Rolf Mützenich forderte Stegner in einem „Friedens-Manifest" vom Juni 2025 eine Kehrtwende in der aktuellen Politik und eine stärkere Betonung von Diplomatie und Gesprächen mit Russland. Er will eine „gemeinsame Friedensordnung für Europa" erreichen – also mit Putin und den Russen. Schließlich fordert er, die Friedenspolitik nicht allein „Militärexperten" zu überlassen, sondern sich stärker für Abrüstung und Entspannungssignale gegenüber Moskau einzusetzen.

Obwohl er den Krieg in Kyiv selbst erlebt hat, ignoriert er, dass Putin kein Interesse an Verhandlungen über eine Friedensordnung hat. Putin will die Kapitulation der Ukraine, er will die ganze Ukraine und hat dies mehrfach begründet.

Mattia Nelles (links) fotografiert in Lwiw die Reisegruppe mit Stegner. Hinten rechts steht der Focus-Journalist Jan-Philipp Hein. Vorne rechts sitzt Ralf Stegner.

Der Krieg in der Ukraine ist ein Vernichtungskrieg, der nicht durch naive Friedensappelle beendet werden kann. Dieses Manifest der Sozialdemokraten ist ein bitteres Zeugnis der Realitätsverweigerung. Ralf Stegner und seine Mitstreiter schüren die Illusion, man könne mit einem Diktator, für den die Ukraine zu Russland gehört, ernsthaft verhandeln. Das wäre, als wären Truman, Stalin und Churchill 1945 in die Reichskanzlei gekommen, um mit Hitler Friedensgespräche zu führen. Sie setzten jedoch auf die einzig realistische Lösung: die militärische.

Memes – Karikaturen im Internet

Protest, Hohn, den Gegner verächtlich machen und dabei immer die Handlungshoheit behalten – darum geht es bei den Memes. Es ist psychologische Kriegsführung von unten. Man entwirft freche oder auch mal unanständige Texte und Bilder. Dem Feind wird mit intellektuellem Schliff und aus ganzem Herzen Geringschätzung entgegengebracht. Die eigene Kampfkraft wird durch mentale Stärke gefestigt.

Memes sind die demokratischste Form der Propaganda. Jeder, der Photoshop kann, ist dabei. Jeder, der etwas zeichnen drauf hat, kann mitmachen. Das hat uns so fasziniert, weil wir uns in „Hitler – wie konnte es geschehen" mit dem Gegenteil beschäftigen. Bei Propagandaminister Goebbels wurde Propaganda von oben nach unten angeordnet. Sie kann künstlerisch hochwertig sein. Viele haben sich gerne von den Nazis kaufen lassen. Aber diese Propaganda ist immer niederträchtig, rassistisch und nationalistisch.

Seit 2022 hängen dreißig große Ausstellungstafeln im Bunker. Bald übernahmen Theater und Kultureinrichtungen Teile davon. Ein knappes Jahr später, 2023, wurde die Ausstellung vom Nationalen Militärhistorischen Museum in Kyiv übernommen. Die hatten und haben damit auch ihren Spaß. Grüße an Yuriy und Yuriy!

Bei der Herausgabe dieser Briefmarken bildeten sich lange Schlangen vor der Hauptpost am Maidan.

Noch überraschender war der Wunsch vieler Menschen, ihren Bogen mit Briefmarken von den Künstlern signieren zu lassen. Wir erhielten die begehrten Briefmarken nur, weil wir uns selbst in die lange Schlange einreihten.

Der amerikanische Außenminister Anthony Blinken ist PR-Experte. Bei einer PK hält er den Minenspürhund Patron auf seinem Arm.

Russian Warship, go fuck yourself, dazu gibt es Memes

Und es gibt Aufkleber dazu. Das Thema wird im Museum aufgegriffen, weil dort Teile eines russischen Hubschraubers ausgestellt sind, der über der Schlangeninsel abgeschossen wurde.

Es wurden von Bauern so viel kaputte russische Panzer abgeschleppt, dass das ukrainische Parlament bald eine Verfahrensanweisung zur Anmeldung und Verzollung erbeuteter Panzer für Privatleute erließ.

Traktor-Motiv fand auch Einzug in Zeichentrickfilme des Kinderfernsehens.

Und damit sind wir wieder bei einem klassischen Meme: Panzer abschleppen als Lego-Bausatz (nein, gibt es nicht in echt).

Dieses Meme geht auf Aufnahmen einer Webcam aus einer Poststation zurück. Darauf war zu sehen, wie die Russen geplünderte Fernseher verschiedener Generationen nach Hause schickten.

Wolodymyr Selenskyj in Anlehnung an den Superhelden Captain America aus dem Marvel-Comic „Captain America vs. Hitler"

Know Your Enemy – Woher kommen die russischen Waffen?

„Know Your Enemy" war 2024 die erste Ausstellung russischer Waffen außerhalb der Ukraine. Woher haben wir diese Kriegsgeräte und warum schauen wir sie uns an?

Seit mehr als zwanzig Jahren betreibt die Berlin Story Konfliktforschung. Selten am Schreibtisch, meist vor Ort. In den Krisen- und Kriegsgebieten dieser Welt. Wir waren in Nord-Irland, im Irak, in Ruanda, in Syrien und auch in Kabul, nachdem die Taliban an die Macht gekommen waren. Wir waren mit der israelischen Marine auf ihrem modernsten Kriegsschiff und haben das Tränengas bei den Protesten in Hongkong gerochen. Bereits im Jahr 2021 haben wir in Moskau und im Donbas versucht herauszufinden, ob ein Krieg droht. Die Meinung aller Experten war eindeutig: Nein.

Seit März 2022 sind wir in der Ukraine präsent. Fast ständig ist ein Teammitglied vor Ort, um Kontakte zu pflegen und Gespräche zu führen. Zu Beginn der vollen Invasion hatten wir Zugang zu den ersten erbeuteten Waffen, da wir vor Ort waren, als diese noch frei zugänglich waren. Später bauten wir unsere Kontakte aus, um abgeschossene Shahed- und Lancet-Drohnen der Russen sowie die von der Ukraine eingesetzten Bayraktar Drohnen zu sehen. Wir sahen die Panzerungstests und konnten uns ein Bild von den Erste-Hilfe-Kästen der Russen machen. Wir waren die Ersten und Einzigen, die einen zerstörten russischen T-72-Panzer nach Deutschland holten und ihn vor der russischen Botschaft ausstellten. Dann kam das Angebot, eine große Menge kleiner und großer Geräte nach Deutschland zu holen. Die Liste war hundert Seiten lang. Die Ausfuhrpapiere füllten zwei Aktenordner.

Enthalten waren unter anderem Panzerabwehrwaffen, Wärmebildgeräte, Funkgeräte, Drohnen, schusssichere Westen und Helme, GPS-/Glonass-Empfänger und entmilitarisierte Minen. Es war eine Menge, die sich kaum zeitnah sichten, analysieren und der Öffentlichkeit erklären ließ. Also holten wir uns Analysten aus unserem Umfeld, die sich seit vielen Jahren mit nichts anderem beschäftigen. Sie haben die Erfahrung, Zusammenhänge zu erkennen und vieles sofort zu verstehen.

Auf den folgenden Seiten stellen wir Materialien und Analysen der Ausstellung „Know Your Enemy" vor.

Drohnen an die Front geliefert

Diese Mavic-3-Drohne ist eine von vielen, die vom Berlin Story Bunker im Rahmen des Kampfes gegen den russischen Angriffskrieg an die Front gebracht wurden. Wir haben diese Drohne am 8. Februar 2023 für mehrere tausend Euro gekauft und sie im März 2023 unseren Kollegen in Charkiw persönlich übergeben.

Eine abgeschossene Drohne als Exponat. Enno Lenze und Wieland Giebel neben der Marvic 3. Die super Hasselblad -Kamera ist noch erhalten.

In der Ausstellung zeigt ein Video die letzte Aufnahme der Drohne, bevor sie in der Nähe von Bachmut abstürzt. Dies sind Screenshots. Man erkennt die Häuser eines völlig zerstörten Straßenzugs in einer landwirtschaftlich geprägten Umgebung. Weit und breitgibt es keine militärischen Ziele. Die Landschaft wirkt wie das zerstörte Flandern im Ersten Weltkrieg.

Bis Mai 2023 war die Drohne nördlich von Bachmut im Einsatz. Am 18. Mai 2023 wurde sie abgeschossen. Sie stürzte in einem Gebiet ab, in dem sie aufgrund der Kämpfe nicht geborgen werden konnte. Der Ort wurde von unseren ukrainischen Freunden auf Google Maps markiert, doch die Drohne war verloren.

Dieses Satellitenbild des Dorfs Spirne zeigt den Zustand im Jahr 2025. Vom Weltraum aus erkennt man deutlich, wie die Russen völlig abgelegene Dörfer auslöschen.

Im Dezember 2023 erhielten wir die Nachricht, dass eine Einheit die Drohne geborgen habe. Sie sei verbrannt, aber unsere Markierung sei erkennbar gewesen.

Die Drohne wurde an eine weitere Einheit übergeben, die sie im Januar 2024 in einen Laden in Kramatorsk brachte. Das ist nicht unüblich. Ein Bekannter holte sie dort ab und brachte sie mit nach Kyiv, wo wir sie zurückerhielten.

Mavic 3 im Flug. Die Marvic 3 kommt aus China. Wir kaufen sie. Die Russen kaufen sie. China verdient bei diesem Krieg an beiden Seiten. Meist haben wir solche Projekte selbst finanziert und anschließend mit einem Crowdfunding-Aufruf von Enno Lenze auf X oft erhebliche Beträge eingesammelt. Das funktioniert, weil die Spender uns volles Vertrauen entgegenbringen.

Minen – Heimtückisch und grausam: verstümmeln statt töten

Diese Minen wurden im Berlin Story Bunker 2024 in der Ausstellung „Know Your Enemy" über russische Zerstörungstechnik gezeigt.

Minen sind in Deutschland gut bekannt. Die DDR verlegte sie entlang der Mauer. Damit wurde erfolgreich verhindert, dass Menschen aus dem Osten in den freien Westen flohen. Die innerdeutsche Grenze war 763 Kilometer lang. Dort lagen etwa 1,3 Millionen Minen.

Der Krimkrieg (1853–1856) gilt als erster Krieg, in dem selbstauslösende Landminen zielgerichtet eingesetzt wurden. Die Russen setzten druckempfindliche Zünder ein. Im Ersten Weltkrieg wurden die ersten industriell hergestellten Minen benutzt. Antipersonenminen sollen Menschen töten oder verstümmeln. Panzerabwehrminen sollen Panzer aufhalten, indem das Fahrwerk beschädigt oder der Panzer zerstört wird. Die Russen setzen in der Ukraine große Mengen von Minen ein und verstümmelten dadurch Soldaten und Zivilisten. Die Anwendung von Waffen, die nicht zwischen Kombattanten und Zivilisten unterscheiden können ("undiscriminate weapons"), ist ein grundlegender Verstoß gegen das humanitäre Völkerrecht, insbesondere die Haager Landkriegsordnung und die Genfer Konventionen.

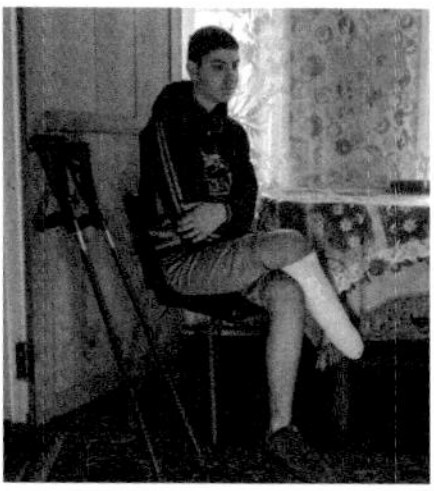

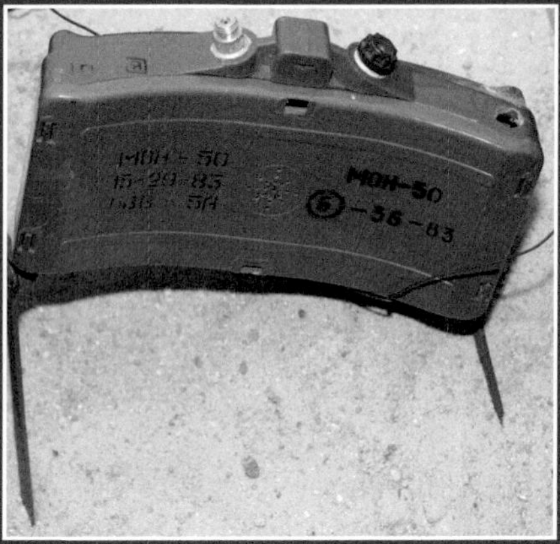

MON-90, grüne Mine

Die MON-90-Personenminen richten sich gegen Menschen. Sie werden durch eine elektrische Leitung, durch Spanndraht oder durch Erschütterung ausgelöst. Dabei fliegen 2.000 kleine Stahlstäbe in einem Winkel von 54 Grad 90 Meter weit. Ein ganzes Fußballfeld wird vom Tor aus gesehen abgedeckt, das bedeutet, dass Menschen getötet oder verstümmelt werden.

Runde Panzermine, die zweite auf der Tafel.

Wer die russische große runde Panzermine entschärft, wird von der darunter liegenden Personenmine zerfetzt. Ein weiteres Kriegsverbrechen der Russen. Zum Entschärfen werden meist Sprengstoffexperten und keine Soldaten eingesetzt.

OZM-72 Antipersonenmine MMG. Springmine. Sie wird einen Meter hochgeschleudert, Sie explodiert und tötet oder verstümmelt alle Menschen im Umkreis von bis zu 30 Metern.

Westliche Elektronik in russischen Drohnen und Raketen

Russland ist ein rückständiges Land. Nichts, aber auch gar nichts an der Elektronik ist eigenständig russisch oder iranisch. Die Steuerung der vielen Waffensysteme basiert auf westlicher Technik. Unsere erfahrenen Experten analysieren für die Berlin Story diese Systeme und vergleichen sie eingehend. Diese Elektronik war über mehrere Monate im Jahr 2024 im Berlin Story Bunker ausgestellt.

Ein Beispiel ist die Steuerung der iranischen und später auch von den Russen in Lizenz gebauten Shahed-136-Drohne, hier in der Version aus dem Jahr 2024.

Auch Laien sehen sofort, dass diese Steuerung umständlich und groß ist, wie von Elektronikstudenten in den ersten Semestern gebastelt. Man würde heutzutage doch einen Chip erwarten.

Shahed Flight Computer

Was sieht man hier?

Der Flugcomputer der Drohne sieht auf den ersten Blick aus wie eine Industriesteuerung. Er ist gut zu warten. Er ist im massiven Gehäuse untergebracht. Er ist ordentlich entwickelt. Er wird jedoch nur für einen einzigen Flug genutzt, also für wenige Stunden. Dann stürzt er ab und zerschellt in einer Explosion. Oft in einem Wohnhaus in der Ukraine. Warum also dieser Aufwand? Wenn man sich den Aufbau genauer ansieht, wird es langsam klar. „Das ist kein sowjetisches, kein russisches, kein amerikanisches, kein europäisches und kein chinesisches Design – die erkenne ich alle sofort. Das ist klar etwas Eigenes. Iranisch", erklärt unser Analyst. Der Aufbau erinnert eher an Industriesteuerung oder den Gerätebau für Universitätslabore. Die Entwickler scheinen also aus diesem Bereich zu kommen. Es scheint jedoch auch einen weiteren Grund zu geben.

Mehrere der Platinen sind quasi baugleich und haben jeweils in der Mitte einen TMS320-Chip von Texas Instruments. Dieser wird vor allem im Kfz-Bereich für die Signalverarbeitung genutzt. Nach einer tieferen Analyse stellte sich heraus, dass der Computer über ein Bus-System verfügt. Genau genommen handelt es sich um den CAN-Bus, der von Bosch und Intel entwickelt wurde und vor allem aus Fahrzeug-Steuergeräten bekannt ist, aber auch sonst in der Industrie Anwendung findet.

In China produziert

Die sich im Gehäuse befindlichen Platinen sind auf Englisch beschriftet. Dies ergibt weder für ein russisches noch für ein iranisches Gerät Sinn. Aufbau und Produktionsart deuten darauf hin, dass sie in großer Zahl bei einem Platinenbauer in China bestellt und produziert wurden. Dieser ist dann auch für den Einkauf der Chips zuständig. Wenn man diese Platinen bei mehreren Platinenbauern produzieren lässt, erhält jeder nur einen Auftrag für eine unauffällige Platine für ein Industriegerät. Es wird nicht viel Rechenleistung benötigt und es sind keine besonderen Sensoren erforderlich. Ganz normal. Für einen Hersteller wie Texas Instruments ist es also eine ganz normale Anfrage eines bekannten Platinenbauers aus China nach Tausenden Chips zur Signalverarbeitung. Kein Grund, stutzig zu werden. Entweder liefert der Platinenbauer direkt nach Russland oder es gibt ein bis zwei Umleitungen auf dem Weg. Am Ende ist es aber trivial.

Antwort von Texas Instruments

Wir haben Texas Instruments (TI) um einen Kommentar gebeten. Das Unternehmen teilte uns mit: „TI lehnt die Verwendung unserer Chips in russischer Militärausrüstung und die illegale Abzweigung unserer Produkte nach Russland entschieden ab. Wir haben den Verkauf von Produkten nach Russland im Februar 2022 eingestellt. Jegliche Lieferung von TI-Chips nach Russland ist illegal und nicht autorisiert. TI investiert viel Zeit und Ressourcen in die Bekämpfung der illegalen Abzweigung von Chips und ist bestrebt, seine Bemühungen ständig weiterzuentwickeln und zu verbessern."

Shahed-Transmitter

Open-Source-Boards

Der Transmitter der Geran-2 wirft weniger Fragen auf. Geran-2 heißt die Shahed-Drohne, die von den Russen in Lizenz gebaut wird. Das sieht aus wie ein leicht abgeändertes Open-Source-Design. In unserem Transmitter fehlt jedoch eine Platine, die den zentralen Computer darstellen würde. Das Signal ist vermutlich nicht einmal richtig verschlüsselt und die Drohne ist gegen elektronische oder Cyberangriffe kaum gewappnet. Dafür ist sie günstig, leicht weiterzuentwickeln und in erster Linie eine Terrorwaffe. Die Drohne wird üblicherweise in Sets von fünf Stück von einem LKW aus gestartet. Sie hat eine Spannweite von 2,50 m, ist 3,50 m lang und verfügt über einen MD550-Motor, der eine unerlaubte Kopie des deutschen Limbach-Flugmotors L-550 ist.

Der 80-Kilogramm Sprengkopf einer Shahed Drohne

An der Spitze befinden sich 60 Kilogramm Sprengstoff, was dem Inhalt von 350 Handgranaten entspricht. Die Shahed-136/Geran-2 kann entweder von einem Piloten ferngesteuert oder per Satellitennavigation entlang einer vorgegebenen Route gesteuert werden. Sie muss lediglich eine Stadt in der Ukraine erreichen und in das Schlafzimmer argloser Zivilisten krachen.

Der Rest der Drohne entspricht dem aktuellen Stand der Technik im Drohnen- oder Modellbau. Dies gilt sowohl für die Bienenwabenstruktur als auch für die Verbundstoffe, aus denen sie gebaut wurde.

Man sieht also, dass die Sanktionen in einer globalisierten Welt kaum einzuhalten sind. Es gibt überall Lücken, die im großen Stil ausgenutzt werden können, und viele Akteure, die gerne wegsehen, wenn dies geschieht.

Deutsche Elektronik in einer russischen Shahed-Drohne

Im März 2024 wurde im Donbas eine vom Iran entwickelte und in Russland in Lizenz hergestellte Shahed-136-Drohne abgeschossen. Teile dieser Drohne wurden im April 2024 von unseren Experten in Berlin analysiert und waren anschließend in der Sonderausstellung im Berlin Story Bunker zu sehen.

Die Ergebnisse waren für Experten zwar nicht überraschend, aber dennoch interessant und relevant.

Der Aufbau der Drohne verdeutlicht die komplexe Beziehung zwischen iranischer Innovation und westlichen Elektronikkomponenten. Dies hat eine Diskussion über die globalen Auswirkungen dieser Technologien und die Rolle internationaler Sanktionen entfacht.

Die Shahed-136-Drohne stellt eine signifikante Entwicklung in der Drohnentechnologie dar. Sie ist für ihre Einmalverwendung und ihre Fähigkeit, gezielt Bodenziele anzugreifen, charakterisiert. Die 2,5 Meter breite Drohne wiegt etwa 200 Kilogramm, ist für ihre Kamikaze-Missionen bekannt und kann eine bis zu 60 Kilogramm schwere Last tragen, die beim Aufprall detoniert.

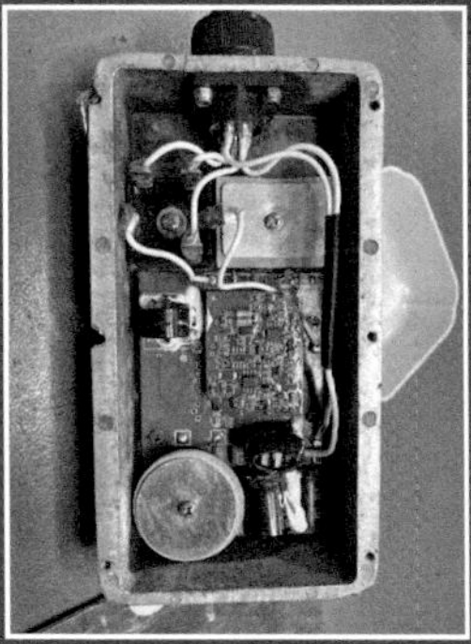

Netzteil Shahed

Das gefundene Bauteil von Infineon kostet im deutschen Einzelhandel für Endkunden ca. zwei Euro. Der Preis für die Industrie dürfte also ein Bruchteil davon sein. Es gibt unzählige Hersteller, die vergleichbare Bauteile liefern. Das ist mit einem Lichtschalter vergleichbar.

Würde in einer russischen Militäranlage ein Lichtschalter eines deutschen Herstellers gefunden werden, wäre es ebenfalls unwahrscheinlich, dass der Hersteller mit dem Militär zusammenarbeitet. Wahrscheinlicher ist, dass der Schalter einfach von einem Händler zum anderen ging.

Auch der Aufbau des Netzteils, in dem das Infineon-Bauteil steckt, deutet darauf hin, dass die Platine als Komplettbauteil erworben wurde. Vermutlich wurde sie bei einem chinesischen Hersteller gekauft, der die Einzelteile auf dem Weltmarkt erwirbt und sein Produkt dann gemäß den in China geltenden Regeln auf dem Weltmarkt anbietet.

Was wir hier sehen, ist also kein Skandal, sondern eine Auswirkung der Globalisierung. Teile wandern. Am Ende lässt sich der Weg nicht mehr kontrollieren. Selbst wenn solche Bauteile sanktioniert würden und diese Sanktionen durchgesetzt würden, würde Russland diese Teile einfach selbst herstellen.

Das Bauteil „Onsemi NCP51530" in der Shahed-136

Bisher konnten etwa 80 Prozent der gefundenen Komponenten den USA, Japan, der Schweiz und Deutschland zugeordnet werden.

Die Hülle der Drohne besteht aus einer leichten, aber stabilen Kohlefaser-Honigwaben-Struktur. Dies ist derzeit der Stand der Technik bei allen fortschrittlichen Drohnenherstellern. Dies zeigt, dass der Iran am Puls der Zeit ist und in den vergangenen Jahrzehnten gelernt hat, mit Sanktionen zu leben.

Aus heutiger Sicht mag dies normal und naheliegend erscheinen. Als Deutschland jedoch noch geteilt war, sah man, wie die DDR permanent abgehängt war und mit veralteter Technik beeindrucken wollte. Die Welt ändert sich. Staaten erfolgreich zu sanktionieren und abzuhängen, ist kaum noch möglich.

In der Elektronik der Shahed-136 finden sich viele westliche Bauteile. Viele davon haben keinen direkten Einfluss auf den Krieg und könnten auch durch andere ersetzt werden. Es handelt sich um Artikel mit einem Wert von wenigen Cents, die einfache Aufgaben übernehmen.

Dennoch sollte man eigentlich keine westlichen Komponenten in Waffen finden, mit denen Russland in Europa Zivilisten tötet.

Infinion irfb4321

In der Elektronik der Shahed-136 finden sich viele westliche Bauteile. Es handelt sich um Artikel mit einem Wert von wenigen Cents, die einfache Auf¬gaben übernehmen.

Dennoch sollte man eigentlich keine westlichen Komponenten in Waffen finden, mit denen Russland in Europa Zivilisten tötet.

In der Drohne ist unter anderem ein amerikanischer „Onsemi NCP51530"-Side-Gate-Driver verbaut – im Grunde nicht viel mehr als ein besserer elektronischer Schalter ist.

Im Netzteil befindet sich zudem ein Metall-Oxid-Halbleiter-Feldeffekttransistor (MOSFET) des deutschen Herstellers Infineon vom Typ IRFB4321. Dieses Bauteil wird verwendet, um elektrische Signale zu verstärken, zu schalten oder zu regeln.

Wir kontaktierten Infineon. Nach wenigen Stunden erfolgte bereits eine ausführliche Antwort: „Infineon liefert keine Produkte oder Dienstleistungen an den Iran und hat das auch in der Vergangenheit nicht getan.

„Es ist äußerst schwierig, den Weiterverkauf eines Produkts über den gesamten Lebenszyklus hinweg zu kontrollieren. Dennoch haben wir umfassende Maßnahmen ergriffen, um die Einhaltung der Sanktionen zu gewährleisten.

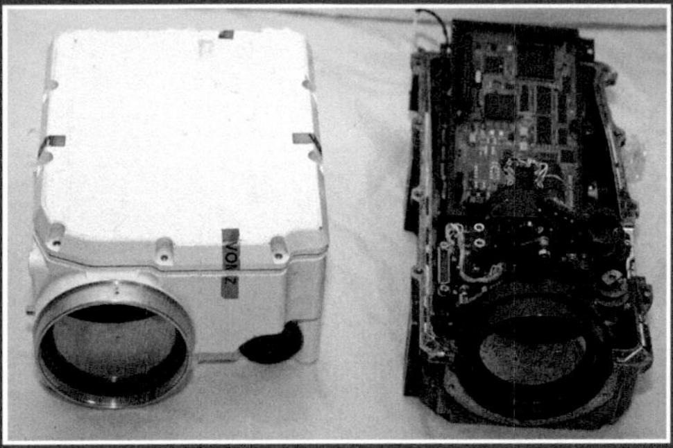

Französische IR für russische Drohnen, Thales Catherine FC und altes russisches Wärmebild Gerät

Der börsennotierte französische Rüstungskonzern Thales lieferte zunächst mehr als 100 dieser Wärmebildkameras „Catherine XP" mit Visiersystem. Während der Rüstungsmesse Eurosatory 2012 in Paris schloss Thales mit den Russen einen Lizenzvertrag über die neue „Catherine XP" ab, die im optisch-mechanischen Werk in Wologda produziert wird. „Die neuen Wärmebildkameras werden für das russische Verteidigungsministerium hergestellt", erklärte Igor Sevastyanov, Generaldirektor von Rosoboronexport. Die gekühlte Röhre des von den Ukrainern erbeuteten Geräts wurde 2015 gebaut, das Gerät selbst stammt aus dem Jahr 2018, also aus der Zeit nach der russischen Okkupation der Krim. Das alte, schwarze Gerät daneben stammt aus einem russischen Schützenpanzer BMD-4.

Wärmebildröhre mit Produktionsdatum

„Ich glaube, hier ist eine gekühlte Wärmebildröhre von Thales verbaut. Das Teil wurde nach 2014 produziert und exportiert", ruft einer der Analysten von hinter seinem Tisch. Vor ihm steht ein Turm aus Geräten, Platinen und Kameras zur Dokumentation. „Okay, wie kommst du darauf?", fragt Enno Lenze. „Weil der Herstelleraufkleber noch darauf ist", sagt er lachend und zeigt auf das geöffnete Gerät. Vor ihm liegt ein Catherine-FC-Wärmebildgerät.

Dieses wurde vom Zentrum für die Erforschung von Trophäen, fortschrittlichen Waffen und militärischer Ausrüstung des ukrainischen Verteidigungsministeriums aus einem russischen BDM-4-Schützenpanzer erbeutet.

Baugleiche Geräte wurden auch im moderneren T-90-Panzer gefunden. Daneben liegt das alte russische Gerät, das es ersetzt hat. „Wenn du die Röhre heute neu und funktionstüchtig nach Russland bringen würdest, wärst du im Gefängnis. Das ist Waffen-Hightech und absolut reglementiert.

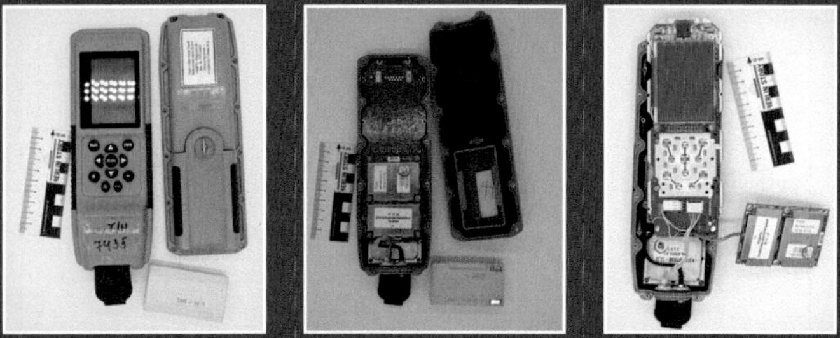

Das Innenleben des russischer Glonass/GPS Empfängers

Wir haben dieses Glonass/GPS-Gerät defekt erhalten. Es handelte sich nicht um einen leeren Akku, sondern um einen Defekt der Funktionsfähigkeit. Die Analysten der Berlin Story haben das Gerät geöffnet und wieder instand gesetzt.

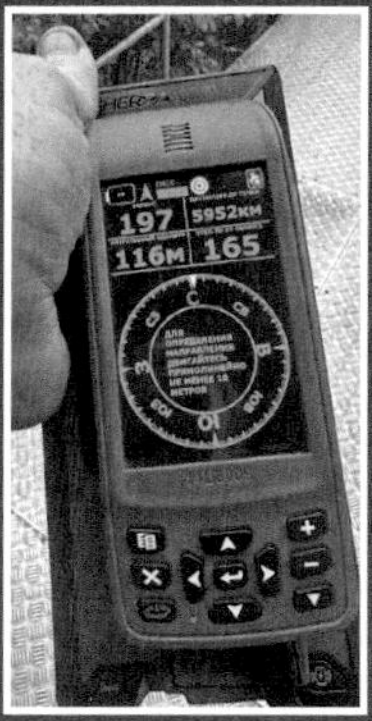

Ein weiterer russischer Glonass/GPS Empfänger wurde 5 952 Kilometer von der Front gestartet

Was sich dabei herausstellte, war überraschend. In dieser Ausstellung geht es nur vordergründig um Technik, in Wirklichkeit aber um russische Kriegsführung. Auf diesem Foto sieht man das GPS-Gerät auf der Rampe vor dem Bunker. Es offenbart, dass es 5 952 Kilometer von Berlin entfernt gestartet wurde. Das war in Burjatien. Die Burjaten sind eine mongolische Volksgruppe in Sibirien und somit keine Russen. Dort gibt es eine Panzerfahrschule. Der Panzerfahrer und die gesamte Besatzung des russischen T-72, den wir vor der Moskauer Botschaft in Stellung gebracht hatten, waren Burjaten. Sie hatten Jagd auf flüchtende Ukrainer gemacht und sie erschossen. Zivilisten im Krieg zu erschießen ist Mord

Was der GPS-Tracker außerdem offenbarte: Nach genau 17 Tagen war der Burjate tot, der Panzerfahrer war gefallen. Für die Strecke von Burjatien an die Front wird er eine Woche gebraucht haben. Er war also nicht lange im Einsatz. Man könnte argumentieren, dass Minderheiten in der Russischen Föderation verheizt werden, damit in Moskau und St. Petersburg Ruhe herrscht. Für die Ukrainer ist es egal, wer geschickt wird, um sie zu töten.

„Ich wurde zwei Mal von russischen Drohnen gejagt. Nicht angenehm."

„Hinter dem Berg geht's los, wir stoppen noch mal", sagt Oleg zu mir, Enno Lenze, bevor wir Kherson erreichen. Kherson ist die letzte Stadt unter ukrainischer Kontrolle vor der Krim. Die Russen hielten diese Stadt mehrere Monate lang besetzt, folterten die Bevölkerung und zerstörten das Leben der Menschen. Nun stehen sie auf der anderen Seite des Flusses, nur wenige Meter von den verbliebenen Einwohnern entfernt. Am Eingang der Stadt steht ein großes Willkommensschild aus Sowjetzeiten. Es ist fast wie ein kleines Bauwerk. Davor liegt die Stelle, an der wir halten. Schusswesten anziehen, Helme aufsetzen, das Erste-Hilfe-Set griffbereit halten. In den ungepanzerten Fahrzeugen öffnen wir alle Fenster, damit wir im Falle einer Explosion keine Splitter abbekommen. Alle schnallen sich ab, damit sie schnell herausspringen kön-

Screenshot aus einem Video: So sieht ein russischer FPV-Drohnenpilot sein Ziel

nen. Die Drohnenscanner werden eingeschaltet und an die schusssicheren Westen gesteckt. All das beruhigt einen, erhöht die Sicherheit aber nur bedingt. Man hat ein paar Sekunden Vorwarnzeit, wenn eine Drohne in der Luft ist. Dann weiß man allerdings nicht, ob es eine ankommende russische oder eine abfliegende ukrainische Drohne ist. Wenn eine solche Drohne in das gepanzerte Auto einschlägt, ist es im besten Fall Schrott, im schlechtesten Fall sind alle Insassen tot. Es bleibt also sehr gefährlich.

Ins Safehouse rennen

Wir fahren nach Cherson ein. Die ortskundige Person fährt, der Tacho geht auf 150 km/h. Ampeln gibt es nicht und andere Fahrzeuge sind auch eher selten. Im Zickzack geht es bis zum „Safehouse", also einem versteckten Haus, das als sicher erachtet wird. Die Fahrzeuge stehen weit verteilt unter Netzen, Bäumen oder in verfallenen Garagen. Wenn der Himmel frei ist, rennt man in das Haus und von dort in den Keller. Der Rest des Hauses wird nicht benutzt. Alle sind da, alles ist sicher. „Sollen wir erstmal Pizza bestellen?" fragt Oleg. Dieser Bruch zwischen Krieg und Normalität ist immer wieder irritierend. Die Frontstadt des Krieges. Den ganzen Tag hört man Explosionen. Aber es gibt Pizza, Cola, Bier und frische Flusskrebse.

Wir sind hier, um uns selbst ein Bild von der Lage zu machen. Was genau benötigen die Menschen? Wen attackieren die Russen und warum? Wie sieht eine solche Stadt aus, was funktioniert noch und was nicht? Das sind alles Dinge, die man auch aus Berichten vor Ort erfahren könnte – aber dafür muss jemand schreiben. Und dieser „Jemand" sind am Ende wir.

Wir wechseln das Auto gegen ein ziviles, lokales Modell, welches weniger auffällt. Ausländische Fahrzeuge der Presse oder des Rettungsdienstes werden gerne abgeschossen. Die einheimischen Kleinen kommen später. Wir fahren zum Priester, der seiner Gemeinde vor Ort hilft. Er hält Trauerfeiern ab, stiftet Hoffnung und hält die verbliebenen Menschen zusammen. Seine Kirche und das Gemeindehaus wurden mehrfach bombardiert und sein Fahrzeug zerstört. Wir wollen mit ihm über seine Arbeit sprechen.

Noch während wir aus dem Fahrzeug aussteigen, geht der Drohnenscanner an. Leider gibt es viele Fehlalarme, keines der bestehenden Systeme arbeitet besonders präzise. Doch die Details auf dem Display lassen erahnen: Es kommt wirklich etwas. Kurz darauf ruft uns jemand zu: „Rennt!" Wer und warum ist in dem Fall erst einmal egal. Man rennt los. Dann hören wir das hochfrequente Surren der Rotoren. Vor uns öffnet sich die Tür der beschädigten Kirche. Wir springen hinein. Der Letzte macht die Tür zu.

Die Drohnen sind relativ klein. Wenn sie an der Tür explodieren, würden die Splitter durch den Innenraum fliegen, aber unsere Westen sollten diese aufhalten. Das ist daher als erster Schutz in Ordnung. Und dann stehen wir in der Kirche und warten. Ist noch eine Drohne da? Sind wir ein lohnenswertes Ziel? Oder sind wir so lohnenswert, dass die Drohne weiterfliegt, bevor ihr Akku in ein bis zwei Minuten leer ist, und wir stattdessen mit Artillerie beschossen werden? Im ersten Fall sollten wir drin bleiben, im zweiten Fall sollten wir rennen.

Der Priester braucht ein Auto – versprochen!

Wir nutzen die Zeit für ein Gespräch mit dem Priester. Er braucht ein neues Auto, das wir ihm versprechen zu besorgen. (Inzwischen haben wir es besorgt und geliefert.) Dann rennen wir zurück zum Wagen. Alle springen hinein, der Fahrer tritt das Gaspedal durch und noch während der Fahrt schließen sich die letzten Türen. Wieder geht es mit Vollgas um Zickzack, um „Achtung Minen"-Schilder und andere Fahrzeuge herum. Es ist anstrengend.

Immer wieder fragen Leute, warum man das macht. Ob das spannend sei oder ob man das Adrenalin brauche. Was soll daran spannend oder gut sein, wenn man fast ermordet wird? Ich frage mich, ob diese Leute verstehen, was Krieg, Mord und russischer Terrorismus sind, oder ob sie das mit einem Freizeitpark und einer Achterbahn verwechseln. Aber auch solchen Leuten müssen wir diese Dinge erklären. Also versuche ich, das Erlebte in Texte zu fassen.

Die Drohne kommt über den Dnepr auf uns zu

An einer ausgebombten Mall denke ich daran, wie wir dort vor zwei Monaten von einer

Drohne überflogen und gesichtet wurden. Wir standen in der Sonne am Dnepr, nur einen Kilometer von den Russen entfernt. Was in den nächsten Sekunden folgte, war ein extremes Hin und Her der Emotionen. Wir wollten die Schäden am Gebäude und auf dem Parkplatz dokumentieren, als der Drohnenscanner anging. Panik. Was nun? Das Auto war einen 20-Sekunden-Sprint entfernt. Dann losfahren und außer Sicht kommen. 45 Sekunden alles zusammen. Zu lang. Also am sonnigen Tag in den Schatten des Gebäudes stellen. Die Kameras der Drohnen sind nicht so gut, sie fliegen schnell und haben aufgrund des schweren Sprengstoffs an Bord nur wenige Minuten Akku. Der Drohnenpilot steht unter Leistungsdruck: Er muss ein Ziel bombardiert haben, bevor der Akku leer ist. Wir müssen nur so lange durchhalten. Wenn wir losrennen, sieht er uns. Stehen wir am sonnigen Tag im Schatten, sieht er uns vermutlich nicht. Vermutlich. Die Droh-

Höchste Konzentration: Enno (links) und Chris in Cherson nahe der Front

ne schießt an und vorbei. Entspannung. Wir haben es geschafft. Alles gut. Wir beginnen sofort, zum Wagen zu rennen. Die Drohne filmt nur nach vorne, sie kann uns von hinten nicht sehen. Alles gut. Dann dreht sie sich um. Wieder Panik. Was jetzt? Dann dreht sie wieder. Zur Seite. Puh! Entspannung. Wir hören Schüsse. Ukrainische Soldaten haben uns gesehen und fangen an, über uns hinweg auf die Drohne zu schießen. Da habe ich keine Sorge, denn die wissen, was sie tun, und feuern so, dass sie uns nicht in Gefahr bringen. Die Drohne dreht ab. Dann folgt ein lauter Knall. In der Luft neben uns explodiert sie. Irgendjemand hat sie getroffen. Wir springen ins Auto. Vollgas. Weg. Das Ganze hat nicht einmal eine Minute gedauert. Im Kopf rotiert es immer noch. Der Fahrer guckt mich an und lacht. „Erstmal Pizza holen?"

Eingeladen von Präsident Selenskyj

Der Berlin Story Bunker hat sich zu einem Zentrum der Unterstützung für die Ukraine entwickelt. Der jüngste Besuch beim ukrainischen Präsidenten Volodymyr Selenskyj und bei seinem Verteidigungsminister Denys Schmyhal in Kyiv am 25. August 2025 unterstreicht die Anerkennung dieser Initiative. Beide erhielten das Buch zum Ukraine Museum im Bunker. Präsident Selenskyj bedankte sich für diese unerwartete Initiative. Der ehemalige Ministerpräsident und derzeitige Verteidigungsminister Denys Schmyhal sagte zum Ukraine Museum: „Das ist der richtige Ort, um unseren Kampf für eine gerechte, friedliche Welt zu unterstützen."

Enno Lenze und Wieland Giebel waren die einzigen deutschen Vertreter der Unterstützer, die zu dieser Veranstaltung eingeladen wurden. Lenze blieb im Bunker in Berlin. Er war in der Woche zuvor in Kyiv und anderen Städten der

Wieland Giebel beim National Prayer Breakfast

Ukraine, um weitere Exponate des russischen Zerstörungspotenzials von der Front zu besorgen. Wieland Giebel repräsentierte den Berlin Story Bunker und unsere Aktivitäten für die Ukraine. Bei dieser Solidaritätsveranstaltung kamen mehr als 1.000 Teilnehmer aus 50 Ländern zusammen.

Beim National Prayer Breakfast ging es um die massive Unterstützung der Ukraine. Daher war es gut, so viele Amerikaner zu sehen. Unter ihnen befanden sich Keith Kellogg, der Ukraine-Sonderbeauftragte des Präsidenten, und dessen wortgewandter Lieblingsprediger. Pastor Mark Burns. „Wir sind hier, um der Welt und besonders Wladimir Putin zu verkünden, dass er für seine Verbrechen bezahlen muss. Und ich glaube, dass er für seine Verbrechen bezahlen wird. Ich bin aus den Vereinigten Staaten von Amerika hier, um Wladimir Putin daran zu erinnern, dass die Ukraine der Ukraine gehört!"

Keith Kellogg, Ex-Generalleutnant der United States Army, sagte in seiner langen Rede: „Die Menschen vergessen, wie lange der Krieg in der Ukraine schon andauert – es ist der größte Krieg in Europa seit dem Zweiten Weltkrieg." Er äußerte die Hoffnung, dass innerhalb eines Jahres Frieden einkehren werde.

Denys Schmyhal, Volodymyr Selenskyj und Wieland Giebel am 25. August 2025 in Kyiv

Die Zusammenarbeit mit dem ukrainischen Verteidigungsministerium führte zu der Bitte, das Buch des Generalstabs über die Verteidigungsoperation von Kyiv auf Deutsch und Englisch herauszubringen.

Die Analyse des ukrainischen Generalstabs zur Schlacht um Kyiv – Berlin Story Verlag

Die Schlacht um Kyiv war nicht nur die längste, sondern auch die wichtigste Schlacht in Europa seit dem Zweiten Weltkrieg. Die Russen waren mit ihren Elitetruppen gekommen. Sie hatten ihre Paradeuniformen bereits in den Mannschaftstransportpanzern dabei. Für sie war ganz klar, dass sie Kyiv innerhalb von drei Tagen erobert haben würden. Damit wäre die Ukraine gefallen und der russische Imperialismus hätte weitermachen können.

Seit unserer Aktion mit dem zerschossenen russischen Panzer vor Putins Botschaft in Berlin vertieft sich unsere Zusammenarbeit ständig – was sehr erfreulich ist. Vor allem mit dem Militärhistorischen Museum der Ukraine und den Mitarbeitern Yuriy Koshel und Yuriy Bilovus sind die Beziehungen von tiefer Freundschaft geprägt.

Yuriy Bilovus zeigt eine russische Drohne

Unsere Hilfe

Ob wir über unsere Hilfe für die Ukraine sprechen sollen oder nicht, darüber diskutieren wir immer wieder. Es gibt so viele, die große Töne spucken, ihre Solidarität wie eine Monstranz vor sich hertragen, aber wenig bis nichts tatsächlich tun. Von denen möchten wir uns abgrenzen.

Alles in dieser Grafik ging vom Bunker an die Front. Einige Beträge sind als Spenden an uns zurückgeflossen. „Spenden" nicht im Sinne des Finanzamts. Hier kann man kaufen – und wir bringen die Sachen an die Front. Aber nur an Leute, die wir über Jahre gut kennen: berlinstory.de/shop

Vom Bunker an die Front – Unsere Aktivitäten

„Am wichtigsten ist eine große Platte Baklava", sagt Enno Lenze. Das öffnet die Herzen und ebnet den Weg, um noch näher an die Front zu gelangen. Dort gibt es die relevanten, ungefilterten Nachrichten. Unsere Hilfe hat 2022 mit Helmen angefangen. Dann standen ballistische Schutzwesten im Vordergrund, insbesondere solche in XXL sowie solche aus Polyethylen oder anderen modernen Fasern. Die Schutzwirkung dieser Materialien beruht nicht auf Härte, sondern auf der Fähigkeit, die kinetische Energie des Geschosses aufzunehmen und zu verteilen. Mit nur 1,1 Kilogramm pro Platte sind die Platten zudem extrem viel leichter als Keramik- oder Stahlplatten. Wir liefern weiterhin solche ballistischen Schutzmaterialien. Heute sind jedoch Drohnen und Jammer gefragt. Das ist teuer. Eine Drohne mit guter Kamera kostet 3.000 Euro, ein Jammer, also ein Störsender, zwischen 5.000 und 10.000 Euro. Wir haben sechs Autos in die Ukraine gebracht, davon die Hälfte gepanzert.

Für schnelle Evakuierungen haben wir 300 klassische Schutzwesten aus Stahl bereitliegen. Davon kann man jedoch nur eine bestimmte Menge mit nach Cherson nehmen, da sie sehr schwer sind. Diese Schutzwesten können für 99 Euro in unserem Webshop erworben werden. Wir liefern sie direkt an Schutzbedürftige aus: www.Armor-Rent.com.

1000 Schusssichere Westen

Wir haben mehr als 1000 geliefert und erhalten als Dank immer wieder Fotos. Die Männer an der Front sind groß. Sie brauchen XXL-Ballistikplatten, die in die Plattenträger (Plate Carrier) eingesteckt werden. Wir liefern statt der früheren Platten aus Stahl, die zehn Kilogramm zusammen wiegen, die neuen aus Polyethylen, die weniger als 3,5 Kilogramm zusammen wiegen. Dazu machen wir eigene Beschußtest. Die Platten müssen Kalschnikow und Dragunov aushalten.

Rechts steht Manuel Weber, the bulletproof preacher.

1 *3D-Drucker zur Herstellung der Seitenflügel der Granaten.*

2 *Eine Kiste voller kugelsicherer Westen. Wir haben etwa 1000 in verschiedenen Größen geliefert.*

3 *Mercedes, das erste von der Berlin Story genutzte gepanzerte Auto. Insgesamt haben wir drei gepanzerte Fahrzeuge, zwei PKW und einen Pickup verschenkt (Stand Sommer 2025)*

4 *Etwa 30 Drohnen gingen an die Front, hauptsächlich an unsere Freunde in der Territorialverteidigung.*

5 *Kiste mit Tourniquets zum Abbinden und Stoppen von Blutungen.*

6 *NaCl, weil es an der Front und in den Notaufnahmen einen extremen Mangel gab.*

7 *Störsender (teuer) erschweren es den Russen, Ukrainer zu lokalisieren*

8 *Jammer, Störsender auf dem Dach eines Autos mit großer Bandbreite zur Bekämpfung von Drohnen.*

9 *Anti-Drohnen-Gewehr. Damit können Drohnen elektronisch abgeschossen werden.*

10 *Weihnachten 2024, wir bringen Geschenke für Kinder, Binnenflüchtlinge aus dem Donbass. Chris Klawitter ist der Weihnachtsmann.*

11 *Batterien für die erbeuteten russischenT-72-Panzer, jetzt für die Ukrainer.*

12 *Eine große Platte Baklava – Die Soldaten an der Front vergessen das nicht.*

13 *Dank der ukrainischen Armeean Enno Lenze. Drei Auszeichnungen von verschiedenen Einheiten für kontinuierliche Hilfe*

DAS UKRAINE MUSEUM

UKRAINE MUSEUM

Das Ukraine-Museum befindet sich im Berlin Story Bunker. Der war eigentlich voll. Das Museum ist uns aber wichtig. Deshalb wurde „Deutschland heute" geschrumpft. Das war nicht einfach.

Putin ist nicht weitergekommen, weil die Ukrainerinnen und Ukrainer gekämpft haben. Sie haben zunächst Kyiv gerettet, ohne deutsche Hilfe. Hätten sie auf uns gewartet, wäre die Ukraine untergegangen. Heute, Ende 2025, haben die Russen immer noch keine Luftüberlegenheit. Sie führen einen archaischen Krieg.

Der Mut, die Kampfkraft und die intellektuelle Überlegenheit der Ukrainerinnen und Ukrainer sind bewundernswert. Wir bewundern sie. Deshalb gibt es dieses Museum.

SLAVA UKRAINI

Julias Flucht von der Krim über Odesa nach Berlin

Chris

Chris Knickerbocker ist Fotograf in Potsdam, kleidet sich immer modisch und ist am liebsten im roten Jaguar unterwegs. Er hat keinen Bezug zur Ukraine. Als er morgens in den Nachrichten sieht, dass der Krieg ausgebrochen ist, ist er am nächsten Tag vor Ort. Zunächst hilft er Julia bei der Evakuierung, was absoluter Zufall ist. Dann rettet er während der Schlacht um Kyiv einen schwer kranken Mann mit einer Autoimmunkrankheit. Weil der Fahrstuhl nicht funktioniert, holt er draußen ohne jegliche Sprachkenntnisse Hilfe und trägt den Mann 27 Etagen hinunter. Anschließend fährt er ihn mit einem selbst organisierten Intensivtransport zur Grenze nach Polen.

Chris kommt von der Grenze zurück und bleibt in der Schlacht um Hostomel und Irpin, bis Kyiv befreit ist. Ende März geht es zurück nach Deutschland. Mit seinem Wagen wirkt er völlig deplatziert an der ukrainisch-polnischen Grenze. Die Grenzbeamten können sich keinen Reim auf den roten Jaguar mit deutschem Kennzeichen machen. „Aber man muss ja helfen", erklärt er.

Julia

Julia wurde 1985 in Simferopol auf der Krim als Bürgerin der Sowjetunion geboren. Sie wuchs in Lettland auf, da ihr Vater nach seinem Studium dort arbeiten sollte. Ihre Eltern sprachen zu Hause Russisch, sodass Julia ihre Muttersprache Ukrainisch nicht erlernte. Obwohl man sie verstand, wurde ihnen das Brot nur über die Theke gereicht, wenn sie Lettisch sprachen. Nach dem Zusammenbruch der Sowjetunion zog die Familie zurück auf die Krim. Julia ging dort zur Schule, studierte und genoss die Sommer am Strand. Es folgten die erste Ehe und ein Sohn. Die Ehe hielt jedoch nicht. Julia sieht sich als Ukrainerin, nicht als Ex-Sowjetin oder Russin.

Als sie 2014 die Bilder vom Euromaidan sah, wurde ihr klar: Die Ukraine besteht aus starken Menschen. Sie können die Zukunft des Landes in die Hand nehmen und es zu ihrem Land machen. Demokratisch und europäisch. Doch dann annektierten russische Soldaten die Krim. Viele ihrer Freunde sehen darin kein Problem. Zwei Jahre lang lebte sie unter russischer Besatzung, dann floh sie nach Odesa. Dort kam 2017 ihr zweites Kind zur Welt, eine Tochter. Bis 2021 konnte sie ihre Eltern auf der Krim besuchen, da Verwandte ersten Grades besucht werden dürfen. Als sie im Sommer zurückfuhr, ahnte sie noch nicht, dass es das letzte Mal sein würde, dass sie ihre Eltern sah.

Noch vor dem dreißigsten Geburtstag: Zwei Mal geflohen, mit zwei Kindern, einem Hund und einem Meerschweinchen.

Chris in seinem roten Jaguar auf dem Weg in die Ukraine. Er will Menschen mit einer seltenen Autoimmunkrankheit helfen.

Julia kann nicht mehr. Am Bahnhof in Warschau hat sie ihre Flucht von der Krim nach Odesa vor einigen Jahren hinter sich. Jetzt flieht sie von Odesa über Moldawien nach Warschau mit dem Ziel Berlin. Sie hat eine Tochter, einen Sohn, einen Hund und ein Meerschweinchen dabei.
Mütze und Schuhe vom Kind sowie der Rucksack, auf dem Julia sitzt, sind in der Ausstellung zu sehen.

Hochzeit. Julia und Chris haben sich bei der Rettungsaktion kennengelernt und heiraten.

Im Februar 2022 überschlagen sich die Ereignisse: Am 21. wird der Notstand erklärt, am 24. wird die Ukraine überfallen. Odesa wird bombardiert. Am 26. Februar 2022 warnen Freunde von der Krim: „Flieh! Verlass das Land! Sofort." Sie packt ihre Sachen, ihre Kinder, den Hund und das Meerschweinchen. Sie hat einen großen Rucksack für sich und ihre Tochter sowie einen kleinen für ihren Sohn. Das war es. Das ist nun ihr Leben. Alles, was nicht dabei ist, werden sie vermutlich nie wieder sehen.

Die Flucht

Der Bus nach Moldau bzw. Moldawien mit der Hauptstadt Chișinău ist der erste Fluchtpunkt vieler Ukrainer aus dem

AC 3331077
BILET DE CĂLĂTORIE
TICKET

Wucher. Ein Ticket von Chisinau nach Warschau in einem Schrott-Bus für 320 US-Dollar. Normalerweise kostet es über Flixbus gebucht 92 Euro.

Der Bus nach Moldau bzw. Moldawien mit der Hauptstadt Chișinău ist der erste Fluchtpunkt vieler Ukrainer aus dem Süden, aus der Schwarzmeer-Gegend um Odesa. Normalerweise dauert die Fahrt knapp vier Stunden.

Süden, aus der Schwarzmeer-Gegend um Odesa. Normalerweise dauert die Fahrt knapp vier Stunden.

Ein Freund fährt sie zur Grenze nach Moldau. Der Stau erstreckt sich über mehrere Kilometer. Sie steigen aus und laufen. Der Pass eines Kindes ist abgelaufen. Aber sie dürfen rüber. Die ganze Anspannung fällt ab – sie haben es geschafft. Aber was jetzt? Eine Frau kommt auf sie zu und fragt: „Was ist euer Plan? Wo geht es hin?“ – „Ich weiß es nicht“, lautet die Antwort. Die Frau nimmt sie mit zu sich nach Hause und bietet ihnen für eine Nacht einen Schlafplatz, eine Dusche und gutes Essen. Dann soll es weiter zu Bekannten in Richtung Berlin gehen. Es gibt eine Organisation, die ihnen bei der Flucht hilft und einen Plan für die Route nach Berlin hat. Diese führt über Warschau. In Potsdam wartet eine Gastfamilie auf sie.

Das Busticket nach Warschau gibt es jedoch nur zum Wucherpreis von 320 US-Dollar. Der Bus ist in einem schlechten Zustand, überfüllt und die Toiletten sowie die Klimaanlage sind kaputt. und der Fahrer kennt die Route nicht. Die Fahrt dauert am Ende 60 Stunden. In Warschau kommen sie wieder bei einer Familie unter, die sich um sie kümmert und sie am nächsten Tag zum Bahnhof bringt – zum Bus nach Berlin. Dort sieht sie Chris zum ersten Mal wieder.

Julia begann im April 2022 ihre Arbeit als Koordinatorin für ukrainische Jugendprojekte. Ihre Arbeitskollegen und Chris halfen ihr, Fuß zu fassen, und kämpften sich durch die deutsche Bürokratie. Danach fuhr Chris zurück nach Polen und weiter in die Ukraine. Er evakuierte Menschen, kämpfte in der Schlacht um Kyiv und kehrte zurück. Sie begannen, sich zu treffen, und verliebten sich. Im Jahr 2024 heiraten Julia und Chris in traditioneller ukrainischer Kleidung. Sie leben als glückliche Patchwork-Familie in Potsdam.

Flucht ab Kyiv Hauptbahnhof

Julia ist eine von Tausenden: Mütter mit Kindern. Die Luftalarmsirenen heulen, Raketen schlagen ein und Menschen sterben. Überall herrscht Chaos und die Angst, dass die Ukraine in wenigen Tagen fallen wird, ist allgegenwärtig. Erste Berichte über Gräueltaten der russischen Truppen gehen durch die Nachrichten. Eltern werden vor den Augen ihrer Kinder zu Tode gefoltert und die Taten live im Internet übertragen. Daher nennen die Ukrainer sie „Orks“ – wie die Monster aus den Märchen. Was kann man jetzt noch tun? Die Zeit läuft. Viele Familien entscheiden sich, sich zu trennen. Die Männer bleiben und kämpfen freiwillig, während die Frauen und Kinder in den Westen fliehen. Polen, Deutschland, die Niederlande – egal, wohin. Erst einmal weg.

Vor allem im März 2022 wird Kyivs Hauptbahnhof zum Brennpunkt menschlicher Dramen. Tausende Ukrainer –

Abschied am Bahnhof

hauptsächlich Frauen und Kinder – drängten sich hier auf den Bahnsteigen. Ein Sonderzug nach dem anderen fährt ab. Die ukrainische Eisenbahn leistet Unglaubliches und scheint völlig unbeeindruckt von den Angriffen.

Die Bahnsteige, die normalerweise Orte des Abschieds und der Wiedersehensfreude sind, verwandelten sich in chaotische Szenen der Verzweiflung. Überfüllte Züge boten die einzige Hoffnung auf Sicherheit. Die Eltern versuchten, stark zu bleiben, damit ihre Kinder nicht traumatisiert werden. Die Kinder klammerten sich an ihre Eltern. Spielzeuge und wenige Habseligkeiten waren oft alles, was die Menschen retten konnten. Freiwillige reichten Tee und Decken und versuchten, inmitten des Tumults Trost zu spenden. Mobiltelefone leuchteten auf – letzte Nachrichten an zurückgebliebene Verwandte. Meist waren es Onkel, Cousins und Großväter, die blieben, um zu kämpfen.

Jede Zugabfahrt war ein Wettlauf gegen die Zeit, ein Kampf um einen Platz. Ältere Menschen wurden vorsichtig hineingehoben und Mütter versuchten, ihre Kleinen sicher durch die Menschenmassen zu manövrieren. Die Luft war erfüllt vom Geräusch rollender Koffer, vom Weinen der Kinder und dem tiefen Grollen der anfahrenden Züge, die eine ungewisse Zukunft versprachen. Der Bahnhof Kyiv war in diesen Tagen kein Ort des Reisens, sondern ein Zeugnis unfassbaren Leidens und unerschütterlicher Hoffnung.

Mittendrin war die Weltpresse, die versuchte, einfache Statements zwischen Treppe und Zug zu ergattern. Die oft hochgehaltene journalistische Distanz, die in klimatisierten Büros gepredigt wird, verschwand. Die Journalisten trugen Kinder, Hunde und Koffer, wünschten eine gute Reise und trösteten die Männer, die mit Tränen in den Augen den Bahnhof verließen.

Wie entscheiden?

Für andere wird es eine Odysee. Angekommen. Und wie geht es jetzt weiter? Was heißt „angekommen" überhaupt? Ein Bett, eine Dusche, einen Job? Plötzlich müssen sich Millionen Ukrainerinnen mit dieser Frage auseinandersetzen. So auch Masha. Sie stammt aus Slowiansk im Donbas, nahm einen Job in Abu Dhabi an, wusste aber nicht, ob sie dort bleiben würde. Also blieb ihr achtjähriger Sohn erst einmal bei ihren Eltern, bis alles klar war. Dann brach der Krieg aus. Ihre El-tern sind krank und können nicht gehen und ihr Sohn konnte nicht alleine reisen. Der Vater des Kindes, ihr Ex-Mann, möchte das Kind lieber in der Ukraine haben, kümmert sich aber selbst nicht darum. Das Kind verließ mit der Familie eines Schulkameraden das Land und ist vorüberge-hend in Polen. Mashas Mutter muss für eine Therapie nach Spanien. Die Gastfamilie des Kindes bringt es dorthin und Masha fliegt hin. Die Familie ist wieder zusammen.

Doch ihr Kind erhält keine Erlaubnis, in die Emirate zu reisen. Masha arbeitet eine Weile remote, was jedoch nicht funktioniert. Sie bekommt eine neue Stelle in London, doch auch das funktioniert auf Dauer nicht. Sie lernt einen Österreicher kennen und zieht mit ihm nach Wien. Dort lebt sie bis heute. Richtig angekommen ist sie jedoch nicht. Ob das ihre Zukunft ist, ist auch nicht klar.

In Berlin entsteht am Hauptbahnhof die „Welcome Hall". In Warschau und Amsterdam gibt es ebenfalls zentrale Anlaufstellen. Diese helfen den Flüchtlingen bei den ersten Schritten: Sie unterstützen sie dabei, sich anzumelden, eine Unterkunft zu erhalten und Kontakt zu Menschen aufzunehmen, die ihnen weiterhelfen können. Aber viel mehr auch nicht. Man muss überlegen, ob man hier bleiben, weiterreisen oder zurückgehen möchte. Lohnt es sich, etwas Neues aufzubauen, wenn der Krieg bald vorbei ist? Oder wird die Ukraine fallen und man wird heimatlos sein? Nie-mand kann einem diese Fragen beantworten. Man ist inmitten der anderen Menschen, die alle dasselbe Problem haben, und doch ist es allein die eigene Entscheidung, die getroffen werden muss.

Unternehmen helfen der Ukraine

Auf der nächtlichen Fahrt von Poltava über Kyiv, Lwiw/Lemberg und Krakau nach Prag in der Tschechischen Republik. Busfahrten sind die wichtigste Verbindung nach Europa.

Flixbus und seine Partnerfirmen haben Flüchtlinge von den Grenzen zur Ukraine nach Westeuropa transportiert und gleichzeitig Hilfsgüter in die Ukraine gebracht. Das Berliner Büro von Flixbus diente dabei als Sammelstelle für Sachspenden wie Medizin, Kleidung, Decken und Hygieneartikel. Um Reisemöglichkeiten für Menschen an der ukrainisch-polnischen Grenze zu schaffen, hat Flixbus zusätzliche Verbindungen von und nach Przemyśl (Polen) eingerichtet. Das Unternehmen betont, dass die Unterstützung spontan und unkompliziert von Menschen unterschiedlicher Nationalitäten geleistet wurde.

Ein weiteres Beispiel dafür, wie rein kommerzielle Unternehmen einfach helfen, ist Flixbus. Flixbus leistet humanitäre Hilfe und fährt zu Beginn des Krieges ständig von und nach Polen sowie nach Deutschland und Moldawien. Es gibt kostenlose Fahrten für Flüchtlinge aus der Ukraine.

Von Berlin aus fahren täglich 20 Busse in die Ukraine. Zentraler Omnibusbahnhof Berlin (ZOB). Viele Busse aus den Städten im Westen Deutschlands fahren über Berlin. Dort leben 100.000 Ukrainer. Die Fahrt in die Heimat hat nichts mit Tourismus zu tun. Es geht darum, nach den Eltern zu sehen, den Partner endlich wieder in die Arme zu schließen und sich selbst ein Bild von der Lage zu machen.

Der Bus aus Odesa kommt mit Gepäckanhänger am Zentralen Omnibusbahnhof (ZOB) an. Einfach in Odesa einsteigen, das Hörbuch einschalten, schlafen oder ins Koma fallen und nach 33 Stunden in Berlin wieder aufwachen. Oder in die andere Richtung: Für 100 Euro ans Schwarze Meer.

Das Tech-Schutzschild der Ukraine: Viele große Technologiekonzerne unterstützen das Land in verschiedenen Bereichen – oft mit erstaunlichem Einsatz. Russland hat nichts entsprechendes zu bieten. Technisch ist es rückständig. Es fehlt jegliches Engagement.

Amazon (AWS), Cloudflare, Google, Maxar, Microsoft, Palantir, Starlink, White Stork

Sie sind starke Befürworter der Nutzung von Technologie zur Verteidigung der Demokratie und zur Stärkung der Verteidigungsfähigkeiten. Offenbar haben viele der Tech-Milliardäre die Gräueltaten
Russlands in der Ukraine persönlich betroffen. Sie sehen in der Unterstützung der Ukraine die Chance, die Kreativität der Ukrainer zu nutzen und die Demokratie zu bewahren.

„Wenn es Russland gelungen wäre, das Internet abzuschalten und die Welt hätte nicht gesehen, was dort geschieht, dann hätte es vielleicht nicht so viel Unterstützung gegeben. In gewisser Weise ist das der erste richtige Krieg des modernen Internetzeitalters. Präsident Selenskyj versteht es, seine Botschaft auf diese Weise zu vermitteln. So etwas haben wir bei einem Krieg noch nicht erlebt. Die Leute von der Front nehmen Videos mit ihren Handys auf und verbreiten sie über Facebook oder TikTok. Bisher waren die Cyberattacken aus Russland nicht annähernd so vehement, wie wir dachten.“ Matthew Prince, **Cloudfare**, FAZ 6. April 2023

Google hat Cybersicherheitsunterstützung geboten, Desinformationen bekämpft und humanitäre Hilfe geleistet. Google Cloud unterstützt zudem ukrainische Unternehmen und Regierungsbehörden dabei, ihre Daten zu sichern.

Amazon AWS spielt eine entscheidende Rolle bei der Aufrechterhaltung der digitalen Infrastruktur der Ukraine. Kurz nach Kriegsbeginn half das Unternehmen der ukrainischen Regierung dabei, kritische Daten und Dienste in die Cloud zu migrieren, um sie vor physischen Angriffen zu schützen. Dies umfasste Regierungsdatenbanken, Bildungsdaten und Finanzdaten. Bis Ende 2022 hat Amazon 75 Millionen US-Dollar in die Unterstützung der Ukraine investiert, darunter auch in die Datenwiederherstellung mithilfe von SSD-Boxen.

MAXAR

Vor und während des Krieges hat **Maxar** der Ukraine hochauflösende Satellitenbilder zur Verfügung gestellt. Diese waren entscheidend für die Aufklärung der Truppenbewegungen der Russen, die Bewertung von Schäden und die Planung militärischer Operationen. Die Bilder wurden auch oft öffentlich geteilt und lieferten wichtige Informationen für Medien und Öffentlichkeit.

Microsoft hat umfassende Cybersecurity-Unterstützung geleistet, Bedrohungsanalysen durchgeführt und bei der Abwehr russischer

Cyberangriffe geholfen. Zudem wurden finanzielle Unterstützung und technische Beratung angeboten.

Die **Palantir**-Software wird von der ukrainischen Armee eingesetzt, um diverse Daten (z. B. von Satelliten, Drohnen und Sensoren) zusammenzuführen und auszuwerten. Auf diese Weise können präzisere Informationen für die Zielerfassung gewonnen werden. Palantir-CEO Alex Karp hat erklärt, dass Palantir „für den größten Teil der Zielerfassung in der Ukraine verantwortlich" sei. Die

Software ermöglicht es den Ukrainern zudem, das Kriegsgeschehen in Echtzeit zu verfolgen.

Kurz nach Kriegsbeginn stellte Elon Musk der Ukraine Tausende von **Starlink**-Terminals zur Verfügung. Dadurch war es der Ukraine trotz der Zerstörung der terrestrischen Kommunikationsinfrastruktur möglich, die Internetverbindung sowohl für zivile Zwecke als auch für die militärische Kommunikation aufrechtzuerhalten. Für die ukrainische Armee ist Starlink von immenser Bedeutung, um Echtzeitverbindungen zwischen Drohnen und Kommandozentralen herzustellen. Dies ist für die moderne Kriegsführung unerlässlich.

Starlink läuft bis heute ohne Probleme für militärische und private Nutzer. Entgegen anderslautender Gerüchte wurde das System nie abgeschaltet. Sogar viele Überlandbusse haben ein Starlink-Terminal auf dem Dach, das den Fahrgästen einen hervorragenden Empfang bietet.

Eric Schmidt hat mit **White Stork** ein neues Drohnen-Startup gegründet, dessen Name sich auf den ukrainischen Nationalvogel bezieht. Das Unternehmen konzentriert sich auf die Entwicklung KI-gestützter Angriffsdrohnen mit autonomen Zielidentifikationsfähigkeiten. Schmidt hat scherzhaft, aber bezeichnend angemerkt, dass ihn diese Tätigkeit zu einem „lizenzierten Waffenhändler" mache – eine Rolle, die er als Informatiker und Geschäftsmann nie erwartet hätte. Eric Schmidt war von 2001 bis 2011 Chief Executive Officer und von April 2011 bis zum 10. August 2015 Executive Chairman von Google.

Kriegsreporter in der Ukraine

Paul Ronzheimer von BILD begleitet Vitali Klitschko, den Bürgermeister von Kyiv, unmittelbar nach einem Raketenangriff auf einen Wohnblock. Die beiden kennen sich seit dem Maidan im Jahr 2014.

Producer **Vadim Moisenko**, Fotograf **Giorgos Moutafis**, BILD-Vize **Paul Ronzheimer** an der polnisch-ukrainsichen Grenze.

Am Vorabend der Invasion waren wir im Donbas. Unsere amerikanischen Freunde sagten: „Um 5 Uhr werden sie angreifen." Wir dachten uns: „Ok, dann ist eh alles vorbei." Wir holten drei Flaschen ganz schlechten Rotwein – vielleicht auch etwas mehr. Irgendwann sind wir, richtig stockbesoffen, um zwei oder drei Uhr ins Bett gefallen. Ich glaube, ich habe den ersten Angriff echt verpennt. Plötzlich stürmte Giorgos ins Zimmer und sagte: „Der Krieg hat begonnen!" Das war um vier oder fünf Uhr morgens. Ich musste dann den ganzen Tag und die ganze Nacht berichten. Aber Vadim tat mir am meisten leid. Der musste dann 24 Stunden über Schleichwege nach Kyiv fahren. Ich weiß nicht, wie wir das geschafft haben.

Clarissa Ward von CNN ist in Irpin vor Bucha. Sie berichtet live von den Grausamkeiten und dem russischen Massaker an der Zivilbevölkerung. CNN hat die Ankündigung des CIA, dass der russische Überfall unmittelbar bevorstehe, ernst genommen. Bereits zwei Wochen zuvor mieteten sich mehr als hundert Journalisten und Techniker auf zwei Etagen des zentral gelegenen Hotels Intercontinental ein und bauten ihre umfangreiche Technik auf dem Dach auf.

Trey Yingst, Kriegsreporter bei Fox News, steht an der zerstörten Brücke von Bucha. Sein Beitrag wird immer wieder unterbrochen, weil er Menschen über den schmalen, schwierigen Steg hinüberhilft. Yingst arbeitet eigentlich als Auslandskorrespondent für Fox News in Jerusalem, Israel. Er ist einer der wenigen, die aus dem Gazastreifen senden.

„Who is this Enno guy?“ Diese Frage stellte ein US-Kollege dem Journalisten Paul Ronzheimer von BILD im Interconti in Kyiv. Die amerikanischen Kollegen zeigten großen Respekt, so Ronzheimer, weil Enno auf eigene Faust und ohne ein großes Medienunternehmen im Rücken vor Ort war. Er wollte mit eigenen Augen sehen, was tatsächlich in der Ukraine passiert.

Enno Lenze, der Direktor dieses Bunkers, war auf dem Weg nach Bucha, als die Russen die Schlacht um Kyiv verloren und abzogen. „Ich habe hundert Kilometer russische Kriegsverbrechen gesehen“, sagte er. Er sah erschossene Familien, die sich hinter ihrem Auto versteckt hatten. Lenze war einen Tag vor den anderen Journalisten vor Ort – zufällig, da die Autobahn nicht richtig gesperrt war. Kurz darauf wurden die Leichen von der Autobahn abgeholt.

Fred Pleitgen war sechs Wochen lang in der Ukraine unterwegs. Den Kriegsbeginn selbst hatte er von Russland aus an der Grenze zur Ukraine verfolgt. Er ist Krisen- und Auslandskorrespondent sowie Moderator beim US-Nachrichtensender CNN und arbeitet seit 2015 als „Senior International Correspondent" mit Sitz in London und Berlin. Zuvor arbeitete er in den Hauptstadtstudios von ZDF und RTL, war sechs Jahre lang Reporter für n-tv und wechselte dann zu CNN. Für den US-Kanal berichtete er aus dem Irak und Pakistan, 2011 vom Umsturz in Ägypten und später von den Bürgerkriegen in Libyen und Syrien.

Georg Restle vom WDR berichtete vom Balkon seines Hotels aus über den Krieg. In der Tagesschau behauptete er, die Ukrainer hätten den Journalisten verboten, nach Bucha zu fahren – und das, obwohl die anderen Journalisten auf Einladung der Regierung gerade live aus Bucha berichteten. Diese Lüge hat er nie richtiggestellt. Restle war zuvor ARD-Korrespondent in Moskau. Diese Perspektive scheint ihm noch immer präsent zu sein. Über viele Monate hinweg berichtete das deutsche Fernsehen aus Moskau.

Danke, Deutschland!

Panzermunition als Dankeschön? Das wird nicht die Herzen aller Deutschen höher schlagen lassen. Allerdings hat der Gepard mit dieser Munition unzähligen Ukrainerinnen und Ukrainern das Leben gerettet. Damit können die Shahed-Drohnen abgeschossen werden.

Das Nationale Militärhistorische Museum der Ukraine lässt diese Munition des Flugabwehrkanonenpanzers Gepard mit einem Kaliber von 35 x 228 mm gravieren. Danke, Deutschland! So wird die Munition zu einem Geschenk für deutsche Politiker und Militärs. Wir haben den Prototyp.

Der Flakpanzer Gepard wurde in den 1970er Jahren entwickelt und bis 2012 von der Bundeswehr ausgemustert. Zu diesem Zeitpunkt konnte kein Bedrohungsszenario durch Tiefflieger und Hubschrauber erkannt werden. Der ewige Frieden schien ausgebrochen zu sein.

Deutschland hat der Ukraine bis heute mehr als 50 Flakpanzer vom Typ Gepard übergeben. Die Lieferungen begannen im Juli 2022, seine Hauptaufgabe ist die Bekämpfung von Drohnen – insbesondere der iranischen Shahed-136-Drohnen – sowie von Marschflugkörpern und Hubschraubern. Er spielt eine entscheidende Rolle bei der Nahbereichsflugabwehr und dem Schutz ziviler und militärischer Infrastruktur. Danke, Deutschland!

Die Ukrainer sind mit dem Flakpanzer Gepard sehr zufrieden. Er wird als „sehr gutes System" gelobt und hat sich im Kampf gegen Drohnen und andere Bedrohungen als äußerst effektiv erwiesen. Ukrainische Soldaten heben die Treffsicherheit und die schnelle Reaktionsfähigkeit des Systems hervor. Die Wirksamkeit des Gepard wird auch in den sozialen Netzwerken gefeiert.

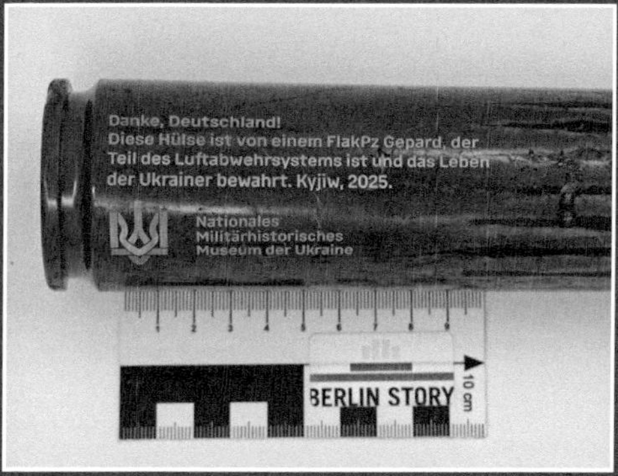

Oben: Der Prototyp der Munition mit dem Dank an Deutschland ist in der Ausstellung im Berlin Story Bunker zu sehen. Unten: Der Flugabwehrkanonenpanzer Gepard mit seinen zwei Kanonen, aus denen diese Munition abgefeuert wird.

„Aber der russische Überfall hatte eine Vorgeschichte …“

„Aber der russische Überfall auf die Ukraine hatte schließlich auch eine Vorgeschichte.“ So argumentieren Menschen, die etwas gegen die Ukrainerinnen und Ukrainer vorbringen möchten. Alle Stereotypen der Putin-Propaganda listet Marcus B. Glöckner in der „Berliner Zeitung“ vom 18. Juli 2025 auf. In dem langen Interview beklagt der Autor mehrerer Bücher zunächst, dass man seine Meinung nicht mehr sagen könne. Seine Themen sind: Wessen Politik hat den Ukrainekrieg ausgelöst? Warum hat der Westen versagt? Wie verzerren die Medien die Wahrheit?

Glöckner: „Die NATO hat sich in den letzten Jahren immer weiter Richtung Osten ausgedehnt, sodass Russland seine Sicherheitsinteressen tangiert sah.“ Er verschweigt jedoch, dass die Staaten Osteuropas unbedingt in die NATO wollten, um sich vor Russland sicher zu fühlen – wie zuletzt Finnland und Schweden im Jahr 2023.

Die Ukrainer nennen die Proteste auf dem Maidan „Revolution der Würde”, als sie gegen einen moskautreuen Herrscher auf die Straße gingen. Glöckner dagegen: „Der CIA hat dort frühzeitig agiert, und vieles, was 2014 dort geschehen ist, stinkt zum Himmel.“

Das ist hundert Prozent russische Propaganda. Deren Erzählung geht so: “Für den Westen ist die Ukraine nur ein Mittel zum Zweck. So war es das Ziel des von den USA angeführten und von der EU sowie der deutschen Regierung unterstützten Putsches in Kyiv im Jahr 2014, die Ukraine zu einem neonazistischen Bollwerk gegen Russland zu entwickeln.

Die Bevölkerung im Donbass weigerte sich jedoch, sich den nationalchauvinistischen Putschisten zu unterwerfen. Diese hatten die Verfassung außer Kraft gesetzt, allem Russischen den Krieg erklärt und russischsprachige Ukrainer diskriminiert. Nach Referenden erklärten die Donbass-Regionen Donezk und Lugansk ihre Autonomie als Volksrepubliken."

Das ist mit Quellenangaben hier nachzulesen: https://euvsdisinfo.eu/report/2014-us-led-coup-in-kyiv-turned-ukraine-into-a-neo-nazi-bulwark-against-russia/

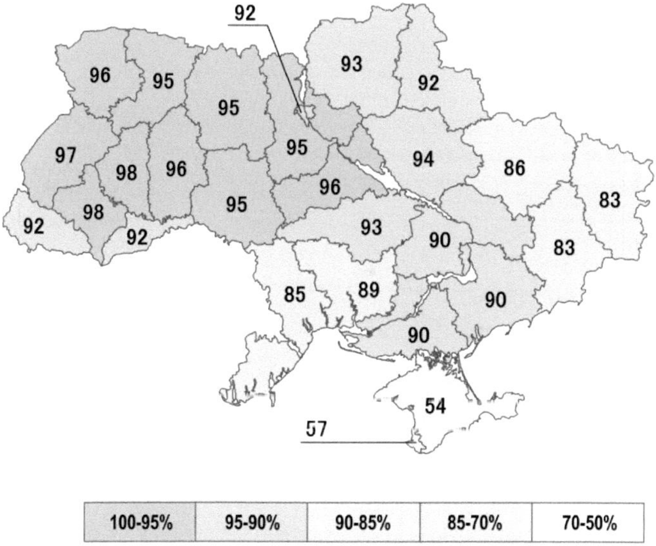

Am 1. Dezember 1991 fand in der Ukraine ein Referendum über die Unabhängigkeit statt. Dabei sprachen sich 90,3 % für die Unabhängigkeit des Landes aus. Aufgrund des eindeutigen Ergebnisses des Unabhängigkeitsreferendums wurde die Ukraine noch im Jahr 1991 von 68 Staaten als souveräner Staat diplomatisch anerkannt.

Gebiet	Abstimmende		✓ Ja-Stimmen		✗ Nein-Stimmen	
	Zahl	Wahl-beteiligung	Zahl	%	Zahl	%
Oblast Winnyzja	1.301.765	91,41	1.242.244	95,43	39.387	3,03
Oblast Wolyn	710.989	93,20	684.834	96,32	16.299	2,29
Oblast Dnipropetrowsk	2.354.169	81,80	2.127.089	90,36	181.529	7,71
Oblast Donezk	2.957.372	76,73	2.481.157	83,90	372.157	12,58
Oblast Schytomyr	1.000.425	90,53	950,976	95,06	35.798	3,58
Oblast Transkarpatien	710.286	82,91	657,678	92,59	31.891	4,49
Oblast Saporischschja	1.252.225	80,59	1.135.271	90,66	91.929	7,34
Oblast Iwano-Frankiwsk	975.655	95,73	960.281	98,42	10.028	1,03
Kiew	1.537.585	80,35	1.428.001	92,88	81.246	5,28
Oblast Kiew	1.259.129	88,02	1.202.773	95,52	36,086	2,87
Oblast Kirowohrad	813.833	88,07	764,053	93,88	35,613	4,38
Autonome Republik Krim	1.036.190	67,50	561.498	54,19	437.505	42,22
Oblast Luhansk	1.682.344	80,65	1.410.894	83,86	225.589	13,41
Oblast Lwiw (Lemberg)	1.915.597	95,24	1.866.921	97,46	35,671	1,86
Oblast Mykolajiw	818.538	84,10	732.179	89,45	66.858	8,17
Oblast Odessa	1.412.228	75,01	1.205.755	85,38	163.831	11,60
Oblast Poltawa	1.206.801	91,87	1.145.639	94,93	44.308	3,67
Oblast Riwne	757.151	92,99	726.575	95,96	19.369	2,56
Sewastopol	195.688	63,74	111.671	57,07	77.091	39,39
Oblast Sumy	948.278	88,41	878.198	92,61	46.479	4,90

In mehreren der Interviews in diesem Buch erzählen Ukrainerinnen, wie sie aus weit entfernten Landesteilen nach Kyiv fuhren, um diese Volksbewegung für Unabhängigkeit zu unterstützen. „Spätestens als der Krieg ausgebrochen war, hätte man über Diplomatie nach Lösungen suchen müssen." Klöckner vertritt bis heute, dass der Krieg durch Diplomatie hätte verhindert werden können. Damit liegt er immerhin in der gleichen Liga wie Donald Trump.

Russland ist der Meinung, traditionell Einflusszonen in seiner Nachbarschaft zu haben, insbesondere in Ländern, die ehemals Teil des Russischen Reiches oder der Sowjetunion waren. Lenin würde das schlicht Imperialismus nennen.

Oft wird auf die tiefen historischen, kulturellen und religiösen Verbindungen zwischen Russland und der Ukraine verwiesen, insbesondere auf die gemeinsame Geschichte der Kyiver Rus. Die Menschen in Kyiv sagen: „Uns gibt es seit 482 n. Chr., im Jahr 1982 feierten wir unser 1500-jähriges Bestehen." Die erste urkundliche Erwähnung Moskaus stammt dagegen aus dem Jahr 1147, Kyiv wurde also nach gängiger Auffassung über 600 Jahre vor Moskau gegründet.

Es stimmt, es gab eine Vorgeschichte: Die Sowjetunion und nachfolgend Russland haben seit dem Hitler-Stalin-Pakt im Jahr 1939 immer wieder ihre Nachbarn überfallen – unabhängige Staaten. Darum geht es auf den nächsten Seiten.

„Aber der russische Überfall hatte eine Vorgeschichte …" Die Menschen in den überfallenen Ländern sehen die Geschichte anders als die deutschen Putin-Verherrlicher.

1939. Die Sowjetunion unter Stalin überfällt Ostpolen – so vereinbarte im Hitler-Stalin-Pakt vom August 1939.

1939, Polen

Am 17. September 1939 marschierte die Sowjetunion unter Josef Stalin in Ostpolen ein. Dies geschah nur 16 Tage nach dem deutschen Überfall auf Polen am 1. September 1939, der den Zweiten Weltkrieg auslöste. Der Einmarsch der Sowjetunion in Ostpolen war eine direkte Folge des Hitler-Stalin-Pakts vom 23. August 1939.

Dieser Pakt enthielt ein geheimes Zusatzprotokoll, das die Aufteilung Polens und weiterer Teile Osteuropas (wie der baltischen Staaten und Finnlands) in deutsche und sowjetische „Interessensphären" vorsah. Die Sowjetunion hatte sich darin das Recht gesichert, Ostpolen zu besetzen.

1939. Die Sowjetunion überfällt Finnland und besetzt Karelien.

1939, Finnland

Am **30. November 1939** überfiel die Sowjetunion Finnland. **Die Begründung mit "unabdingbaren Sicherheitsinteressen" war der Vorwand der Sowjetunion.**

Stalin forderte von Finnland Gebietsabtretungen. Obwohl Finnland militärisch weit unterlegen war, leistete es erbitterten Widerstand und fügte der Roten Armee schwere Verluste zu. Trotzdem musste Finnland im **Friedensvertrag von Moskau** am 13. März 1940 erhebliche territoriale Zugeständnisse machen, darunter bis heute die Abtretung großer Teile Kareliens (einschließlich der Stadt Viipuri, heute Wyborg) und weiterer Gebiete. Finnland konnte jedoch seine Unabhängigkeit wahren.

1949. Weitere 100.000 Menschen aus den baltischen Staaten werden nach Sibirien verschleppt. Estland, Lettland und Litauen waren 1940 okkupiert worden.

1940 bis 1949, baltische Staaten

Die Sowjetunion besetzte die baltischen Staaten (Estland, Lettland und Litauen) im Sommer 1940, was ebenfalls im Zuge des geheimen Zusatzprotokolls zum Hitler-Stalin-Pakt von 1939 geschah. In diesem wurden diese Länder der sowjetischen Interessensphäre zugesprochen. Es gab mehrere Wellen von Deportationen: Vom 13. auf den 14. Juni 1941 wurden Zehntausende Menschen aus allen drei baltischen Staaten deportiert. „Klassenfeinde": Intellektuelle, Beamte, Offiziere, Landbesitzer, Geschäftsleute und andere „antisowjetische Elemente".

Die Märzdeportationen fanden vom 25. bis 28. März 1949 statt. Aus Estland waren es ca. 20.700 Menschen, aus Lettland ca. 42.100 Menschen und aus Litauen ca. 31.900 Menschen.

1953. Sowjetische Panzer walzen den Aufstand in Ost-Berlin und in der ganzen DDR nieder.

1953. DDR

Anlass des Aufstands war die von der SED-Führung im Mai 1953 beschlossene Erhöhung der Arbeitsnormen um 10 Prozent bei gleichbleibenden Löhnen. Sehr schnell wandelten sich die Proteste von reinen Wirtschaftsforderungen zu politischen Forderungen. ASm landesweiten Volksaufstand in über 700 Orten der DDR waren etwa eine Million Menschen beteiligt. Die Forderung nach freien Wahlen und die Wiedervereinigung richtete sich implizit und explizit gegen die sowjetische Besatzungsmacht und deren installierte DDR-Regierung. Die Niederschlagung des Aufstands war brutal und forderte 55 Menschenleben.

1956. Ungarn

1956, Ungarn

Ungarn stand unter sowjetischer Besatzung und wurde zu einem Satellitenstaat der UdSSR. Es kam zu politischen Säuberungen, Massenverhaftungen, Schauprozessen, Internierungslagern und einer brutalen Geheimpolizei. Meinungs- und Versammlungsfreiheit gab es nicht. Die Planwirtschaft und die forcierte Industrialisierung (insbesondere der Schwerindustrie) auf Kosten der Landwirtschaft und der Konsumgüterproduktion führten zu einer starken Verschlechterung des Lebensstandards der Bevölkerung. Es gab Versorgungsprobleme und einen Mangel an Grundnahrungsmitteln. Man forderte die vollständige Unabhängigkeit von der Sowjetunion, den Abzug der sowjetischen Truppen aus Ungarn und den Austritt aus dem Warschauer Pakt. Die Niederschlagung des Aufstands forderte 2.500 bis 3.000 ungarische Todesopfer und rund 700 sowjetische Soldaten.

1968. Prag, Tschechoslowakei

1968, Prag

Der Prager Frühling bezeichnet eine Phase der Liberalisierung und des Reformstrebens in der Tschechoslowakei.

Nach Jahren stalinistischer Herrschaft herrschte große Unzufriedenheit. Die Wirtschaft stagnierte, die Lebensqualität war schlecht und politische Freiheiten fehlten gänzlich. Im Januar 1968 wurde Alexander Dubček Staatschef. Er strebte einen „Sozialismus mit menschlichem Antlitz" an, das heißt, er wollte demokratisieren und liberalisieren, ohne das System grundsätzlich aufzugeben. Am 21. August 1968 marschierten Truppen der Sowjetunion, Polens, Ungarns und Bulgariens in die Tschechoslowakei ein. Die tschechoslowakische Armee erhielt den Befehl, keinen Widerstand zu leisten. Es waren über 500.000 Soldaten beteiligt, zudem wurden 6.300 Panzer eingesetzt. Die Niederschlagung des Prager Frühlings forderte mehr als 100 Todesopfer.

1979. Afghanistan. Zehn Jahre verlustreicher Krieg

1979, Afghanistan

Am 25. Dezember 1979 marschierten sowjetische Truppen in Afghanistan ein. Die Intervention wurde offiziell als „brüderliche Hilfe" auf Bitten der afghanischen Regierung dargestellt. Tatsächlich stürzten die Sowjets jedoch den damaligen Präsidenten und setzten Babrak Karmal als neuen Führer ein. Was als kurze Intervention geplant war, entwickelte sich zu einem zehnjährigen, brutalen Guerillakrieg. Im Laufe des Krieges setzte die Sowjetunion zeitweise über 100.000 Soldaten, eine große Menge an Panzern, Artillerie und Luftwaffe ein. Mehr als 15.000 sowjetische Soldaten fielen, es gab eine Million bis zwei Millionen afghanische Opfer und Millionen von Flüchtlingen. Unter Gorbatschow begann 1988 der Abzug, der am 15. Februar 1989 abgeschlossen war.

1991. Transnistrien, Republik Moldau

1991 Transnistrien, Moldau

Die Führung und Teile der Bevölkerung Transnistriens unterstützten den Erhalt der Sowjetunion und widersetzten sich den Unabhängigkeitsbestrebungen Moldaus. Sie sahen ihre Zukunft eher innerhalb eines erneuerten sowjetischen Staates. Als die Republik Moldau am 27. August 1991 ihre Unabhängigkeit von der Sowjetunion erklärte, hatte Transnistrien bereits im September 1990 die Transnistrische Moldauische Sozialistische Sowjetrepublik (PMSSR) proklamiert und 1991 die Moldauische Transnistrische Republik (PMR) ausgerufen. Das Ziel dabei war, Teil der Sowjetunion zu bleiben oder als eigenständiger Staat zu existieren. 1992 kam es zu bewaffneten Auseinandersetzungen zwischen moldauischen Streitkräften und transnistrischen Milizen, die von der dort stationierten russischen 14. Gardearmee massiv unterstützt wurden. Dabei gab es 500 bis 1.100 Tote. Seitdem ist eine russische „Friedenstruppe" in Transnistrien stationiert. Diese Präsenz wird von Moldau als Verletzung seiner Souveränität angesehen.

1994. Grosny, Tschetschenien

1994 Grosny, Tschetschenien

1994 begann der Erste Tschetschenienkrieg (1994–1996), der von der Russischen Föderation unter Präsident Boris Jelzin geführt wurde. Russland (nicht mehr die 1991 zerfallene Sowjetunion) betrachtete Tschetschenien als integralen Bestandteil seines Territoriums. Zudem liegt Tschetschenien an wichtigen Öl-Pipelines. Anlass war die faktische Unabhängigkeitserklärung Tschetscheniens, die Moskau nicht anerkennen wollte. Für Moskau war die Abspaltung Tschetscheniens ein Präzedenzfall. Die „verfassungsmäßige Ordnung" müsse wiederhergestellt werden, da die Region zu einem Hort der Kriminalität und des Terrorismus geworden sei.Die schlecht vorbereitete und demoralisierte russische Armee erlitt schwere Verluste in den städtischen Häuserkämpfen. Die tschetschenische Hauptstadt Grosny wurde durch Artillerie- und Luftwaffenbeschuss der Russen nahezu vollständig zerstört. Sie gilt als eine der am stärksten zerstörten Städte seit dem Zweiten Weltkrieg. Es gab mindestens 35.000 bis 80.000 zivile Todesopfer. Tschetschenische Quellen sprechen sogar von 100.000 bis 300.000 Opfern. Der Krieg trug zur Entstehung einer neuen Welle des russischen Nationalismus bei und legte den Grundstein für den Zweiten Tschetschenienkrieg (1999–2009), der unter Wladimir Putin begann und zur erneuten Besetzung und Kontrolle der Republik durch Russland führte.

2008. Georgien

2008, Georgien

Georgien wollte die Kontrolle über Südossetien zurückgewinnen. Russland, das die separatistischen Regime in Südossetien und Abchasien massiv unterstützte und dort auch „Friedenstruppen" stationiert hatte, reagierte darauf mit einem groß angelegten Militäreinsatz. Russland begründete seine Intervention mit dem Schutz russischer Bürger – viele Südosseten und Abchasen hatten russische Pässe erhalten. Russische Truppen marschierten nicht nur in Südossetien ein, sondern drangen auch tief in das georgische Kernland vor. Sie bombardierten Städte und Militärstützpunkte. Die georgische Armee war der russischen Übermacht schnell unterlegen. Georgien hat bis heute keine Kontrolle über Südossetien und Abchasien zurückerlangt. Es gab etwa 400 Tote auf georgischer Seite, auf russischer Seite 67 getötete Soldaten und auf südossetischer Seite 300 Todesopfer, davon ein Großteil Zivilisten.

2014. Krim, Ukraine

Krim, Ukrainekrieg

Für die Einnahme der Krim lieferte Russland mehrere Begründungen: den Schutz der russischsprachigen Bevölkerung, die historische Zugehörigkeit der Krim als „urrussisches Land" und als „heiliger Ort" für Russland. Die Annexion wurde als „Wiederherstellung der historischen Gerechtigkeit" dargestellt.

Russland behauptete, das am 16. März 2014 auf der Krim abgehaltene „Referendum" sei ein Ausdruck des „Selbstbestimmungsrechts der Völker" gewesen und habe eine überwältigende Mehrheit für den Beitritt zu Russland ergeben. Dieses Referendum wurde jedoch unter Besatzungszwang durchgeführt und international nicht anerkannt. Nur zwei Tage später, am 18. März 2014, unterzeichnete Putin in Moskau einen „Vertrag" zur Eingliederung der Krim und der Stadt Sewastopol in die Russische Föderation. Russland erklärte die Krim damit zu seinem Staatsgebiet.

Hintergrund: Nach monatelangen Protesten des Euromaidan floh der prorussische Präsident Wiktor Janukowytsch im Februar 2014 aus Kyiv. Eine Übergangsregierung übernahm die Macht, was von Russland als illegaler Putsch verurteilt wurde. Auf der Krim erschienen bewaffnete, uniformierte Männer ohne Hoheitsabzeichen. Diese „grünen Männchen" (die später als reguläre russische Streitkräfte identifiziert wurden) übernahmen strategisch wichtige Gebäude, Flughäfen und ukrainische Militärstützpunkte auf der Halbinsel.

2016. Aleppo, Syrien

2016 Aleppo, Syrien
Das Ziel Russlands war die Unterstützung des syrischen Präsidenten Baschar al-Assad, ein Verbündeter Moskaus. Im Herbst 2015 stand dessen Regime kurz vor dem Zusammenbruch. Durch die Intervention konnte Russland seine geopolitische Position im Nahen Osten und im Mittelmeerraum festigen. Syrien ist Russlands letzter verbliebener Verbündeter in der Region und beherbergt mit Tartus den einzigen russischen Marinestützpunkt außerhalb des ehemaligen Sowjetraums. Der Syrienkrieg bot Russland zudem die Möglichkeit, neue Waffensysteme unter realen Kampfbedingungen zu testen und seine Fähigkeit zur Machtprojektion zu demonstrieren. In enger Koordination mit syrischen Regierungstruppen und iranischen Milizen flog die russische Luftwaffe 2016 systematische und rücksichtslose Luftangriffe auf die von Rebellen gehaltenen Stadtteile Ost-Aleppos. Dabei wurden auch gezielt zivile Infrastruktur wie Krankenhäuser, Schulen, Bäckereien und Märkte bombardiert. Aleppo wurde massiv zerstört. Bis Ende 2015 schätzten die UN die Zahl der Todesopfer des gesamten Syrienkriegs auf etwa 250.000. Laut UNHCR waren bis dahin bereits schätzungsweise 6 Millionen Menschen aus Syrien geflohen und 7,6 Millionen waren Binnenvertriebene.

2022. Mariupol, Ukraine

2022 Mariupol

Aus mehreren strategischen Gründen war Mariupol für Russland ein Schlüsselziel. Die am Asowschen Meer gelegene Hafenstadt liegt an einer strategisch wichtigen Küstenlinie, die eine Landverbindung zwischen der 2014 von Russland annektierten Krim und den von Russland kontrollierten Gebieten im Donbass (sowie Russland selbst) herstellen würde. Die Eroberung Mariupols war somit entscheidend für die Schaffung dieses Landkorridors. Mariupol war zudem eine große Industriestadt und beherbergte den größten Hafen der Ukraine am Asowschen Meer. Hier befanden sich wichtige Stahlwerke wie Azovstal und Illitsch. Die fast drei Monate andauernde Belagerung Mariupols durch russische Streitkräfte (vom 24. Februar bis zum 20. Mai 2022) führte zu einer beispiellosen Zerstörung. Mariupol wurde praktisch dem Erdboden gleichgemacht. Russische Truppen schnitten die Stadt von allen Versorgungsleitungen ab (Strom, Wasser, Heizung, Lebensmittel, Kommunikation) und setzten massive Artillerie- und Luftangriffe ein. 90 % der Gebäude im Stadtzentrum wurden beschädigt oder zerstört.

Am 16. März 2022 wurde das Dramatheater von Mariupol getroffen. Das Theater diente als Luftschutzbunker für Hunderte von Zivilisten, darunter viele Kinder. Trotz großer, gut sichtbarer kyrillischer Schriftzüge mit dem Wort „KINDER" (ДЕТИ) davor und dahinter wurde es bombardiert. Dabei kamen Hunderte Menschen ums Leben. Mariupol ist heute eine der am stärksten zerstörten Städte der jüngeren Geschichte.

In Mariupol wurden 25.000 Zivilisten getötet, wobei einige Schätzungen reichen bis zu 87.000. Vor dem Krieg hatte die Stadt eine Bevölkerung von über 400.000 Menschen.Hunderttausende flohen. Die Belagerung und Zerstörung Mariupols ist eines der brutalsten Ereignisse des Krieges und gilt als Symbol für die russische Kriegsführung und die begangenen Kriegsverbrechen.

Die geheimsten russische Drohne S-70 Ochotnik im Bunker

Was die Russen um jeden Preis verborgen halten wollten, ist im Berlin Story Bunker zu sehen: Teile der geheimsten Drohne, der S-70 „Ochotnik". Es wurden nur vier Exemplare dieser Drohne gebaut. Dank ihrer Tarnkappe sei diese Drohne für den Gegner „praktisch unsichtbar", erklärte der Rüstungskonzern Rostec.

Die Geheimhaltung dieser 50 Millionen Dollar teuren Stealth-Drohne ist den Russen so wichtig, dass sie die Absturzstelle in Kostjantynivka selbst mit einer fünf Millionen Dollar teuren Iskander-Rakete bombardierten, um alle Spuren zu verwischen. Enno Lenze war am 7. Januar 2025 an der Front bei Kostjantynivka. Mit einer militärischen Sondergenehmigung durfte er sich bis zu den Unterständen der Soldaten vorwagen, die er seit langem kannte. Das Segment der Drohne ist im Ukraine-Museum zu sehen.

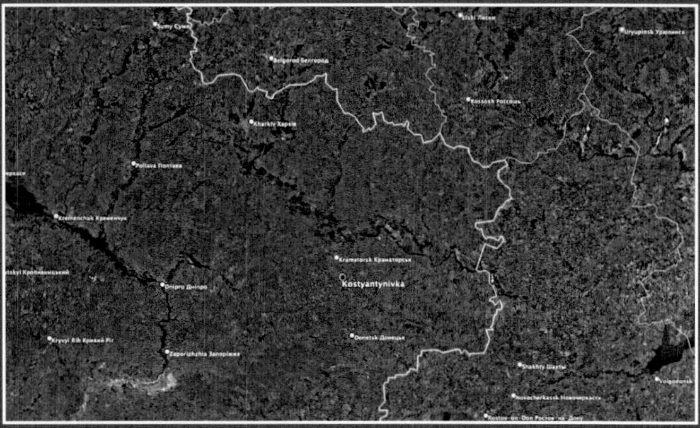

Kostjantynivka

Der letzte Ort vor der Front. Man hört die Artillerie. Bachmut ist nur 20 Kilometer entfernt. In Bachmut steht nichts mehr. 2024 haben die Russen eine Fläche so groß wie das Saarland eingenommen.

Mehr nicht. Im Zweiten Weltkrieg brauchten die Amerikaner dafür zehn Tage.

5. Oktober 2024, Kostjantyniwka

Ukrainische Techniker und Analytiker sind schnell. Sie ahnen, was kommt, untersuchen und bauen schneller Teile und IT aus, als in Moskau die Entscheidung fällt, eine Iskander-Rakete hinterherzuschießen. Immer wieder schießen die Russen eine mörderische zweite Rakete auf dasselbe Ziel ab, vor allem dort, wo medizinische und technische Helfer erwartet werden.

Auf den Propagandafotos links sieht die S-70 hochwertig verarbeitet aus, wie es sich für eine Stealth-Drohne gehört. In Wirklichkeit sind die Teile zusammengenietet. Handarbeit in einer Schrauberwerkstatt – nichts mit Tarnkappe.

Dieser Prototyp des unbemannten russischen Drohnen-Kampfflugzeugs Suchoi S-70 Okhotnik-B wurde von einem russischen Kampfflugzeug aus nächster Nähe abgeschossen. Der Vorfall ereignete sich 16 Kilometer hinter den ukrainischen Linien, wurde vom Boden aus beobachtet und von mehreren Positionen aus gefilmt. Man erkennt auf den Fotos gut die Ähnlichkeit mit dem hier ausgestelltem Segment. Die S-70 wiegt 20 Tonnen und hat eine Spannweite von 20 Metern. Die Höchstgeschwindigkeit beträgt mit Nutzlast 1.000 km/h.

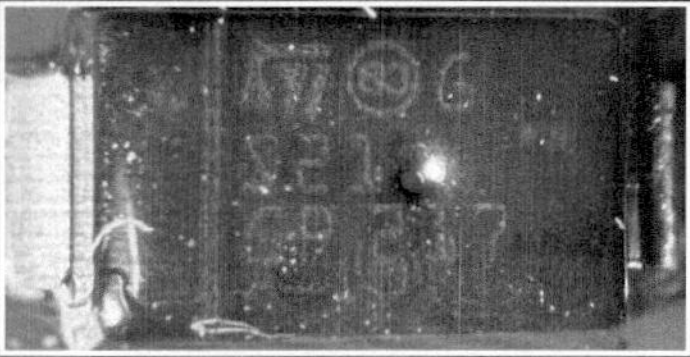

Der ukrainische Militärnachrichtendienst GUR unterhält eine Datenbank mit Tausenden von ausländischen Bauteilen. Er veröffentlichte eine Liste von 30 westlichen Komponenten, die in der S-70 gefunden wurden. Darunter befanden sich ein Motortreiber mit eingebautem Stromsensor von Maxim Integrated Products (USA), ein Transistor von Infineon Technologies (Deutschland), ein Mikroprozessor von Xilinx Inc. (USA), ein Leistungsmodul von Texas Instruments (USA), ein Isolator von Analog Devices und ein Mikroprozessor von STMicroelectronics (Schweiz). Dutzende weiterer Komponenten dieser und anderer Firmen wurden ebenfalls gefunden.

Enno Lenze an der Front auf einem ukrainischen Panzer (mit einer militärischen Sondergenehmigung ...)

Auf www.berlinstory news.de berichtet Enno Lenze von der Front. Mit einer militärischen Sondergenehmigung für Journalisten und in Begleitung von erfahrenen Soldaten kann er weit nach vorn. Er besucht Unterstände von Soldaten, die er seit langem kennt. Heute gibt es hier keine Zivilisten mehr.

20. Oktober 2023 in Kostjantynivka. Eine Frau besucht ihren Mann an der Front.

Der Bus ist voller Frauen auf dem Weg zur Front. Wieland Giebel ist mit einem der Kleinbusse unterwegs, „Маршрутка" Marshrutka. Dieses ukrainische Fremdwort leitet sich vom deutschen Wort „Marschroute" ab. Die privaten Minibusse fahren auch dort, wo die regulären Busse nicht mehr hinkommen.

In „Liebste Janni", einem Buch aus dem Berlin Story Verlag, besucht Janni ihren Mann während des Zweiten Weltkriegs in Frankreich.

Kostjantynivka. Kurz vor dem Besuch von Wieland Giebel in Kostjantynivka, zwanzig Kilometer von Bachmut entfernt, zerstörte eine russische Rakete am 7. September 2023 eine auch bei ausländischen Journalisten beliebte Pizzeria. 16 Menschen kamen dabei ums Leben.

Helikopter über der Schlageninsel abgeschossen – Exponate im Bunker

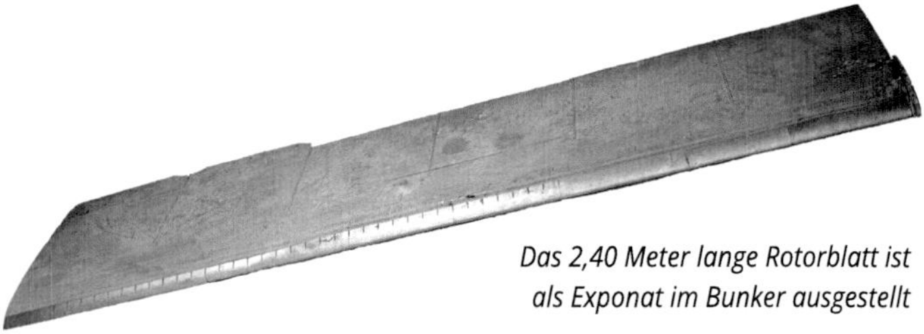

Das 2,40 Meter lange Rotorblatt ist als Exponat im Bunker ausgestellt

Russian warship – fuck yourself! Mit dieser eindeutigen Aussage gegenüber dem Flaggschiff „Moskwa" der russischen Flotte wurde die Insel am ersten Tag der russischen Invasion bekannt. Die Post gab dazu eine Sondermarke heraus.

Am Donnerstag, dem 30. Juni 2022, wurde dieser russische Helikopter von den Ukrainern über der Schlangeninsel abgeschossen. Dies teilte das operative Kommando Süd auf Facebook mit. Die Schlangeninsel im Schwarzen Meer vor Odesa hat historische und strategische Bedeutung. Der Hubschrauber war einer von vier, die sich der Insel näherten. Nach einer erfolgreichen Militäroperation der ukrainischen Armee zogen sich die russischen Truppen aus dem Gebiet der Schlangeninsel zurück. Unbewaffnet hat dieser Hubschrauber einen Wert von 16 Millionen Dollar – er ist der modernste und teuerste der Angreifer. Ein komplettes, 2,40 Meter langes Rotorblatt sowie der Rotor fanden den Weg in den Bunker.

Neben diesen Exponaten läuft ein Video, das zeigt, wie der Helikopter abgeschossen wird und explodiert. All dies ist gut dokumentiert.

Die Schlangeninsel ist vielen bekannt, weil sie am ersten Tag des Kriegs vom russischen Kriegsschiff „Moskwa" angegriffen wurde. Die Moskwa sagte den ukrainischen Soldaten auf der Insel, dass sie am Leben blieben, wenn sie sich bedingungslos ergeben würden. Im Süden und Osten der Ukraine spricht man Russisch, wie Österreicher Deutsch sprechen. Deswegen war die Verständigung kein Problem.

Deutlich am Exponat zu erkennen: Einschusslöcher und Ausschusslöcher, die den Rotor und Motor stoppten und den KA-52 zum Absturz brachten.

Als Exponate im Museum zu sehen sind ein 2,40 Meter langes Rotorblatt dieses Hubschraubers – hier links, sowie der vollständige, schwere Rotor selbst, s. Bild Kapitelanfang.

Zu Beginn der vollen Invasion im Jahr 2022 meldete sich der Kommandant der Schlangeninsel freiwillig an die Front. Seit Sommer 2024 ist er verschollen. Im Juli und Oktober 2024 besuchte Bunkerkurator Wieland Giebel (links) seinen Bruder, Lehrer und Imker, in einem hundert Kilometer von Odesa entfernten Dorf. Die Familie weiß bis heute (Sommer 2025) nicht, ob er tot auf dem Schlachtfeld liegt oder sich in russischer Gefangenschaft befindet. Was es bedeutet, Leichen vom Schlachtfeld zu bergen, erzählt in diesem Buch Alexej Yukov, einer der Interviewpartner.

Das russische Flaggschiff der Schwarzmeerflotte, der Lenkwaffenkreuzer „Moskwa", sank am 14. April 2022 im Schwarzen Meer, 90 Kilometer östlich der Schlangeninsel. Es wurde durch zwei ukrainische Seezielflugkörper vom Typ Neptun getroffen und versenkt.

Die russische Propaganda behauptete, dass es zu schwerem Seegang gekommen sei und das Schiff in Mitleidenschaft gezogen worden sei.

Zur Erinnerung: Am 24. Februar 2022 gerieten russische Hubschraubergruppen, die sich auf dem Weg zum Flughafen Kyiv-Hostomel befanden, bereits während des Fluges entlang des Flusses Dnjepr unter Beschuss. Dabei wurde ein Ka-52 getroffen und stürzte in den Dnjepr; die Besatzung überlebte. Beim Eintreffen am Flughafen begannen 30 russische Ka-52 in niedriger Flughöhe mit dem Angriff. Sie sollten den Weg für 18 Iljuschin Il-76 frei machen, die bereits in Russland gestartet waren. Ein Ka-52 wurde stark beschädigt und musste notlanden. Ein weiterer Ka-52 wurde laut ukrainischen Angaben von einer MiG-29 abgeschossen. Insgesamt hat die Ukraine dort fünf bis sieben Ka-52 und Mi-8 abgeschossen. Ein Ka-52 wurde nach der Schlacht um den Flughafen Hostomel von der Ukraine erbeutet.

Операція Павутина
Operation Spinnennetz – Die Ukrainer haben das Unmögliche möglich gemacht

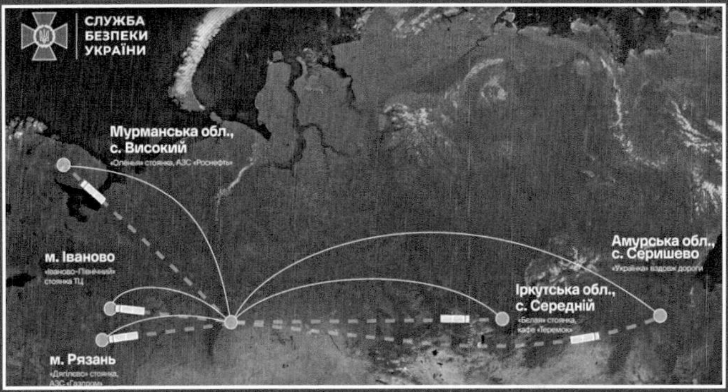

Bei der militärischen Operation des ukrainischen Sicherheitsdienstes (SBU) am 1. Juni 2025 auf vier weit von der Ukraine entfernten Militärflughäfen wurden 40 Militärflugzeuge zerstört. Eine Originaldrohne dieser Operation ist im Berlin Story Bunker ausgestellt.

Wir waren an dem Tag in der Ukraine. Dort konnten wir direkt nach der Operation mit SBU-Leuten sprechen.

Die vorbereiteten Drohnen befanden sich in einem der geheimen, verdeckten Bereiche eines Lastwagens. Die Aktion selbst war einzigartig. Das gilt aber auch für die mediale Vorbereitung. Auf diesen Fotos sind die Drohnen oben abgedeckt, im Original jedoch nicht. Auch das Video, das in der Ausstellung läuft und einen erfolgreichen Drohnenangriff zeigt, war offenbar genau geplant und sehr schnell online.

Ein Foto von Maxar aus dem Weltraum zeigt die Olenya-Luftwaffenbasis am 4. Juni 2025 mit zwei zerstörten Tu-95MS.

Die Drohne in der Ausstellung stammt aus dem Reservebestand. Es gab mindestens drei verschiedene Modelle. Die Ukraine hat das Unmögliche möglich gemacht. Der Geheimdienst SBU hatte diese Aktion ein Jahr lang vorbereitet.

Unter dem Video findet man auf YouTube hunderte Kommentare wie diese:

- Ich sehe, dass die Ukraine mehr für die Verteidigung einer zivilisierten Welt tut als die gesamte NATO. Mein Respekt für die Ukraine!
- Die Ukraine ist genial, das ist die erfolgreichste Operation der Geschichte!
- Glückwunsch an die Ukraine! Das ist revolutionär, clever und die spektakulärste Operation seit dem Trojanischen Pferd.
- Ein Land ohne Marine, mit einer viermal kleineren Bevölkerung als Russland, ohne Atomwaffen, Langstreckenraketen oder Flugzeuge zerstört einfach den Mythos eines großen, mächtigen Atomstaates und der zweitstärksten Armee der Welt.

So lief die Operation Spiderweb ab:
Jede der 140 Drohnen konnte von einem Drohnenpiloten gesteuert werden, der bis zum Schluss verschwiegen war. Während der Operation kam moderne Steuerungstechnologie zum Einsatz, die autonome Algorithmen künstlicher Intelligenz und manuelle Eingriffe des Bedieners kombiniert. Während des Fluges verloren einige Drohnen das Signal und wechselten zu einer Mission mit künstlicher Intelligenz entlang einer vorgeplanten Route.

Die Trucks mit den russischen Fertighäusern und den Drohnen in einem geheimen Fach unter der Decke wurden von Fahrern zu den Zielorten gebracht, die von dieser Aktion nichts wussten. Der fünfte Lkw, der vor dem Militärflugplatz Ukrainka in der Oblast Amur im äußersten Osten (rechts) Russlands parken sollte, explodierte aus nicht bekannter Ursache.

Das Lager voller Drohnen. Deswegen war eine für uns übrig. Danke!

Der Schuppen, in dem die Container manipuliert wurden.

Der Chef: Wassyl Maljuk leitete die SBU-Aktion.
Er ist zu allem entschlossen.

Olenya Airbase. 4. Juli 2025: Zwei Tu-95MS zum Schrottwert.

Ch-101 Marschflugkörper zerstört einen Wohnblock

Enno Lenze hält die Spitze des Marschflugkörpers Ch-101, der gerade in einem 3-D-Drucker nachgebildet wird.

Wie vermittelt man in einem Museum, was es bedeutet, wenn mitten in der Nacht ein 7,30 Meter langes Geschoss vom Himmel fällt und einen Wohnblock zerschlägt, in dem schlafende Menschen getötet werden?

Dieses im Bunker ausgestellte Turbofan-Triebwerk TRDD-50A dient als Antrieb für den Marschflugkörper Ch-101

Auf der vorherigen Seite war dieses Foto von dem zerbombten Haus zu sehen. Das Triebwerk hier oben ist genau das, was einen Marschflugkörper antreibt, der das Haus in Kyiv zerstört hat. Das Triebwerk fand den Weg in den Berlin Story Bunker.

Die eingedeutschte Übersetzung von „Cruise Missile" – also Marschflugkörper – beschreibt die Funktionsweise sehr genau. Es handelt sich um einen unbemannten Lenkflugkörper mit einem 800 Kilogramm schweren Sprengkopf. Das Geschoss ist mehr als sieben Meter lang, hat einen Durchmesser von 75 Zentimetern, wiegt 2,4 Tonnen und hat eine Reichweite von 4.000 Kilometern. Der Marschflugkörper wird mit einer Genauigkeit von 20 Metern herangeführt, indem das Terrain abgetastet und mit der Karte verglichen wird. Anschließend übernimmt die Optik die Steuerung, um den 400 Kilogramm schweren Splittergefechtskopf ins Ziel zu führen.

Die Waffe wird von einem Flugzeug aus abgeworfen. Sie benötigt deswegen viel weniger Energie als eine Rakete und ist extrem viel billiger.

Wieland Giebel hatte eine tolle Idee: Man kann ein Luftrohr symbolisch nutzen, wie es in Restaurants verwendet wird, um die Abluft aus der Küche bis über das Hausdach zu leiten. Solche gibt es mit 75 Zentimetern Durchmesser, also im Format der Ch-101. Darunter hängen wir das Triebwerk. Die Besucher verstehen dann, was gemeint ist. Wir vermitteln eine Vorstellung von der Zerstörungskraft dieser Waffe. Ein Modell aus Holz oder Metall bauen zu lassen, wäre mit Kosten von mindestens 10.000 Euro verbunden.

Hmm, gute Idee. Echt? Also im Prinzip ja.

Dann kam Frank Rieger, ein langjähriger Freund von Enno Lenze. Er schlug vor, wir sollten einen großen 3D-Drucker anschaffen und den Lenkflugkörper selbst bauen. Anleitungen und Baupläne gibt es im Internet. Für einen großen 3D-Drucker ist es allerdings wesentlich, dass er auf ein Zehntel Millimeter waagrecht ausgerichtet ist und vor allem in einem Haus ohne Erschütterungen steht. Ideal. Der Bunker wackelt nicht. Während der Autor diesen Text schreibt, läuft der Drucker und baut den Lenkflugkörper Schicht für Schicht auf. Das dauert mehrere Tage.

Diese museale Betrachtung ist interessant und erläutert etwas über unsere Arbeitsweise, den Stand der Technik, unseren Willen und unsere Fähigkeiten. Aber sie darf nicht von der Tragödie und den Kriegsverbrechen der Russen ablenken.

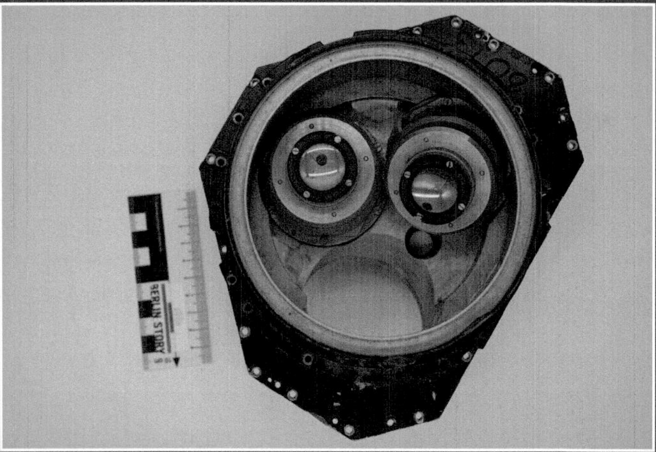

Dieses Geschoss wurde zunächst mit Glonass und GPS gelenkt und dann mit Kameras exakt ins Ziel gesteuert. Diese Zieloptik einer Ch-101 hatten wir 2024 ausgestellt. Auf dem Foto sieht man die Präzisionskameras. Zwei sind hier zu sehen, die dritte liegt daneben, Foto auf der nächsten Seite.

Dieses Geschoss wurde zunächst mit Glonass und GPS gelenkt und dann mit Kameras exakt ins Ziel gesteuert. Diese Zieloptik einer Ch-101 hatten wir 2024 ausgestellt. Auf dem Foto sieht man die Präzisionskameras. Zwei sind hier zu sehen. DiFragment des optischen Sensors der OES-Einheit zur Korrektur und endgültigen Lenkung des Marschflugkörpers Ch-101e dritte liegt daneben. Es ist Mord. Es sind Kriegsverbrechen. Diese teuren Raketen verfehlen ihr Ziel nicht, sie landen nicht aus Versehen irgendwo. Sie sollen nachts Ukrainer im Schlaf umbringen. Die Vorwarnzeit ist so kurz, dass sich die Bewohner nicht retten können.

Die ukrainischen Städte sind ebenso wenig wie die deutschen für Bombenangriffe gebaut. Schutzräume wurden nachträglich provisorisch eingebaut. Die tiefen U-Bahn-Stationen in Kyiv, von denen man immer wieder Fotos sieht, sind nicht gleichmäßig auf das ganze Land verteilt.

Der Wohnblock ist zerstört – und die grausame Routine der Helfer setzt ein. Sie müssen damit rechnen, dass in den nächsten Minuten an der gleichen Stelle die nächste russische Rakete einschlägt um sie zu töten.

In Uman bat Wieland Giebel im Oktober 2023 diese junge Frau, ihn zu dem Einschlag zu bringen. Die Plattenbausiedlung ist riesig. Allein hätte er dieses Haus gar nicht gefunden.

Ich habe das selbst gesehen, nicht hier, sondern in Odesa, Uman, Saporischschja und Charkiw. Abends beim Bier sagen die ukrainischen Freunde: „Kein Thema, das war bestimmt mehr als zwei Kilometer entfernt." Nachts im Bett hört man den Alarm auf dem Handy und den Einschlag. Wenn er nicht so weit weg ist, vibriert das Bett etwas, wie bei einem leichten

In der Nähe ist nichts Militärisches. Wie an anderen Orten auch werden die Wohnblöcke nachts angegriffen. Einfache Leute wohnen dort.

Erdbeben. Man dreht sich um und schläft weiter. Morgens sind an der Unglücksstelle Bierbänke aufgebaut, die Opfer werden versorgt, Zeugen werden vernommen und der Schaden aufgenommen.

Einen Tag später in Saporischschja: Der Einschlag war nachts deutlich im Hotelbett zu hören. Wieder trifft eine riesige Rakete ein einfaches Wohnhaus. Die Hilfskräfte sind ständig in Gefahr, dass noch eine Rakete nachgeschickt wird.

Diese Einschläge in den Wohngebieten: Das müssen später Besucher des Landes und die nächste Generation sehen können. „Man muss das später zeigen können ...“ – „Auf keinen Fall. Wir wollen nicht ständig vor Augen haben, was Putin uns antut. Das Leben muss weitergehen.“ Nach einigen Monaten sieht man nichts mehr von den Einschlägen.

2000 Kilometer von Berlin nach Charkiv zur Konferenz der Museen, zu der Mariana Oleskiv (links), die Tourismus-Chefin der Ukraine, Enno Lenze eingeladen hatte.

Bereits 2022 fand in Charkiw eine Konferenz zu diesem Thema statt. Die Tourismus-Chefin der Ukraine, Mariana Oleskiv, hatte Museen dazu eingeladen – und Enno Lenze. Das hat damit zu tun, dass es in Berlin ein Negativbeispiel größten Ausmaßes gibt. Die Mauer ist weg. Nirgends in Berlin können sich Besucher heute das Grauen der Mauer vorstellen. In der Gedenkstätte Berliner Mauer ist alles künstlerisch verfremdet. Die Mauer an der East Side Gallery ist ebenso bis zur Unkenntlichkeit verkommen wie die zerbröselnden Mauersegmente an der Topographie des Terrors. Die Berliner wollten die Mauer weghaben. Die Ukrainer wollen nicht tagtäglich in Häusern leben, die an Putins Verbrechen erinnern. Aus musealer Sicht ist das ein Dilemma.

Zurück zur Cruise Missile im Berlin Story Bunker. Neben der Rekonstruktion der Ch-101 und dem Foto des getroffenen Hauses läuft ein Video mit Kyivs Bürgermeister Vitali Klitschko. Er kommt sofort. Er dokumentiert die Verbrechen auf seinem Social-Media-Kanal.

Oleg wurde von einer russischen Drohne getötet

Zwei ukrainische Freiwillige befanden sich in diesem Auto. Einer wurde von den Russen getötet, der andere hat überlebt. Enno Lenze kannte beide gut. Oleg, der überlebt hat, ist zur Eröffnung des Museums im Berlin Story Bunker anwesend.

Im Mittelpunkt des Ukraine Museums steht dieser von einer russischen Drohne am 12. April 2025 in Cherson angegriffene Fiat Scudo. Daneben läuft ein Video, das zeigt, wie die russische Drohne längere Zeit über dem Auto kreist, es genau ins Visier nimmt und dann im Sturzflug angreift.

1 Das Haus; 2 Oleg, der getöt wurde; 3 das Auto; 4 Oleg, der überlebte

In dem 40-sekündigen Video ist besser als auf diesem Screenshot zu erkennen, was der Drohnenpilot dieser FPV-Drohne (First Person View) auf der Suche nach Zielen gesehen hat: dass es sich um Zivilisten handelt, die in einem kleinen Ort zu einem der ärmeren Häuser gehen, um jemandem zu helfen, der vor der Tür auf sie wartet.

Der Krieg wird sehr viel realer, wenn man Menschen kennt, die darin umgekommen sind. Wenn man Menschen kennt, die von den Russen ermordet wurden. Das ist möglicherweise auch Teil unserer Antriebskraft, für die Ukrainerinnen und Ukrainer einzustehen.

Wir sehen das nächste Video, Sekunden nach dem Einschlag. Der blutüberströmte Oleg rennt zu seinem gleichnamigen Freund Oleg auf die andere Seite des Autos. Er lebt noch. Der Rettungsdienst wird gerufen und versucht ihn zu retten. Doch er erliegt seinen Verletzungen.

Enno Lenze war mit Chris Knickerbocker (rechts, siehe S. 394) in Cherson. Chris ist ehrenamtlich für die Hilfsorganisation „Bravery e. V." aus Berlin im Einsatz. Er hatte mehrere Monate lang mit den Freiwilligen in Cherson zusammengearbeitet. Die Geschichte von Chris ist lang – hier kommt die Kurzversion: Der Fotograf fuhr am ersten Tag des Krieges mit seinem roten Jaguar los, völlig unvorbereitet, um zu helfen und Menschen mit einer bestimmten Immunschwäche aus der Stadt zu bringen. Sein Engagement setzt sich bis heute fort.

Im Norden leben die Ukrainer, im Süden, südlich des Dnepr, sind die Russen. Man sieht, dass die Stadt im Karree-Stil aufgebaut ist. Enno Lenze sagt: „Die Russen konnten uns immer auf den Straßen gut erkennen, die vom Fluss wegführten. Mit dem Auto mussten wir immer rasen. Ich erinnere mich an einen Besuch. Das war noch im Winter, Februar 2025.

Wir sahen eine Drohne, die uns ins Visier nahm. Wir sollten nicht rennen, um nicht noch mehr Aufmerksamkeit auf uns zu ziehen. Die Bäume hatten noch keine Blätter, unter denen wir uns verstecken konnten. Also gingen wir zu einem großen Gebäude und stellten uns dicht an die Wand, um aus der hellen Sonne in den Schatten zu gelangen. Der Drohnenpilot verlor uns."

Im Museum kann man sich selbst vor genau so eine russische Drohnenkamera stellen und sich vorstellen, wie der Drohnenpilot erkennt, wen er als Nächstes umbringt.

Cherson ist die letzte große Stadt der Ukraine vor der seit 2014 von Russland illegal besetzten Krim. Sie wurde am 3. März 2022 von der russischen Armee besetzt. Die Besatzung dauerte bis zum 11. November 2022, als ukrainische Truppen die Stadt zurückeroberten. Somit dauerte die Besatzung etwa acht Monate.
Oleg und Oleg entschieden sich, in ihrer Heimatstadt zu bleiben, auch während der Besatzung. Sie waren jung genug, um die Ukraine zu verlassen. Die Ukraine nutzte damals westliche Mehrfachraketenwerfer wie HIMARS, um russische Nachschubwege,Waffenlagerund Brücken über den Dnepr – insbesondere die Antoniwkabrücke – zu zerstören.

Cherson hatte inklusive seines direkten Einzugsgebiets 350.000 Einwohner. Heute (Sommer 2025) sind noch 35.000 Menschen dort. Auch die Schlacht um Kyiv endete Ende März/Anfang April 2022 mit einem russischen Rückzug. Die Schlacht um Charkiw endete im Mai 2022 ebenfalls mit einem ukrainischen Sieg. Auch aus kleineren Städten mussten sich die Russen zurückziehen: aus Tschernihiw Richtung Belarus und aus Sumy im Nordosten im April 2022.

Trotz des überwältigenden Einsatzes von Menschen und Material konnten die Russen in keiner relevanten Stadt wieder Fuß fassen. Die Ukrainer haben an allen strategisch wichtigen Punkten weiterhin die Oberhand.

Wer war Oleg? Hier wird ein Holzofen geliefert. Kurz vor seinem Tod saßen Enno und Chris mit ihm und anderen Freiwilligen zusammen. Sie erzählten, dass es mehrere Gruppen junger Leute gibt, die sich entschlossen haben zu bleiben und zu helfen. Sie arbeiten gut zusammen. Sie machen quasi alles, hauptsächlich Sozial-Taxi, also ältere Menschen aus den Dörfern abholen und zum Arzt bringen.

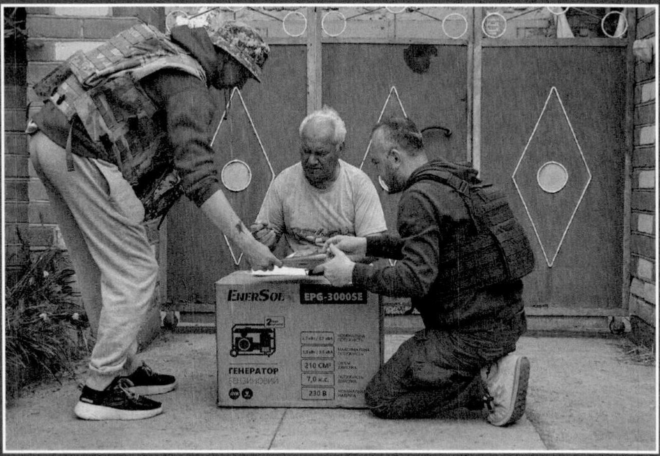

Ein Generator. Dazu braucht man Diesel und ein wenig technisches Verständnis.

Jeden Tag geht es darum, von Drohnen getroffene Häuser sicher, bewohnbar und winterfest zu machen.

Am Frauentag gibt Oleg jeder Frau, die er in der Stadt trifft, eine Blume.

Enno konnte sich jetzt nach den Erzählungen vorstellen, wie breit das Spektrum der Alltagshilfe ist. Chris hatte viele Monate lang selbst mitgemacht, selbst angepackt.

Dann beendet der Drohneneinschlag das Leben eines hilfsbereiten, engagierten 27-jährigen Mannes. Es ist ein Kriegsverbrechen.

Links im Bild ist Oleg aus Cherson zu sehen, rechts Chris aus Potsdam.

Alina, die Freundin des überlebenden Oleg, berichtet Chris. Er kann es nicht fassen. Er kennt alle gut und seit langem. Oleg war sein Freund.

Etwas später am Tag erscheint auf „Cherson Non Fake" eine Widmung für Oleg.
Telegram ist das Hauptkommunikationsmittel. „Cherson Non Fake" ist das lokale Nachrichtenportal. In jeder Stadt gibt es so etwas.

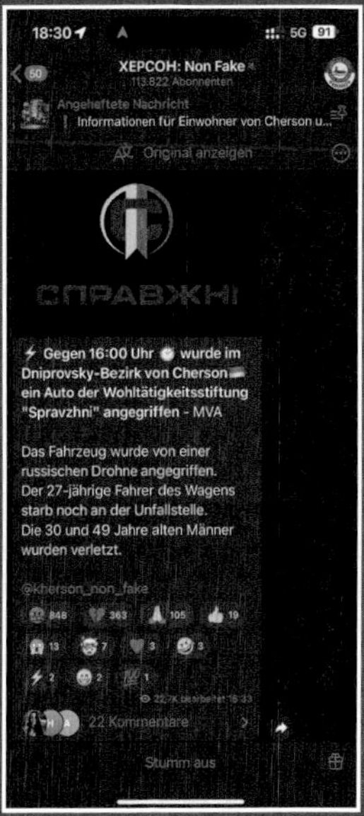

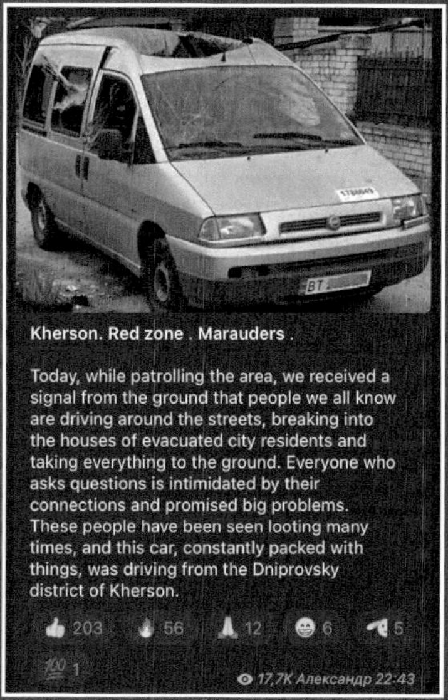

Die Wohltätigkeitsstiftung „Spravzhni" gibt bekannt, dass Oleg, 27, durch den Angriff einer russischen Drohne sofort getötet wurde. „Spravzhni" könnte man mit „echt", „wahrhaftig" oder „aufrichtig" übersetzen.

Russen-Propaganda. Auf einer russischen Telegram-Seite wird gehetzt, verdreht und gelogen. Es findet eine Opfer-Täter-Umkehr statt. Marodeure, die in die Häuser von Evakuierten eingebrochen seien, seien erledigt worden. Diese Leute seien schon häufig beim Plündern gesehen worden, sie seien mit vollgepackten Autos unterwegs gewesen. Es wird Angst und Hass gesät und zu blindem Gehorsam der russischen Soldaten angestiftet. Jegliche Vernunft und Menschlichkeit werden ausgeschaltet. Das oberste Ziel ist nicht nur die Täuschung, sondern die systematische Delegitimierung jeglicher objektiver Wahrheit und die Schaffung einer „alternativen Realität".

Enno und Chris bringen ihn nach Cherson.

Wir besorgen einen neuen, gepanzerten Wagen.

Sie besuchen das Grab von Oleg.

Was tun gegen FPV-Drohnen? Jammen, Detektieren oder abschießen

Kleine FPV-Drohnen für 300 Euro können in heutigen Kriegsgebieten einen Panzer für 3 Millionen Euro unbenutzbar machen. In der Ukraine kommen derzeit täglich rund 10.000 dieser Kamikaze-Drohnen zum Einsatz. Sich davor zu schützen, ist überraschend schwierig.

Minen sind bis heute für mehr Tote in der Ukraine verantwortlich als Drohnen. Doch die Videos der Drohnen sind allgegenwärtig, die Opfer der Minen sterben oft ohne Aufzeichnungen. Und Minen zu meiden ist verhältnismäßig einfach. Bleibt man hinter der Frontlinie und auf befestigten Straßen, ist das Risiko bereits gering. Bei kleinen FPV-Drohnen ist es anders. Diese sind knapp 50 × 50 cm groß, haben vier Rotoren, eine Sprengladung unten, einen großen Akku oben. FPV steht für „First Person View", also sinngemäß: Der Drohnenpilot sieht den Flug über die Kamera aus der Sicht der Drohne - als würde er selbst drin sitzen und steuern. Früher waren sie unmittelbar an der Front im Einsatz, dann wenige Kilometer. Inzwischen dreißig bis fünfzig Kilometer von der Front entfernt.

Die Idee hinter dem Einsatz der FPV-Drohnen ist letztendlich, Kosten zu verursachen. Die Drohne soll ein Objekt zerstören oder unbenutzbar machen, welches tausende bis zehntausende Male so teuer ist wie es selbst: Panzer, Flugabwehr, Lkw mit teurer Ladung. Doch durch den geringen Preis der Drohnen und die gute Verfügbarkeit werden diese zunehmend zum Terror gegen alles eingesetzt. Auch gegen die Zivilbevölkerung, die Müllabfuhr, den Rettungsdienst. Russland will die Ukraine auslöschen, sie für Ukrainer unbewohnbar machen, alle vertreiben. Alle Angriffe, die das Leben erschweren, sind inzwischen Teil der Agenda.

Zu Beginn des Krieges wurden kommerzielle Drohnen z. B. vom chinesischen Hersteller DJI verwendet. Diese entpuppten sich aber als zu teuer, zu kompliziert in der Software. Schnell gab es einfachere Modelle. FPV-Drohnen kann man inzwischen mit relativ wenig Wissen im Baukastensystem in Elektro-Läden zusammenkaufen: einen Frame (den Rahmen, welcher die Komponenten trägt), vier Motoren und Rotoren, einen Flightcomputer (der alles steuert), eine Kamera und Sender, einen Akku und Kabel.

Jedoch sind diese FPV-Drohnen nicht auf lange Flugzeiten ausgelegt, gerade, wenn sie viel Last tragen. Je schwerer der Sprengsatz unter der Drohne ist, desto größer muss der Akku über der Drohne sein. Die Flugzeit beträgt oft nur 10–15 Minuten, die Geschwindigkeit bis mehr als 100 km/h. Daher kommen zur Beobachtung der Situation weitere Drohnen zum Einsatz. Oft mit Flügeln, wie ferngesteuerte Flugzeuge. Diese können längere Zeit relativ stabil fliegen und Ziele suchen, welche dann von den Drohnenpiloten angeflogen werden.

Das „Flugzeug" kreist also über einer Stadt und macht Ziele wie Pkw, Lkw, Züge, Versammlungen von Menschen und Ähnliches aus. Eine oder mehrere FPV-Drohnen fliegen dann los, verfolgen die Ziele und schlagen ein.

Sowohl das Signal der Fernsteuerung vom Piloten zur Drohne als auch das Videosignal von der Drohne zurück zum Piloten sind meist Funksignale. Diese kann man also im Äther finden und versuchen, sie zu blockieren (Jammen). Und genau das wurde zu Beginn der vollen Invasion der Ukraine viel getan. Die ersten DJI-Drohnen hatten oft eines ihrer Signale auf 2,4 oder 5,8 GHz. Dort liegen auch Wifi-Signale – aber selten andere wichtige Dinge. Also besteht im Jammen dieser Frequenzen keine große Gefahr.

Ausgediente Fischernetze aus den Niederlanden, aus Frankreich und Dänemark, vom Berlin Story Bunker mitfinanziert.

Ein Jammer ist ein einfacher Störsender, welcher das vorhandene Signal überlagert. Wie, wenn sich zwei Personen im Café unterhalten wollen und man sie von der Seite anschreit. Man kann nichts zur Konversation beitragen, aber man kann sie stören. Die Jammer bestehen aus dem eigentlichen Sender und seiner Antenne. Technisch bedingt sind diese üblicherweise in einem Bereich von 100–200 MHz effizient, was plötzlich relevant werden sollte. Einen Jammer für die zwei bekannten Frequenzen konnte man für rund 1.000€ kaufen, per Zigarettenanzünder im Auto betreiben und die zwei Antennen per Magnetfuß auf dem Dach befestigen.

Dann begann das Wettrüsten. Erste Drohnen nutzen andere Frequenzen. Einige eignen sich besser, andere schlechter. Die Jammer mussten angepasst werden. Schnell verteilten sich die Signale der Drohnen auf ein weites Spektrum und man brauchte immer mehr einzelne Jammer und

Antennen. Heute gibt es Drohnen im Bereich von 100–6.000MHz. Um alle üblichen Frequenzen abzudecken, benötigt man etwa 10–12 einzelne Jammer (oft in einem Gerät vereint) und entsprechend viele Antennen. Jeder Jammer benötigt 20–100 W Energie. Man landet also bei einer Menge, welche die meisten Fahrzeuge nicht mehr abdecken können. Die Lösungen sind große Akkus im Auto, ein Generator auf der Ladefläche oder eine zweite Lichtmaschine.

Doch die Jammer bringen eigene Gefahren mit sich: Durch die Antenne auf dem Dach ist klar, dass man einen Jammer hat und potenziell ein wichtiges Ziel ist. Und die Funkwellen sind teilweise zehn Kilometer weit im Äther sichtbar. Man macht sich also auch selbst zum Ziel. Aber: Das Jamming funktioniert. Die Drohnen kommen oft nicht näher als 100-200 Meter, bis sie abstürzen oder sich ein neues Ziel suchen müssen, bevor ihr Akku alle ist.

Es gab Ideen, dieses Jamming zu optimieren. Eigentlich muss der Jammer nur laufen, wenn ein Signal in der Nähe erfasst wird. Man könnte also erst nach Signalen scannen, wenn man welche findet, genau diese jammen. Doch auch dann möchte man selbst möglichst wenig senden. Die Lösung könnten Sektorantennen sein, welche nur in eine Richtung senden. Man kann also zehn Antennen im Kreis anordnen und mit diesen je 36 Grad breit nach Signalen scannen. Dort 100–6.000 MHz scannen und auf Drohnensignale warten. Wenn eines gefunden wird, geht ein Jammer auf dem Sektor und auf der Frequenz an. Theoretisch klar – in der Praxis eine Menge aufwendiger Technik, die bei mehreren Zehntausend Euro liegt. Aber eine Menge Strom spart und viele Probleme behebt.

Ähnlich funktioniert der Schutz bei großen militärischen Konvois. Sieht man den US-Präsidenten reisen, sind immer 1-2 große SUVs mit Antenne auf dem Dach dabei. Einige ge-

Die Qualität ist so gut, dass Drohnen abgefangen werden können.

rade, einige kreisförmig. Im Fahrzeug sitzen Menschen, welche in Echtzeit die Frequenzen um das Fahrzeug herum überwachen und gegebenenfalls gezielte Gegenmaßnahmen einleiten. Das funktioniert gut – ist für die ukrainische Front aber nicht machbar.

Da der Kampf um die Frequenzen seinen Zenit erreicht hatte, suchten beide Seiten eine Lösung. Kann man eine ferngesteuerte Drohne ohne Funksignale steuern? Zum Beispiel per Kabel? An sich ja. Aber statt einem Kabel per sehr dünner Glasfaser. Technisch ist dies weder teuer noch kompliziert. Die Technik ist seit Jahrzehnten erprobt und günstig. Also hängt unter der Drohne noch ein Behälter, etwa so groß wie eine Colaflasche. Darin ist etwa ein Kilogramm Glasfaser,

Hier sieht man, wie schwer die Fischernetze sind. Beim Aufhängen braucht man starke Menschen.

mehrere Kilometer lang. Derzeit etwa 20–30 km. Dieser ist am einen Ende mit der Drohne, am anderen mit der Fernsteuerung verbunden. Er wird beim Flug einfach nach hinten fallen gelassen und rollt sich so eigenständig ab. Das Jamming funktioniert also nicht mehr.

Doch auch hier gibt es bedingt Gegenmaßnahmen. Nachdem die Drohne explodiert ist, liegt der Glasfaser weiterhin zwischen Start und Ziel. Mit speziellen Lampen kann man diesen in der Dunkelheit zum Leuchten bringen. So wird einem der Weg zum Startpunkt geleuchtet und man kann diesen bombardieren.

Aber es gibt weitere, sehr simple Methoden. Ist die Drohne in Sichtweite, kann man diese abschießen. Spezielle Schrotmunition eignet sich besonders gut. Diese muss nur einen Teil der Elektronik oder einen der Rotoren treffen, um die Drohne abstürzen zu lassen. Ein weiterer Weg ist der

Beschuss mit Energie-Waffen. Diese schießen einen gebündelten Strahl an Mikrowellen auf das Gerät, mit dem Ziel, die Elektronik zu zerstören. Ob dies funktioniert, hängt jedoch von vielen Faktoren ab.

In vielen Gegenden an der Front wurde inzwischen damit begonnen, ausgediente Fischernetze kilometerlang über Straßen zu ziehen, um so einen drohnensicheren Tunnel zu bauen. Die Netze gibt es oft kostenlos, den Transport der Anti-Drohnen-Netze organisieren Freiwillige per Crowdfunding. Für den Aufbau der Tunnel gibt es inzwischen eine Anleitung und eine Art Norm, was Höhe, Breite und Art der Montage angeht.

Am Ende verteidigen sich Menschen von Pickups mit Schrotflinten und Fischernetzen. Die Abwehr von Drohnen ist also schwierig und im ständigen Wandel. Und vieles davon ist ganz anders, als man sich vor zehn Jahren einen modernen Krieg im 21. Jahrhundert vorgestellt hat. Eher wie in einem dystopischen Hollywoodfilm.

DER BERLIN STORY BUNKER

Geschichte des Bunkers

Der Bunker wurde 1942 gebaut – höchste Zeit, denn bereits im Sommer 1940 fielen die ersten Bomben der britischen Royal Air Force auf Berlin, als Vergeltung für die Bombardierung Englands durch die deutsche Luftwaffe.

Daraufhin erließ Hitler im Oktober 1940 den „Führer-Sofortbefehl Bunkerbau". Albert Speer, der Generalbauinspekteur der Reichshauptstadt, übernahm die Aufsicht über den Bau dieses Bunkers. Solche Bunker für die Zivilbevölkerung gab es vorher nicht. Der Krieg sollte nach Ansicht der Nationalsozialisten schließlich in anderen Ländern stattfinden, nicht in Berlin.

In diesem Bunker hielten sich bis zum Ende des Zweiten Weltkriegs hauptsächlich Frauen und Kinder aus der Nachbarschaft sowie Fahrgäste und Beschäftigte der Reichsbahn auf. Der riesige Anhalter Bahnhof, Hitlers Regierungsbahnhof, war durch einen Tunnel mit dem Bunker verbunden.

Einladend sieht der Bunker nicht aus. Aber er bot Schutz. Das Dach besteht aus 3,80 Metern Stahlbeton.

Während der Bombardierungen hielten sich die Menschen für einige Stunden im Bunker auf, bis der Luftalarm aufgehoben wurde. Im April 1945, am Ende des Krieges, wollte schließlich jeder im Bunker bleiben, da der Artilleriebeschuss durch die Rote Armee nicht aufhörte. 12.000 Menschen standen dicht gequetscht, vier bis fünf pro Quadratmeter.

In den frühen Morgenstunden des 2. Mai 1945 wurde der Bunker durch die SS geräumt. Die SS-Männer sprengte den S-Bahn-Tunnel, der sich direkt unter dem Landwehrkanal befand, 150 Meter vom Bunker entfernt, und setzte das gesamte Bahntunnelsystem in der Mitte Berlins unter Wasser. Ein Grund für die Sprengung ist nicht überliefert, doch es handelte sich vermutlich um fanatische Nationalsozialisten. Da der Bunker durch den Tunnel mit dem Bahnhof verbunden war, musste er überstürzt geräumt werden. Die Menschen flüchteten durch das im S-Bahntunnel ständig steigende Wasser in Richtung Bahnhof Friedrichstraße.

Waltraud Süßmilch war damals 14 Jahre alt und mit ihrer Mutter im Bunker. Diese fürchtete: „Ein Betonsarg." Aber es war doch besser, als im Keller eines zerbombten Hauses zu sein.

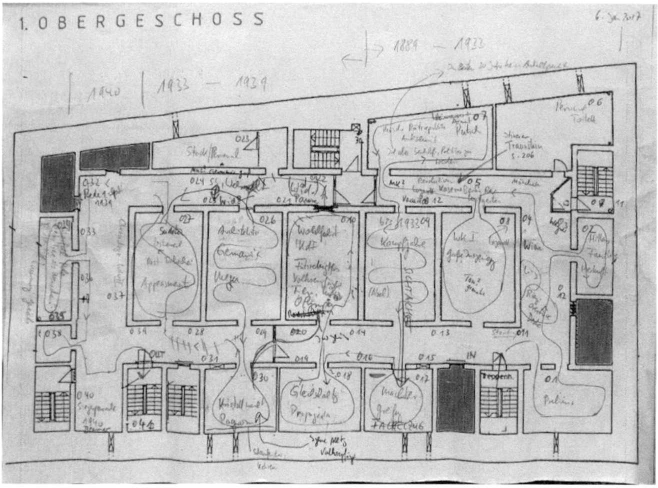

Ein Museum planen? Ganz einfach. Ein bisschen hier lang, ein bisschen da lang - fertig.

Nach dem Zweiten Weltkrieg diente der Bunker die meiste Zeit als Speicher für die Senatsreserve. Nach der Blockade Berlins durch die Sowjets und der Luftbrücke 1948/49 lagerte der Berliner Senat Lebensmittel für die zwei Millionen Bewohner West-Berlins ein.

Erst nach dem Fall der Berliner Mauer und der Wiedervereinigung Deutschlands wurde die Senatsreserve Anfang der 1990er-Jahre überflüssig. Lebensmittel im Wert von mehr als einer halben Milliarde D-Mark wurden in die Sowjetunion gebracht, da dort Hungersnot herrschte.

Trotz der Erzählungen von Menschen, die damals im Bunker waren, können wir die Situation und die Gefühle nie wirklich erfassen. Unsere heutige Welt und unser Erfahrungshorizont sind so weit von damals entfernt. Eine Ausnahme bilden die Ukrainerinnen und Ukrainer.

Hitler – wie konnte es geschehen

Wie aus dem Handbuch der Diktatoren: Die weltweit führende Dokumentation über den Nationalsozialismus und Hitler in einem Bunker aus dem Zweiten Weltkrieg. Wie ein moderner, fortschrittlicher und kultivierter Staat in kürzester Zeit in Barbarei sinken kann, die in kaum vorstellbarer Brutalität und einem Völkermord gipfelt. Die Dokumentation zeigt, wie es zur Hitler-Begeisterung kam, wie sich Deutschland radikalisierte, wie die Nazis die Welt in den Untergang führten und was aus den Unterwelten des „Führerbunkers" wurde.

Die amerikanische Botschafterin Amy Gutmann mit ihrem Mann Michael W. Doyle vor dem Schutthaufen der Geschichte – zusammen mit Wieland Giebel und Enno Lenze.

Die Dokumentation erstreckt sich auf mehr als 3.000 Quadratmetern über drei Etagen eines ehemaligen Luftschutzbunkers aus dem Jahr 1942 und behandelt in 44 Themenbereichen umfassend den Bunker selbst, den Terror der Nationalsozialisten, den Aufstieg der Partei und Hitlers letzten Unterschlupf, den Führerbunker.

Wie konnte es geschehen, dass so viele Hitler wählten? Wie wurde er zum Nazi? Wie kam er an die Macht? Wie führte der Antisemitismus zu Konzentrationslagern und dem Holocaust? Warum machten Generäle und Soldaten bis zum Schluss mit? Mit dem Selbstmord des Diktators endete der blutigste Krieg der Geschichte. Die Dokumentation mit Texten, Fotos und Filmen ist größer, als sich die Besucherinnen und Besucher vorstellen können.

Für die Planung eines Besuchs könnte die Aufenthaltsdauer die wichtigste Information sein. Die durchschnittliche Ver-

Das Modell des Führerbunkers wurde von der Bühnenbildnerin Monika Bauert für die Ausstellung gebaut. Es ist schwarz-weiß gestaltet, damit es nicht wie eine Puppenstube wirkt. In diesem Loch endete der „größte Feldherr aller Zeiten" und wurde davor verbrannt.

70 Prozent der Besucher sind zwischen 25 und 40 Jahren alt, 70 Prozent kommen aus anderen Ländern.

weildauer allein in der Ausstellung „Hitler – wie konnte es geschehen" beträgt drei Stunden. In den Google-Bewertungen ist der immer wiederkehrende Hinweis: Nehmt euch mehr Zeit. Wir haben bei Google sagenhafte 4,7 von fünf Sternen und mehr als 6.000 Bewertungen. In Berlin gibt es mehr als 200 Museen. Visit Berlin erstellt eine Top-20-Liste der meistbesuchten Museen. Der Bunker steht dabei an siebter Stelle.

Jeder Besucher erhält einen Audioguide, der im Eintrittspreis enthalten ist. Die Dauer des Audioguides beträgt 75 Minuten, mit „Deutschland heute" 90 Minuten.

Alle Texte auf den Ausstellungstafeln sind auf Deutsch und Englisch. Der Audioguide ist in zwölf Sprachen verfügbar: DE, EN, FR, ES, IL, IT, NL, DK, UA, PT, PL, RU. Der Berlin Story Bunker ist 365 Tage im Jahr geöffnet. Die Öffnungszeiten sind von 10 bis 19 Uhr, der letzte Einlass ist um 17:30 Uhr.

Wer sich alles im Bunker ansehen möchte, braucht einen Tag. Sie können zwischendurch essen gehen.

Über die Autoren

Für den Kurator **Wieland Giebel** (* 1950) sind die Aktivitäten im Bunker die logische Konsequenz eines lebenslangen Engagements für den Frieden und gegen den Krieg. Im Alter von 21 Jahren begann er als Bundesgeschäftsführer der Kriegsdienstverweigerer, damals waren es 10.000 Mitglieder in hundert Gruppen. Als Berichterstatter führte ihn sein Weg in Konfliktgebiete wie Nordirland, Israel, Syrien, Kurdistan, die Uranminen Kanadas und Ruanda – und immer wieder in die Ukraine. Der von ihm gegründete Berlin Story Verlag widmet sich seit Jahrzehnten der Aufklärung und Auseinandersetzung mit den dunkelsten Kapiteln der Geschichte, insbesondere dem Nationalsozialismus. Das Handbuch der Diktatoren, so sehen es die Besucher des Bunkers, zeigt Parallelen zwischen Hitler und Putin auf. Das ist erschütternd – und richtig. Die persönliche Motivation und die tiefe Überzeugung, dass Schweigen keine Option ist, befeuerten das gesamte Projekt von Anfang an. Mehr über Wieland Giebel gibt es auf Wikipedia, täglich auf X, gelegentlich auf Facebook und ausführlich auf www.wielandgiebel.de

Enno Lenze (* 1982) wurde durch seine frühe Präsenz in den Kriegsgebieten der Ukraine und die direkte Konfrontation mit den Gräueltaten des Krieges maßgeblich geprägt. Der Direktor des Berlin Story Bunkers reist nahezu jeden Monat in die Ukraine, liefert Material, besucht Freunde und dokumentiert seine Eindrücke auf Berlin Story News. Er berichtete aus Orten wie Bucha, Charkiw, Tschernihiw, Mykolajiw und Kramatorsk. Die Notwendigkeit, der deutschen Öffentlichkeit die Realität dieses Krieges näherzubringen, wurde zu seiner zentralen Triebfeder.

Er hat die Einschläge von Artillerie und Raketen erlebt und die Anspannung des täglichen Überlebenskampfes gespürt. Für ihn wurde das Panzerwrack zu einem Symbol, um die düsteren Eindrücke und die Vergänglichkeit von Mensch und Maschine auszudrücken, ohne die Öffentlichkeit direkt mit Schockbildern getöteter Opfer zu konfrontieren.

Es war seine Idee, aus der kleinen Ukraine-Ausstellung ein richtiges Museum zu machen. Mehr über Enno Lenze gibt es auf Wikipedia, täglich auf X, manchmal auf Instagram und immer auf www.BerlinStory-News.de

Danksagung

Eine solche Ausstellung ist nur möglich, weil uns viele Menschen im Laufe der der vergangenen Jahre bei unserer Arbeit in der Ukraine und in Deutschland unterstützt haben.

Yuriy Bilovus, Юрій Біловус
Yuriy Koschel, Юрий Кошель
Hanna Maljar, Ганна Маляр
Alisa Podolyak, Аліса Подоляк
Mariana Oleskiv, Мар'яна Олеськів

Chris Klawitter
Chris Knickerbocker
Frank Rieger
Anton

Patrick Enssle, Liubov,
Oleg, Jacob, Eugene, Alex, Roman,
Jim, „Angel“, „KitKat“, „Slender“

Enno Lenze

INTO THE FIRE

Berichte aus Krisengebieten
372 Seiten, 112 Abbildungen,
12,5 x 19 cm, Taschenbuch, 20 Euro
bestellen: www.berlinstory-verlag.de

Enno Lenze, Chef des Berlin Story Bunkers, war auf dem Weg nach Butscha, als dieser Ort noch nicht als Synonym für russische Kriegsverbrechen galt. Er berichtet von der Front aus der Ukraine, vom Kampf gegen den IS in der Autonomen Region Kurdistan, von den Taliban in Afghanistan, von Tränengasangriffen auf Studenten Hongkong. Waffenmessen in Paris und Dubai sind ebenso sein Thema wie der versuchte Sturm der Reichsbürger auf den Bundestag.

Paul Ronzheimer, Kriegsreporter, Journalist des Jahres 2022, stellv. Chefredakteur von BILD, lernte Enno Lenze über Kurdistan kennen. Sie trafen sich in der Ukraine und verpassten sich in Afghanistan. Paul Ronzheimer berichtet (wie Enno Lenze) täglich auf Twitter – und im Podcast RONZHEIMER.

Das Titelbild

Das Foto auf dem Cover zeigt Enno Lenze auf der Schnellstraße Richtung Butscha am 2. April 2022, dem Tag, an dem die Russen die Schlacht um Kyiv verloren hatten und abzogen. „Wir kommen vorbei an zerstörten Brücken, sehen durchsiebte zivile Wagen. Manche durchlöchert wie ein Nudelsieb. Hinter den Autos die ersten Leichen. Dann ein Rettungswagen, durchlöchert von Munition und Schrapnellen. In den Autos die Leichen von Männern, Frauen, Kindern. Ein Lada steht entgegen der Fahrtrichtung auf der Straße, dahinter ein Körper. Ein Mensch, der hinter dem Wagen Schutz gesucht hatte, erschossen und dann überrollt wurde. Ich sehe hundert Kilometer russische Kriegsverbrechen. “

Über den Autor

Sozial engagiert sich Enno Lenze vielfältig im Bereich der Flüchtlingshilfe, Bildung und der Vermittlung der deutschen Geschichte. Er ist regelmäßig selber in Kriegs- und Krisengebieten unterwegs, um von dort zu berichten, aber auch, um dort eigene Hilfsprojekte durchzuführen.

BERLIN STORY VERLAG Schöneberger Straße 23 A | 10963 Berlin

Bethan Griffiths

LEBENSZEICHEN – DIE BRIEFE DES KOMMUNISTEN KARL REIMANN

190 Seiten
12,5 x 20,5 cm, Broschur
19,99 Euro
bestellen: www.berlinstory-verlag.de

Die Briefe Karl Reimanns aus dem Besitz der Familie werden in diesem Buch kommentiert und durch Aussagen von Zeitzeugen ergänzt. Da alle Post in den Konzentrationslagern kontrolliert wurde und freies Schreiben nicht möglich war, kann nur auf diese Weise versucht werden, die tatsächlichen Ereignisse und Zustände in Buchenwald zu vergegenwärtigen.

Nicht alle Briefe, die Karl Reimann während seiner elfjährigen Inhaftierung schrieb, sind in diesem Buch enthalten. Aufgrund der strengen Zensur finden sich in seiner Korrespondenz etliche sich wiederholende Themen und viele vage Beschreibungen. Die hier veröffentlichten Briefe wurden ausgewählt, weil sie wichtige Aspekte von Reimanns Erfahrungen in Buchenwald beleuchten.

Da die Lagerhäftlinge nur zweimal im Monat (oft auch weniger) auf vier Seiten genormtem Papier schreiben durften, gibt es in den Briefen in der Regel keine Absätze, der vorhandene Platz wurde optimal genutzt.

Karl Reimann (*21. Mai 1900 in Ilmenau, † 20. Juli 1973 in Erfurt) hat das Konzentrationslager Buchenwald überlebt. 1937 gehörte er zu den ersten Häftlingen und war bis zur Befreiung im April 1945 dort inhaftiert.

In hundert – stark zensierten – Briefen berichtete er seiner Verlobten in den Jahren 1937 bis 45 über die Situation im Lager. In ihnen wird deutlich, wie die Liebe zu Dora und zu der gemeinsamen Tochter Gisela seinen Überlebenswillen wachhielt.

Kommentiert und in den Rahmen der politischen Ereignisse im Deutschen Reich und in Buchenwald gestellt, sind die Briefe Karl Reimanns ein unschätzbares historisches Dokument.

Bethan Griffiths (*1990 in Wales) ist Historikerin mit Forschungsschwerpunkt Geschichte des Nationalsozialismus.

WWW.BERLINSTORY.DE

Wieland Giebel (Hg.)

BOMBEN AUF BERLIN

Zeitzeugen berichten vom Luftkrieg
225 Seiten, 12,5 x 20,5 cm, Broschur, 16,95 Euro
bestellen: www.berlinstory-verlag.de

Ohne Pathos berichten 50 Zeitzeugen über die Tage und Nächte, in denen im Zweiten Weltkrieg Bomben auf Berlin fielen. Sie waren damals Kinder oder Jugendliche Frauen und Männer. Aus den individuellen Schicksalen ergibt sich ein historisches Bild der Zeit, die eine Generation bis heute geprägt hat. So einstand ein einzigartiges Buch bewegender Schilderungen.
Mit einem Vorwort von Sven Felix Kellerhoff und einer vollständigen Liste sämtlicher Bombenangriffe auf Berlin.

Wieland Giebel (Hg.)

DAS BRAUNE BERLIN

Adolf Hitlers „Kampf um die Reichshauptstadt"
368 Seiten, 12,5 x 20,5 cm, Gebunden,
24,95 Euro
bestellen: www.berlinstory-verlag.de

Erstmals wird der Kampf der NSDAP um Berlin anhand von authentischem Quellenmaterial umfangreich und bis ins Detail geschildert – nicht akademisch kommentiert und dadurch verwässert. Die bisher zu wenig beachtete Geschichte der NSDAP in Berlin von 1916 bis 1933 steht im Mittelpunkt dieser Dokumentation. Durch intensive Recherchen konnten zahlreiche schwer zugängliche oder bisher unzugängliche zeitgenössische NS-Quellen und auch Medien-Quellen aus dem Archiv von Sven Felix Kellerhoff erschlossen werden. Das Buch ist geeignet für alle, die Originalquellen kennenlernen und verstehen möchten.

BERLIN STORY VERLAG Schöneberger Straße 23 A | 10963 Berlin

Wieland Giebel

1945 IN BERLIN

Untergang und Aufbruch
80 Seiten, 100 Illustrationen, 17 x 24 cm,
Broschur, 9,95 Euro
bestellen: www.berlinstory-verlag.de

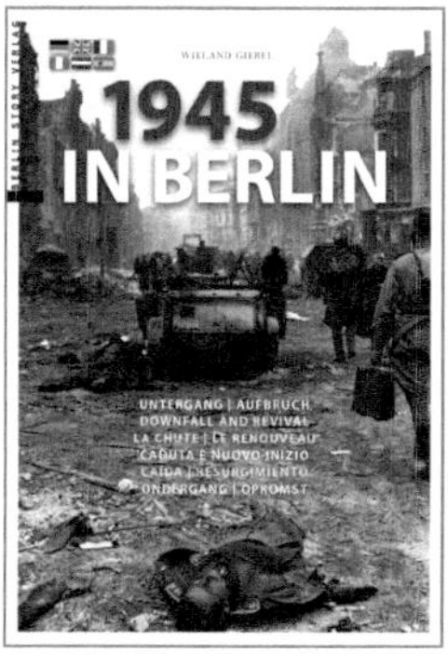

Das Buch zeigt Berlin im schlimmsten Moment seiner Geschichte. Wie die Stadt erobert wird und mehr als 200.000 Menschen in den letzten Tagen des „Dritten Reiches“ umkommen; wie Hitler vor dem Führerbunker steht; wie die Armee kapituliert, die Trümmerfrauen den Schutt wegräumen und das Leben wieder aufkeimt.

Ergreifende Aufnahmen leisten einen Beitrag, an die Ziele unserer Gesellschaft zu erinnern, Demokratie, Toleranz und Pluralismus zu erhalten und weiter zu entwickeln. Und nicht noch einmal so zu enden.

Wieland Giebel

BERLIN STORY BUNKER

80 Seiten, 17 x 24 cm,
Broschur, deutsch and ENGLISH in one book,
5 Euro, erhältlich nur im Berlin Story Bunker

Der 6500 qm Berlin Story Bunker am Anhalter Bahnhof ist heute reiner Geschichtsbunker. Auf drei Stockwerken wird die Dokumentation „Hitler – wie konnte es geschehen“ gezeigt. „Really vital for the understanding of the darkest chapter of German history“, meint die Washington Post. Und Haaretz aus Israel sagt: „Thousands of documentes, photos and objects.“ Die Berliner Zeitung ordnet die Dokumentation so ein: “Es hat noch keine zusammenfassende Ausstellung zu diesem Thema gegeben. Die Initiatoren haben wissenschaftlich gearbeitet, erschlossen neue Quellen, gehen systematisch und gestalterisch geschickt vor.“

Außerdem geht es um das Museum „Deutschland 1945 bis heute“: wo die Nazis geblieben sind, wie aus dem Trümmerhaufen dieses wohlhabende, attraktive Land wurde. Wer hinter dem Projekt steckt, welche Vorbilder es gibt, wird im „Making of …“ erläutert. Der Bunker wurde 1942 aufgrund des Führersofortbefehls Bunkerbau von Zwangsarbeitern errichtet. Ein Stockwerk ist wie 1945 erhalten.

WWW.BERLINSTORY.DE

Hermann Pölking

WER WAR HITLER

3-DVD-Box, 450 Minuten, 39,99 Euro
bestellen: www.berlinstory-verlag.de

Der umfassendste Film zu Adolf Hitler – siebeneinhalb Stunden. So ist seine Biographie noch nie erzählt worden. Die Originalzitate aus Briefen, Tagebüchern, Reden, Büchern und Autobiographien werden mit neuem, vielfach unveröffentlichtem Archivmaterial montiert – zur Hälfte in Farbe. Hitlers Leben und Wirken spiegelt sich auf einmalige Weise im Gesellschaftsbild der Jahre 1889 bis 1945. Er selbst und seine Zeitgenossen kommen in diesem Film zu Wort – eine Sprecherin verbindet die Aussagen durch kurze Erläuterungen. Keine vermeintlich allwissenden Experten, keine erklärenden Grafiken, keine nachgestellten Szenen und keine technischen Spielereien. Hermann Pölking, ein Meister der Dokumentation, wertete für diesen Film 120 Archive in 14 Ländern aus.

Linn Sackarnd, Hermann Pölking

HITLERS BERLIN IN COLOR

2-DVD-Box, 2 x 60 Minuten, 19,99 Euro
bestellen: www.berlinstory-verlag.de

Berlin im „Dritten Reich" in einzigartigen, bisher weitgehend unveröffentlichten farbigen Filmaufnahmen.
Die meisten Szenen dieser zweiteiligen 120-Minuten-Dokumentation stammen von Filmamateuren, Pionieren des Farbfilms – Machtinszenierungen der Nationalsozialisten, privater Alltag, Varieté. Der Kommentar lässt eine Berlin-Chronik von hohem zeitgeschichtlichem Wert entstehen, die auch das behandelt, was die Bilder nicht zeigen: die Nazi-Diktatur, die Verfolgung von Minderheiten und politischen Gegnern, Krieg und Zerstörung. In hervorragender Qualität und brillant erzählt.

BERLIN STORY VERLAG Schöneberger Straße 23 A | 10963 Berlin

Harald Sandner

HITLER – DAS LETZTE JAHR

Chronologie einer Apokalypse
678 Seiten, 17 x 24 cm, zahlreiche Abbildungen, 49,95 Euro, Hardcover
bestellen: www.berlinstory-verlag.de

Das letzte Lebensjahr Adolf Hitlers ist geprägt von einer unvorstellbaren Anzahl von Opfern, zynischer Menschenverachtung, dem Bruch mit der Zivilisation. Niemals zuvor in der Geschichte der Menschheit und niemals danach sind mehr Tote, Verwundete, Vermisste und Vertriebene zu beklagen.
Noch nie wurde das letzte Jahr Hitlers so detailliert und chronologisch dargestellt – aus der Sicht Hitlers und der Perspektive heutiger Historiker.
Das Buch wird ergänzt durch umfangreiches, auch bisher unveröffentlichtes Bildmaterial und erstmals veröffentlichte Dokumente.

Alice Frontzek (Hg.)

„LIEBSTE JANNI!"

Briefe von Hans S. aus dem Krieg 1940–1945
302 Seiten, 12,5 x 20,5 cm, Broschur, 19,95 Euro
bestellen: www.berlinstory-verlag.de

Liebe zu einem SS Mann. Die 18-jährige Janni aus Erfurt lernt im Sommer 1940 in Berlin den 23-jährigen Hans kennen, einen attraktiven SS-Mann. Er geht mit der „Leibstandarte Adolf Hitler" an die Front, sie heiraten, Janni bekommt ein Kind. 1942 wird Hans zum Offizier befördert und kommt zur brutalen „7. SS-Freiwilligen-Gebirgs-Division ‚Prinz Eugen'" nach Jugoslawien. Hans berichtet in seinen Briefen an Janni, wie es ihm geht – meist gut. Zuletzt reißt der Briefwechsel ab. Hans wird unmittelbar nach Ende des Zweiten Weltkriegs von Partisanen erschossen.
Alice Frontzek ist die Enkelin der beiden. Sie hat die Briefe erhalten und ist die Erste, die sie gelesen hat. „Mein Großvater hat sein Leben dieser furchtbaren Nazi-Ideologie geopfert. Die wichtigste Botschaft dieses Buches soll die Mahnung sein, seine Seele nicht zu verkaufen." Mit Dokumenten und historischer Einordnung.

WWW.BERLINSTORY.DE

BERLIN STORY VERLAG Schöneberger Straße 23 A | 10963 Berlin

Wieland Giebel (Hg.)

GOEBBELS' PROPAGANDA

176 Seiten, 600 Abbildungen, 17 x 24 cm,
19,80 Euro, Broschur
bestellen: www.berlinstory-verlag.de

Joseph Goebbels gab im November 1933 dieses Propagandabuch mit mehr als 600 Abbildungen heraus – ein wichtiger Teil des ständigen Trommelfeuers nationalsozialistischer Propaganda.

Der Meister der Demagogie der Nationalsozialisten weiß genau, wo er den Berliner packen und wie er ihn gewinnen kann. Diese wissenschaftlich-kritisch kommentierte Ausgabe ist für jeden geeignet, der verstehen will, mit welch starker Überzeugungskraft die Nationalsozialisten auf einen erheblichen Teil der Bevölkerung einwirken konnten – und dass Goebbels kein reines Anhängsel von Hitler war, wie mancher Biograf es darstellt.

Wieland Giebel (Hg.)

ICH TRAF HITLER

570 Seiten, 12,5 x 20,5 cm, 39,95 Euro, Hardcover
bestellen: www.berlinstory-verlag.de

Thomas Weber im SPIEGEL über das Buch: „Als ob man auf einmal vor einer unverhofft gefundenen Goldkiste stünde." Diese Interviews fanden statt, als Hitler schon 50 Jahre tot war. Aber alle 45 Zeitzeugen erinnern sich genau an die Begegnungen: Wie er das erste Zimmer in München mietete, wie er in die feine Gesellschaft eingeführt wurde, wie es beim Hitler-Putsch lief. Die Köchinnen, Kammerdiener und Hausmeister, die Gauleiter, Generäle und Sturmbannführer, die Schauspielerinnen, Hausfrauen und Architekten – sie alle hatten „nicht die geringste Ahnung" von den Verbrechen des Nationalsozialismus. Dieses Buch, außerordentlich reich an Details, ist eine kommentierte Dokumentation, keine Abrechnung mit dem Nationalsozialismus. Jede Erinnerung belegt eine der zentralen Thesen des Historikers Ian Kershaw, der Hitler als obersten Anstifter des totalen Zusammenbruchs der Zivilisation in der Moderne sieht, als Haupturheber des Zweiten Weltkriegs und eines Völkermords, wie ihn die Welt noch nicht kennengelernt hatte.

WWW.BERLINSTORY.DE

BERLIN STORY VERLAG Schöneberger Straße 23 A | 10963 Berlin

Sven Felix Kellerhoff

HITLERS ENDE IM FÜHRERBUNKER

Bau, Nutzung und Überreste

166 Seiten, 12,5 x 20,5 cm, Broschur, 16,95 Euro

bestellen: www.berlinstory-verlag.de

Grundlagenwerk zum Bunker. Die Rückkehr des Diktators nach Berlin im Januar 1945 und sein Selbstmord am 30. April 1945 stehen im Mittelpunkt. Das Buch schildert das gespenstische Leben im Führerbunker. Wie der Führerbunker entstand, welche „Bühne" er für das letzte „Drama" des Nationalsozialismus abgab, wie er von sowjetischen Sanitätssoldatinnen entdeckt wurde und wie die DDR versuchte, ihn in den 1980er-Jahren zu beseitigen, veranschaulichen Pläne und Fotos. Autor Sven Felix Kellerhoff ist einer der profiliertesten Geschichtsjournalisten.

Sven Felix Kellerhoff

„KRISTALLNACHT"

Der Novemberpogrom 1938 und die Verfolgung der Berliner Juden

122 Seiten, 12,5 x 20,5 cm, Broschur, 12,95 Euro

bestellen: www.berlinstory-verlag.de

„Kristallnacht": In der Nacht vom 9. auf den 10. November 1938 brannten in Berlin zwei Dutzend Synagogen. Angeblich „spontaner Volkszorn", in Wirklichkeit jedoch Befehle von Hitler, Goebbels und Heydrich führten zum schlimmsten Pogrom der mitteleuropäischen Geschichte. Besonders wüteten die SA- und HJ-Horden in der Reichshauptstadt, wo sehr viele der deutschen Juden lebten.

Was geschah genau während des Pogroms? Wie entwickelte sich die Judenverfolgung durch die Nazis vor und nach 1933? Was waren die Folgen des Pogroms und wie vollzogen sich die Deportationen aus der Reichshauptstadt?

WWW.BERLINSTORY.DE

BERLIN STORY VERLAG Schöneberger Straße 23 A | 10963 Berlin

Urs Brunner, Julia Schrammel

KITTYS SALON

Legenden, Fakten, Fiktion – Kitty Schmidt und ihr berüchtigtes Nazi-Spionagebordell
298 Seiten, 17 x 24 cm cm, Broschur,
19,95 Euro
bestellen: www.berlinstory-verlag.de

Der Salon Kitty ist legendär. Er wurde als „das prominenteste Etablissement käuflicher Liebe im Dritten Reich“, als „Edel-Puff“ oder als „Spionage-Treff“ bezeichnet. Kein anderes Bordell hat für so viel Aufsehen gesorgt. Zahlreiche Legenden ranken sich bis heute sowohl um dieses geheimnisumwitterte Nazi-Bordell als auch um dessen Besitzerin Kitty Schmidt. Fakten, keine schwüle Phantasie.

Stefan Dietrich

CONSTANZE MANZIARLY – HITLERS LETZTE DIÄTKÖCHIN

260 Seiten, 12,5 x 20,5 cm, Broschur, 19,95 Euro
bestellen: www.berlinstory-verlag.de

Vom Praktikum zu Hitler. Sie berichtete vom Berghof, sie berichtete aus der Wolfsschanze – aber ihre Briefe blieben unveröffentlicht, bis Stefan Dietrich sie fand – ebenso wie umfangreiche Familienerinnerungen.
Constanze Manziarly wollte nicht zu Hitler. Sie wurde abgeordnet. Das macht ihre unvoreingenommene Perspektive aus. Die gebildete junge Frau aus Tirol schreibt mit Anfang zwanzig frisch, präzise, vom Heimweh geprägt – Bemerkenswertes und Banales. Sie interessierte sich für gesunde, naturgemäße Lebensführung. In Erinnerung blieben ihre „Spaghetti mit einer leichten Tomatensoße“, Hitlers Mahlzeit vor seinem Selbstmord. Sie flüchtete am Abend des 1. Mai 1945 aus dem Führerbunker. Seitdem gilt Constanze Manziarly als verschollen.
„Es wird mir immer gesprochen von dem ehrenvollen Auftrag, um den 1000e mich beneiden. Wie gerne würde ich es in die Hände einer erfahrenen Person legen, die da besser am Platze wäre, und dafür meinen Seelenfrieden haben.“

WWW.BERLINSTORY.DE

BERLIN STORY VERLAG Schöneberger Straße 23 A | 10963 Berlin

Armin Fuhrer

ADOLF HITLER

Bildbiografie
96 Seiten, 205 Abbildungen, 17,5 x 24 cm,
Broschur, 9,95 Euro
bestellen: www.berlinstory-verlag.de

Dieses Buch schließt eine Lücke. Es ist die einzige kompakte, gut visualisierte Gesamtdarstellung zu Adolf Hitler. Im Gegensatz zu all den detailreichen Werken anderer Historiker wendet sich Armin Fuhrer an interessierte (jüngere) Menschen ohne breites Vorwissen. Seine Bildbiografie liefert einen kritischen Überblick über Hitlers politischen Werdegang und die ganze Geschichte des „Dritten Reiches" auf 96 Seiten mit über 200 Fotos. Der Historiker und Journalist Armin Fuhrer stützt sich auf die internationale Forschung. Heute ist unumstritten, dass es das „Dritte Reich" ohne Hitler so nicht gegeben hätte. Die zentrale Frage „Wie konnte es geschehen?" ist nur anhand einer Biografie Hitlers zu beantworten.
Fuhrer hat zusammen mit dem Berlin Story Verlag die National Archives in Washington durchforstet, um an kaum bekannte Fotos zu kommen.

Armin Fuhrer

DIE „SA-MUTTER" VON KÖNIGSBERG

Ein Bericht über die „Kampfzeit" der SA in der ostpreußischen Hauptstadt aus dem Jahr 1935
96 Seiten, 17 x 24 cm, 12,95 Euro
bestellen: www.berlinstory-verlag.de

Elisabeth Zastrau aus Königsberg, Ehefrau und Mutter zweier Söhne und einer Tochter, beschreibt in ihrem maschinegeschriebenen Bericht, wie die NSDAP in Königsberg an die Macht kam, wie sich ihre Familie in der SA für den Sieg des Nationalsozialismus einsetzte – oder aus ihrer Sicht „aufopferte". Sie hörte 1926 von Adolf Hitler, als Erich Koch nach Ostpreußenkam, der brutale Gauleiter, über den Herausgeber Armin Fuhrer eine Biographie geschrieben hat. In ihren aus eigener Initiative zu Papier gebrachten Schilderungen will sie ihren Mitstreitern der „Kampfzeit" ein Denkmal setzen.

WWW.BERLINSTORY.DE

BERLIN STORY VERLAG Schöneberger Straße 23 A | 10963 Berlin

Armin Fuhrer

FÜHRERGEBURTSTAG

Bildbiografie
160 Seiten, zahlreiche Abbildungen,
12,5 x 20,5 cm, Broschur, 16,95 Euro
bestellen: www.berlinstory-verlag.de

Hitlers Geburtstag war einer der wichtigsten Anlässe, den Führermythos aufleben zu lassen, den der nationalsozialistische Kalender aufzubieten hatte. Er wurde nicht nur in Berlin, sondern im ganzen Reich gefeiert.

1939, wenige Monate vor dem Überfall auf Polen, nutzen die Nationalsozialisten die Gelegenheit, Deutschland und der Welt zu zeigen, dass die seit Jahren systematisch hochgerüstete Wehrmacht bereit war – bereit für einen Krieg, der Millionen Menschenleben kosten sollte.

Armin Fuhrer zeigt in diesem Buch, wie perfide das NS-Regime den 20. April für seine Propaganda aufbaute und wie sich dessen Wirkung auf die Bevölkerung entwickelte.

Norman Bösch (Hg.)

BERLIN GUIDES 1945

Berlin Stadtführer 1945
Sprachen: Reprint englisch und französisch, Vorwort auch deutsch
96 Seiten, 17 x 24 cm, Broschur, 9,95 Euro
bestellen: www.berlinstory-verlag.de

Ein US-Stadtführer und ein französischer Stadtführer aus der unmittelbaren Nachkriegszeit zusammen in einem Buch. Mit vielen Bildern der bombenzerstörten Stadt. Dazu ein historischer Nahverkehrsplan und eine dreisprachige Einleitung (deutsch, englisch, französisch).

WWW.BERLINSTORY.DE

BERLIN STORY VERLAG Schöneberger Straße 23 A | 10963 Berlin

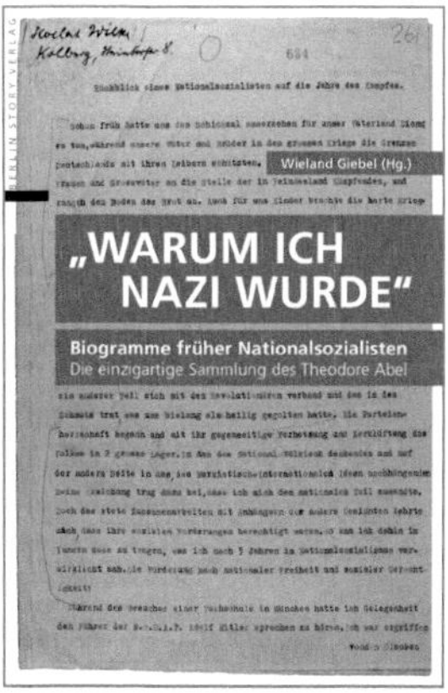

Wieland Giebel (Hg.)

„WARUM ICH NAZI WURDE“

Biogramme früher Nationalsozialisten
930 Seiten, zahlreiche Faksimiles
17 x 24 cm, Gebunden, 69,95 Euro
bestellen: www.berlinstory-verlag.de

In diesem Buch geht es um die große Menge kleiner Nazis. Die Sammlung von Berichten des amerikanischen Professors polnischer Abstammung, Theodore Fred Abel, ist einmalig, sie ist die wertvollste Primärquelle zur Frage, warum Menschen zu Nazis wurden, was zu ihrer Radikalisierung beitrug. Von den im Sommer 1934 im Rahmen eines Preisausschreibens geschriebenen ursprünglich 683 Berichten sind 581 erhalten. Es gibt keine vergleichbaren Quellen, die auch nur annähernd an die Fülle des Materials von 3.700 Seiten, den Reichtum an Details, die Freimütigkeit der Darstellung und die Intensität der Lebensbeschreibungen heran kommt. In diesen unmittelbaren Schilderungen findet sich ungefiltertes Gedankengut, nicht durch Scham späterer Erkenntnisse getrübt, durch Holocaust, Krieg und Untergang. Abel wollte wissen, wer diese Menschen sind, wie die Hitler-Bewegung in ihr Bewusstsein trat. Diese Biogramme offenbaren erstmals in die Tiefe gehend Beweggründe und Haltung der Nazis.

Das Buch „Warum ich Nazi wurde“ versammelt eine alle Bevölkerungsschichten umfassende Auswahl der aussagekräftigsten Berichte, es analysiert das Weltbild der „Alten Kämpfer“, bestehend aus einem Konglomerat aus Engstirnigkeit, Minderwertigkeitsgefühlen, Überlegenheitsdünkel, Rassismus, Gewalt und „paranoidem Judenkoller“. Die extreme Gewalt der Nazis schüchterte die Menschen ein. Wiederkehrende Motive der Biogramme sind angeschlagener Nationalstolz; die Angst vor sozialem Abstieg; Hass auf Kommunisten. Dagegen steht der Glaube an die Volksgemeinschaft und die Hoffnung auf den Führer, den Erlöser. Diese einzigartige Sammlung von unschätzbarem Erkenntniswert ist Grundlage der Dokumentation „Hitler – wie konnte es geschehen“ im Berlin Story Bunker.

„Zum Verständnis des Aufstiegs der Nazi-Partei und zum ungeheuren Anwachsen ihrer Massenbasis ist das vorliegende Buch von größtem Wert, weil es eben zu jener bohrenden Frage hinführt, wie es, wie das ‚Dritte Reich,‘ geschehen konnte.“

Bernhard Schulz, Tagesspiegel 7. November 2018

WWW.BERLINSTORY.DE